COLISIÓN
INMINENTE

COLISIÓN INMINENTE

Carlos Ghosn y la guerra cultural que trastocó el imperio automovilístico Renault-Nissan-Mitsubishi

HANS GREIMEL
WILLIAM SPOSATO

REVERTÉ MANAGEMENT
BARCELONA, MÉXICO

HARVARD BUSINESS REVIEW PRESS
BOSTON, MASSACHUSETTS

Colisión inminente
Collision Course

Loreto 13-15, Local B. 08029 Barcelona – España
revertemanagement@reverte.com

Edición en papel
ISBN: 978-84-17963-41-5

Edición ebook
ISBN: 978-84-291-9682-5 (ePub)
ISBN: 978-84-291-9683-2 (PDF)

Editores: Ariela Rodríguez / Ramón Reverté
Coordinación editorial y maquetación: Patricia Reverté
Traducción: Betty Trabal
Revisión de textos: Mariló Caballer Gil

Impreso en España – *Printed in Spain*
Depósito legal: B 3748-2022
Impresión: Liberdúplex

67

A mis hijas, Nozomi y Miyuki,

que me inspiran, me motivan y dan sentido a mi vida.

Hans Greimel

A mi madre y a mi padre por comprometerse a hacer posible mi carrera de periodista, y a mi mujer, Pei-chi Tung, por todo su apoyo y su interminable paciencia durante la escritura de este libro.

William Sposato

CONTENIDO

Prefacio ix

1. El escándalo Ghosn 1
2. El director ejecutivo estrella del rock 23
3. Japón es diferente 37
4. Los estándares internacionales 53
5. La memoria es corta 73
6. Una olla a presión 87
7. Una colisión inminente 109
8. Los franceses son diferentes 129
9. Caso abierto 145
10. Los ingredientes de una conspiración 163
11. El peculiar sistema judicial japonés 187
12. Ghosn contraataca 203
13. La alianza conmocionada 219
14. Las uniones con extranjeros 239
15. Problemas a la vista 255
16. Asuntos escandalosos 279
17. El legado maltrecho 291
18. Las cárceles japonesas 311
19. La espectacular huida 323
20. El hombre olvidado 343
21. Corregir el rumbo 363

Agradecimientos 387
Notas 393
Índice 411
Los autores 425

PREFACIO

Como ocurre con muchas de las relaciones interesantes, la nuestra fue algo así como una casualidad. Aunque cada uno por nuestra cuenta informábamos sobre los acontecimientos que rodeaban a Carlos Ghosn y a Nissan a medida que se sucedían sus múltiples episodios dramáticos y giros inverosímiles, ninguno de nosotros estaba pensando en escribir un libro.

Tuvimos la suerte de ser testigos de primera línea de muchos de los hilos que tejen esta historia, y eso fue lo que nos ayudó a avanzar. Ambos teníamos en común cuarenta años de experiencia como periodistas en Japón.

Hans es un veterano periodista del sector del automóvil. Criado en Detroit, lleva casi quince años inmerso profundamente en la industria automovilística japonesa. Tuvo contacto directo con Carlos Ghosn durante la escritura de este libro. Muchas de las citas de Ghosn que aparecen en el libro proceden de esas conversaciones, de las entrevistas y demás eventos que Hans tuvo con Ghosn durante más de una década mientras era periodista de *Automotive News*, la fuente de noticias más importante de la industria automovilística del mundo. William lleva más de dos décadas informando y escribiendo sobre Japan Inc., su economía y sus mercados financieros, y conoce profundamente la compleja historia de dos siglos que ha supuesto la apertura de Japón hacia Occidente y cómo esta transformación sigue influyendo en el país actualmente.

Hemos hablado con los protagonistas de la historia de Nissan-Renault sobre las maquinaciones de los ejecutivos corporativos y sobre las intrigas entre bastidores de los representantes del gobierno, pues no pueden permitirse el lujo de ver cómo sus marcas nacionales se extinguen. Hemos hablado con más de cincuenta directivos de empresas de automoción, líderes empresariales, autoridades políticas, expertos legales, académicos y con otras fuentes tanto extranjeras como japonesas. Esas conversaciones forman parte de los dosieres diarios que hacíamos para informar puntualmente del escándalo que estalló el 19 de noviembre de 2018. Hemos respetado el anonimato que algunas de las personas con las que hablamos nos pidieron por motivos de seguridad. Estamos muy agradecidos con todos los que dedicaron una parte de su tiempo para hablar con nosotros.

En cada una de esas conversaciones todos estaban de acuerdo en un aspecto: Carlos Ghosn no solo dejó una huella imborrable en la Alianza Renault-Nissan-Mitsubishi, que él mismo ayudó a crear y que después dirigió durante casi dos décadas, sino que también dejó una duradera impronta en la industria y en Japón. Es, sin duda, uno de los extranjeros más influyentes que han pisado ese país.

La transformación que hizo de Nissan revolucionó la industria automovilística, y sus efectos siguen presentes en la economía mundial. Fue pionero de un nuevo tipo de empresa globalizada en un momento en el que compañías de diferentes países y con culturas empresariales totalmente distintas empezaban a atreverse a trabajar en equipo para lograr una visión compartida, conservando en cierta medida su propia identidad, aunque llegasen a alcanzar un tamaño descomunal; en el caso de la Alianza, hasta convertirse en el grupo automovilístico más grande del mundo.

Es cierto que el escándalo Ghosn atrajo la atención sobre la gestión empresarial, el sistema judicial e, incluso, las prisiones de Japón. Pero, como suele suceder en un país siempre preocupado por su imagen internacional, el escándalo Ghosn hizo que Japón emprendiera algunos cambios. También se empezó a dudar de la función del gobierno como accionista y titiritero en el mundo de la industria privada. Al final, tanta agitación puso en entredicho el legado de Ghosn y su fama de líder empresarial innovador, mientras los analistas se preguntaban si su visión de una auténtica alianza internacional franco-japonesa era un modelo a seguir para la consolidación de la industria en el futuro o si no era más que una ilusión efímera.

Por aquel entonces todo el mundo se hacía la siguiente pregunta: ¿Es cierto que este hombre, elogiado durante tanto tiempo por ser un gurú de la gestión global, ha estado ocultando indebidamente su salario y desviando fondos de la empresa que él mismo rescató y fue alabado por ello? Ghosn —igual que el otro acusado Greg Kelly, exejecutivo de Nissan— niega todas las acusaciones, pero su legado siempre llevará la mancha de esta sospecha tras haber sido procesado cuatro veces en Japón y expulsado de la industria.

A la hora de abordar este tema, nuestro reto no era qué incluir, sino qué podíamos dejar fuera. Las historias que contamos abarcan dos décadas, se desarrollan en varios países de tres continentes, y en ellas participan múltiples jugadores clave. Muchos aspectos son complejos, convulsos y, en ocasiones, inimaginables, si no directamente insólitos. Uno de los directivos más famosos y apreciados del mundo del automóvil es arrestado sin que previamente existan pruebas claras de su mala conducta. Fue condenado a 130 días de prisión y, al principio, se le negó cualquier contacto con sus abogados y familiares: una norma del sistema judicial japonés que resulta poco ética para el modelo occidental. Más adelante, después de comprometerse a demostrar su inocencia en los tribunales, este famoso directivo se metió en un baúl y huyó clandestinamente del país con la ayuda de un equipo de personas lideradas por un antiguo «boina verde» estadounidense. Actualmente continúa con su vida en el Líbano como fugitivo internacional. A día de hoy, aún nos resulta difícil de creer esta odisea.

Al caso Ghosn se le suele dar una explicación equivocadamente simple, centrada en los buenos y los malos, en la avaricia individual y en una huida propia de las películas de Hollywood. Nuestro enfoque y principal motivación para contar esta historia en un libro ha sido presentar un relato mucho más complejo, con personajes más matizados, sin hablar de las ramificaciones que continuarán vigentes en el futuro. Respecto al tema de la Alianza y su futuro, están en juego cientos de miles de puestos de trabajo en los cinco continentes: desde los comerciantes de coches en la India hasta los trabajadores de la fábrica en Tennessee y los diseñadores en las afueras de París, además de miles de proveedores y socios empresariales de todo el mundo.

Aparte de explicar las extraordinarias y cambiantes maniobras, también queríamos situar los acontecimientos en una perspectiva cultural, política e histórica más amplia e intentar dar respuesta a muchas de las dudas que han suscitado estos acontecimientos. ¿Es injusto el sistema judicial japonés? ¿Fue Ghosn víctima de ese sistema o fue un conspirador que actuaba en contra de la ley movido por su avaricia y su ego? ¿Pueden las grandes compañías trabajar conjuntamente manteniendo cada una de ellas su propia identidad nacional? ¿Está el nacionalismo suplantando a la globalización? ¿Cómo puede la industria del automóvil adaptarse a la avalancha de cambios que se suceden? Estos son algunos de los temas que hemos intentado desgranar.

En un principio, fue el agente literario y escritor estadounidense John Butman el que nos dio la idea de que trabajáramos juntos y después nos animó a escribir algo más que mil palabras, algo que superara la prueba del tiempo por ser algo más que un relato de los acontecimientos de un día o de una semana. John vio que la historia de Ghosn iba más allá de los titulares sensacionalistas. Algo le hizo pensar que aquel relato llamaría la atención de muchas personas, más allá de la reducida población que constituye la industria del automóvil y el mundo empresarial japonés. Y vio que la colaboración entre un experto en la industria automovilística y un experto en política podría generar algo que ninguno de los dos podríamos conseguir por nuestra cuenta. Y estamos encantados por ello.

Por desgracia, John falleció repentinamente antes de poder ver terminado el libro, pero en sus páginas se puede palpar su espíritu y su inspiración.

Nuestra principal intención es que *Colisión inminente* sea una lectura atractiva. Lo que descubrimos en nuestra investigación fue al mismo tiempo esclarecedor, sorprendente, divertido e inquietante. Esperamos que el libro suscite muchas conversaciones entre sus lectores, no solo sobre Carlos Ghosn y su legado, sino también sobre los ideales de justicia, el futuro de la industria del automóvil y el papel del gobierno en el comercio internacional.

Hans Greimel y William Sposato
Tokio, Japón
Abril de 2021

1

EL ESCÁNDALO GHOSN

CUANDO EL JET PRIVADO DE NISSAN COMENZÓ su descenso en el aeropuerto de Tokio, Carlos Ghosn se abrochó el cinturón, puso su asiento en posición vertical y, seguramente, estiró los brazos y las piernas mientras miraba por la ventanilla ovalada la metrópolis que se extendía a sus pies.

A pesar de que el avión tenía una cabina trasera en la que solía descansar en los vuelos largos como aquel, desde Beirut, siempre se quejaba del omnipresente *jet lag*.

«No existe ninguna medicina, ningún truco. Lo he probado todo, y nada funciona», confesó en una ocasión hablando del estrés de estar constantemente cruzando las zonas horarias del mundo. «Hagas lo que hagas, durante el primer día siempre hay un momento en el que empiezas a estar confuso».[1]

...

Aquel viaje a Japón empezó igual que cualquier otro de los que acostumbraba a hacer Ghosn, que todavía era el famoso y admirable presidente del imperio Renault-Nissan-Mitsubishi conocido como la Alianza. Era un viaje que Ghosn había hecho en innumerables ocasiones durante diecinueve años, desde que en 1999 aterrizó por primera vez en Japón para salvar a Nissan Motor Co. de una posible quiebra, algo que se había convertido en una vergüenza nacional para la poderosa economía asiática.

Prácticamente todos los directores ejecutivos tienen el privilegio de las millas Platinum como pasajeros habituales, pero el trotamundos Ghosn los había superado a todos. Durante las casi dos décadas que duró su reinado como uno de los líderes más visibles y admirados de la industria del automóvil, estuvo constantemente viajando desde Tokio y París —donde las compañías socias tenían sus oficinas centrales— hasta otros puntos intermedios, mientras convertía la alianza franco-japonesa en un ejemplo poco frecuente, pero excepcional, de un consorcio automovilístico internacional que realmente funcionó.

Su triple alianza —una táctica audaz por su ambición, su alcance y su sensibilidad intercultural— parecía *prosperar*, mientras que muchos otros intentos de asociación (Daimler-Chrysler, VW-Suzuki, Ford-Mazda) acabaron en el cementerio de las alianzas rotas.

El ritmo del ascenso de Ghosn era extraordinario. El que había sido directivo del fabricante de neumáticos Michelin, llevaba menos de cuatro años trabajando en Renault como número dos de la compañía cuando le mandaron a Nissan para que participara en el rescate, valorado en 5.400 millones de dólares, del fabricante japonés que estaba al borde de la quiebra. Ghosn tenía cuarenta y cinco años cuando entró como director de operaciones del segundo fabricante de automóviles japonés. En el año 2000 fue nombrado presidente de la compañía, y en el 2001 director ejecutivo. Ese proceso hizo que se convirtiera en un famoso ejecutivo, elogiado por su fórmula mágica que devolvió la vida al fabricante de automóviles japonés cuando estaba al borde del abismo.

La compañía francesa apostó muy alto al tomar una participación mayoritaria de una Nissan que se estaba hundiendo. Pero a Renault le impresionó tanto la habilidad de Ghosn para revertir el curso de Nissan —hoy en día conocida por su popular sedán Altima, su crossover Rogue y su superdeportivo GT-R— que en el año 2005 le nombraron presidente y director ejecutivo de la compañía. Con ese nombramiento, Ghosn adquiría una influencia sin precedentes en dos compañías internacionales de dos continentes. Era la primera persona de la historia que simultáneamente ejercía de director ejecutivo de dos compañías *Fortune* 500; no de dos compañías cualesquiera, sino de dos sobresalientes equipos de fabricantes de automóviles que eran abanderados del poderío industrial de Francia y Japón, dos de los pesos pesados que lideraban la economía mundial. Fue un acto de malabarismo al que solo podían osar los más audaces titanes de los negocios.

En cierta medida, Ghosn personificaba la economía mundial. Habla con fluidez cuatro idiomas —inglés, francés, portugués y árabe— y tenía el pasaporte de tres países —Francia, Brasil y Líbano—. Más adelante tuvo residencias en cuatro ciudades: París, Beirut, en el distrito de la playa de Copacabana en Río de Janeiro y un lujoso apartamento en Tokio con impresionantes vistas.[2] Ghosn nació en Brasil en 1954 en una familia con raíces libanesas que se trasladó a Líbano cuando él tenía seis años. Más adelante, se mudó a Francia para completar sus estudios y empezar la carrera que le haría famoso, y por la que acabó siendo infame.

Como director ejecutivo de Renault y Nissan, Ghosn iba uniendo gradualmente las dos compañías, y siempre estaba pendiente de si podía acercar a otras a su área de influencia. Los acuerdos con la alemana Daimler AG, el fabricante de coches de lujo Mercedes-Benz, y con el principal fabricante ruso AvtoVAZ, extendían la presencia de la Alianza en el mundo. Un acuerdo culminado en 2016 dio a la Alianza el control de Mitsubishi Motors Corp., el proveedor del todoterreno Pajero, y con esa nueva incorporación se convertía en el grupo automovilístico más grande del mundo.

Su máxima virtud es que parecía que Ghosn todo lo conseguía con elegancia, nunca por la fuerza. La Alianza era una nueva forma de cooperación entre empresas. Evidentemente, consiguió mantenerse unida por la participación del 43,4 % que tenía Renault en Nissan. Pero la asociación no era del todo una fusión, y Ghosn supo gestionarla muy bien, como si se tratara de una lenta integración que intentaba respetar la independencia de Nissan. Esta solo tenía el 15 % de Renault, ya que la empresa necesitaba inicialmente un rescate, pero a pesar de tener menor participación, a menudo su voz tenía relevancia.

A veces, las relaciones entre los dos socios principales eran algo tensas, pero Ghosn sabía que fusionar ambas empresas era jugar con fuego. Como socios, compartieron sus recursos para conseguir precios más económicos a la hora de comprar piezas, desde los amortiguadores hasta las pastillas de freno, y también compartieron su *know-how* para diseñar motores, transmisiones y todos los entresijos mecánicos que los clientes no suelen ver. Pero cada compañía mantenía su propio estilo, su marketing, el nombre de la marca y, tal vez lo más importante, su propio equipo directivo. Por supuesto, era un equilibrio difícil, pues alterar esa ecuación habría tenido grandes repercusiones.

De algún modo, Ghosn lo consiguió.

Salvando a Nissan de la bancarrota y devolviéndole la rentabilidad, Ghosn se convirtió en una especie de héroe popular, como un hijo adoptivo de Japón —hasta la gente corriente lo conocía como «Ghosn-san»—. Sus fans le paraban por la calle para pedirle autógrafos. Él, con su ancha nariz, su negro pelo y sus arqueadas cejas, siempre sobresalía en aquel país homogéneo que era Japón. Bromeaban diciendo que se parecía a Mr. Bean, pero Ghosn era inconfundible: ataviado con impecables trajes de lana fina italiana, jamás usó los desaliñados *tweeds* ingleses.

Ghosn era considerado un director ejecutivo carismático en un país donde todos los líderes de empresa «asalariados» estaban cortados con el mismo patrón. Ghosn era directo, rápido, enérgico y animado. Tenía poco tiempo para tonterías, y una agenda programada al minuto que seguía con la misma precisión que los trenes bala japoneses. En los discursos públicos a veces utilizaba su elocuente inglés —hablado con acento francés—, y tenía una capacidad de comunicación tan extraordinaria que siempre dejaba a los oyentes creyendo haber entendido todo lo que había dicho, por difícil que fuera. Respondía rápidamente a cualquier pregunta que le formularan y nunca eludía las cuestiones difíciles. Solía contestar con datos y hechos que exponía de memoria, como si fuera una ametralladora Gatling.

Ghosn se convirtió en uno de los ejecutivos mejor preparados y más codiciados de la industria automovilística —mejor dicho, de todas las industrias del mundo—, y los expertos lo comparaban con leyendas como Alfred Sloan, el lumbreras que fusionó las marcas que posteriormente formarían General Motors; o con Lee Iacocca, el genio americano que tan famoso se hizo por salvar a Chrysler de su desaparición en la década de los ochenta. Acorde con esa personalidad de macho alfa, Ghosn también era uno de los ejecutivos mejor pagados de Japón, saltándose las normas salariales de aquel país, en el que culturalmente se miran con mal ojo los salarios desorbitados.

A finales del 2018, Ghosn estaba en pleno apogeo y calentando motores para su gran acto final como fundador visionario de la Alianza. Tras la incorporación de Mitsubishi al grupo en el año 2016, Ghosn se había posicionado en la cima de la industria. Su alianza se expandió hasta convertirse en el principal vendedor de vehículos ligeros del mundo en el año 2017, superando los 10,6 millones de unidades vendidas: casi uno de cada ocho vehículos vendidos en el mundo.[3] Superó al gigante alemán Volkswagen AG y dejó al eterno rival japonés Toyota Motor Corp. en el tercer lugar de la clasificación. Mediante una estrategia basada en el lema «la unión hace la fuerza» para unir a Nissan con otros socios mundiales, consiguió transformar una compañía que estaba a punto de hundirse en la primera del mundo.

Aprovechando ese triunfo, Ghosn acabó firmando la renovación de su contrato por cuatro años más como líder de Renault y, por consiguiente, de toda su órbita de compañías filiales. Pero el nuevo mandato incluía una serie de condiciones adjuntas: su misión era hacer que la Alianza fuera «irreversible». Ese fue el término que utilizó Renault para referirse a la consolidación de las tres compañías en una asociación permanente que no se fragmentara cuando Ghosn saliera de escena. Lo que ello significaba exactamente para cada socio era una cuestión de interpretación. Para la parte francesa parecía querer decir que sería un holding empresarial en el que cada empresa tendría garantizada su identidad corporativa. Para los japoneses esa palabra podía interpretarse como una especie de contraseña para la fusión total. Pero Ghosn estaba seguro de que podría suavizar las asperezas —llevaba casi dos décadas haciéndolo—.

En aquel momento, Ghosn tenía sesenta y cuatro años: una edad en la que la mayoría de los directores generales están anhelando retirarse a su casa de la playa o a jugar al golf. Seguía luciendo sus trajes a medida; pero su rostro, cada vez más arrugado, no ocultaba su edad, a pesar de que siempre mantenía su pelo negro azabache perfectamente arreglado —se rumorea que se lo teñía regularmente—. También estaba dando un paso atrás para ejercer una función más amplia y estratégica. Los viajes a Tokio eran cada vez menos frecuentes. Acorde con su reverenciada posición como icono de la industria automovilística, Ghosn dirigía Renault, Nissan y Mitsubishi; era el presidente de las tres compañías y llevaba las riendas como director ejecutivo de Renault. Pero Nissan tenía su propio director ejecutivo, Hiroto Saikawa: un hombre escogido a dedo por Ghosn, su hombre de confianza para dirigir las operaciones diarias en Nissan.

Ghosn tenía una tarea realmente importante por realizar: solo disponía de tres años más para que las tres compañías quedaran unidas de forma «irreversible». Para algunos, especialmente para la parte francesa, eso suponía el gran éxito de la Alianza; pero a los japoneses les preocupaba enormemente la idea de perder autonomía por culpa de una fusión total. Aun así, si lo lograba, podría sellar su reputación como uno de los líderes más grandes de la industria y conseguir su jubilación dorada en el año 2022. Ghosn renovó su contrato con Renault por cuatro años más a pesar del rechazo de su familia, pero no pudo resistir la tentación de completar este último capítulo.

. . .

Aquel día de noviembre, su Gulfstream G650 tomó tierra en el Aeropuerto Internacional de Haneda de Tokio cuando el tenue sol de noviembre estaba empezando a ocultarse en el horizonte. El número de registro personalizado del avión —un gran estampado que decía N155AN cerca de una de las turbinas— no dejaba lugar a dudas sobre quién iba en él. Era un guiño bastante evidente a la grandeza de Nissan que el jet privado transportaba alrededor del mundo.

Entre los eventos que tenía Ghosn en su agenda del viaje había una cena para celebrar su Alianza. La cena, cuyo anfitrión iba a ser el gobernador de Tokio, tendría lugar en una colosal mansión centenaria de estilo europeo construida por un antiguo industrial en el centro de la ciudad. Era una de las típicas galas en las que el presidente Ghosn iba a ser, una vez más, el centro de atención. Y fuera de la agenda tenía programadas unas negociaciones extremadamente delicadas en torno al holding empresarial que quería formar con las tres compañías, tema sobre el cual esperaba tomar una decisión en primavera.

Después de desembarcar del avión aquella tarde del 19 de noviembre, Ghosn recorrió las salas de la terminal de llegada del aeropuerto de Haneda, como había hecho siempre. Pero esa vez, cuando llegó al control de inmigración japonés, perfectamente iluminado, donde unos pulcros agentes tomaban la huella y una foto de todos los visitantes, la visita de rutina se convirtió de repente en una desconcertante odisea.

Cuando el confiado ejecutivo entregó sus credenciales, tal como él mismo explicó, el inoportuno agente fronterizo las revisó con detenimiento.

«Tenemos un problema con su pasaporte. ¿Podría por favor venir conmigo a una sala para comentar algo?», le preguntó aquel hombre de forma desconcertante. Ghosn aceptó, y esperándole estaba un oficial de la Unidad de Investigación Especial del Ministerio Fiscal de Tokio —un equipo de agentes de la ley encargados normalmente de investigar el crimen organizado y la corrupción política—.

«Señor Ghosn, soy de la Fiscalía. Nos gustaría hablar con usted», dijo el hombre. Ghosn se quejó diciendo que estaba un poco ocupado, pero aquel oficial no aceptaba un no por respuesta. «No, no, no, tiene que venir con nosotros», insistió el investigador.

Y entonces, antes incluso de que el famoso ejecutivo pasara inmigración, Ghosn fue detenido y trasladado para ser interrogado. Por la noche, fue encerrado en una cela del centro de detención de Tokio en el barrio de Kosuge, cerca de la orilla del río Arakawa en un antiguo barrio del norte de la capital.

Ghosn nunca vio venir algo así. Le quitaron el teléfono móvil y ni siquiera se le permitió telefonear a su hija Maya, que estaba esperándole en su apartamento corporativo del centro de Tokio. Maya, una de sus cuatro hijos adultos —tiene otras dos hijas y un hijo—, diría después que las primeras noticias sobre el arresto de su padre aparecieron a través de Twitter.

Los fiscales no le dijeron inmediatamente a Ghosn los motivos de su detención, tal y como comentó él más adelante, sino que le hicieron la siguiente pregunta: «¿Por qué cree que estamos arrestándole?».

Ghosn estaba perplejo, y no tuvo respuesta alguna.

«No sabía qué estaba pasando», contó Ghosn en una entrevista. «No sabía si era algo serio o si se trataba de un error. No sabía la razón por la que me estaban deteniendo. Pensaba que había aterrizado en Corea del Norte en lugar de en Japón».

Al día siguiente de su detención le permitieron hacer una «única llamada».

Después de que un conmocionado Ghosn pasara su primera noche en la cárcel, le preguntaron a quién quería contratar como abogado, y él pidió hablar con Hitoshi Kawaguchi, un ejecutivo de Nissan. Parecía la opción más lógica.

Kawaguchi, como vicepresidente sénior encargado de las relaciones gubernamentales del fabricante de coches, tenía contactos en las más altas esferas de la política japonesa. Lo que Ghosn no sabía es que Kawaguchi llevaba meses colaborando con la Fiscalía de Tokio en la investigación que culminó con su arresto en el aeropuerto. Kawaguchi estaba involucrado.

• • •

La noticia del arresto de Ghosn cayó como una bomba en Japón hacia la hora de cenar del 19 de noviembre. En la redada también participó Asahi Shimbun Co., uno de los periódicos más leídos en Japón. Tenía a un periodista en el aeropuerto para cubrir tal escabroso asunto. En sus grabaciones se puede ver el jet del ejecutivo rodando por la pista. A continuación, se ve la escena de unos fiscales con traje oscuro que suben por la escalerilla del avión. Entonces empiezan a revolverlo todo y se ve cómo alguien baja las cortinas de las ventanillas para evitar miradas indiscretas. Aquella imagen se convertiría en la instantánea más simbólica de la hora cero de Ghosn.

Las oficinas centrales de Nissan en Yokohama —a tan solo veinte minutos del escenario de la detención— entraban en estado de crisis mientras los titulares dejaban atónito y estupefacto a todo el país. Cuando empezaron a circular las noticias por los móviles, muchos pensaban que se trataba de un error o una confusión de los medios de comunicación. ¿Carlos Ghosn? ¿Detenido?

Pero Nissan, la compañía que él mismo había salvado de la quiebra casi dos décadas antes, no tardó ni un segundo en confirmar la noticia. Ghosn había sido detenido y el propio Saikawa iba a hacer una rueda de prensa urgente esa misma noche para explicar los motivos de la detención.

Los medios de comunicación invadieron el enorme edificio acristalado de Nissan cerca del paseo marítimo de Yokohama antes de que la propia compañía enviara las invitaciones a los periodistas para las noticias de las 22:00 h. La fila de periodistas que competían por una invitación se prolongaba desde la espaciosa sala de exposiciones del fabricante de automóviles hasta una explanada y llegaba hasta la entrada principal del edificio. Cientos de periodistas se apretujaban en la sala de reuniones de la octava planta del edificio cuando apareció Saikawa con el rostro muy serio y las cámaras de televisión empezaron a retrasmitir para todo el país.

Saikawa, que entonces tenía sesenta y cuatro años, era un impasible veterano de Nissan, con un impecable corte de pelo y un semblante serio e inexpresivo. Había sido una de las personas de confianza de Ghosn desde el primer día y durante todo el proceso de transformación de Nissan. En aquel entonces se le había confiado la tarea de renegociar las condiciones con la arraigada red de proveedores de la compañía presionándoles a bajar los precios de las piezas y los componentes. El propio Ghosn había nombrado a Saikawa codirector ejecutivo en octubre de 2016, mientras él diseñaba el acuerdo de participación en Mitsubishi. Al nombrar a Saikawa dijo: «No hay ninguna diferencia entre lo que yo pienso y lo que él piensa». Saikawa era conocido dentro de la compañía como uno de los «hijos de Ghosn» por su relación estrecha con el jefe.

En aquella conferencia de prensa, Saikawa adoptó una actitud dura y, buscando siempre las palabras más adecuadas, criticó sin rodeos al que otrora fuera su mentor diciendo que había sido un «genio» de las irregularidades financieras durante todo el tiempo que duró su reinado.

Saikawa dijo que a Ghosn se le acusaba de infringir la ley japonesa por no haber declarado sus ingresos en las declaraciones financieras oficiales, y que el equipo directivo iba a votar para destituirlo de su cargo de presidente la semana siguiente. Además, Saikawa anunció que Greg Kelly, un director americano del consejo directivo de Nissan, también había sido detenido esa misma noche y acusado de ser cómplice de Ghosn. Kelly, a pesar de estar esperando tratamiento en Estados Unidos por una grave dolencia en el cuello, dijo que le hicieron ir a Japón engañado, para asistir a lo que él pensaba que era una reunión urgente de alto nivel. Aterrizó la misma tarde en el otro aeropuerto internacional de Tokio, y los dos ejecutivos fueron detenidos casi simultáneamente.

Saikawa dijo que Ghosn había sido capaz de ejecutar y ocultar sus fechorías durante una década por haber concentrado tanto poder en sus manos, como un hombre incuestionable e incontrolable. «Este es el impacto negativo derivado del largo régimen del señor Ghosn», declaró.

«Es un acto que no puede ser tolerado», insistía Saikawa. «Es muy difícil para mí expresar con palabras lo que ha pasado. Más que pena lo que siento es una enorme decepción y frustración, desesperación e indignación». Saikawa confesó que el arresto de su jefe no afectaría a la larga asociación entre Nissan y Renault, pero también sorprendió diciendo que abría una puerta al cambio: «Esta es una buena oportunidad para revisar nuestra manera de trabajar».

• • •

La detención de Ghosn sorprendió a todo el mundo —lo mismo que habría sucedido con la detención de cualquier icono de la industria, como Iacocca o Jack Welch—. Al menos así lo fue para la mayoría, excepto para un reducido número de personas de Nissan que llevaban meses colaborando con la Fiscalía.

De hecho, fue un asunto tan impactante que los medios de comunicación japoneses enseguida acuñaron un calificativo especial para denominarlo: el «Ghosn Shock». Ese eslogan se hacía eco del primer «Ghosn Shock» que el innovador ejecutivo provocó cuando aterrizó por primera vez en Japón y empezó a cambiar las prácticas empresariales tradicionales para salvar a la entonces moribunda Nissan.

Pero el término también era un guiño a la abreviatura local de la Gran Recesión. En Japón hablaban de la gran recesión como el «Lehman Shock», porque la crisis financiera global fue provocada en parte por la solicitud de acogerse al Capítulo 11 de la Ley de Quiebras de EE.UU. que en 2008 protagonizó el gigante financiero de Wall Street Lehman Brothers. La quiebra de este banco de inversión sigue siendo la más importante en la historia de Estados Unidos. El escándalo Ghosn no provocó una crisis económica mundial, pero en cierta manera golpeó con la misma intensidad a la Alianza franco-japonesa. Y todo, porque de pronto el líder del grupo había sido extraído de la ecuación.

Al cortar la cabeza de la Alianza, los precios de las acciones de Nissan y Renault empezaron a caer en picado. Al día siguiente de su detención, las acciones de Nissan sufrieron una caída del 5%, siendo del 27% un año más tarde, hasta que en marzo de 2020 habían perdido casi la mitad de su valor. Las de Renault cayeron un 8% al día siguiente y acabaron cayendo dos tercios de su valor. Las ventas y los beneficios en ambas compañías, así como en Mitsubishi, se derrumbaron. A principios de 2020, mientras la alianza se tambaleaba sin su líder, los tres fabricantes de automóviles reportaron pérdidas.

No hay duda que el escándalo Ghosn desató olas de caos que repercutieron en toda la industria automovilística y en los tribunales de Japón. Estaba en juego el destino de los fabricantes de automóviles y el de cientos de personas cuyo trabajo dependía de ellos. El arresto de Ghosn también puso en tela de juicio la fama que tenía Japan Inc. de llevar a cabo una gestión ética, y se empezó a dudar de que el sistema judicial nipón fuera justo y equilibrado.

Empezaron a aflorar tensiones que llevaban tiempo latentes y, como la bola blanca que golpea las demás bolas de la mesa de billar, el caso Ghosn desencadenó múltiples enfrentamientos.

Enfrentamientos entre compañías, entre personas, entre sistemas legales, entre las viejas y las nuevas tecnologías. En términos generales, se produjeron choques de culturas y naciones, y se planteó el tema de la internacionalización de las economías nacionales. El gobierno francés y el japonés, cada uno de ellos con la intención de proteger a «sus compañías», se encontraron intentando controlar una crisis que iba en aumento. Cada vez era más evidente que se trataba de una crisis que ellos mismos habían generado, pues las burocracias gubernamentales de París y Tokio estaban disputándose la dirección de la Alianza.

Los ejecutivos de Renault estaban totalmente sorprendidos, igual que lo estaba el gobierno francés que miraba con especial aprensión el lío en el que se había metido Renault, un fabricante de automóviles fundado en 1898 que era una pieza clave de la industria francesa. El gobierno francés tenía un 15% de las acciones de Renault y había logrado duplicar sus derechos de voto en el consejo de la empresa, lo cual le concedía un control férreo sobre el fabricante francés y, por extensión, sobre Nissan. Por su parte, el grupo galo era el accionista mayoritario de Nissan al tener en propiedad el 43,4 % del capital, y Nissan se quedaba como segundo accionista con su 15 % y sin derecho a voto.

El arresto de Ghosn sacó a la luz un conflicto que llevaba tiempo oculto bajo la superficie de aquella Alianza que los líderes siempre habían dibujado como la imagen perfecta de la cooperación entre culturas. El punto de fricción en esa asociación, que no acababa de ser del todo una fusión, era el tema de qué compañía tenía realmente el control y qué pasaría cuando Ghosn diera nuevas órdenes para que la unión fuera «irreversible».

Nissan era la joya de la corona de Renault. Con los años, aquella Nissan que estuvo al borde de la quiebra había conseguido crecer hasta superar en ventas y beneficios a su antigua «salvadora». Se convirtió en la gallina de los huevos de oro que constantemente inflaba la cuenta de resultados de una Renault respaldada por el gobierno con inyecciones saludables de dividendos regulares.

Salvar la alianza con Nissan quería decir salvar también puestos de trabajo en Renault. Y para un Estado francés, por aquel entonces asediado por semanas de protestas callejeras populistas de los «chalecos amarillos» quejándose de los bajos salarios y de la desigualdad, mantener esos puestos de trabajo era una prioridad. El presidente Emmanuel Macron se comprometió a ser «extremadamente cauteloso» con la estabilidad de la Alianza.

Pero, aunque los ejecutivos de ambas compañías reafirmaron públicamente su compromiso con la Alianza, la desconfianza mutua crecía entre bastidores. Sin conocer los detalles de la investigación de Nissan ni las pruebas que respaldaban los cargos contra Ghosn, Renault se mostraba reacia a dar la espalda al que había sido su líder durante tanto tiempo. Un ejecutivo de la Alianza dijo: «Esto ha sido un ataque a Renault. La gente decía: "Es nuestro hombre y no sabemos por qué le han arrestado"».

Para muchos todo ese asunto olía a podrido. Nissan describió el arresto de Ghosn como un caso criminal, pero otros afirmaban que era lo más parecido a una trama llena de conspiraciones al estilo *Juego de Tronos*.

Los titulares franceses así lo expresaron: «¿Es el caso Ghosn un golpe de estado fomentado por Nissan?»; «Carlos Ghosn en prisión: ¿escándalo o conspiración?».[4]

El consejo editorial del *Wall Street Journal* no tardó en bautizar toda la saga «Inquisición sobre Ghosn». «¿China comunista? No, Japón capitalista», escribía este periódico de negocios. «Los datos de los que disponemos son confusos, pero este caso debería preocupar a todas aquellas personas relacionadas con los procesos legales y el gobierno corporativo en Japón».

Los datos eran realmente confusos. Nissan dijo que el arresto de Ghosn tenía sus orígenes en un chivatazo de alguien de la compañía que había descubierto irregularidades financieras. En la primavera de 2018, la compañía había iniciado una investigación interna. Un grupo reducido de personas —que incluía al auditor de la compañía, a un delator y a Kawaguchi— empezaron a escarbar en los archivos financieros y a rastrear documentos. Finalmente, trabajaron con los abogados que tendieron la trampa a Ghosn y a su cómplice acusado, Kelly.

Para los que defienden la teoría de la conspiración no era descabellado pensar que había sido Nissan la que había ideado la caída de Ghosn para impedirle completar su plan de integrar las dos compañías y cerrar así ese capítulo de la Alianza. En una conferencia de prensa que hizo Nissan aquella misma noche, horas después de la detención de Ghosn, un periodista japonés le preguntó sin rodeos a Saikawa si se trataba de un «golpe de estado» en la sala de juntas de Nissan, a lo que él respondió escuetamente: «No lo entendemos así».

Pero el propio Saikawa estaba entre las personas que dudaban de los planes de forjar vínculos más fuertes entre las dos compañías. La solución preferida de Ghosn —combinar las compañías formando un holding— no era ni más ni menos que una fusión total, creía él. Y eso sería el fin de una Nissan fuerte e independiente. Antes de su detención, Saikawa y Ghosn habían discutido sobre este tema a puerta cerrada, y se rumoreaba que Ghosn tenía previsto sustituir a Saikawa por oponerse a su plan.

Después del arresto de Ghosn, las relaciones entre Nissan y Renault se enfriaron. La comunicación entre ambas empresas —que normalmente se hacía a través de reuniones presenciales, llamadas telefónicas o videollamadas— empezó a hacerse por escrito a través de los abogados. Empezaron a discutir sobre la investigación interna realizada por Nissan y sobre los descubrimientos de la misma, sobre la elección de los nuevos miembros del consejo para sustituir a Ghosn y a Kelly, y sobre la nueva iniciativa de Nissan de reestructurar por completo la dirección corporativa para mejorar la transparencia y la responsabilidad. Parecía que la Alianza estaba a punto de desintegrarse, tal como anteriormente les había ocurrido a toda una retahíla de asociaciones multinacionales.

Nissan actuó con rapidez para destituir a Ghosn. El consejo de la compañía japonesa acordó despedirle del puesto de presidente tres días después de su detención, y Mitsubishi hizo lo mismo la semana siguiente. En cambio, Renault nombró al ayudante de Ghosn, Thierry Bolloré, director ejecutivo interino, a la espera de que Ghosn volviera algún día al trabajo.

• • •

Pero Ghosn continuaba languideciendo en la cárcel de Tokio, sin derecho a una fianza. A principios de enero se le acusó de tres cargos. Poco a poco esos cargos fueron definiéndose. Los dos primeros hacían referencia a que había violado las leyes financieras japonesas por omitir parte de los beneficios en los informes de valores de la empresa entre el 1 de abril de 2010 y el 31 de marzo de 2018, una suma que asciende a 80 millones de dólares y que supuestamente cobraría tras su jubilación. Nissan, como entidad corporativa, también fue acusada de los cargos de declaración indebida. Lo mismo le sucedió a Kelly, por hacer que se ejecutaran las órdenes de Ghosn.

Un tercer cargo a finales de diciembre acusaba a Ghosn de apropiación indebida de activos de la compañía para beneficio personal, ya que había canalizado ese dinero para cubrir las pérdidas de una inversión suya durante la Gran Recesión.

La odisea de dos meses que pasó Ghosn recibiendo acusaciones constantes y confinado sin fianza en un centro de detención de Tokio puede parecer demasiado larga y draconiana; sin embargo, responde a una práctica habitual.

Forma parte de la manera de actuar de la justicia japonesa para con todo aquel que infringe las leyes; algo que contrasta con las pautas occidentales, especialmente cuando atañe a criminales de guante blanco. Los altos cargos de la Fiscalía del país pueden retener a los sospechosos, sin acusarlos formalmente, en un sistema que permite que se les «vuelva a arrestar» bajo acusaciones diferentes pero tangenciales.

En Japón, los fiscales pueden, con la aprobación de un juez, encerrar a un sospechoso hasta veintitrés días sin que tenga acusaciones formales; y, durante ese tiempo de arresto, el sospechoso puede ser sometido a largas horas de interrogatorios sin la presencia de su abogado. Los fiscales se aprovechan de que en esos interrogatorios los investigadores pueden forzar una confesión de culpabilidad por parte del sospechoso, desesperado por salir de allí. Además, ello concede tiempo a la acusación para recoger nuevas pruebas que permitan «volver a arrestar» al sospechoso y, por lo tanto, reiniciar el ciclo.

Gracias a este tipo de instrumentos legales, que aparentemente van en contra de las ideas occidentales de las libertades civiles, se da la tan famosa tasa de condenas del 99 % del sistema judicial japonés. Los americanos y europeos podríamos preguntarnos si esa infalible máquina de dictar sentencias está amañada. En cambio, los japoneses se enorgullecen de ella y la consideran la causa fundamental de que tengan una tasa tan baja de delincuencia, violenta o de cualquier tipo. En un país donde una detención casi asegura pasar un tiempo entre rejas, los críticos dicen que la inocencia, hasta que se demuestre lo contrario, es básicamente una idea teórica.

Es cierto que, al tener un acceso restringido a los abogados, a Ghosn le costó mucho responder a las acusaciones públicamente. Su primera defensa a pleno pulmón llegó cuando, durante una breve comparecencia ante el tribunal administrativo, confesó personalmente su inocencia y leyó a los jueces una defensa punto por punto. Después de más de un mes encarcelado, empezaban a vislumbrarse las canas en su mítico pelo negro azabache y tenía el rostro algo demacrado, fruto de la espartana dieta en prisión a base de arroz, verduras en escabeche y sopa de miso. El destituido presidente iba esposado, vestía traje oscuro sin corbata y calzaba unas zapatillas de plástico verde.

A medida que el caso Ghosn se publicaba en la prensa internacional se ponían de manifiesto las arbitrariedades del sistema legal japonés. Su lucha llegó a simbolizar el choque entre la justicia japonesa y la occidental, y obligó al gobierno nipón a tener que defender su sistema judicial ante el mundo entero. Para los que defendían a Ghosn, este se había convertido en un potente pararrayos para la defensa de los derechos humanos en Japón. E incluso en Japón empezaron a aparecer voces que abogaban por una reforma del sistema judicial.

El enfrentamiento internacional culminó en una dura reprimenda al sistema judicial y a las encarcelaciones en Japón cuando la Comisión de Derechos Humanos de la ONU calificó de «arbitraria» la privación de libertad de Ghosn y expuso que se le había negado el derecho a un juicio justo.

Japón, argumentaba la Comisión, le debía a Ghosn una compensación o algún otro tipo de indemnización.[5]

• • •

El 24 de enero de 2019, dos meses después de su primer arresto, el titán caído fue obligado a dimitir de Renault.

Pero su dimisión no hacía más que acrecentar las tensiones entre Nissan y Renault, sustentando las especulaciones de los expertos de la industria del automóvil que decían que ese dúo estaba destinado a desintegrarse. Empezaron a surgir resentimientos entre ambas partes. Muchos de los trabajadores de Nissan, cansados de estar relegados durante tanto tiempo a un segundo puesto, querían tener más poder de decisión en los asuntos de la Alianza, ya que eran mayores en tamaño y beneficios. Sin embargo, reequilibrar el poder entre ambos no entraba dentro de los planes de Renault. Para los del grupo galo, el control de Renault era una cuestión de derechos de los accionistas. Y Renault poseía el 43,4 % de Nissan. La vieja guardia de la oficina central de Renault, situada en Boulogne-Bilancourt, una ciudad del extrarradio de París, se oponía a que el socio minorista empezara a dictar las normas.

Durante todo el año 2019 las asperezas y recriminaciones entre las dos compañías fueron aumentando, pero el punto culminante llegó cuando la nueva directiva de Renault volvió a lanzar una oferta para hacer que la alianza fuera «irreversible». La tensión se intensificó porque Nissan rechazó la oferta, y entonces Renault dio un giro impresionante e inesperado: intentó fusionarse con Fiat Chrysler Automobiles (FCA), el gigante automovilístico italoamericano. La abrupta frialdad de Renault con respecto a Nissan y su repentino cortejo con FCA dejó perplejos a muchos de la industria, tanto japonesa como internacional. Se preguntaban cómo salvarían una alianza de diecinueve años que tiempo atrás había sido pionera de un modelo de asociación totalmente novedoso.

Evidentemente, el caos provocado puso en duda hasta la propia base del legado de Ghosn de que era posible unir dos compañías con culturas corporativas totalmente diferentes —o incluso identidades nacionales— e inducirlas a cooperar a partir del respeto mutuo y de los objetivos compartidos. Todo eso parecía entonces una idea fabulosa, una ilusión que Ghosn había proyectado magistralmente en el mercado.

¿Fue el afán de Ghosn por alcanzar una escala cada vez mayor la respuesta a las presiones a las que se enfrenta la industria automovilística mundial? ¿Y cuál es el papel que juegan los gobiernos en la industria en la era de la globalización? Es evidente que la participación del gobierno francés en Renault complicaba las relaciones con Nissan, pero el gobierno japonés también era experto en proteger a sus primeras marcas nacionales. El poderoso Ministerio de Economía, Comercio e Industria japonés no custodiaba una participación del gobierno en Nissan pero, como más adelante se demostró, respaldaba a Nissan cuando los tiempos se ponían difíciles.

En general, Ghosn veía con malos ojos la intervención del gobierno en cualquiera de las dos compañías.

«El mayor grupo de automoción del mundo ha sido prácticamente desmantelado por culpa de la interferencia de los organismos políticos», dijo en una entrevista para este libro. «No tengo ninguna duda de que hubo interferencias del gobierno japonés por un lado y del gobierno francés por otro. Ahora, todos dirán que fue el otro el que empezó. Pero no cabe la menor duda de que ellos fueron los principales responsables del declive de ambas compañías».

Hasta los cargos iniciales en su contra pusieron al descubierto un choque de normas internacionales sobre el salario de los ejecutivos. En Japón y en Francia, los directores ejecutivos aceptan salarios que son bastante modestos comparados con los de Estados Unidos pero, como trabajador internacional que era, Ghosn realizaba un conjunto diferente de cálculos y esperaba que sus capacidades tuvieran una remuneración superior.

Durante años, el salario de Ghosn —exorbitante, por lo menos para los estándares japoneses y franceses— fue un tema recurrente en las juntas de accionistas de Nissan. La compañía dedicaba mucho tiempo y recursos a eludir las críticas justificando esos pagos como el precio que tenían que pagar para retener su talento. Ghosn también iba con cuidado para no llamar la atención sobre su generosa remuneración en Francia; otro país donde los salarios son más modestos y donde el gobierno, como accionista principal, mantiene un estricto control sobre las remuneraciones de los ejecutivos. Sin embargo, los fiscales dijeron que había ido demasiado lejos cuando ilegalmente ocultó a la luz pública casi la mitad de su salario en Nissan en un plan para compensarlo después de su jubilación.

¿Por qué? Para ahorrarse el vergonzoso escrutinio de unas sumas tan indecorosas y la posibilidad de ser despedido por ello.

. . .

A medida que avanzaba el año 2019, sus problemas legales no hacían más que empeorar: una cuarta acusación contra él, esta vez por abuso de confianza —hasta el momento, la más grave—.

En caso de ser condenado se enfrentaría a quince años de prisión.

En aquel entonces, la contienda se convirtió en el centro de atención internacional. Con todas las cartas en su contra en Japón, su mujer, Carole, apareció como su gran defensora tratando de ganar el apoyo de la opinión pública internacional. Ella y el poderoso equipo legal de su marido, junto con un antiguo embajador francés y un defensor de los derechos humanos, solicitaron a la ONU que censurara el sistema legal japonés, e incluso que obligara al presidente de Estados Unidos, Donald Trump, y a otros líderes mundiales a defender la causa de Ghosn en las cumbres internacionales. Los 130 días que Ghosn pasó en la cárcel antes de pagar la fianza se convirtieron en la principal prueba que aparecía encabezando la lista de presuntos abusos.

Y, mientras la Alianza iba debilitándose sin Ghosn, este seguía empeñado en ganar la partida y restaurar su reputación en los tribunales japoneses.

Ghosn incluso tenía un relato detallado de cómo fue inculpado: él no era un delincuente, sino que había sido traicionado por un grupo de ejecutivos japoneses desleales que pretendían bloquear una fusión con Renault eliminando al artífice del plan. Sus enemigos pretendían proteger la independencia de Nissan y sus propios puestos de trabajo, y para ello se confabularon con los fiscales japoneses en una conspiración corporativa de dimensiones épicas.

Nissan y los fiscales veían las cosas de otro modo. Para ellos, Ghosn había sido durante tanto tiempo el epicentro de poder de la compañía que había llegado a difuminar los límites entre las arcas de la empresa y su bolsillo personal. Su sorprendente caída en desgracia fue provocada por sus propias fechorías, y no tenía nada que ver con las diferencias estratégicas entre Renault y Nissan.

Estos frentes de combate se endurecieron aún más cuando ambos lados se atrincheraron para preparase para lo que prometía ser uno de los juicios corporativos mejor analizado de la historia de Japón. A finales de 2019, Ghosn estaba en libertad condicional, viviendo en su casa de Tokio y —sin lugar a dudas— totalmente concentrado en preparar con sus abogados lo que iba a ser la batalla más importante de su vida. Después de haber conseguido rescatar a Nissan, ahora tenía que rescatarse a sí mismo. Las expectativas eran enormes.

Pero, entonces, el avispado estratega volvió a sorprender al mundo. Cuando aún no estaba fijada la fecha del juicio, Ghosn se saltó descaradamente sus compromisos con la justicia nipona y se escapó hasta su hogar en Líbano, ayudado por un equipo de agentes dirigidos por un exmiembro de las Fuerzas Especiales de Estados Unidos. La emocionante huida en la oscuridad de la noche empezó en un tren bala de Japón, después ocultaron al exemperador de la industria automotriz de sesenta y cinco años de edad en una gran caja para trasportar instrumentos musicales y lo pasaron de contrabando por la laxa seguridad del aeropuerto.

Ghosn dejaba tras de sí el pago de una exorbitante fianza de 1.500 millones de yenes (unos 13,7 millones de dólares).

Pero para Ghosn ese precio valió la pena. Ahora se había convertido en un hombre libre, protegido en un país que no tiene convenio de extradición con Japón y que se resiste a deportar a los suyos. De pronto, ya no estaba claro si podría responder a las acusaciones en los tribunales. Según los detractores de Ghosn, su fuga no era más que una prueba irrefutable de su culpabilidad, pero él tenía una explicación totalmente diferente para no dejar su destino en manos de un juez japonés.

«No he huido de la justicia: he escapado de la injusticia y de la persecución política», dijo en una declaración el día de fin de año de 2019 después de aterrizar en Beirut. «Ahora estoy en Líbano y ya no seré rehén de un sistema judicial japonés manipulado donde se presume la culpa, la discriminación es flagrante y se niegan los derechos humanos básicos».

El que había llegado a ser un icónico empresario internacional era ahora un icónico fugitivo internacional.

Hablando del día de su arresto en una entrevista desde Líbano, Ghosn dijo que nunca se habría imaginado lo que se le avecinaba —a él, a su familia y al imperio que él mismo había construido—. Cuando el guardia de seguridad cerró la puerta de la celda la noche de su arresto, Ghosn sintió lo mismo que el resto de mortales.

«Estás en shock. No estás enfadado. Estás simplemente en shock», dijo Ghosn. «No parece una novela de Kafka. Es una novela de Kafka».

2

EL DIRECTOR EJECUTIVO ESTRELLA DEL ROCK

LA PRIMERA VEZ QUE GHOSN ATERRIZÓ EN JAPÓN para salvar a Nissan fue en mayo de 1999. Durante los dos meses siguientes una treintena de ejecutivos de Renault, escogidos a dedo por Ghosn, llegaron a Japón para diagnosticar al paciente y recetarle algunos tratamientos duros.

El 18 de octubre de 1999, dos días antes de la inauguración del Salón del Automóvil de Tokio, todo el equipo se reunió en el gran salón de baile del Royal Park Hotel de la capital. La expectación era enorme porque Ghosn estaba a punto de presentar el tan esperado —ansiado para algunos, especialmente para los ejecutivos veteranos de la compañía— Nissan Revival Plan (NRP) que su equipo había estado preparando durante los últimos tres meses.

Mucha gente esperaba para ver el espectáculo pirotécnico por parte del hombre que se había ganado el apodo del «asesino de costes» por su implacable eficiencia a la hora de recortar los gastos y los puestos de trabajo, primero en Michelin y después en Renault. Ahora, como hombre de Renault encargado de arreglar las cosas en Nissan, Ghosn se presentó en Tokio y enumeró los fallos de sus predecesores nipones del fabricante de automóviles número dos de Japón: una de las mayores compañías del país que había sido fundada hacia el año 1910 y cuyo nombre resulta de una abreviatura de los caracteres japoneses que significan «Japón» e «industria».

Ghosn se mostró como siempre, directo e incisivo. Nissan no estaba orientada a los resultados, ni se centraba en el cliente, no trabajaba de forma transversal, ni tenía sentido de la urgencia y, sobre todo, le faltaba una visión compartida para un plan a largo plazo. Las acciones en el mercado global no dejaban de caer, pasando del 6,6% en 1991 al 4,9% en 1999. En ese mismo periodo de tiempo la producción se había desplomado en 600.000 vehículos al año. En Japón, las fábricas de la compañía tenían capacidad para fabricar 2,4 millones de vehículos al año, pero no estaban fabricando más de 1,28 millones. Nissan había acumulado pérdidas en siete de los últimos ocho años fiscales, incluido el año que Ghosn aterrizó en la compañía.[1]

«Los datos y las cifras fundamentales de Nissan reflejan una realidad: Nissan está en muy mal estado», dijo.

Durante todo el discurso, un hombre permaneció sentado e impasible a un lado de la mesa: Yoshikazu Hanawa, el entonces presidente de Nissan que tenía el innoble mérito de ser el hombre que vendía la compañía a unos extranjeros. Hanawa era nominalmente el jefe de Ghosn; y tenía veinte años más que él, lo cual significa mucho en la cultura japonesa, obsesionada por el respeto hacia las personas con mayor edad y experiencia. Pero quedaba claro quién gobernaba Nissan en ese momento.

La tensión y los contrastes resultaban impactantes, dijo Richard Johnson, un exeditor de *Automotive News* que asistió al evento. «Durante la sesión de preguntas y respuestas, Hanawa casi siempre dejaba que su "subordinado" hablara. Puesto que en la cultura japonesa no hay mayor tormento que la pérdida de prestigio, Hanawa debe de haber sufrido un dolor insoportable», escribió entonces Johnson.

«Hanawa palidecía al lado del deslumbrante Mr. Ghosn, cuya actuación de aquel día es lo que recordaremos del Salón del Automóvil de Tokio del año 1999», continúa diciendo Johnson. «Ghosn rebosaba energía y confianza en sí mismo. Hanawa parecía avergonzado y con ganas de irse».[2]

Los expertos no creían que Renault pudiera transformar Nissan, a pesar de haberle inyectado 5.400 millones de dólares por una participación inicial del 36,8 % en Nissan, una proporción que se incrementaría con el tiempo.

En su libro de memorias sobre el audaz rescate de la compañía publicado en 2005 *Shift: Inside Nissan's Historical Revival*, Ghosn recuerda al pez gordo de la industria Bob Lutz, que por aquel entonces había escalado hasta puestos ejecutivos en General Motors, BMW, Ford y Chrysler, y que se había burlado de la insensatez de invertir dinero en Nissan. Lutz comparaba la jugada de Renault con «introducir 5.000 millones de dólares en un contenedor y hundirlo en medio del océano».[3] Ghosn también reconoció que en ese momento tenía tan solo un 50 % de probabilidades de éxito, y públicamente dijo que abandonaría si no podía lograr el rescate.

• • •

Los problemas de Nissan formaban parte de una maraña de problemas más extensa y que afectaba a todo el país. El crecimiento extraordinario que tuvo Japón durante las décadas posteriores a la Segunda Guerra Mundial dejaba entrever que era un país imparable, pero no lo era. En 1990, sin apenas previo aviso, ocurrió lo que después se denominaría «la burbuja financiera». En 1999 se hablaba de «la década perdida». El crecimiento económico general se había estancado sin que hubiera una salida clara. En todas partes surgían dudas sobre el futuro.

• • •

Y Nissan no fue una excepción. La lentitud de la actuación propiciada por el gobierno, que se alargó toda una década, no iba a funcionar en el caso del segundo fabricante de automóviles más importante de Japón. En el año 1999, el mercado laboral japonés empezó a dar señales preocupantes, complicando aún más la recuperación de Nissan basada en recortar puestos de trabajo. La tasa de desempleo había aumentado hasta un 4,7 % y, aunque era un poco menos de la mitad de la de Estados Unidos, que en diciembre de 1982 había sido del 10,8 %, suponía un golpe tremendo para una economía que se enorgullecía de ofrecer empleo para toda la vida, un sistema que había llegado a tener una tasa de paro de tan solo el 1 % en los felices años sesenta.

Ciertamente, el empleo para toda la vida era —y en cierta medida sigue siéndolo— una parte de un convenio social más amplio que vinculaba al Estado, a las compañías y a los empleados. Fue un sistema que condujo a una gran prosperidad con poca diferencia salarial, una sólida infraestructura, una prácticamente inexistente criminalidad y como la mayoría de los turistas observan, unas calles impolutas y sin basuras. No era un sistema que se pudiera desafiar fácilmente.

En mayo de 1999, cuando Ghosn se estaba preparando para ir a Japón, Hiroshi Okuda, presidente de Toyota Motor Corp., y jefe de una de las organizaciones de Japón que más empleados tiene, dijo a los periodistas que «recortar puestos de trabajo es lo último que se ha de hacer; aunque lo hagas con el objetivo de incrementar la rentabilidad o el valor de las acciones, es algo que va en contra del estilo de gestión japonés».[4]

. . .

El primer encontronazo de Ghosn ya se estaba gestando antes de que se instalara en Japón. Cuando llegó el momento de exponer el remedio que había ideado para Nissan, el intruso forastero no hizo nada para evitar el impacto. Al anunciar su Revival Plan en el Royal Park Hotel, Ghosn se comprometió descaradamente a seguir una sola norma:

«Nada de vacas sagradas, nada de tabús, nada de limitaciones», dijo. «Créanme, no tenemos otra opción».[5]

El equipo de Ghosn encuestó a miles de personas, desde trabajadores de las fábricas y distribuidores hasta clientes y proveedores, para hacerse una idea clara de qué iba mal. Solicitar ayuda a las bases era algo que se salía de las normas convencionales de Japón, pero a él le sirvió para ganarse la confianza de los empleados de Nissan y prepararlos para el cambio. A partir de la información recibida definió una serie de objetivos numéricos y de métricas financieras. La atención metódica al detalle, el coste, la eficiencia y los beneficios serían su sello distintivo para impulsar a la compañía hacia delante.

Gracias al plan de renovación de Ghosn, Nissan consiguió reducir su deuda a casi 6.700 millones de dólares en cuatro años, la mitad de la que tenía antes del plan. Durante ese periodo también redujo los costes un 20 %. Además, en Japón cerró cinco fábricas y, a pesar de ser una decisión controvertida, recortó veintiún mil puestos de trabajo. El tema de los despidos, que afectaría en gran medida a los trabajadores japoneses, era un polvorín que podía estallar en cualquier momento. Pero eso no frenó a Ghosn.

También iba a aplicar una serie de reformas que pusieron en guardia a la clase dirigente japonesa. Ghosn prometió acabar con cualquier práctica tradicional que, a pesar de haber servido siempre para ajustar el engranaje de la empresa japonesa, añadiera poco valor o restara valor al rendimiento.

En su punto de mira estaba el singular sistema *keiretsu* de Japan Inc. de relaciones entre empresas: la costumbre de relacionar compañías a través de participaciones cruzadas y su secular ritual de promocionar a los empleados según su antigüedad. Ghosn estaba poniendo en riesgo a toda una cultura tradicional basada en las relaciones entre empresas.

Nissan, igual que muchos otros grandes grupos empresariales de Japón, siempre se había apoyado en una red de proveedores y otras compañías filiales integradas todas como en una única. Esas asociaciones de compañías, conocidas como *keiretsu* en japonés, tienen sus beneficios. Se ayudan entre sí a estabilizar las finanzas en momentos difíciles compartiendo participación accionarial en las compañías asociadas. Además, pueden reducir los costes de transacción vinculados a la ruptura de contratos y licitaciones de campo, y pueden tener más fácil acceso a los conocimientos o la experiencia de las compañías asociadas. Sus seguros vínculos también contribuyen a que todas las empresas se concentren en sus objetivos a largo plazo, en lugar de en obtener beneficios rápidamente.

Pero el sistema *keiretsu* también tiene sus inconvenientes. El tema de las participaciones cruzadas supone la inversión de un capital importante que de otro modo podría utilizarse para financiar la expansión o el desarrollo de nuevos productos. Y, con el tiempo, corren el riesgo de inflarse y quedarse obsoletas si las relaciones cordiales prevalecen sobre la competitividad de los costes.

En tan solo unos meses, Ghosn fue gradualmente arrancando de cuajo todas esas tradiciones. El coste y los beneficios iban a ser los nuevos y únicos árbitros.

Para empezar, recortó el número de participaciones cruzadas de Nissan. En ese momento, Nissan tenía participaciones en unas 1.394 compañías *keiretsu*, y poseía más del 20 % de muchas de ellas. Ghosn consideraba que, entre todas ellas, solo *cuatro* eran esenciales para el negocio central de la compañía y que, si se rompían esos vínculos, se liberaría una gran cantidad del capital que iba a necesitar.

A continuación, Nissan reduciría a la mitad a los 8.045 proveedores de los que recibía componentes, servicios y materias primas. Los contractos se harían con el mejor postor. ¡Al diablo con las relaciones!

Nissan también implementaría la promoción profesional basada en el desempeño. Y el nuevo sistema tendría bonificaciones y opciones de compra de acciones para incentivar a los directivos; algo que presagiaba los futuros conflictos salariales que precisamente le ocasionaron grandes problemas legales a Ghosn.

Como última bofetada a la tradición empresarial japonesa, Ghosn se saltó a dos generaciones de altos cargos de Nissan para nombrar a empleados cuarentones como miembros de los nuevos equipos de su plan de renovación, quienes iban a rescatar a la compañía y determinar su futuro. Nissan premiaría la habilidad sobre la edad.

«Las medidas que se tomaron no eran las tradicionales de Japón. La crudeza de la reestructuración tampoco era habitual en Japón», recuerda un ejecutivo francés sobre el equipo laboral de treinta miembros que seleccionó Ghosn. «No era la manera de trabajar habitual de la gente. Pero desde el principio, en cierta medida, hubo una muy buena predisposición para pasar por ese sufrimiento si así remontaba la empresa», añadió el ejecutivo. «Creo que también les tranquilizaba un poco el tema de que fuera una alianza y no una adquisición».

• • •

La cirugía invasiva que realizó Ghosn funcionó de maravilla y consiguió rescatar a Nissan con una rapidez increíble.

En el año 2002, un año antes de lo previsto, Nissan había logrado salir de los números rojos obteniendo un margen operativo del 4,5 % y reduciendo su deuda neta automovilística a menos de 5.300 millones de dólares. En el año fiscal que acababa el 31 de marzo de 2004, justo dos años después de esa fecha y menos de cinco años después de que Ghosn llegara a Nissan, el margen operativo de la compañía que había estado a punto de quebrar alcanzó un impresionante 11,1 %. Las ventas globales se dispararon, pasaron de 2,6 millones de vehículos cuando Ghosn tomó las riendas hasta casi 3,4 millones durante el año fiscal que terminaba el 31 de marzo de 2005.

Ghosn eliminó miles de puestos de trabajo de los 131.000 que había en 1999, pero Nissan sobrevivió a los recortes de personal y vio crecer su plantilla hasta más de 183.000 personas en el año 2005. Ghosn también cerró cinco fábricas, pero al cabo de los años abrió diez más. La mayoría de plantas nuevas estaban fuera de Japón, y por eso tanto el gobierno japonés como los medios de comunicación no lo aplaudieron demasiado. Pero la presencia de Nissan en el extranjero contribuyó también a reforzar las operaciones nacionales.

Entre las nuevas plantas había una de montaje de 930 millones de dólares que se construyó en Canton, Mississippi, a finales del año 2000, que fue la que lideró la reactivación de Nissan en el problemático mercado estadounidense.

Nissan ya había echado raíces en Estados Unidos, ganándose la confianza de los primeros conversos con ofertas tan emblemáticas como el Datsun 240Z: el deportivo de precio asequible que había aterrizado en aquel país en 1969. Nissan construyó su primera planta de montaje en Estados Unidos en 1983 en Smyrna, Tennessee —una fábrica de automóviles que llegaría a ser la más grande de Norteamérica—.

Pero las ventas en Estados Unidos se desplomaron en la década de los noventa cuando los clientes estadounidenses empezaron a rechazar los vehículos Nissan por el hecho de que no eran más que unas adaptaciones de los automóviles más pequeños y estrechos diseñados para el mercado interno japonés. En cambio, los rivales japoneses como Honda y Toyota habían aprendido a satisfacer los gustos de los estadounidenses con unas versiones más grandes y espaciosas de sus incondicionales sedanes: el Accord y el Camry.[6]

Según cuenta el propio Ghosn, de los cuarenta y tres modelos diferentes que Nissan sacó en 1999, solo cuatro fueron rentables.

Cuando Nissan consiguió reposicionarse de nuevo, la planta recién inaugurada de Canton fue la que ayudó a satisfacer la demanda norteamericana en dos segmentos cruciales que eran los que de verdad estaban empezando a despegar. Ghosn había decidido que la planta de Canton fabricaría la primera camioneta grande y el primer todoterreno: dos tipos de vehículos totalmente necesarios para satisfacer el gusto del mercado estadounidense por los vehículos robustos y resistentes.

Los escépticos, que habían temido una caída radical del buque insignia de la industria japonesa, se convirtieron en sus mejores patrocinadores. Ghosn, apodado «el cortador de costes», pasó a apodarse «el asesino de costes» para tener un mayor impacto en los medios de comunicación. Japón, sin embargo, prefería ponerle apodos como

«Mr. Fix-It» y «Seven-Eleven», este último haciendo referencia a la cantidad de horas que trabajaba. En parte, se ganó el reconocimiento público por una campaña mediática concertada que intentaba humanizarlo y destacar su sensibilidad cultural. Ghosn destacó como individuo en un país en el que los directores ejecutivos no son más que hombres invisibles, intercambiables, con trajes de color gris oscuro mal ajustados.

«Al *koho*, el departamento de comunicaciones de Nissan, le costaba estar al día», recuerda Ghosn en *Shift*. «Los lectores sabían lo que hacía a todas horas, mis visitas a las fábricas, las cenas con mi familia... En este sentido, había gente que pensaba que estaba sobrepasando los límites».

• • •

Ahora, la historia de la transformación de Nissan se lee como algo fácil y agradable, pero en realidad fue un camino sinuoso y, en ocasiones, doloroso, especialmente al principio.

En la reunión de accionistas anual del año 2000, la primera de Ghosn desde que asumiera la dirección de la compañía, fue criticado por negarse a inclinarse antes de su discurso. «Tienes que enseñarle algunos modales», le espetó a Hanawa un asistente, escribió el *Financial Times* en aquel momento. La respuesta de Ghosn fue: «Hay muchas costumbres japonesas que no conozco, pero es porque he estado trabajando mucho y no he tenido vida fuera de Nissan».[7]

Para ganarse el corazón y la mente de los japoneses, Ghosn tuvo que honrar la identidad de Nissan. Jugó con el orgullo japonés resucitando algunas de las marcas más conocidas de Nissan, vehículos que se habían dejado de fabricar durante la recesión debido al recorte de los costes.

Lo más exitoso fue la reencarnación del Nissan 350Z. Ghosn lo destacó en su Revival Plan de 1999 como un símbolo del renacimiento. También revivió el GT-R de alto rendimiento, un cupé deportivo legendario cuyo club de fans lo conocía como «Godzilla».

Impulsar el ego de Nissan ayudó a los empleados a absorber el estrés de aquellos momentos tan convulsos.

«Nissan se había convertido en una compañía rentable, el Z había vuelto, el GT-R también, y la gente estaba emocionada porque la compañía había estado a punto de morir y su personalidad era muy interesante», dijo un ejecutivo japonés sobre el equipo de Ghosn encargado de aquella transformación.

A los comentaristas japoneses les costaba encasillarlo como el estereotipo de expatriado extranjero; algo que les hubiera gustado a muchos, sobre todo al principio. De hecho, Ghosn no era para nada un estereotipo. Ghosn, que había nacido en la cuenca del Amazonas en Brasil, se había criado en Líbano y había sido educado en Francia, era como una clavija cuadrada en un agujero redondo. Se graduó en Ingeniería en la prestigiosa École Polytechnique de París. Para la élite empresarial de Francia fue siempre un extranjero. Muchos japoneses lo identificaban como un ciudadano del mundo porque no era el típico europeo rubio con ojos azules. Además, el hecho de que midiera 170 cm era bueno para los japoneses. «No es alto. Esto es importante», dijo un compañero suyo japonés.

Gracias a su singular carácter, Ghosn de repente consiguió cambiar tradiciones y vivir ajeno a las normas de los sosos y aburridos ejecutivos japoneses. La transformación que hizo de Nissan pronto le convirtió en un ser insólito en Japón: un director ejecutivo superestrella con una personalidad a la que nunca renunció.

«Me dijeron que los japoneses solían pasar por periodos de fascinación por la gente que está en el ojo público», escribió Ghosn en *Shift*. «Parecían haber sucumbido a la "Ghosnmanía"».

La gente le paraba para pedirle autógrafos y le apasionaba saber cualquier detalle de su vida personal. Querían saber dónde se compraba las gafas o dónde se cortaba el pelo. Incluso salió un cómic manga en 2001-2002, titulado *The True Story of Carlos Ghosn*, que alababa sus hazañas. Las copias nuevas se venden por unos 70 dólares en Amazon de Japón y las copias de segunda mano aún pueden superar los 100 dólares.

Los más allegados sabían que a Ghosn le gustaba llamar la atención.

«Nunca le oí quejarse», dijo un ejecutivo francés de su círculo cercano. «Creo que estaba bastante orgulloso de que le reconocieran. Le gustaba».

Ghosn había cambiado la tradición empresarial japonesa y había evitado hábilmente un posible choque cultural con el aplomo de un diplomático experimentado. Lo trataban como si fuera una superestrella.

«El increíble éxito del Nissan Revival Plan fue considerado algo así como un milagro, y a Ghosn le concedieron todo el mérito», dijo el ejecutivo francés. «En Japón era simplemente un milagro. Nadie pensaba que eso fuera posible».

• • •

Pero, a pesar de cambiar el rumbo de lo que iba a ser una colisión inminente, hubo muchos conflictos durante los primeros días.

En cuanto el precio de las acciones de Nissan superó al de las de Renault, los analistas de la industria empezaron a especular sobre un cambio de poder del salvador al salvado, del socio francés al socio japonés.

Entre los miembros revolucionarios del club de Nissan que Ghosn había ascendido a puestos relevantes, a pesar de no tener antigüedad para ello, estaba Hiroto Saikawa, el hombre que llevaba las riendas en 2018 cuando Ghosn fue encarcelado. Tenía cuatro meses más que Ghosn y fue nombrado director sénior del recién creado departamento de estrategia de compras. Su tarea consistía en acabar con el *keiretsu* y reducir los costes. En una palabra, era el que ejecutaba lo que Ghosn decía. Y lo hacía extraordinariamente bien.

«Cuando se le daba una tarea o se le imponía un objetivo, lo conseguía», dijo un ejecutivo de Nissan que trabajó muy próximo a Ghosn y Saikawa. «Saikawa siempre conseguía buenos resultados.

Tenía una serie de objetivos por cumplir y siempre presionaba a la gente para que lo consiguieran. Estaba totalmente orientado en los objetivos».

Saikawa ayudó a lanzar la Renault-Nissan Purchasing Organization (RNPO), una forma de poner en común el poder adquisitivo de las compañías para obtener precios más bajos de los repuestos y servicios a cambio de pedidos de mayor volumen. El plan fue uno de los primeros y más exitosos triunfos de la Alianza y también uno de los más duraderos. Sin duda, la denominada RNPO contribuyó a apuntalar la rentabilidad y la planificación de producto en el grupo dos décadas después, a pesar de que entonces ya tenía unos problemas enormes. El potente vínculo que se creó entre ambas compañías hizo que después fuera más difícil separarlas.

De hecho, apenas siete años después de su creación en 2001, la RNPO estaba a punto de cubrir el 90 % de todas las compras de la Alianza que sumaban escalofriante cifra de 94.700 millones de dólares. El *keiretsu* ya no existía.

Ghosn estaba tan impresionado con el genio de Saikawa para exprimir hasta el último penique que le ascendió a presidente del comité de dirección de Nissan para Norteamérica, un puesto muy importante que el propio Ghosn había ostentado durante tres años. Así fue cómo en el año 2007 cedió el timón a Saikawa, poniéndole en el camino más rápido hacia la cima.

En aquel entonces Ghosn ya estaba ocupándose de otros asuntos más importantes.

• • •

Gracias a la espectacular transformación que hizo de Nissan, Ghosn se había ganado el puesto de presidente y director ejecutivo de Renault en 2005, con lo que se convertía en el director ejecutivo de ambas compañías y presidente de Nissan. En la reunión de accionistas de Renault celebrada en abril de 2005 describió la experiencia de liderar las dos compañías simultáneamente como algo difícil y diferente. «En la industria del automóvil el éxito nunca dura mucho y tampoco está garantizado», dijo. «Nosotros tenemos que ganarnos el éxito día a día».[8]

En *Shift*, Ghosn lo describió como inventar un nuevo terreno, no solo para la industria del automóvil, sino para toda la comunidad empresarial internacional: «Es cierto que la operación que está previsto que empiece en 2005 será algo totalmente nuevo, pero la Alianza en sí también es algo nuevo, y lo que hemos conseguido en Nissan también es nuevo. Hay una especie de continuidad en todas estas novedades», escribió. «Estamos creando un modelo y unos patrones nuevos sobre la gestión empresarial, pero también estamos pasando por una experiencia que será valiosa incluso más allá del mundo empresarial».

El heroico triunfo de salvar a Nissan —y la estratosférica posición que consiguió gracias a ello— también parecía fomentar en aquel ser que hacía milagros un sentido de derecho profundamente arraigado y que presagiaba inminentes conflictos. Durante los años siguientes, Ghosn iba exigiendo un aumento de su compensación acorde con su talento y sus logros; algo que sorprendió a los japoneses y provocó enfrentamientos con los accionistas de Nissan. También empezó a levantar ampollas en Francia, donde las normas sociales tenían un estricto control de las remuneraciones. Muchos veían sus ganancias anuales como algo exorbitante, pero Ghosn opinaba que se merecía al menos tanto como exigía.

De hecho, tras ser arrestado insistía en su amargura al ser procesado, encarcelado y acusado a pesar de haber rescatado al segundo fabricante de automóviles del país. Incluso viviendo en Líbano como fugitivo internacional con su reputación por los suelos, sigue insistiendo en que luchará hasta el final para resucitar su legado de haber logrado uno de los mayores rescates de la industria del automóvil.

En una entrevista concedida en febrero de 2020 desde Líbano a *Automotive News* dijo: «La Nissan de antes de 1999 es una compañía que no se merecía vivir. No era más que un zombi».

«Ni siquiera los bancos japoneses querían prestarle un solo yen a Nissan... Mi ambición por la compañía y mi compromiso con ella fueron la base de su recuperación», dijo. «Estoy preparándome para defenderme, defender mis derechos, defender mi legado, defender mi nombre... Lo último que aceptaré es que esas personas que han engañado y mentido se salgan con la suya».

3

JAPÓN ES DIFERENTE

LOS RETOS QUE TUVO QUE ABORDAR CARLOS GHOSN cuando por primera vez intentó enfrentarse a una de las culturas corporativas más consolidadas del mundo no eran ni mucho menos los únicos. Desde el primer momento fue consciente de que, para realizar un cambio doloroso pero necesario, iba a tener que saber qué normas podía violar y cuáles eran inviolables. Las diferencias entre Japón y el resto del mundo industrializado varían desde los pequeños detalles relacionados con los trámites más rutinarios hasta las cuestiones fundamentales del papel que desempeña una compañía en la sociedad.

Los ejecutivos extranjeros que han trabajado sin apenas problemas por otras partes del mundo suelen llegar a Japón con miedo por lo que les han contado sobre las complejidades de la cultura empresarial japonesa. ¿Te inclinas o das la mano? (Ambos gestos están aceptados, pero deja que sea la otra parte la que dé el primer paso). ¿Qué haces con la tarjeta de visita que te entregan? (La miras atentamente y haces un breve e inocuo comentario. Nunca te la guardes directamente en el bolsillo). En la comida de rigor, ¿te llenas tú mismo la copa de la botella que hay delante de ti? (Nunca. Eso indica que los anfitriones no cuidan bien de su invitado). ¿Puedes emborracharte en una comida? (Solo si lo hacen tus anfitriones, pero al día siguiente no lo comentes. Lo que pasa en la comida se queda en la comida).

Aparte de los pequeños detalles, surgen otras cuestiones más importantes para las que las respuestas en Japón son muy diferentes a las del resto del mundo. Por ejemplo: ¿Cuál es el sentido de la existencia de una compañía? ¿Son los accionistas lo primero o lo último? ¿Son los trabajadores mera mano de obra o son partes implicadas importantes? ¿Son las compañías y los gobiernos aliados o enemigos naturales? ¿Optar por una perspectiva a largo plazo es una estrategia inteligente o no es más que una excusa por no generar resultados?

Son muchos los extranjeros dispuestos a sermonear —cobrando una cuota— a las empresas japonesas sobre cómo deben operar, pero no hay que olvidar que los japoneses llevan en el mundo empresarial el mismo tiempo que el resto del mundo. Las cuatro empresas más antiguas del mundo vienen de Japón. La más antigua es el hotel Nishiyama Onsen, cerca de Tokio, que abrió su primer local en el año 705. El que sustenta el récord oficial es el grupo de construcción Kongo Gumi de Osaka, que fue fundado en el año 578, pero se vio obligado a cerrar en el año 2006 después de asumir una enorme deuda: un tributo al dicho de que el rendimiento pasado no puede ser indicativo de los resultados futuros. Así pues, aunque muchos gurús empresariales miren con recelo a Japón, estas compañías, y las principales empresas japonesas que les siguieron, han operado basándose en una serie de valores y principios corporativos que fueron creados siglos antes del Six Sigma o el Value Stream Mapping. En este mundo, los propietarios y los empleados comparten la visión de que la compañía es más importante que el individuo y de que el éxito se consigue anteponiendo las necesidades de los clientes.

Esta perspectiva corporativa tradicional japonesa fue resumida a finales de los noventa en una entrevista con un editor de la compañía de periódicos Asahi. Su periódico estrella, *Asahi Shimbun*, es el segundo de mayor tirada en Japón —y en el mundo—, con más de seis millones de ejemplares diarios. Desde la perspectiva de la gestión, la misión de la compañía era emplear a los mejores profesionales con los mejores salarios. También realizar importantes aportaciones a fundaciones, museos y otras organizaciones con fines sociales, y el resto de beneficios se repartía entre los accionistas.

Este enfoque sigue imperando en la mayoría de las compañías japonesas en las que los recortes de plantilla siguen siendo una excepción incluso en los momentos difíciles. Este es también un tema que suscita las críticas de los inversores extranjeros que defienden que el objetivo de una compañía es ganar el máximo dinero posible y que el gobierno se responsabilice de los problemas sociales.

Pero hoy en día este punto de vista «global» está en transición, y en muchos aspectos se está acercando a los conceptos tradicionales japoneses. Mientras que durante décadas los fondos de inversión y los *raiders* corporativos han estado impulsando el concepto del valor para el accionista —como vemos en los precios de las acciones que suben constantemente—, ahora hay voces que opinan de diferente manera. En 2020, incluso el Foro Económico Mundial, la tribuna por excelencia para los ricos y poderosos, notó que los vientos soplaban en otra dirección y utilizó su quincuagésimo aniversario para lanzar un nuevo Manifiesto de Davos. Tal como describió el fundador del foro, Klaus Schwab, «las compañías deberían pagar su parte justa de impuestos, mostrar tolerancia cero frente a la corrupción, defender los derechos humanos en todas sus cadenas de suministro y abogar por un terreno de juego competitivo».[1] Estas afirmaciones coinciden más con la ética esencial de las compañías japonesas de hace 1.400 años que con la de los actuales fondos de inversión.

La necesidad de aceptar el mundo del capitalismo global posterior a la Segunda Guerra Mundial, liderado por Estados Unidos, refleja en sí misma un elemento clave de Japón, y es que la sociedad japonesa ha demostrado durante mucho tiempo que es capaz de adaptarse sin realizar cambios fundamentales.

En general, es muy probable que en el periodo de posguerra Japón haya cambiado bastante menos que la imagen que desde el exterior se tiene de este país. En 1979, Ezra F. Vogel, experto en Asia y profesor de Harvard, expuso convincentemente los puntos fuertes del sistema económico japonés y dijo que América tenía mucho que aprender.

Su libro *Japan as Number One: Lessons for America* pretendía demostrar que el sistema japonés del trabajo en equipo y la toma de decisiones metódica había convertido al país en «la potencia industrial más competitiva del mundo». Por desgracia, su libro —y especialmente el título— se tomó como una especie de advertencia de que los japoneses iban a apoderarse de los puestos de trabajo americanos.

Este miedo fue sustituido en la década de los noventa por la idea, también unilateral, de que la economía de Japón se había desplomado. Desde que el elevado crecimiento de Japón se detuviera repentinamente con el hundimiento de la burbuja económica en 1990, los gobernantes estadounidenses no pararon de sermonear a sus homólogos japoneses sobre la necesidad de «volver a encarrilar la economía». Muchos de los valores que se consideraban virtudes cuando la economía japonesa estaba disparándose en las décadas de los sesenta y los setenta —creación de consenso, rigurosidad, profundo conocimiento— se convirtieron en carencias en los años noventa —aversión al riesgo, falta de imaginación, obsesión por los detalles—.

• • •

Cuando Ghosn llegó a Japón en 1999, más que un pionero fue de algún modo el último personaje de la historia que se adentraba en el laberinto de hacer negocios en Japón. Al igual que sus predecesores, tenía que demostrar voluntariedad y obstinación, aparte de flexibilidad y compromiso. Y, además, tenía que adaptarse sin efectuar cambios esenciales.

Ghosn había analizado otras incursiones de extranjeros en Japón, la mayoría de las cuales habían fracasado. La primera de los tiempos modernos fue hacia 1570, cuando se les permitió a los portugueses, después a los holandeses y a los vecinos chinos y coreanos, hacer negocios con Japón, que entonces era un país que deseaba mantener su aislamiento. El comercio se realizó principalmente a través del puerto de Nagasaki, en la isla principal del sur de Kyushu. La bienvenida no fue demasiado cálida. Anticipándose a las quejas de los extranjeros de hoy en día sobre el exceso de regulación, también en aquella época había innumerables restricciones que controlaban el número de barcos que podían entrar en el puerto cada año y el de extranjeros que podían instalarse en la ciudad. Para garantizar que las «costumbres extranjeras» no influyeran en las locales, en el puerto se construyó una isla especial de 8.000 metros cuadrados que albergaba a todos los que venían de fuera y en la que solo había un puente para cruzar a la ciudad. Aparte del indeseado «mestizaje cultural», con esas medidas se pretendía evitar la expansión del cristianismo por parte de los misioneros, que habían puesto los ojos en Japón y en otros países asiáticos como lugares propicios para lograr nuevos conversos.

Esta relación mutuamente ventajosa, aunque limitada, continuó durante más de 250 años hasta que, en 1853, el comodoro estadounidense Matthew Perry rompió la baraja. Sus dos expediciones, con su intimidante flota de buques de vapor armados, pretendían abrir Japón al mundo. La respuesta de los japoneses siguió al pie de la letra sus tradicionales reglas del juego. La oposición directa dio paso a unas tácticas dilatorias destinadas a posponer lo inevitable, luego a la aceptación a regañadientes de la nueva realidad y, por último, una apropiación del sistema. La transformación se realizó en tan solo cincuenta años y un escenario similar se desarrollaría después de la Segunda Guerra Mundial hasta el auge económico de los años sesenta y setenta.

Amenazados por una invasión —que habría sido bastante reducida dada la limitada fuerza de Perry—, los oficiales japoneses firmaron la Convención de Kanagawa en 1854 y el Tratado Harris de 1858. Mediante estos convenios Japón abría su mercado a las importaciones y a la bajada de aranceles, y permitía a los extranjeros instalar allí su residencia. Siguiendo el ejemplo de Estados Unidos, Gran Bretaña, Francia y Rusia empezaron a pedir el mismo trato y firmaron también algunos pactos. Uno de los aspectos más irritantes para los japoneses era la introducción de la «extraterritorialidad», bajo la cual los ciudadanos extranjeros quedaban fuera del sistema legal japonés y seguían sometidos a las leyes de su país de origen —un tema que sin duda Ghosn defendería hoy—.

La transformación económica que se produjo a raíz de la expedición de Perry fue poco menos que asombrosa. Desde que en 1853 vieron por primera vez una máquina de vapor,[2] los gobernantes japoneses adoptaron las nuevas formas occidentales. A principios de 1900, los conglomerados, o grupos de empresas japonesas, promovidos por el gobierno, conocidos como *zaibatsu*,[3] estaban transformando el país. Algunos siguen siendo conocidos actualmente, incluidos varios vástagos de los gigantes corporativos Mitsubishi, Mitsui y Sumitomo. Los tres siguen siendo jugadores activos en los servicios bancarios/financieros, automóviles, inmobiliaria, promoción importación/exportación y recursos naturales. Otro *zaibatsu* menos conocido fue Nihon Sangyo Co. (Japan Industry). El grupo tenía diversos intereses en el sector inmobiliario, en seguros, minería y pesca. En 1933 adquirió una pequeña compañía llamada DAT Automobile Manufacturing Co. y tras la unión enseguida empezó a utilizar la abreviatura de la compañía matriz: Nissan.[4]

El éxito económico e industrial de Japón también pavimentó el camino para una transformación militar: transformación que fortalecería aún más a los gigantes industriales como Nissan. Lejos de sentirse intimidados ante el inigualable poder que tenían la marina de guerra estadounidense y otras flotas occidentales, en 1904 la armada japonesa fue capaz de enfrentarse a Rusia en la guerra ruso-japonesa. La clara victoria de Japón en 1905 fue la primera que conseguía un país asiático ante una potencia europea; la evidente existencia de una nueva potencia regional y posiblemente global conmocionó al mundo. Todo eso requería una industria moderna, y Nissan fue una de las beneficiadas.

. . .

En cierta manera, el éxito de Japón fue extraordinario. Su posterior militarización y expansionismo hacia Corea y China iban a crear un colonialismo brutal y a sembrar las semillas de su derrota en la Segunda Guerra Mundial. Este fracaso total daría paso a la llegada del hombre que sin duda fue el extranjero más influyente en la historia moderna del país: el general Douglas MacArthur, un personaje autócrata que lideró el ejército de los Estados Unidos durante uno de los periodos más convulsos de la historia japonesa y cuya influencia sigue firmemente arraigada en la actualidad.

Como comandante al mando del ejército de los Estados Unidos, las acciones de MacArthur tuvieron un profundo impacto en la dirección del país, desde su sistema legal hasta una alianza militar que mantiene a cincuenta mil militares estadounidenses en suelo japonés. Los residentes de Okinawa llevan tiempo protestando por la gran presencia militar de los Estados Unidos en su prefectura, mientras que a los residentes de Tokio que se quejaban en 2020 de que los aviones volaban a poca altura se les decía que las mejores rutas solo podían ser utilizadas por el ejército estadounidense.

Más radical es la propia Constitución que rige Japón y que en 1947 fue creada en una semana por un grupo de expertos norteamericanos. El documento renuncia al uso de la fuerza militar y, a pesar de la oposición de algunos conservadores que señalaron que había sido elaborada por «extranjeros», sigue en vigor actualmente y nunca ha sido modificada, lo cual es un récord.

La influencia de MacArthur fue casi igual de importante en el mundo de la empresa. Se hizo cargo de los conglomerados *zaibatsu* de antes de la guerra, obligando que se desintegraran o se convirtieran en sociedades anónimas. Sin embargo, en este caso unos arraigados intereses consiguieron adaptase una vez más a las nuevas circunstancias. En virtud de una orden emitida en 1947, la oficina de MacArthur elaboró una lista de las 325 compañías que estarían bajo las órdenes del Consejo de Desconcentración. Pero, como dijo un alto asesor del Departamento de Estado en 1949, solamente veintiocho de estas compañías cumplieron las normas. Las empresas de servicios públicos, finanzas y seguros quedaron exentas. Una de esas pocas empresas que las cumplió fue Oji Paper Manufacturing, cuyo consejero dijo que «las empresas sucesoras siguen teniendo sus oficinas en el mismo edificio y manteniendo una estrecha relación»:

un buen ejemplo de la adaptación de Japón a las nuevas circunstancias, pero manteniendo intactos sus principios.

En otro caso,[5] las acciones de las filiales de Nomura, el mayor banco de inversión y servicios financieros japonés, se vendieron a los empleados para tranquilizar a las autoridades de la ocupación. Lo que estas no sabían es que los empleados cogieron el dinero prestado por la firma y se lo devolvieron a la compañía en cuanto MacArthur despegó del aeropuerto Haneda de Tokio.

A pesar de todo, muchas de las grandes empresas japonesas fueron divididas de una manera u otra. Ello no supuso el fin de lo que hoy podríamos llamar el «capitalismo de amiguetes». La ruptura de la estructura *zaibatsu* dio lugar a la creación de un sistema menos jerárquico, el *keiretsu,* en el que las empresas de una amplia gama de sectores mantienen relaciones de carácter comercial y participaciones cruzadas. Muchas se creaban en torno a una institución financiera para poder satisfacer las necesidades de capital de los diferentes miembros. Nissan formaba parte del grupo Fuyo Group, liderado por el ya desaparecido Fuji Bank. Fuyo Group todavía existe, y Nissan sigue siendo uno de sus miembros, pero la alianza es bastante flexible y hay pocos vínculos entre sus miembros.

Una alianza mucho más estrecha es la que existe en torno al extenso Mitsubishi Group, que actualmente cuenta con cerca de seiscientas compañías —ni los propios trabajadores de Mitsubishi saben la cifra exacta—[6] con unas estructuras de participación accionarial independientes. Los vínculos del grupo están técnicamente restringidos a las áreas de responsabilidad social y actividades de interés público. En realidad, sigue habiendo vínculos estrechos, especialmente entre las compañías que componen el grupo central, como son Mitsubishi Corp., el gigante bancario Mitsubishi UFJ Financial Group y el socio de Nissan Mitsubishi Motors. En el año 2020, Mitshubishi Corp. seguía siendo el segundo accionista, con el 20 % de participación en Mitsubishi Motors, por detrás del 34 % de Nissan. Las dos compañías son también socias en los mercados emergentes del sudeste asiático y, según los ejecutivos de la firma, la salud de Mitsubishi Motors sigue siendo su principal preocupación. El estratégico enfoque a largo plazo de las firmas japonesas podría significar que habrá nuevas maniobras en torno a la situación de Mitsubishi Motors después de las tensiones creadas en la Alianza Renault-Nissan tras el caso Ghosn.

• • •

El objetivo del sistema *keiretsu* es crear la cohesión entre las empresas a través de participaciones cruzadas, estableciendo así una amplia red de intereses corporativos. La parte positiva de este sistema es que las compañías que forman parte del conglomerado están realmente interesadas en que todas estén sanas; algo que dista mucho del modelo capitalista occidental, que intenta exprimir a los proveedores, cargar lo máximo posible a los clientes y eliminar a la competencia. Su estructura es un ejemplo de cómo las empresas japonesas, al ver desaparecer un modelo, adoptan rápidamente otro sin cambiar sus objetivos centrales. Satoshi Hara, profesor del departamento de estudios extranjeros de la Universidad de Kioto, en su libro sobre la tradición cultural japonesa *Fall Seven Times, Get Up Eight*, dice que Estados Unidos después de la Segunda Guerra Mundial introdujo en Japón la economía de libre mercado y la democracia —junto con el individualismo basado en la libertad y la igualdad—. Sostiene que Japón lo aceptó sin ser demasiado conscientes de que eso iba a suponer la pérdida de los valores morales tradicionales que habían conservado durante siglos, como son la frugalidad, la compasión y el respeto por los ancianos:

> Después de la derrota en la Segunda Guerra Mundial, los japoneses se lanzaron a perseguir unos intereses económicos bajo el nombre oficial de *reconstrucción económica*. Pero haciendo eso estaban aceptando la nueva filosofía occidental sin prestar demasiada atención a las consecuencias que tenía [...].

> Durante el periodo de la posguerra, los japoneses persiguieron sin cesar la reconstrucción y el desarrollo económico, y no tuvieron tiempo de pensar en los valores y las virtudes que de verdad necesitaban para construir una vida nueva.[7]

En el mundo de la empresa, eso se reflejaba en el concepto de que una compañía debía beneficiar a sus clientes, sus proveedores y al público en general. Las participaciones cruzadas formaban parte de esta relación equilibrada. En general, se trataba de un grupo de propietarios que no estaban especialmente interesados en su propio valor accionarial, por la sencilla razón de que ellos eran sus socios comerciales. Un beneficio mayor podría tener su coste por haber encarecido los precios. Este sistema también les protegía de las opas hostiles; que, teniendo en cuenta que Japón estaba centrado en la cooperación y no en la confrontación, suponían una amenaza desde el extranjero. El índice de participaciones cruzadas de las compañías cotizadas, el cual había caído hasta un 20 % en 1949, tal como MacArthur había deseado, volvió a crecer cuando renacieron antiguas alianzas. El porcentaje llegó a su punto máximo de más del 50 % en 1990,[8] lo cual quería decir que más de la mitad de las acciones estaban en manos amigas.

Todo funcionaba bien hasta que dejó de funcionar. El problema vino con el desplome de la bolsa de 1990, el cual provocó que el precio de las acciones cayera más del 80 % durante un periodo de treinta años. Las pérdidas, al igual que las compañías que formaban un *keiretsu*, también estaban entrelazadas. Por lo tanto, en un momento en el que las compañías estaban en apuros también tenían que pagar el precio de los problemas de las otras compañías que componían el *keiretsu*. Eso fue un gran lastre para la economía japonesa; sobre todo, porque la caída del mercado de valores no tocó fondo hasta 2009, diecinueve años después. Se habló mucho de la necesidad de romper esas asociaciones que entonces eran onerosas, pero se tardó mucho en pasar a la acción. No fue hasta 2014 y tras muchas fases de reducir el valor de los activos cuando se consiguió reducir el número de holdings al 16 % del total. Al final, en 2015, un nuevo código de gobierno corporativo reforzado por el gobierno y la Bolsa de Tokio obligarían a las compañías más reticentes a actuar.[9]

Este proceso también demuestra que el gobierno y los reguladores japoneses estaban más dispuestos colaborar con el sector empresarial que con las regulaciones impuestas desde arriba. Esta relación también se dio en el caso Ghosn. La perspectiva estadounidense del conflicto perpetuo sobre la fiscalidad, las regulaciones y los derechos laborales es totalmente extraña para los japoneses; de hecho, para casi todos los países asiáticos. El concepto de capitalismo de Estado alcanza un punto álgido en China, donde es difícil saber dónde acaba una empresa y empieza el Partido Comunista. Un estudio de 2010 realizado por la consultora McKinsey reveló que el 67 % de las compañías asiáticas veían al gobierno como el defensor de su compañía, mientras que en Estados Unidos solamente el 38 % de las empresas comparten esta opinión *win-win*, y en Europa, el 40 %.

El papel central del gobierno para ayudar a guiar la «mano invisible» de la libre empresa tiene una larga historia en Japón. Desde la era Meiji, que empezó en 1868, hasta el final de la Segunda Guerra Mundial, los *zaibatsu* (grupos de empresas japonesas) eran propiedad de familias poderosas que trabajaban con el gobierno, y muy a menudo donaban dinero para financiar proyectos públicos a cambio de tener el monopolio en varios sectores. Cuando después de la Segunda Guerra Mundial llegó la era de los *keiretsu* cambiaron algunos matices, pero el proceso seguía siendo prácticamente el mismo. Como dijo Ezra F. Vogel, al frente de este esfuerzo estaba el Ministerio de Industria y Comercio Internacional (MITI), el antecesor del actual Ministerio de Economía, Comercio e Industria (METI), el cual constituía una parte activa de casi todas las áreas del Japón corporativo.[10] «Los dirigentes del MITI son tan perseverantes en su trabajo de velar por el bienestar de la industria japonesa que los ciudadanos les denominan *kyöiku mama*, madres extremadamente preocupadas por sus hijos y por los estudios de estos». Estos burócratas participan activamente en la reestructuración de la industria, promueven las fusiones, ayudan a las compañías o industrias que tienen dificultades y han contribuido a crear compañías destacadas en sectores estratégicamente importantes.

El apoyo del Ministerio fue evidente en la década de los setenta cuando Japón, que se había convertido en la segunda economía mundial, también era —para los extranjeros— la segunda oportunidad comercial más importante del mundo. Pero Japón no asumía demasiado bien tal reconocimiento, porque prefería seguir siendo una potencia exportadora cerrada a la mayoría de las importaciones. La enorme variedad de barreras comerciales que había en Japón causaba grandes disputas con diferentes administraciones de Estados Unidos.

Aún más irritante para los competidores norteamericanos era el hecho de que sus rivales japoneses tomaran prestadas sus ideas; concretamente, las teorías sobre el control de calidad de W. Edwards Deming, quien fue a Japón en los cincuenta para enseñar a las empresas cómo prestar atención a la calidad desde el principio del proceso de fabricación y cómo desarrollar la cooperación, en lugar de las cuotas de producción. El Premio Deming, creado en su nombre, sigue siendo uno de los premios más anhelados dentro de la industria japonesa, y Nissan lo obtuvo en 1960 a la excelencia de ingeniería industrial.

Al principio, Japón —igual que China ahora— protegió su industria del automóvil obstaculizando con fuertes aranceles la competencia de las importaciones. De esta manera, fabricantes nacionales como Toyota y Nissan consiguieron la protección necesaria para desarrollar su mercado doméstico y después crear una base de exportación. Japón eliminó los aranceles sobre las importaciones de automóviles en 1978,[11] pero para entonces ya no los necesitaban, porque sus automóviles ya estaban empezando a conquistar los mercados extranjeros.

Era demasiado tarde para que las marcas extranjeras entraran con fuerza en el saturado mercado de Japón, donde no tenían redes de concesionarios locales y solo podían ofrecer grandes automóviles que consumían mucha gasolina y no se adecuaban ni a los gustos japoneses ni a las necesidades del mercado. El hecho de que el volante estuviera en el lado contrario tampoco ayudaba demasiado. La mano invisible del gobierno contribuyó enormemente a que Japón se convirtiera en un gigante del sector automovilístico.

El libre mercado formaba parte de un capitalismo que, hasta hacía poco, a Japón no le gustaba. Como estrategia para frenar las importaciones utilizaba tácticas dilatorias a la espera de que el problema desapareciera por sí solo. La presión por parte de países extranjeros disminuyó, pero no por los motivos que habrían querido las compañías japonesas. Sony y Panasonic perdieron el liderazgo porque fueron lentos en los cambios y porque la competencia tenía precios más baratos. Los fabricantes de automóviles japoneses, por su parte, trasladaron gran parte de su producción al extranjero, abriendo plantas allí donde se vendían sus coches. Además, el mercado japonés, envejecido y en retroceso, ya no era una propuesta tan atractiva para las empresas extranjeras que buscaban vender sus productos. La guerra terminó cuando ya no le interesaba a nadie y las compañías fueron abandonadas a su suerte.

En este nuevo escenario, las autoridades del METI dijeron que dejaban de tutelar a las empresas. «A diferencia de hace unas décadas, hoy en día el gobierno japonés ya no está demasiado preocupado por proteger a las industrias japonesas de la participación de capital de entidades extranjeras», dijo un exdirigente del METI. «Aunque el gobierno y especialmente sus dirigentes sintieran simpatía por la dirección de una compañía como Nissan, les resultaría difícil arriesgarse a ponerse abiertamente de su lado», dijo otro exdirigente.

Para Ghosn, el METI no era tan recatado como se decía. En su libro de 2002, escrito desde Líbano,[12] acusa a los dirigentes y exdirigentes del METI de haber participado en una conspiración para acabar con él. Describe a Masakazu Toyoda, exdirigente del METI y recién nombrado miembro del consejo de Nissan, como la cabeza pensante de la trama, y dice que el entonces ministro del METI, Hiroshige Seko, también estaba implicado en ello. No aporta pruebas de tal participación alegando que la revelación de los documentos podría causarle problemas legales.

El METI no ha hecho ningún comentario sobre las acusaciones de Ghosn, pero un dirigente desmiente la idea de que el ministerio formara parte de esa contienda. Al mismo tiempo, los emails de Nissan demuestran que el ministerio estaba más que dispuesto a aliarse con la contraparte francesa para resolver los problemas de la Alianza y que veía claramente la necesidad de proteger a Nissan como compañía japonesa.

Tanto el gobierno francés como el japonés dijeron públicamente durante la crisis que les gustaría ver una alianza Renault-Nissan reforzada pero que no coincidían en lo que eso quería decir. Cuando el presidente francés Emmanuel Macron presionó al primer ministro japonés Shinzo Abe sobre el tema del futuro de los dos fabricantes de automóviles, Abe respondió que era un asunto que les compete a ellos. «Lo más importante es que mantengan una relación estable», dijo. «Esto es algo que los gobiernos no podemos decidir». Para Nissan, que contaba con el respaldo del gobierno, la estructura de la Alianza demostraba que iba a durar siempre y que no había necesidad de hacer cambios relevantes. Según un email de Nissan, la compañía estaba feliz con su *statu quo*, pero el gobierno francés quería pasar de vivir juntos al matrimonio: encontrar alguna estructura que fuera como una fusión en la práctica, pero no en su definición.

Para el METI era como dibujar una línea en la arena y no tenía ninguna pretensión de mantenerse al margen de los asuntos corporativos de Nissan en el caso de que se forzara una fusión desde el extranjero. Si se producía esa fusión, Nissan *dejaría de ser japonesa*. Desde Tokio, los burócratas veían que para ello era necesario algo más que una sutil presión. «Si el gobierno francés quisiera un acuerdo que solo les beneficiara a ellos, no lo permitiríamos», dijo un miembro del METI.

Otro problema que surgió fue el papel que desempeñaba el diputado del distrito en el que estaban ubicadas las oficinas centrales de Nissan en Yokohama y que se había convertido en uno de los políticos más poderosos de Japón. En ese momento, Yoshihide Suga era el secretario jefe del gabinete, el segundo después del primer ministro, y el responsable de coordinar la política entre los diferentes ministerios. Saikawa, el director ejecutivo de Nissan, escribió sobre el tema de la relación con Renault en una serie de intercambios de emails que hubo en mayo de 2018 diciendo que Suga y el primer ministro Shinzo Abe habían «sido muy discretos, pero habían ofrecido un apoyo muy sólido». Los emails también hablaban de pedirle ayuda a Suga para intermediar con el METI. Los medios japoneses dijeron que Hitoshi Kawaguchi, encargado de las relaciones de Nissan con el gobierno y que desempeñó un papel clave en la investigación interna que derrocó a Ghosn, fue a visitar a Suga al día siguiente de que lo detuvieran. A pesar de que los medios de comunicación afirmaban que Kawaguchi y Suga tenían muy buena relación, había pocas pruebas para demostrar que Suga había intervenido activamente en el asunto o en la decisión de arrestar a Ghosn. En el año 2020, Suga pasó de ser un supuesto propiciador a ser el primer ministro de Japón, sustituyendo a Abe.

En general, tanto la documentación como las entrevistas con los funcionarios gubernamentales y los ejecutivos de la compañía apuntan a un enfoque del gobierno japonés que es eso: japonés. Está claro que al gobierno le preocupaba la situación de una de sus marcas más emblemáticas y lo que consideraban como unos evidentes esfuerzos por parte de los franceses que ponían en riesgo el futuro de Nissan como empresa japonesa. Al mismo tiempo, los burócratas se mostraban claramente escépticos ante lo que estaban viendo. Un miembro del METI dijo que con tantas filtraciones era difícil fiarse de la información que procedía de dentro de la compañía. El problema para Nissan, dijo ese dirigente, no es «quién esté al mando», sino cómo va la compañía a poner fin a tantos años de luchas internas y «a convertirse en una gran compañía».

4

LOS ESTÁNDARES INTERNACIONALES

EL ÉXITO DE GHOSN LIDERANDO RENAULT Y NISSAN le convirtió en una leyenda viva del mundo del automóvil. Y perpetuó su divinidad declarando reiteradamente —y haciendo alarde de su modestia— que cualquier aspirante a director ejecutivo debería pensárselo dos veces antes de dar ese paso de equilibrio transcultural tan delicado y agotador.

«No recomendaría a nadie el trabajo que yo he estado realizando. Estar al mando de dos compañías y tener que viajar constantemente entre dos países es extremadamente agotador. Yo lo hice porque no tenía otra opción», contó a *Automotive News* en 2014 el doble director ejecutivo que traspasaba continuamente las zonas horarias. «En la situación en que me encontraba tenía que hacerlo, y fue algo claramente beneficioso para la Alianza».[1]

Su traspaso ideal, dijo, sería separar a los dos directores ejecutivos y contratar a uno para Renault y a otro para Nissan. Con esta afirmación estaba dando a entender que ningún ser humano podría llevar tal carga: él era insustituible.

Muchos expertos coinciden en afirmar que Ghosn es alguien muy especial.

La revista *Fortune* le nombró uno de los doce ejecutivos más importantes de Estados Unidos.[2] Un estudio conjunto de PricewaterhouseCoopers y el *Financial Times* lo eligió como el tercer líder empresarial más respetado del mundo, solo por detrás de celebridades como Bill Gates, de Microsoft, y Jack Welch, de General Electric.[3] *Automotive News*, la biblia de Detroit de la industria automotriz mundial, nombró a Ghosn «líder del año de la industria del automóvil» en sus listas anuales All-Star de 2000, 2001 y 2003.

En una encuesta que preguntaba a los japoneses a qué «celebridad» elegirían para gobernar el país después del fatídico desastre que supuso el terremoto, el tsunami y la catástrofe nuclear de 2011 que mató a más de 19.000 personas, Ghosn fue uno de los únicos dos extranjeros de la lista. El otro fue el presidente de Estados Unidos Barack Obama, a dos puestos por debajo de Ghosn.[4]

En el año 2006 Ghosn fue nombrado Caballero Comandante de la Orden del Imperio Británico: un premio otorgado a aquellos que tienen una influencia considerable en el mundo de la empresa, la ciencia o las artes. En el caso de Ghosn, su contribución había sido la de rescatar a Nissan, una compañía que entonces tenía 5.500 empleados y doscientos concesionarios en el Reino Unido.[5]

El *jiujitsu* corporativo de Ghosn pasó a ser un tema de interés de muchos seminarios y libros de gestión empresarial, todo ello mientras se le acumulaban ofertas de trabajo de otros fabricantes de automóviles —especialmente de los repudiados norteamericanos— deseosos de aprovechar sus habilidades para emprender sus propias transformaciones.

«Era un director ejecutivo firme, un experto, perfectamente bien preparado para afrontar cualquier tema», dijo un exdirectivo que regularmente informaba a Ghosn en sus visitas a Japón. «Era bastante habitual que le enseñara una presentación de PowerPoint de varias páginas y él iba diez páginas por delante mientras yo intentaba decirle algo, y él entendiéndolo todo».

Ghosn en las negociaciones era bastante frío y brusco, tal vez arrogante; pero era su manera de ser, no lo hacía con mala intención.

Las conversaciones triviales no eran fruto de su devoción. Las reuniones estaban totalmente cronometradas, de principio a fin. A veces, quienes estaban a su alrededor jugaban a calcular el valor de su tiempo. Los cálculos iban desde 150.000 a 250.000 dólares la hora. Siguiendo con su idea de «el tiempo es oro», Ghosn hablaba a un ritmo de 160 palabras por minuto: muy rápido si se compara con las 130 palabras de los oradores más conocidos. Todos sus subordinados —él solo tenía subordinados— le llamaban «señor Ghosn». Pocos tenían el permiso —o el valor— para llamarle Carlos.

Entre los libros que hablan de los talentos de Ghosn está *The Ghosn Factor*, un libro de 2006 que ofrece a los lectores veinticuatro lecciones del «director ejecutivo más dinámico del mundo». Cada capítulo se centra en una máxima del estilo de liderazgo de Ghosn; por ejemplo, «romper moldes», «centrarse en la rentabilidad», «dar poder a tu gente» y «generar valor».

El autor del libro, Miguel Rivas-Micoud, escribe sobre Ghosn: «Lo que hace que Carlos Ghosn sea diferente a todos los demás es que hace lo que dice que va a hacer... Cree en la total transparencia y en la comunicación constante que fluye en todas direcciones por la compañía. También cree en recompensar cada aportación donde sea que se produzca».

Uno de los últimos capítulos, «Recompensar el rendimiento», destaca la importancia de recompensar a aquellos que trabajan bien. Ghosn es aclamado por introducir en Nissan un sistema de promoción basado en los méritos, en lugar de en la antigüedad, y unos programas de incentivos para los directivos, unas reformas que introdujeron aire fresco y nuevas ideas en la fosilizada escala corporativa de Nissan.[6]

• • •

Igual que creía en la importancia de recompensar a los empleados que sobresalían, Ghosn también creía que a él se le debía recompensar adecuadamente por su actuación como líder visionario. Y el cálculo que hizo sobre su valor de mercado fue avalado —o inflado según los críticos— por el desfile de pretendientes que llamaron a su puerta a lo largo de los años con la intención de contratarle.

Uno de los admiradores de las habilidades de Ghosn era Kirk Kerkorian, el magnate del casino de Las Vegas e inversor millonario que tenía un gran interés en entrar en la industria del automóvil.

En 2006, Kerkorian había acumulado una participación del 9,9 % en General Motors, lo cual le convertía en el mayor accionista de la compañía. Ese mismo año sorprendió a la dirección de GM proponiéndoles formar una triple alianza con Renault-Nissan. GM estaba en una espiral de declive después de haber perdido 10.500 millones de dólares en 2005, y la estrategia de Kerkorian era colocar a Ghosn en lo alto de GM para que empleara su magia.[7] Las conversaciones para convencer a Ghosn de que liderara la transformación de GM duraron varios meses, pero al final el director ejecutivo de GM, Rick Wagoner —que siempre insistió en que GM no necesitaba ayuda— se defendió del intruso Kerkorian reuniendo un voto de la junta en contra de la alianza y salvando su propio pellejo.

Ya antes de la propuesta de Kerkorian, Ghosn había recibido insinuaciones del fabricante rival de Detroit, Ford Motor Co.[8] No solo una vez, sino dos. Bill Ford, el bisnieto del fundador de la compañía Henry Ford, hizo el primer acercamiento en 2003 ofreciéndole a Ghosn el puesto de director de operaciones junto con la promesa de que acabaría sustituyéndole en la dirección general de la compañía. Ghosn no aceptó su propuesta. O era director ejecutivo *y* presidente de la firma, o nada.[9]

En el año 2005 fue nombrado presidente y director ejecutivo de Renault y seguía siendo el director ejecutivo de Nissan. Renault estaba teniendo algunos problemas, pero en ese momento él acababa de tomar las riendas y también estaba trabajando en un plan de recuperación para la compañía francesa. Vio un enorme potencial en hacer la recuperación de ambas compañías simultáneamente.

Su rechazo no consiguió reducir el entusiasmo de Ford, sino que lo aumentó, porque el magnate americano volvió a acercarse a

Ghosn en 2006 mientras Kerkorian estaba intentando colocarle en GM. En esa ocasión, el mensaje de Ford fue: si las cosas no funcionan en GM, nosotros estaremos esperándote. Ghosn —que entonces ya ostentaba los dos cargos de director ejecutivo de Renault y de Nissan, así como la presidencia de Nissan— volvió a rechazarlo. Ford acabó contratando a Alan Mulally de Boeing, y fue este quien acabaría reflotando a la compañía de automóviles.

Pero las cosas no fueron bien en GM. En junio de 2009, justo tres años después, el mayor fabricante norteamericano solicitó la protección del capítulo 11 de la Ley de Quiebras de Estados Unidos tras haber sido duramente golpeado por la crisis financiera mundial. Fue puesto bajo la supervisión del gobierno como parte de un rescate de 80.000 millones de dólares que compartían GM y Chrysler, el fabricante de Detroit que también pidió la protección del capítulo 11.[10] Dirigiendo los rescates estaba Steve Rattner, el denominado «zar del automóvil» nombrado por la administración Obama. Cuando la Casa Blanca destituyó a Wagoner y buscó a un nuevo director ejecutivo para sacar a GM de la bancarrota, Rattner sabía quién podía lograrlo.

«Ghosn, para muchos, es el mejor director ejecutivo de la industria del automóvil desde Alfred P. Sloan Jr., el padre de General Motors», escribió Rattner en *Overhaul*, su libro de 2010 en el que cuenta el rescate.[11] Para Rattner, Ghosn era «intenso, como si fuera un resorte en espiral, serio y preciso, y todo ello rodeado de un halo de determinación y decisión».

Fue en el año 2009, durante una cena con Ghosn en el Four Seasons Hotel de Washington, DC., cuando Rattner le hizo otra oferta para dirigir GM y guiar a la empresa durante la Gran Recesión. En aquella ocasión, Ghosn volvió a decir que no. El entonces jefe de la Alianza Renault-Nissan diría más adelante que sentía demasiado respeto por sus empleados y que no podía abandonar el barco y dejarles sin capitán en medio del huracán financiero mundial que estaban atravesando.

• • •

A lo largo de los años, mientras le cortejaban, Ghosn fue cultivando una imagen pública de capitán de la industria que también sabía saborear las cosas buenas que ofrece la vida: varias casas en diferentes continentes, viajar en avión privado, codearse con la élite política y financiera en el Foro Económico Mundial de Davos; y, sobre todo —según quienes le conocían—, con la imperiosa necesidad de tener una remuneración cada vez más generosa.

El mundo de Ghosn cambió cuando fue nombrado director ejecutivo de Renault y actor principal de la Alianza, dijo un ejecutivo francés de la industria que conocía a Ghosn desde hacía más de dos décadas. «Comenzó a viajar por el mundo y su vida empezó a cambiar, reuniéndose con gente que nunca antes había conocido. Por encima de su egocentrismo estaba su fantástico carisma. Tal vez sintiera que no tenía límites, pero todos los seres humanos tenemos un límite».

Ghosn desarrolló un gran interés por el arte moderno y la moda. De hecho, solicitó reunirse con algunas de las mentes más creativas de Japón, incluidos el escultor y pintor Takashi Murakami, el fotógrafo Hiroshi Sugimoto y el diseñador Yohji Yamamoto. El gusto de Ghosn por la ropa pasó de ser el de un asalariado normal al de un distinguido director ejecutivo. También se deshizo de sus anticuadas gafas y optó por operarse de la vista.[12]

Al principio, solía pedir ayuda a la hora de seleccionar su vestuario para las comparecencias públicas, como la presentación de un vehículo nuevo. Nissan incluso tenía un equipo de estilistas para vestirlo en cada ocasión, pero poco a poco fue aprendiendo hasta que lo hacía por sí solo.

«Es probable que no estuviera seguro de qué traje escoger, pero poco a poco fue aprendiendo», dijo un directivo japonés que trabajó muy de cerca con Ghosn durante más de quince años. «Decía que para ser un ejecutivo empresarial de alto nivel tienes que apreciar el arte. Le interesaban bastantes cosas más allá de los negocios».

Ghosn se convirtió en el primer pez gordo de la automoción que se codeaba con los jefes de Estado y con la élite bancaria mundial durante el Foro Económico Mundial celebrado en la estación de esquí de Davos, en los Alpes Suizos. Durante el primer día de la convención concedió más de una docena de entrevistas a los principales medios de comunicación internaciones. Para Ghosn, esa era la manera más inteligente de fijar el programa para la industria del automóvil mundial a principios de año. Otros ejecutivos de la industria le siguieron a Davos, pero pocos causaron tanto impacto. El presidente de Toyota Motor Corp., Akio Toyoda, por ejemplo, participó en 2010, pero la prensa japonesa le criticó por lo que muchos consideraban que había sido un generoso ejercicio de autocomplacencia. El intimidado Toyoda nunca más volvió.

«Ghosn se convirtió en uno de los principales personajes en Davos», dijo un ejecutivo francés que trabajó cerca de él durante casi dos décadas. «En ese momento, creo que veíamos la parte positiva de ello. Nuestro jefe estaba siendo reconocido internacionalmente y dando a conocer a la compañía. Pero, como persona, era algo así como una estrella del espectáculo».

En el año 2005, *Vanity Fair France* nombró a Ghosn como la «persona francesa con más influencia del mundo».[13] Renault se hizo eco de la noticia en su web corporativa.

De vuelta a Líbano, donde Nissan le había asegurado una casa de la empresa, Ghosn compró una bodega en la costa norte del país. Y su familia adquirió un yate Custom Line Navetta de 121 pies construido por el fabricante de barcos italiano Ferretti.[14] El barco, que según el catálogo de la compañía tiene siete cuartos de baño, cinco camarotes principales y cuatro para la tripulación, fue bautizado como *Shachou*, que en japonés significa «presidente de la compañía», o más informalmente, «jefe».

En Estados Unidos o en Europa, este tipo de lujos asombraba a pocos. Y en Japón, tampoco. O por lo menos así fue hasta 2010, año en el que un cambio en las normas sobre la declaración de la situación financiera puso, de la noche a la mañana, el salario de Ghosn frente a un incómodo foco público. Antes de ese año, las compañías japonesas, en sus declaraciones públicas simplemente tenían que poner la suma total de las compensaciones de todos los directivos. Pero, a fin de lograr una mayor transparencia después de la crisis financiera mundial, la Agencia de Servicios Financieros de Japón exigió a las compañías que detallaran la compensación individual de cada directivo cuyo total excediera los 100 millones de yenes (aproximadamente 1,1 millones de dólares en ese momento).

Huelga decir que Ghosn estaba ganando mucho más que eso. De hecho, Nissan informó que le había pagado 891 millones de yenes (9,6 millones de dólares) en 2010 en efectivo y en derechos de participación.[15] Para los estándares de las compañías Fortune 500, eso habría sido una ganga, pero para los japoneses eran unas ganancias desorbitadas; ningún otro ejecutivo de Nissan había ganado más de 200 millones de yenes (2,2 millones de dólares) ese mismo año. Y el salario de Ghosn era más alto que el de cualquier otro directivo de Japón. Akio Toyoda, presidente del que entonces era el fabricante de automóviles más importante del mundo y la joya de la corona de Japan Inc., ni siquiera tuvo que hacer públicas sus ganancias aquel año, porque su compensación total no superaba el límite establecido. Y, cuando Toyoda consiguió finalmente un ascenso en 2011, su paquete salarial solamente aumentó a 136 millones de yenes (1,47 millones de dólares), una fracción del de Ghosn.[16] Takanobu Ito, presidente de Honda Motor Co., otro de los tres grandes de Japón, se llevó a casa aún menos que los otros dos: 115 millones de yenes (1,2 millones de dólares).[17]

El tema de sus remuneraciones fue una mancha en el liderazgo, por lo demás fluido, de Ghosn ante los numerosos desafíos interculturales a los que se enfrentaba. La comitiva de pretendientes corporativos que tenía demostró que era un gran atractivo para la competencia, pero el hecho de que ganara seis veces más que sus semejantes japoneses desconcertaba y molestaba a muchos analistas japoneses, empezando por los propios inversores de Nissan. Muchos se quejaban de tener que pagarle un salario entero a pesar de que solo dedicaba la mitad de su tiempo; al fin y al cabo, Ghosn dividía su atención entre dos compañías: Renault y Nissan. De repente, el salario de Ghosn —ahora público para todo el que quisiera verlo— se convirtió en el tema principal de todas las reuniones anuales de accionistas. Y el choque de opiniones sobre sus remuneraciones salariales —tanto en Japón como en Francia— resultó ser una de las causas más importantes de la caída del «dios de los autos».

. . .

En la actualidad, en Japón las clásicas reuniones de accionistas siguen siendo un agradable retroceso a una época más simple en la que las compañías se dedicaban a charlar con los inversores particulares. Estas reuniones, escenificadas con mucha pompa, suelen realizarse en junio en un hotel o en un centro de convenciones y atraen a cientos de accionistas de todos los rincones de Japón.

Los propios inversores son pensionistas mayores que tienen sus fondos de jubilación depositados en participaciones. Los dirigentes de las compañías responden a sus preguntas, escuchan sus quejas y cuentan sus votos en los temas del día. Por último, y siguiendo la moda japonesa, los accionistas regresan a sus casas cargados de regalos de gratitud por su lealtad, como cajas de dulces o juegos de toallas. Suelen ser reuniones que duran medio día.

Las reuniones de Nissan durante la era Ghosn eran casi como un carnaval y tenían lugar en la Sala de Convenciones Nacional del Pacífico Yokohama, un extenso complejo adjunto al Hotel Intercontinental del paseo de Yokohama, no lejos del edificio de oficinas de veintidós pisos de Nissan. En el vestíbulo se exponían los últimos vehículos Nissan, y los ingenieros o vendedores explicaban sus características. Y el día concluía con una comida de arroz con curry en el salón de banquetes. Allí, los directivos de Nissan se mezclaban con las masas, aunque Ghosn solía ausentarse.

Durante el turno de ruegos y preguntas, una joven apodada Miss Fairlady, en honor al cupé deportivo Fairlady Z de Nissan —conocido en Japón como el Z-Car—, elegía a algunos accionistas para que preguntaran lo que quisieran. Vestida con un lindo traje de azafata, Miss Fairlady sacaba al azar de una urna de cristal los números de los tickets de los afortunados. Incluso en los buenos tiempos, los turnos de ruegos y preguntas solían ser muy acalorados, pero cuando se hizo público el tema del generoso salario de Ghosn, los inversores se indignaron y así lo demostraron durante las reuniones.

«Siempre estáis hablando de lo mismo: la compensación del señor Ghosn es demasiado elevada. Y estoy de acuerdo», gritó un accionista en la reunión de 2011. «El dividendo de todo un año es de 22.400 millones de yenes y tu compensación es de 1.000 millones, lo que representa aproximadamente un 5 %. Pero el beneficio operativo es solo un 1,3 % en comparación con los ingresos... Si lo comparas con el dividendo que estás generando, tu compensación es mucho más alta... ¿Qué opinas de esto?».

Es lógico que el salario de Ghosn se convirtiera en el tema central de las discusiones cada vez más frecuentes entre los accionistas japoneses y los tradicionalistas de Nissan. En todas las industrias, la compensación de los ejecutivos es uno de los temas en los que se ven más las diferencias entre Japón y otros países desarrollados —en especial, Estados Unidos—.

En su informe anual de 2018, la firma de consultoría Willis Towers Watson situó el salario medio anual de los directores ejecutivos japoneses de las grandes compañías en la cantidad relativamente modesta de 123 millones de yenes (1,1 millón de dólares), incluidos el sueldo base y los incentivos a corto plazo. Esta cantidad es mucho más modesta que los 3,79 millones de dólares que recibe un directivo medio de una empresa norteamericana. La diferencia aumenta cuando sumamos los incentivos a largo plazo, que suelen ser planes de opciones sobre acciones y que muchos accionistas creen ingenuamente que no tienen ningún coste para ellos. En el caso de los directivos japoneses, estos incentivos suelen ascender a los 156 millones de yenes (1,4 millones de dólares), mientras que para los estadounidenses ascienden a los 13,3 millones de dólares. Los ejecutivos japoneses, visiblemente orgullosos de su forma de actuar, dan lecciones sobre la codicia de los americanos y dicen que su enfoque demuestra la importancia de la organización sobre el individuo.

. . .

Esto no es un mero sofisma de los japoneses, sino que es algo que viene respaldado por una cultura japonesa que se remonta a los tiempos «previos al mercado» de un sistema feudal. En la era de la nobleza hereditaria que duró hasta 1868, la jerarquía situaba a los guerreros samuráis, a los granjeros —la mayoría campesinos con un mínimo vital— y a los artesanos por encima de los mercaderes, que eran considerados como el nivel inferior de la sociedad —después de los marginados—. Evidentemente, aquel sistema no les impedía hacerse ricos. Una consecuencia de esto se puede ver hoy en día en la arquitectura tradicional japonesa, con las casas de los mercaderes de Kioto y otros centros antiguos finamente diseñados, pero carentes de ornamentación teniendo en cuenta la riqueza de sus ocupantes.[18] Esto tiene sus raíces religiosas en el budismo zen, pero también refleja el hecho de que los mercaderes necesitaban mantener una presencia discreta para pasar desapercibidos y no crear resentimientos. Durante el periodo feudal Edo, de 1603 a 1868, a los mercaderes les estaba prohibido tener una casa de más de uno o dos pisos, porque se consideraba —y se sigue considerando— una forma desagradable de alardear de la riqueza.

Hay otras razones históricas por las que restar importancia a la riqueza en Japón. La mayoría de las compañías japonesas importantes empezaron como negocios familiares, después se convirtieron en conglomerados *zaibatsus* y, por último, en las cooperativas centralizadas del sistema *keiretsu* tras la Segunda Guerra Mundial. Esta tendencia continúa actualmente en Japón. Akio Toyoda probablemente no habría llegado a la cima de una de las compañías más prósperas del mundo si no hubiera tenido la suerte de tener a los padres adecuados. Su abuelo fundó la compañía y su familia sigue poseyendo el 1 % de la misma, lo que equivale a unos 2.000 millones de dólares. Además, la familia Toyoda continúa con su dominio gracias a una constelación de familiares que ocupan puestos de liderazgo en las compañías del grupo Toyota. También Tadashi Yanai, fundador de la empresa matriz de UNIQLO Fast Retailing, sigue teniendo el 21,6 % del grupo: suficiente para convertirse en el hombre más rico de Japón.

A fin de cuentas, si eres el propietario de la compañía, ¿qué importa cuál sea tu salario? Como cualquier empresario habrá calculado, tendrás el dinero ya sea como empleado o como propietario, pero en realidad eso no importa. Además, los salarios suelen ser la forma menos efectiva, fiscalmente hablando, de recompensar a alguien, especialmente cuando controlas los mecanismos corporativos para hacer posible una variedad de sistemas de evasión fiscal. La compensación anual pasa a ser un problema cuando traes a «ayudantes contratados» —directores profesionales como Ghosn— que saben que pueden ser trabajadores a corto plazo.

Este pudor japonés en el espacio público no significa que también deban ser humildes en el ámbito privado. El sistema fiscal japonés promociona una gran variedad de beneficios adicionales que aumentan los ingresos y hacen funcionar el engranaje comercial. Las autoridades son bastante liberales en cuanto a lo que constituye un «gasto comercial» para las empresas. El área Akasaka de Tokio, que está convenientemente situada cerca de las oficinas centrales de las principales sedes corporativas y de los pasillos del poder de los mandatarios de más nivel, está llena de restaurantes exclusivos y muy discretos que cobran miles de dólares por una comida y reúnen en sus salones privados, lejos del público, a las autoridades con gran poder de decisión. Las grandes figuras corporativas también tienen a su disposición el servicio de vehículos y chóferes privados, y sus apartamentos, situados en las zonas más lujosas de la ciudad, los paga la empresa como un gasto comercial.

Esto no es tan descabellado como parece. En su vida diaria, en Japón un ejecutivo sénior está siempre trabajando. Sus momentos de entretenimiento nocturno son casi siempre con un compañero de trabajo. La opción de cenar con su pareja no está incluida en la ecuación; las esposas —la igualdad de géneros sigue siendo un sueño lejano— seguirán felizmente con sus propias vidas. Cualquiera que se haya sentado a cenar con su jefe, o peor aún, con el jefe de su pareja, podrá entender este planteamiento.

Esta generosidad corporativa también se extiende a los exclusivos regalos para los socios de la empresa, una extensión de la costumbre generalizada de hacer regalos. Si alguien te propone ir a cenar, es casi seguro que te ofrezca un regalo. Tú también deberías hacerlo.

• • •

Cuando en el año 2010 cambiaron las normas sobre la declaración de la situación financiera, Ghosn sabía que su salario podría ser un bombazo; no solo en Japón, sino también en Francia, donde las costumbres culturales son aún más escrupulosas con los sueldos desorbitados.

Sobre este tema se hizo hincapié en el juicio a Greg Kelly, el director estadounidense de Nissan que fue detenido con Ghosn y acusado de ayudar a su jefe a ocultar su salario. Durante las audiencias judiciales de 2020, un director sénior de Nissan encargado de la compensación de los ejecutivos testificó que, cuando las normas cambiaron en el año 2010, a Ghosn le sorprendió que ningún otro ejecutivo japonés ganara lo suficiente para cruzar el límite de tener que declarar públicamente sus ganancias.

Toshiaki Ohnuma, uno de los que negociaron la culpabilidad haciendo de testigo para los fiscales japoneses, dijo que en el año 2010 los únicos que tenían que declarar su remuneración eran Ghosn y otros dos ejecutivos extranjeros. En aquel momento, dijo Ohnuma, a Ghosn no le preocupaba tanto el hecho de que los ejecutivos japoneses ganaran mucho menos dinero que él como el hecho de que todo el mundo se enterara de lo que él ganaba.

«Los empleados japoneses se enterarían de cuánto ganaban sus directivos. Existía la preocupación de que esta revelación diera lugar a que la gente se quejara de que solo los directivos extranjeros recibían sueldos más altos, aunque todos los empleados trabajaran duro», testificó Ohnuma.

Según Ohnuma, Ghosn propuso una nueva solución. El presidente, que se había ganado el apodo de «asesino de costes» por su implacable manera de economizar, decidió que la mejor manera de aliviar el resentimiento era concediendo bonificaciones especiales a tres ejecutivos japoneses; al que era su mano derecha, Hiroto Saikawa, entre ellos. Esta paga extra era suficiente para que traspasaran el límite y así tuvieran que declarar también sus ganancias. De esta manera, con tres extranjeros y tres japoneses obligados a declarar sus ganancias, parecía que la lista estaba más equilibrada.

A pesar de esta original decisión, el paquete salarial de Ghosn seguía siendo mucho más elevado que el de los demás. Por lo tanto, cada vez que se reunía con los accionistas se defendía con el mensaje claro y sin concesiones de que la nueva Nissan jugaba con unas normas internacionales diferentes.

«Es cierto que no pagamos según los estándares japoneses, lo hacemos según los estándares internacionales porque queremos atraer talento internacional», dijo un tranquilo y sereno Ghosn durante un enfrentamiento que tuvo en 2011 con los inversores. «Si comparas las compensaciones de Nissan con las de Honda o con las de Toyota, está claro que hay diferencias. Estas diferencias derivan del hecho de que nuestros competidores pagan según los estándares japoneses únicamente. En cambio, nosotros no. Esta es la diferencia».

Antes de las juntas de accionistas, Kelly solía revisar la información que la firma de consultoría Willis Towers Watson preparaba sobre las compensaciones en Nissan. La información demostraba que el salario de los ejecutivos de Nissan era modesto en comparación con los otros datos de referencia de la industria. En 2011, por ejemplo, Ghosn recibió 12,5 millones de dólares, mientras que la media de la industria para los directores ejecutivos rondaba los 18 millones, y el director ejecutivo que más cobraba recibía unos 29 millones de dólares, casi dos veces y media más que el botín de Ghosn.

En comparación con los elevados sueldos que pagaban otras de las compañías que habían intentado conquistar a Ghosn, parecía que Nissan estuviera estafando a su salvador. Por ejemplo, en 2010 cuando por primera vez Ghosn hizo público su salario, Alan Mulally —el hombre que Ford había puesto al frente de la compañía después de que Ghosn lo rechazara y el héroe al que se le atribuye haber salvado a Ford del desastre durante la Gran Recesión— estaba ganando más de 26 millones de dólares.[19]

En el año 2010, Dan Akerson, presidente y director ejecutivo de General Motors, tenía un aparentemente modesto salario de 2,5 millones de dólares. Pero la compensación de los ejecutivos de GM se tuvo que frenar como condición para su rescate por parte del gobierno.[20] Una medida más cercana a los estándares tradicionalmente más inflados de GM serían las sumas entregadas a Rick Wagoner, el hombre que bloqueó una unión con Nissan y luego presidió la caída de GM en la bancarrota. Mientras GM se precipitaba hacia su humillante debacle al capítulo 11 de la Ley de la Quiebras de Estados Unidos, Wagoner se embolsaba casi 20 millones de dólares en 2007, y más de 16 millones en 2008. En 2009, cuando GM se fue a la quiebra, su porción salarial se redujo en tan solo 1 dólar —sí, un dólar— y Wagoner siguió embolsándose cerca de 3 millones de dólares en otros tipos de compensación antes de ser despedido.[21]

«En las reuniones se utilizaba una estrategia muy específica», dijo un exejecutivo que ayudó a preparar la defensa de Nissan ante los ataques de los accionistas sobre las remuneraciones de Ghosn.

«El argumento era que Nissan no era una compañía japonesa. Que era una compañía internacional, más que Toyota, Honda o cualquier otra compañía japonesa. Y, como tal, habían estructurado su compensación de manera que pudiera atraer talento internacional y pagar a los ejecutivos, especialmente a los internacionales, el salario estándar de Estados Unidos».

Nissan tenía motivos para presentarse como un jugador verdaderamente internacional. En el año 2015, cuarenta y ocho de sus cien altos directivos eran extranjeros. Algunos eran franceses venidos de

Renault, pero también había gente de Brasil, Portugal, Inglaterra, Holanda, Estados Unidos, India, Alemania, Italia, España, China, Canadá y Sudáfrica. No había ningún otro fabricante japonés —y menos aún Honda o Toyota— que pudiera alardear de una diversidad de nacionalidades tan grande. Mientras tanto, los ejecutivos que trabajaban en esas compañías de la competencia menospreciaban a Nissan por no ser «auténticamente japonesa».

«Lo difícil era intentar juzgar a Nissan como una compañía japonesa cuando en realidad no lo era», dijo un antiguo directivo de Nissan. «Pero, puesto que estaba en la Bolsa de Tokio, los japoneses la consideraban una compañía japonesa. De hecho, fuera de Japón, el salario de Ghosn no era nada destacable. En absoluto. Pero en Japón era bastante extraordinario».

• • •

Con el tiempo, la indignación de la gente por la desproporcionada compensación de Ghosn fue desvaneciéndose, e incluso los impredecibles inversores de Nissan acabaron cansándose de discutir por este tema. Pero su remuneración declarada seguía aumentando. Solamente se redujo durante los dos últimos años que estuvo en la empresa, y alcanzó un máximo de 1.000 millones de yenes (unos 9 millones de dólares) el año fiscal que acababa el 31 de marzo de 2017.[22] A pesar de ser una cantidad desorbitada, seguía siendo inferior a la de sus homólogos. Ese año, la directora ejecutiva de General Motors, Mary Barra había ganado casi 22 millones de dólares, mientras que el de Ford, Jim Hackett, se embolsaba 17 millones de dólares.

Muchos de los que trabajaban con Ghosn en Nissan decían que se merecía todo lo que ganaba por haber salvado a la compañía. «Obviamente, ganaba mucho dinero», dijo un exejecutivo de la Alianza. «Pero hay que decir que, si el dinero fuera lo que más le motivara, nos habría dejado hace tiempo».

Después, en el año 2020, en el juicio a Greg Kelly se hizo evidente el miedo que había en Nissan de que Ghosn abandonara el barco. Kelly —con ayuda de otros altos directivos— estudió unos planes muy complicados para aumentar la compensación de Ghosn sin tener que declarar una exorbitante suma. El propio Kelly explicó que la compañía necesitaba hacerlo para retener a Ghosn, aunque él insistía en que solo consideraron formas legales de hacerlo y solo como una compensación por los servicios posteriores a su jubilación.

A Ghosn le inquietaba cada vez más que salieran a la luz sus ingresos en Japón, pero también le inquietaban las posibles reacciones en Francia, donde las sensibilidades sobre la compensación de los ejecutivos eran aún más meticulosas. Durante el juicio a Kelly, un testigo clave del gobierno testificó que Ghosn tenía miedo a que le despidieran de Renault si se hacía público el verdadero alcance de su paquete salarial.

«Al señor Ghosn le preocupaba que se publicara el nivel real de su compensación y que el Estado francés le despidiera, porque el Estado francés estaba muy pendiente de sus remuneraciones», dijo Hari Nada, alto cargo de Nissan que dirigió la oficina del director ejecutivo y fue presidente bajo el mandato de Ghosn. Para los ejecutivos de Nissan, convencidos de que tenían que retener el talento de Ghosn en su compañía, también era importante asegurar su posición en Renault. «El señor Ghosn era un representante de Renault en Nissan», dijo Nada. «Su poder en Nissan se basa en su nombramiento para Nissan por parte de Renault, la cual depende del Estado francés».

Algunos de sus allegados dicen que su retribución siempre fue un amargo tema para él; por un lado, porque no ganaba tanto como sus homólogos internacionales y, por otro, porque le molestaba tener que estar siempre justificando su salario, a pesar de que fuera inferior al de otros en ese ámbito.

«Todo el mundo sabía que estaba frustrado porque, según él, las retribuciones se debían hacer en función de la valía de cada uno», dijo un exejecutivo de Renault allegado a él. «Cuando comparaba su remuneración con la del jefe de Ford, o la del de General Motors u otros como él, creía que no era la adecuada, porque él tenía la misma valía o más que todos esos directivos. Y, puesto que Francia es Francia y Japón es Japón, y las referencias en estos países son las que son, no podía tener el mismo nivel de compensación que ellos. Esta es la realidad».

Pero algo que apenas se comentaba en Japón es que Ghosn también cobraba un sueldo como presidente y director ejecutivo de Renault, aunque debido a que el gobierno francés era dueño de una gran parte de la compañía, ese sueldo no era tan generoso como el de Nissan, a pesar de que Renault era nominalmente el socio mayoritario de la Alianza. En mayo de 2018, unos meses antes de su arresto, Ghosn pactó un salario base fijo de Renault de tan solo 1,2 millones de dólares, aunque a esta cantidad había que añadirle una compensación variable y unos incentivos a largo plazo que la multiplicaban por dos.[23]

Ghosn recibió otro aumento salarial cuando Mitsubishi se unió a la Alianza como tercer miembro de la asociación. Tras añadir a su gestión a este pequeño fabricante de automóviles japonés, Ghosn empezó a ganar 227 millones de yenes (unos 2 millones de dólares) como nuevo presidente de la compañía.[24]

Si sumamos todas estas remuneraciones, el paquete salarial de Ghosn empezaba a alcanzar los niveles de Detroit, pero seguía siendo modesto para una persona que dirigía tres compañías diferentes en dos continentes.

Y entonces, a finales de 2018, aparentemente desde la nada, los fiscales japoneses dijeron que algo diferente había ido sucediendo. Dijeron que Ghosn, ya entre rejas, durante todos esos años no había subsistido solamente con unos paquetes salariales inferiores a los que recibían sus homólogos en la industria, sino que en secreto había ido almacenando grandes sumas de dinero que se le pagarían tras su jubilación con un plan de compensación diferida que estaba totalmente fuera de la ley. La cantidad encubierta, según los fiscales, superaba la astronómica suma de los 80 millones de dólares durante ocho años. De hecho, en esos años, la mayoría de las veces la suma oculta era superior al sueldo que revelaba a los accionistas en las controvertidas reuniones anuales.

La conclusión de la fiscalía era que la compensación total de Ghosn —salario, más incentivos y pagos diferidos— durante aquel periodo había sido prácticamente el doble de lo que él y la compañía habían declarado. Si esto era cierto, Ghosn estaba jugando a dos bandas: por un lado, quejándose de no ganar tanto como los jefes de Ford y de GM y, por otro, ganando por lo menos lo mismo, si no más, si a su salario declarado añadimos el supuesto secreto oculto y los salarios de Renault y Mitsubishi.

Las acusaciones arrojaron una nueva luz crítica sobre su preocupación por la compensación y llevaron a Ghosn y a todo el imperio que él había construido y gobernado a una profunda crisis.

Después de su fuga a Líbano, Ghosn insistía en que nunca habría tenido esos problemas legales si no hubiera sido tan sumamente fiel a Renault y Nissan frente a todas las ofertas de trabajo que le hicieron otras compañías. Podría haberlo dejado todo e irse a Detroit a liderar Ford o GM, por ejemplo. Y, en la rueda de prensa que hizo en enero de 2020 desde Beirut, la primera desde su detención, aseguraba que se lamentaba de no haber aceptado la propuesta que una década antes le había hecho «el zar» Rattner para que dirigiera GM.

«Me ofrecía un sueldo que era el doble del mío. Le dije: "¿Sabes una cosa? Sé que tu oferta es muy atractiva, pero un capitán jamás debe abandonar el barco en los momentos difíciles"», dijo Ghosn. «Cometí un error. Debí aceptar aquella oferta».

5

LA MEMORIA ES CORTA

EL JAPÓN DE 1999 ERA UN PAÍS MERMADO DE confianza.

Desde 1957, cada año el Banco de Japón —el banco principal del país— realiza su encuesta trimestral Tankan para calibrar el sentimiento corporativo en el país. Esta encuesta está tan bien considerada por las empresas japonesas que el 99 % de las compañías encuestadas envía una respuesta al cuestionario de carácter confidencial. El elemento que más se analiza en el estudio es el índice de difusión (ID) sobre las condiciones de las empresas; el cual compara el número de opiniones positivas menos el de negativas, de manera que un resultado igual a cero significa que la empresa tiene una visión neutral de hacia dónde está yendo la economía.

La cifra principal que arrojaron las compañías más importantes en la encuesta de 1998 fue de un 56 negativo.

Era el resultado más bajo desde la crisis del petróleo de mediados de los setenta y estaba lejos del 53 positivo que había registrado en el punto álgido de la burbuja económica de 1989. En 1998, la economía de Japón había entrado de nuevo en una recesión que sería su crisis más larga en el periodo de la posguerra de la Segunda Guerra Mundial.[1] «1998 ha sido un año de sufrimiento, problemas y angustias», dijo a Reuters en aquel momento el economista de Jardine

Fleming Securities, Chris Calderwood. Los líderes empresariales que normalmente eran optimistas estaban desconcertados por la situación.[2] «La economía japonesa está a punto del colapso», advertía el presidente de Sony, Norio Ohga, en la primavera de 1998.[3]

El país que había sido una de las economías industrializadas de más rápido crecimiento del mundo durante gran parte de la posguerra estaba ahora sufriendo dos importantes crisis en una década, desde el colapso de la burbuja económica en 1990. En el centro del problema estaba el incremento insostenible de los precios de los activos, especialmente en el sector inmobiliario. Este problema se ha resumido en el aforismo de que, en el punto álgido de 1989, las 141 hectáreas que ocupan el Imperial Palace en el centro de Tokio valían más que todas las propiedades de Florida o California. Economistas expertos hablaban de que el mercado inmobiliario japonés era «diferente» y que los inversores japoneses nunca vendían, por lo que los precios siempre estarían altos. En 1989, justo antes de que estallara la crisis, un analista cometió el infortunio de decir que «a la mayoría de los analistas la idea de un colapso real del precio de la tierra les parece remota».

De hecho, los precios de las propiedades se dispararon, apoderándose de millones de dólares de la economía y provocando la propia caída del mercado de valores. Ambos mercados tardaron veinte años en tocar fondo después de que terminara la gran recesión mundial en 2009. Pero en ese momento, tanto los terrenos como las acciones valían solo el 20 % de sus niveles máximos.

La increíble tardanza en superar esta crisis se debió, en parte, a las medidas extremadamente cautelosas adoptadas por el gobierno y a unas normas contables que permitían a las empresas posponer el día del juicio final. Podríamos pensar que se trataba de pura inercia burocrática, pero en realidad era una política intencionada y totalmente coherente. Anulando los préstamos incobrables y las presiones deflacionarias lentamente, Japón evitaba el estallido social que se habría producido con unos recortes repentinos. No hubo ventas de activos de emergencia. No se produjo el cierre masivo de tiendas ni el de calles comerciales. Para la mayoría de la gente, poco había cambiado, y el 95% de la gente seguía trabajando. Algunos funcionarios japoneses incluso presumían de las diferencias entre las crisis en Estados Unidos y en Japón, argumentando que, puesto que Japón era un país rico, podía permitirse el lujo de tomarse su tiempo. Los visitantes extranjeros familiarizados con los titulares sobre la recesión económica de Japón se sorprendían cuando llegaban a Tokio y lo veían igual de limpio y moderno que siempre. Como dijo más de un ejecutivo americano sobre su visita a Japón en aquella época: *Si esto es una recesión, yo también la quiero.*

Ohga, director ejecutivo de Sony, no fue el único en advertir que Japón estaba cayendo en una trampa deflacionaria, en la cual la espiral de precios más bajos y la continuada contracción económica estaban llevando al país a la crisis. Los gobernantes intentaban mantener el optimismo diciendo que las medidas políticas resolverían el problema, pero estaba claro que los riesgos eran cada vez mayores. En febrero de 1999, las actas de las reuniones de la junta del Banco de Japón hablaban de la necesidad de «evitar una posible intensificación de la presión deflacionaria y de garantizar la detención de la desaceleración económica». Si bien el texto estaba redactado en un cauteloso lenguaje burocrático favorecido por los bancos centrales, un miembro del consejo fue más directo diciendo: «La economía de Japón ya está atrapada en un círculo vicioso de deflación», advertencia que resultó ser profética.[4] El Banco de Japón pasaría los siguientes veinte años intentando salir de la deflación, con tan solo dos momentos exitosos limitados. La dolencia mutó y finalmente resultó ser contagiosa, con la caída de los precios expandiéndose a la economía de la Eurozona y a todas partes.

. . .

Si bien los responsables políticos mostraban una prudente preocupación, los consejos de administración de las empresas japonesas estaban en modo crisis. En noviembre de 1997, Yamaichi Securities, una de las firmas de seguros más importantes de Japón con un legado de cuatrocientos años, anunció que cerraba sus puertas. Su colapso, una especie de miniprecursor de la gran recesión que llegaría una década más tarde, se debió a la típica combinación de malas decisiones empresariales y al descubrimiento de un plan para ocultar 1.600 millones de dólares en préstamos incobrables. El fracaso de la estrategia de Yamaichi y los pasos ilegales para ocultar la verdad no sorprendieron demasiado a los líderes empresariales japoneses. Lo que les llamó la atención fue el hecho de que nadie saliera a su rescate. Los propios bancos estaban sufriendo una avalancha de préstamos incobrables, lo que les impedía ayudar. Hasta el propio Fuji Bank, socio de Yamaichi en el *keiretsu*, se negó a lanzarle un salvavidas. Fuji tenía sus propios problemas y desaparecería en una fusión cinco años más tarde, en 2002.

«En este caso, el mercado financiero persiguió a una institución financiera débil y acabó con ella», dijo un analista financiero en aquel momento. El *Wall Street Journal*, informando sobre Yamaichi, dijo: «Asediado por un enorme problema de préstamos incobrables, un mercado de valores enfermo, un fuerte déficit presupuestario del gobierno y una economía que parece estar cayendo de nuevo en el estancamiento, Japón a regañadientes se ha agarrado al único salvavidas que tiene a mano: la desregularización y las misericordias indeseables del libre mercado».[5]

Una de las posibles soluciones al problema de la deflación era hacer que el mercado laboral japonés funcionara adecuadamente, una solución a la que solían apuntar muchos economistas extranjeros. Según el modelo de empleo tradicional japonés, los empleados firmaban lealtad a la compañía en la que entraban a trabajar al mes de graduarse en la universidad. Puesto que casi nadie dejaba su trabajo, el problema de la retención no existía y, por lo tanto, no había una razón real para recompensar el buen rendimiento, menos aún cuando los precios en las tiendas estaban cayendo año tras año. A pesar de que uno de los objetivos del gobierno para aumentar la productividad y acabar con las presiones deflacionarias era crear un mercado laboral que fluyera libremente, 1999 era un mal momento para implementar una política que incrementaría el desempleo en poco tiempo. Si bien el desempleo en Japón seguía siendo bajo comparado con el del resto del mundo, un 4,7 % de los trabajadores se quedaron sin trabajo en 1999 (llegó al 5,5 % en octubre de 2002).

«En América, la gente está acostumbrada a la idea de que puede perder su trabajo y buscar otro», dijo entonces un miembro del gobierno a Reuters. «En cambio, en Japón, cuando un empleado asalariado pierde su empleo cree que su carrera ha terminado». Dejaba claro que el gobierno era consciente de que «un aumento del paro podría provocar inestabilidad política». Aún más le preocupaba que el siguiente grupo de desempleados fueran los parlamentarios del partido gobernante.[6]

. . .

Ghosn se enfrentaba a lo que parecía ser un problema intratable: cómo ahorrar los costes necesarios para salvar a Nissan evitando al mismo tiempo una reacción hostil por parte de los trabajadores y de los recelosos gobernantes. La sinergia con Renault sería un paso importante, pero tendría que hacerse con sumo cuidado. Teniendo en cuenta que Nissan estaba en serios apuros, hasta el gobierno japonés tuvo que poner buena cara ante la influencia extranjera en la prestigiosa empresa japonesa. Al mismo tiempo, Ghosn tenía la libertad que se le habría negado a un director ejecutivo de nacionalidad japonesa.

«Ghosn era visto como una especie de caballero con una armadura brillante montado en un corcel blanco. Era totalmente desconocido en Japón», dijo un banquero de inversiones experto en fusiones de empresas europeas y japonesas. «La gente tenía miedo, pero creo que también reconocieron que ese desconocido forastero era imprescindible; de lo contrario, Nissan no tenía salvación, en realidad era su última oportunidad».

A los japoneses no les dolió el hecho de que Ghosn viniera de Francia. Aunque los franceses tienden a generar cierto rechazo en muchos países, su imagen en Japón es la de una belleza, un estilo y una cultura incomparables. Francia es el destino turístico favorito de los japoneses e incluso tienen diagnosticada una supuesta afección médica como «el síndrome de París»: algunos japoneses que viajan a la Ciudad de la Luz de pronto se sienten gravemente deprimidos o incluso enfermos debido al shock que sufren cuando ven que la ciudad no es tan maravillosa como habían soñado. Esa enfermedad parece ser una leyenda urbana pero, sea como sea, tiene su propia entrada en Wikipedia. Se trata de un sentimiento recíproco. En Francia, en el siglo XIX el *japonismo* —la influencia de las artes, la moda y la estética japonesas— se convirtió en una tendencia que sigue siendo popular hoy en día.

En el mundo empresarial, las semejanzas culturales entre ambos países contribuyeron al éxito de una alianza multinacional cuando muchos otros habían fracasado en el pasado. Ambos países comparten cierto apego a la burocracia y una preocupación por los empleados que hace que los despidos sean poco frecuentes.

Para Nissan, las consecuencias positivas no tardaron en hacerse visibles. En el año 2007, el valor de mercado de la compañía había crecido hasta un impresionante 820% desde que Ghosn llegó, cuando la compañía estaba a punto de la bancarrota. En total, los años liderados por Ghosn añadieron un valor de 60.000 millones de dólares a Nissan. «Durante los primeros seis o siete años, todo fue bien. Los elogios eran merecidos», dijo el banquero de inversiones.

La mayoría de los éxitos venían de las enormes ganancias en los principales mercados extranjeros, en particular Estados Unidos y China. Pero Nissan también consiguió unos progresos sin precedentes con el desmantelamiento del sistema *keiretsu* de vínculos empresariales para recortar sus costes. En ello, la recuperación de la economía japonesa desempeñó un papel importante.

El crecimiento económico general estaba ligeramente por encima del 1%. Las cifras estaban lejos de las de los felices años sesenta y setenta, pero eran lo suficientemente buenas como para ayudar al Japón corporativo a reabastecer sus arcas. A todo esto, añadir que las ganancias corporativas totales de Japón aumentaron de manera constante, subiendo un 85 % desde 1999, año en el que llegó Ghosn, hasta el año 2007.

Durante el mismo periodo, la encuesta Tankan de confianza empresarial subió más de 23 puntos: una importante mejora respecto al resultado de 56 puntos negativos obtenido en diciembre de 1998. Eso quería decir que los proveedores y otros socios empresariales estaban en mejor posición para aceptar las duras negociaciones que Ghosn iba a plantear. Como dijo un socio ejecutivo: «Cuando un sistema se instaura, nadie quiere cambiarlo. Ghosn hizo cambios en todo el sistema». La mejora del mercado laboral también significó menos presión política por el recorte de 21.000 puestos de trabajo que Nissan emprendió bajo el mandato de Ghosn. La tasa de desempleo general, que había estado subiendo hasta casi un nivel del 6 %, había vuelto a bajar hasta el 4 % en 2007.

En términos de valor corporativo, 2007 fue el momento culminante para Ghosn y Nissan. A partir de aquel momento, el precio de las acciones de Nissan y del resto de empresas japonesas cayó abruptamente por culpa del impacto masivo de dos acontecimientos sísmicos: la crisis financiera mundial de 2008-2009 y el terrible terremoto, tsunami y desastre nuclear de marzo de 2011 en la planta nuclear del norte de Japón. La economía volvería a repuntar en 2013 gracias a una estrategia de crecimiento agresivo del primer ministro Abe. Esta vez, Nissan no tuvo tanta suerte porque cayó en otros problemas nuevos.

Cuando la economía empezó a repuntar en 2013, Ghosn llevaba ya casi catorce años en Nissan. Era mucho tiempo para un director ejecutivo, especialmente para uno cuya especialidad es la reconversión de empresas. También para Ghosn era el mandato más largo que había desempeñado desde que en 1978 inició su carrera profesional. A esas alturas, la atención que los medios de comunicación habían prestado a la leyenda de la industria del automóvil estaba empezando a desvanecerse. Los elogios que las revistas *Time* y *Fortune* le dedicaban a principios de los años 2000 se habían convertido en aquel momento, en 2017, en un sello postal honorario en Líbano. Fuera cual fuera su actuación, lo cierto es que Ghosn había dejado de ser la «gran novedad».

Aunque es cierto que la mayoría de los ejecutivos extranjeros consiguieron evitar el destino de Ghosn de ser arrestado y llevado a prisión, algunos de ellos pasaron por momentos difíciles. Un consultor que trabajó con muchos ejecutivos extranjeros en Japón dijo: «Si eres director ejecutivo extranjero en Japón y lo haces mal, te descuartizan».

Uno de esos casos fue el calvario por el que pasó Sarah Casanova, directora veterana canadiense de McDonald's, que se había convertido en la directora ejecutiva de McDonald's Japón en 2013. La gran cadena de comida rápida había entrado en Japón en 1971, y en 2010 tenía más de 3.300 restaurantes con grandes alicientes para las familias.

Pero un año después de su llegada al país nipón, la compañía se vio amenazada por dos escándalos: el de un proveedor que supuestamente utilizaba carne caducada, y el de otro que desde fuera de Japón había enviado pollo procesado con componentes extraños. Aunque McDonald's declaró que tales alegaciones nunca pudieron demostrarse, los medios de comunicación japoneses arremetieron contra Casanova por no haberse disculpado «adecuadamente»: un pecado capital en un país que exige una profunda reverencia de arrepentimiento a cualquier compañía, nacional o internacional, que se enfrente a un escándalo.[7] Las ventas por punto de venta cayeron casi un 40 %, y la compañía empezó a declarar pérdidas.[8] Casanova consiguió solucionar los problemas —aparte de los temas relacionados con la seguridad de los alimentos a los que se enfrentaba—, y las ventas empezaron a subir de nuevo. Pero tardó tres años en sacar a la compañía de la zona de peligro.[9]

La Nippon Sheet Glass, con gran parte de su negocio en el extranjero, ha pasado por dos directores ejecutivos extranjeros en poco tiempo y ninguno de ellos ha durado más de dos años. Más recientemente, el grupo farmacéutico Takeda contrató al francés

Christophe Weber, quien activó las alarmas inicialmente en la sala de juntas con una histórica compra por 62.000 millones de dólares de la farmacéutica irlandesa Shire en 2019: la compra extranjera más importante realizada jamás por una compañía japonesa.[10] Muy pocos extranjeros se han atrevido a llevar el timón de una compañía japonesa. Un estudio de 2012 descubrió que tan solo el 1% de los cargos de director general en Japón son extranjeros, mientras que en Europa la proporción es del 30%.

• • •

La primera compañía japonesa importante que vio cómo un extranjero tomaba las riendas fue el fabricante de automóviles Mazda, y esa decisión también vino de fuera. En 1996, Ford había aumentado su participación en el apurado fabricante japonés hasta un 33,4%, lo suficiente para tener poder de decisión sobre el nombramiento de otros ejecutivos. El primero de toda una retahíla de extranjeros fue Henry Wallace, de nacionalidad británica.[11] No se le dio una bienvenida demasiado entusiasta. Su predecesor japonés había negado en rotundo que la compañía estuviera hundiéndose, y no fue muy agradable con él en la conferencia de prensa conjunta. Entre los asistentes japoneses hubo una conmoción general, y los medios de comunicación prefirieron concentrarse en los despidos masivos que vendrían a continuación. Wallace no hablaba japonés, por lo que algunos analistas financieros se preguntaban cómo iba a dirigir una compañía japonesa en la que todos los documentos y todas las reuniones se le iban a tener que traducir. Los mismos problemas a los que el propio Ghosn iba a enfrentarse tres años más tarde. «No te puedo decir cuántas veces me han dicho esto: "No entiendes las costumbres japonesas"», dijo Wallace en una entrevista en 1996. «Esto simplemente quiere decir que no quieren cambiar».[12]

Wallace puso en marcha la imprescindible transformación de Mazda, pero la mayor parte los reconocimientos se la llevó el norteamericano Mark Fields, que solo tenía treinta y ocho años cuando en 1999 Ford le envió a Japón. Igual que Ghosn estaba haciendo con Nissan, Fields también cambió el sistema de promoción basado en la antigüedad y empezó a promocionar a la gente más joven y a crear una marca Mazda bien diferenciada de la competencia. Estuvo tres años. «Ghosn es tan impresionante como dicen, pero Fields no se queda corto», dijo John R. Harris, quien escribía los discursos de Fields, y más tarde los de Ghosn. Pero Fields en particular y Ford en general no fueron suficientemente reconocidos como los artífices de ayudar a que Mazda tuviera una base más sólida antes de que las dos compañías cortaran casi todos sus vínculos en 2008. El lema Zoom Zoom, uno de los mayores éxitos de marketing de Mazda, vino de la parte de Ford. En opinión de Harris, «Mazda enseñó a Ford a construir coches, pero Ford enseñó a Mazda a venderlos».

La importación extranjera de mejor perfil fue la del ejecutivo galés-estadounidense Howard Stringer, un antiguo ejecutivo del CBS responsable de la difícil transformación del gigante electrónico Sony; un grupo que, al igual que Nissan, estaba intentando revivir las glorias del pasado. Sony, bastante más que los fabricantes de automóviles japoneses, se había convertido en el símbolo de la imagen del país como líder innovador capaz de comerse el mundo. Si bien los automóviles japoneses eran exitosos por su calidad y su competitivo precio, Sony lo era por su innovación. El sistema de música portátil de Sony, Walkman, que sacaron al mercado en 1979, fue por sí mismo una historia legendaria de individualismo que presagiaba la era del iPod de Apple. El desarrollo del *walkman* fue una petición personal del cofundador de Sony, Masaru Ibuka, que lo quería para poder escuchar ópera mientras viajaba. El *walkman* se convirtió en el típico producto altamente exitoso que nadie antes había necesitado o solicitado. En los veinte años siguientes, la compañía vendería más de 230 millones de unidades, solo una faceta más de una extensa línea de productos electrónicos que se considerarían de primera línea.

Pero en el año 2000, Sony —igual que Japan Inc. más en general— estaba sobredimensionada y sin rumbo. La compañía había invertido mucho, pagando 3.400 millones de dólares por el icono de Hollywood, Columbia Pictures Entertainment. La idea era fusionar el software y el hardware, una estrategia que nunca dio buenos resultados.

Stringer había entrado en Sony Estados Unidos en 1997 y fue nombrado presidente del grupo en 2005, en un momento en el que el que había sido líder de la industria estaba estancado en un terreno pantanoso de líneas de producto inconexas y con diferentes niveles de calidad. En una clasificación de las marcas mundiales de aquel año, era la primera vez que la coreana Samsung se posicionaba por delante de Sony, que quedaba relegada a la posición número 20 de la lista.[13] Esos problemas eran claramente visibles en el glamuroso distrito Ginza de Tokio, donde muchas de las principales marcas tienen salas de exposiciones para despertar el entusiasmo por sus productos. Appel, que había abierto su sala de exposiciones dos años antes, tenía colas de gente todos los días. A su lado, el cercano escaparate de Sony más bien parecía una morgue.

Igual que hiciera Ghosn, Stringer vio la necesidad de transformar las cosas diciendo que quería que Sony volviera a «ser *cool*», en palabras suyas. Empezó contratando a jóvenes ingenieros capaces de diseñar productos que se ejecutaran en un software sofisticado y que estuvieran mejor vinculados al entonces creciente mundo online. Lazó una reestructuración de 2.000 millones de dólares recortando 10.000 puestos de trabajo y cerrando once plantas de producción. En resumen, dirigió la empresa hacia lo que sería un largo camino.

A pesar de esos esfuerzos, no fue fácil alcanzar un éxito inmediato. Cuando en 2012 Stringer dimitió, el precio de las acciones de la compañía era un 60 % más bajo que cuando había tomado las riendas, en 2005. Seguía perdiendo dinero, aunque algunos factores externos, como el devastador terremoto tsunami de 2011, tuvieron parte de culpa. En muchos sentidos, la mejor apuesta de Stringer fue la elección de su sustituto para que continuara con la reestructuración. A la edad de cincuenta y un años, Kazuo Hirai era bastante joven para estar al mando de una importante compañía japonesa y, en cierto sentido, era otro «extranjero». Había crecido en California y hablaba mejor el inglés que el japonés. Cuando en el año 2019 fue contratado, Sony era muy rentable, aunque no ocupaba su anterior primer puesto. En su artículo sobre la dimisión de Hirai, el periódico financiero *Nikkei* hablaba de que «había transformado Sony y había aportado aire fresco a una compañía sumida en luchas internas por el poder». El artículo hablaba de la larga historia de Sony, de sus icónicos fundadores y de algunos de sus líderes. Pero a Stringer no se le reconocía ningún mérito.[14]

En cierta manera, esa aparente ingratitud se podría perdonar. A fin de cuentas, a poca gente o a pocas organizaciones les gusta hablar de cuando eran vulnerables. La historia nos demuestra que a los especialistas en reestructuraciones pocas veces se les reconoce el mérito de lo que han hecho cuando salen del escenario. Tal vez el más famoso sea el primer ministro británico Winston Churchill. Considerado un personaje radical —y, para algunos, racista— durante toda su carrera, sería visto después como el líder perfecto para salvar a Inglaterra y, en muchos sentidos, para librar al mundo de la Alemania nazi. Sin embargo, su error fue quedarse demasiado tiempo en su puesto. Después de que el pueblo británico lo relegara sin ceremonias en unas elecciones que tuvieron lugar justo dos meses después de la victoria en Europa, regresó al poder en 1951, en una posguerra en la que los británicos estaban perdiendo su imperio y su influencia mundial. En aquel momento, Gran Bretaña estaba mucho más concentrada en los problemas domésticos y en las reformas sociales que en los grandes planes de poder, áreas en las que Churchill ponía poco interés. Dimitió en 1955 por problemas de salud, sin haber recibido comentarios demasiado positivos sobre su mandato durante la posguerra.

El mundo corporativo no es menos indulgente que el electoral. Uno de los mayores episodios de caída en desgracia fue el de General Electric: el fabricante de todo, desde locomotoras de ferrocarril hasta electrodomésticos, que creció enormemente durante el liderazgo del carismático e implacable Jack Welch y cayó en picado en cuanto este se marchó. Welch transformó la compañía durante sus veintiún años de mandato, entre 1981 y 2001, y fue aclamado en el sector de los gurús empresariales como el mejor ejecutivo de su época. En 1999 la revista *Fortune* lo nombró nada más y nada menos que «ejecutivo del siglo». Al jubilarse, Welch se llevó a casa un paquete de indemnización lleno de beneficios que una firma externa estimó con un valor de 417 millones de dólares, la mayor indemnización jamás pagada.[15]

Welch se marchó con una nota muy alta —como demuestra su bonus—, pero también plantó las semillas que llevarían a GE casi a la quiebra. En el momento de su partida, el 43 % del negocio procedía de la empresa financiera GE Capital. Era una empresa inteligente —a corto plazo— teniendo en cuenta los enormes beneficios que obtenía de sus servicios financieros.

Pero los tiempos cambian y en el año 2008, cuando la crisis financiera mundial pasaba factura a las compañías más importantes del mundo y puso en peligro la propia existencia de GE, la banca no parecía ser una buena apuesta. A Jeffrey Immelt, sucesor de Welch, le tocó lidiar con todo ese caos, y acabó acarreando con la culpa por la espiral de declive que vendría a continuación. A pesar de que en el año 2020 la compañía seguía dando empleo a 200.000 personas, solo era una sombra de lo que había sido. La capitalización total del mercado no era más que el 10 % del momento álgido que había experimentado con Welch, y sufrió la deshonra de ser expulsada del club corporativo más exclusivo del mundo: el Dow Jones Industrial Average.

¿Tuvo Welch la culpa de ello? El profesor adjunto de Harvard Business School, Gautam Mukunda, experto en comportamiento organizacional, dice que una parte del éxito de Welch se debió a que estaba bien preparado para lo que el mercado exigía en aquel momento.

«Piensa en los mejores líderes de la historia. El nivel más alto de rendimiento lo alcanzan cuando sus enfoques y las circunstancias que les rodean están en perfecta sintonía. Es la persona perfecta para ese contexto. El problema de encajar perfectamente en un contexto determinado es que, cuanto mejor encajas en un determinado contexto, peor encajas en otros».

¿También cometió Ghosn el error de Churchill de quedarse demasiado tiempo? Como sucedió en GE, ¿fue un cambio del contexto lo que le hizo pasar de encajar perfectamente a no encajar? Dejando a un lado las acusaciones de fraude, algunos accionistas se quejaban de que estaba presionando por aumentar las ventas a cualquier coste, sin hacer la inversión necesaria para mantener actualizada la gama de productos Nissan. Afirma Mukunda que un experto en remontar empresas como era Ghosn habría sido una elección poco probable en un entorno más estable y dependiente del consenso. En cierta medida, que Ghosn haya conseguido mantenerse en la cima tanto tiempo después de la transformación es un logro; cosa que no suele ocurrirles a los directores ejecutivos occidentales, que tienen reinados bastante más cortos. El tiempo medio de los directores ejecutivos en Estados Unidos es de menos de siete años.[16]

Itaru Koeda, que había trabajado durante cuarenta y tres años en Nissan y se retiró como copresidente de la compañía en el año 2008, dijo que Ghosn, sin duda alguna, había estado demasiado tiempo. Como testigo en el juicio de Greg Kelly, Koeda dijo que después de una década Ghosn había elegido a todos los que le rodeaban y que, por lo tanto, tenía demasiado poder. Otros corroboraron esa idea. Cuando Ghosn fue arrestado, después de diecinueve años en el puesto, se vio más alejado de quienes le rodeaban, más desconectado del negocio, y no había visto las amenazas que se le avecinaban. «Gobernaba con la ayuda de un equipo de personas reducido, estaba más solo que nunca en su propia compañía», dijo un consultor que trabajó con él. «¿Por qué no veía lo que estaba ocurriendo? Era obvio».

6

UNA OLLA A PRESIÓN

GHOSN APENAS PODÍA CONTENER SU PÍCARA sonrisa mientras conducía el flamante e innovador coche, con un diseño dinámico, hacia el escenario. Era una berlina azul cielo totalmente eléctrica que no emitía dióxido de carbono ni ningún otro gas nocivo. Ghosn aseguró que sería el primer vehículo eléctrico sin emisiones contaminantes producido a gran escala y a un precio asequible para el gran público, todavía adicto a la gasolina. Su nombre: Nissan Leaf.

Era el 2 de agosto de 2009, Ghosn llevaba una década en el puesto de mando y faltaba un año para que su exorbitante salario despertara la ira de los accionistas en la reunión anual. Era también un momento en el que los coches eléctricos todavía se veían como proyectos demasiado rebuscados o se ridiculizaban como carritos de golf glorificados. Pocos fabricantes se los tomaban en serio, y menos aún los vendían. Apenas ningún cliente los quería.

Pero, para Ghosn, el Leaf era tan importante que hizo que su presentación coincidiera con la inauguración del reluciente edificio de oficinas de veintidós pisos y con vistas al paseo marítimo de Yokohama, justo al sur de la capital de Japón en la bahía de Tokio. Aquel rascacielos acristalado se elevaba sobre una galería deslumbrante que podía exhibir más de treinta vehículos, y contrastaba enormemente con la vieja y destartalada oficina de Nissan que estaba entre el complejo teatro Kabuki-za, un monumento a la cultura tradicional japonesa, y el bullicioso mercado del pescado Tsukiji. Ghosn dio a conocer al mundo esas dos obras —el coche y el edificio— el mismo día, simbolizando ambos el brillante futuro de Nissan y su aspiración a conseguir el liderazgo mundial.

El Leaf era un producto tan diferente que aquel día el ex primer ministro, Junichiro Koizumi, no solo estuvo presente en la ceremonia, sino que también se sentó en el asiento del copiloto del Leaf mientras Ghosn lo conducía por la sala de exposiciones del precioso edificio en el que estaban sus oficinas para aparcarlo delante de cientos de periodistas que estiraban el cuello para echarle un vistazo. El Leaf era un triunfo tanto para el ingenio y la innovación japonesa como para la propia Nissan. Era como si Ghosn, en nombre de todo el país, estuviera entregando aquel revolucionario coche al mundo.

«Este coche supone un auténtico avance», proclamó Ghosn con su traje azul-gris claro en alusión a los cielos claros y limpios de un mañana todo eléctrico. «Como su nombre indica, el Leaf es totalmente neutro para el medioambiente. No lleva tubo de escape ni motor de gasolina. Lo único que lo mueve es la electricidad limpia y eficiente de nuestras baterías compactas de iones de litio».

Poco después de la presentación del Leaf, Ghosn hizo una predicción igual de atrevida. Dijo que la Alianza Renault-Nissan habrá vendido 1,5 millones de vehículos eléctricos a finales de marzo de 2017. Nissan y Renault, prometió, tendrán para entonces siete marcas más de vehículos totalmente eléctricos.

• • •

Sin lugar a dudas, Ghosn fue pionero en abrir nuevas fronteras en la industria de la automoción. Vio el futuro de los vehículos eléctricos cuando la competencia estaba todavía empezando con los híbridos gasolina-eléctricos. Quiso saltarse la tecnología intermedia de los híbridos, entonces liderada por el archirrival Toyota, y aterrizó de lleno en lo que consideró que eran los nuevos coches del futuro sin emisiones contaminantes.

Y Ghosn volvió a aventajar a los competidores en 2013 cuando declaró que Nissan desarrollaría vehículos de conducción autónoma y los tendría listos para venderlos el año 2020. En ese momento, hasta las marcas más lujosas, como Mercedes-Benz y BMW, estaban ofreciendo unos rasgos rudimentarios de ayuda al conductor que solo podían ayudar a conducir y frenar con una velocidad reducida. La promesa de Ghosn de que todos sus modelos serían autónomos y que el conductor podría despreocuparse de la conducción y relajarse causó un gran revuelo en la industria.

«No hay duda de que fue un visionario. Nissan fue pionera en muchas tecnologías», dijo un ex alto directivo que trabajó con Ghosn muchos años. «Sin duda, en los vehículos eléctricos; aunque tal vez nos adelantamos un poco, porque el resto del mundo aún no estaba preparado. Fuimos ridiculizados por otros fabricantes diciendo que los vehículos eléctricos nunca despegarían. Y también en la conducción autónoma. Nissan socializó esta tecnología antes que ningún otro proveedor del mercado a gran escala».

La elevada ambición por los vehículos eléctricos y los vehículos de conducción autónoma fue un sello distintivo del liderazgo de Ghosn. Como también lo fue su determinación de aumentar cada vez más el ámbito de actuación de la Alianza. Fue uno de los primeros y más proselitistas de la industria de la integración y la producción a gran escala. La alta tecnología y la gran escala —idealmente, unos diez millones de vehículos al año en el mundo— iban de la mano. Una década más tarde, en el año 2020, tan solo Toyota y Volkswagen estaban produciendo vehículos a este estratosférico nivel. La idea tradicional sostenía que los fabricantes de automóviles debían aunar recursos para hacer frente a la costosa inversión que suponían las baterías de alta tecnología necesarias para los vehículos eléctricos y los complejos sensores de los vehículos autónomos.

La superioridad numérica fue uno de los principios fundamentales de la asociación Renault-Nissan desde el primer día. Pero, ahora que los costes se habían disparado y la competencia era implacable, se había creado una especie de olla a presión en el negocio automovilístico, y parecía que la Alianza estaba perfectamente posicionada para aprovechar su magnitud y afrontar tal desafío. El truco consistía en saber aprovechar los recursos que ambas compañías tenían.

La presión de los costes elevó las apuestas para luchar contra Toyota, General Motors y Volkswagen. Aprovechar cada vehículo adicional era clave para reducir el coste unitario en un momento en el que los expertos advertían constantemente de que las empresas más pequeñas quebrarían o serían engullidas por otras. Ghosn fue uno de estos vaticinadores. «Ningún fabricante que solo produzca tres millones de vehículos conseguirá sobrevivir», declaró en 2010,[1] un año en el que Nissan declaró unas ventas mundiales de poco más de cuatro millones de vehículos.[2]

Si además añadimos los 2,6 millones de vehículos que vendió Renault, la Alianza en total superaba los seis millones de ventas.[3] Sin embargo, el dúo franco-japonés seguía intentando alcanzar a los grandes. Toyota y GM habían vendido unos 8,4 millones de vehículos cada uno en 2010, y Wolkswagen AG unos 7,3 millones.

Pero la determinación de aumentar el volumen de ventas y reducir los costes también puso a Renault y a Nissan al borde de una colisión inminente entre ellas. Cada una por su lado lidiaba con el problema de cómo aprovechar el desarrollo de sus productos para conseguir una mayor escala protegiendo al mismo tiempo sus identidades de marca. Los fabricantes de coches estaban ahora más que nunca obligados a invertir en una nueva, y costosa, economía de carburante y en unas tecnologías para la seguridad que los clientes no querían pero que los reguladores imponían. Los ingenieros de Renault y de Nissan no se ponían de acuerdo en cuál era la mejor manera de cumplir con esas normas, mientras los jefes les instaban a cooperar más, a compartir sus diseños y, lo peor de todo, exigían a aquellos ingenieros, orgullosos y enaltecidos por su propio talento, que hicieran concesiones.

«Teníamos que invertir cada vez más en áreas que no añadían valor al cliente», dijo un ex alto directivo de Nissan que trabajaba en la planificación de producto. «La cantidad de las inversiones era cada vez mayor. Y eso quería decir que teníamos que reducir los costes para mantener los beneficios. Era una presión enorme. No es nada fácil conseguir el consenso entre dos compañías».

. . .

Por esas fechas, los gobiernos de Estados Unidos, Europa, China y Japón empezaron a intensificar las normas de economía de combustible. Estados Unidos utiliza un sistema conocido como la norma Corporate Average Fuel Economy (CAFE) para determinar cuántos kilómetros, de promedio, debería conducir un vehículo del país con un galón de gasolina (3,785 litros). En el año 2007, el Congreso de los Estados Unidos modificó por primera vez en casi dos décadas esta norma. El nuevo objetivo de economía de combustible era que en el año 2020 el promedio fuera de 6,72 litros por 100 kilómetros; lo cual representaba un 40 % más de los niveles de eficiencia del momento.

Entonces, el presidente Barack Obama tomó las riendas del asunto: declaró que el ritmo de mejora aún no era lo suficientemente rápido y pidió que se redujera el promedio CAFE de la flota a 6,63 L/100 km.[4] Obama volvió a apretar las tuercas en 2012 definiendo un nuevo objetivo que elevó el promedio de la flota de automóviles y camionetas hasta 4,32 L/100 km en 2025.[5] Después fue modificada esta cantidad a 5,04 L/100 km, pero seguía siendo un objetivo bastante justo.[6] A los reguladores no les importaba de qué manera iban a conseguir ese objetivo las compañías automovilísticas, siempre y cuando produjeran vehículos menos contaminantes. Los fabricantes estaban atónitos y coincidieron en que la única manera de conseguir esos objetivos era el costoso camino de reingenierizar sus vehículos para que funcionaran con electricidad, en lugar de con gasolina. Cuando más adelante el presidente Donald Trump rebajó esos objetivos tan ambiciosos, la mayoría de los fabricantes de automóviles ya había aceptado la realidad de que tendrían que acabar pasándose a los vehículos eléctricos.

El impacto en el coste de electrificar los vehículos para cumplir con las nuevas normas de economía de carburante era enorme: la producción de una modesta batería de 24 kilovatios/hora de iones de litio de la primera generación del Leaf —que alimentaría al vehículo solamente durante 160 kilómetros— costaba inicialmente unos 10.000 dólares; lo cual representa una parte importante del precio del coche, que es de 32.780 dólares.[7]

Nissan invirtió 2.000 millones de dólares en actualizar su planta de producción en Smyrna, Tennesse, para que produjera 150.000 Leaf y 200.000 paquetes de baterías al año. Y, a nivel mundial, ese fue uno de los tres desembolsos que hizo para construir plantas de producción semejantes en Japón y Reino Unido y así poder fabricar el nuevo automóvil en todo el mundo.[8] Sumándolo todo, Renault y Nissan planearon invertir conjuntamente 4.000 millones de euros (unos 5.700 millones de dólares) en proyectos de vehículos eléctricos y en que sus plantas de producción tuvieran suficiente potencia para producir 500.000 vehículos de emisiones cero al año.[9]

Al mismo tiempo, las normas de seguridad cada vez más exigentes aumentaban aún más los costes de desarrollo y fabricación de vehículos. Además, lo peor para los fabricantes era que el tener que añadir un nuevo equipo de seguridad al coche y hacer unas carrocerías más resistentes hacía que aumentara el peso del vehículo, y eso era precisamente lo que los ingenieros estaban intentando evitar para ahorrar combustible. Luego, la aparición de los vehículos autónomos, con escáneres lídar que inicialmente costaban miles de dólares cada uno y los chips también caros, agravaron enormemente el cálculo de los costes.

«Se necesita más dinero y, como no lo tienes, te ves obligado a frenar la producción y, como no desarrollas vehículos nuevos, no puedes pagar todo lo que necesitas», recuerda un exdirectivo de Renault hablando del dilema de la planificación de productos. «Este era un tema que tenía que discutir diez veces al día. Era mi pesadilla: cómo invertir de la mejor manera posible el dinero de la compañía para desarrollar vehículos sin pasarme del presupuesto».

Aparentemente, un gigante como era la Alianza Renault-Nissan parecía bien preparado para triunfar en ese nuevo escenario. Tenía una enorme envergadura a nivel mundial y un director ejecutivo común que confiaba plenamente en la revolución tecnológica que se avecinaba. Ghosn disponía de una fórmula para salir adelante: desarrollando plataformas conjuntas, compartiendo las tecnologías, unificando las compras y produciendo vehículos conjuntamente, las compañías generarían las denominadas sinergias. A Ghosn le gustaba utilizar la palabra *sinergia* para hablar de los ahorros a gran escala y los costes evitados. En el año 2017, el año anterior a su detención, la Alianza había fijado el objetivo para 2022 de 10.000 millones de dólares en ahorros y beneficios aprovechándose de tales sinergias.

Esa estrategia generó grandes éxitos, empezando por la creación del sistema denominado Common Module Family (CMF) para reforzar los vehículos entre Nissan y Renault. De promedio, un vehículo está compuesto por unas treinta mil partes. El objetivo era utilizar las mismas partes en cuantos más vehículos de cada marca mejor —el chasis, el marco, la carrocería, el compartimento del motor, la cabina del conductor y los sistemas eléctricos—, creando así una configuración estándar utilizada por ambas marcas. Los fabricantes de automóviles denominan a este planteamiento «unificación». Los vehículos parecen diferentes, tienen sus propias carrocerías y su propio estilo, pero en el interior, en las zonas que los clientes no ven, los vehículos son esencialmente iguales. Algunos ingenieros disfrutaban con esta idea de vestir los mismos mecanismos con diferentes «sombreros».

Esta idea ya había estado presente desde hacía tiempo; por ejemplo, los Chevrolet, Pontiac y Buick de GM tenían diferentes nombres y diferentes formas, pero eran idénticos por dentro. El Chevrolet Citation, el Pontiac Phoenix, el Oldsombile Omega y el Buick Skylark de los ochenta eran esencialmente el mismo coche por debajo de su chapa ligeramente retocada. Pero Volkswagen ha aprovechado recientemente esta estrategia con mayor éxito: ha compartido lo esencial con VW, Skoda, SEAT e incluso con marcas de Audi. El éxito se suele imitar y, por eso, esta idea se ha puesto de moda en toda la industria.

La Alianza quería que en el año 2020 el 70 % de los vehículos Renault y Nissan se montaran únicamente en tres plantas: una para los minicoches, otra para los utilitarios y otra para los de tamaño mediano.

Cuando en el año 2013 debutó el primer sistema CMF unificado de la Alianza fue un gran éxito. Se utilizó originariamente en los modelos Rogue, Qashqai y X-Trail de Nissan, y Kadjar y Koleos de Renault. Los socios prometieron que la plataforma cubriría 1,6 millones de vehículos al año y reduciría los costes en un 30 %. El Rogue se convirtió en uno de los coches más vendidos de Nissan en el mundo. Y en el año 2019, seis años después de su lanzamiento, el viejo Rogue seguía siendo el coche de Nissan más vendido en Estados Unidos, y el sexto de todos los modelos que se vendían en el país.

Pero encontrar un terreno común para la plataforma común nunca fue fácil.

Cualquier detalle, por pequeño que fuera, bastaba para encender la chispa de la confrontación entre ingenieros y compañías, aunque se tratara de componentes tan insignificantes como el sistema de control de luces que sobresale del volante. A la hora de desarrollar el primer CMF, cada compañía presentó su método tradicional para elaborar ese componente en concreto, igual que habían hecho con los otros cientos de componentes que se unificaron. Pero había un problema.

El orden del ciclo de cambio de luces de Nissan era «apagadas-auto-parking-encendidas», y las luces largas se activaban y desactivaban mediante la presión ejercida sobre la palanca de luces del volante hacia delante y hacia atrás, respectivamente. Pero en los Renault el ciclo era «apagadas-parking-encendidas-auto» y las luces largas se activaban y se desactivaban con un mismo movimiento de la palanca solo hacia atrás. Desde el principio tendrían que haber unificado esto para las dos marcas, pero tardaron seis meses en llegar a un acuerdo sobre un asunto tan frugal. Al final, la Alianza acabó utilizando el sistema de cambio de luces cortas-largas de Nissan y el orden de ciclo de luces de Renault.[10]

«Las cosas se complicaban cuando se abordaban temas tecnológicos y se diseñaban los propios productos», dijo un director ingeniero de Renault. «Los ingenieros solemos creer que nuestra solución es la única posible, especialmente si hemos trabajado duro en ella. Esto genera muchos conflictos».

. . .

Además de que el Leaf era un símbolo de la promesa de la Alianza en una era completamente nueva, también encarnaba los desafíos de aprovechar al máximo la Alianza. Curiosamente, el Leaf no entraba en el juego de la plataforma conjunta, y estaba claro en su desarrollo que no entraría en el juego hasta al cabo de mucho tiempo. Cuando los ingenieros de Nissan se apresuraron para desarrollar el vehículo en el centro tecnológico de la compañía rodeado de montañas en el sur de Yokohama, sus homólogos franceses de Renault ya estaban ocupados trabajando en su propio vehículo eléctrico: el Renault Zoe.

A pesar de que se desarrollaron casi en paralelo, el Leaf y el Zoe no compartían prácticamente ningún componente. Un ejecutivo que lideraba el programa de Nissan dijo que la única parte que tenían en común era un arnés de cable conectado a los inversores, el aparato que en un vehículo eléctrico genera corriente eléctrica al motor. «Es una pieza de plástico con unos cables que la rodean y la sujetan con unas abrazaderas», dijo el ejecutivo.

Lo más lógico habría sido que ambas compañías cooperasen en la elaboración del componente más caro del vehículo —la batería de iones de litio o el motor eléctrico—, pero los ingenieros son tercos y orgullosos y padecen el síndrome de lo «no inventado aquí» cuando se trata de utilizar tecnología externa. El tema de las baterías fue un duro campo de batalla durante la fase de desarrollo de los vehículos.

Nissan quería utilizar sus propias baterías, que producía conjuntamente con el gigante electrónico japonés NEC Corp. Renault no estaba convencida de que esa estrategia fuera rentable y prefirió comprar las baterías a LG Chem de Corea del Sur. Ambas compañías también tenían sus diferencias respecto al tema del motor eléctrico. Nissan quería un motor magnético tradicional porque era más barato; pero Renault quería uno de inducción, argumentaban que este no utilizaba metales difíciles de conseguir que principalmente provenían de China y así se reducían los problemas en la cadena de suministro. «Ambas compañías defendían que su sistema era el mejor del mundo», recuerda uno de los antiguos altos directivos de Renault.

En una reunión de directivos de ambas compañías en la que no se ponían de acuerdo le pidieron a Ghosn que decidiera él: una petición asombrosa a un director ejecutivo sobre un asunto que normalmente resuelven los trabajadores de niveles muy inferiores.

Pero, para decepción de muchos de los asistentes, Ghosn no quiso pronunciarse, se limitó a escuchar a ambas partes y les dejó que siguieran cada una con su estrategia. Por un lado, fue una decisión sensata. Los coches eléctricos estaban utilizando unas tecnologías muy novedosas que cambiaban rápidamente; por tanto, lo más prudente era no poner todos los huevos de la Alianza en la misma cesta. Pero, por otro, con esa decisión no podían lograr unos ahorros conjuntos a mayor escala, y ese era el principal objetivo de la Alianza.

«Fue un escándalo», dijo un ejecutivo de Nissan. «Los dos coches eléctricos se estaban desarrollando en el mismo periodo de tiempo con la misma estrategia de vehículos eléctricos, pero las compañías no conseguían ponerse de acuerdo en una plataforma común, y Ghosn no se pronunciaba. Todo el proceso se realizaba bajo dos perspectivas filosóficas totalmente diferentes: la de Renault, que se apoyaba mucho en sus proveedores, y la de Nissan, que se apoyaba al cien por cien en sus recursos internos».

Cuando por fin en el año 2010 el Leaf salió a la venta, había muy pocos competidores en el mercado de los coches enchufables, como el Chevrolet Volt, el Mitsubishi i-MiEV, el Tesla Roadster y el Toyota

Prius PHV. Pero el Volt y el Prius PHV no eran verdaderamente eléctricos: técnicamente eran híbridos porque seguían teniendo un motor de combustión interna de gasolina.

De todas formas, en el año 2018 la competencia se puso a trabajar a toda velocidad para sacar al mercado un centenar de modelos de coches eléctricos en el año 2022. La lista de los participantes ha ido creciendo cuando Audi, Hyundai, Kia, Ford, Volkswagen, Porsche, Mazda, Honda y BMW —es decir, todos los grandes— han decidido entrar en el juego.

A pesar de que Nissan ha sido una de las primeras en el mercado de los coches eléctricos, ahora parece estar rezagada. Una década más tarde todavía sigue dependiendo, casi exclusivamente, de su Leaf. La mayoría de los otros modelos que había planeado, incluido un coche cien por cien eléctrico de la marca Infiniti, nunca se materializaron. Y una plataforma común creada para respaldar la producción de los coches eléctricos tanto en Renault como en Nissan no tenía previsto empezar la producción hasta el año 2020 como pronto. ¿Qué pasó con el objetivo de Ghosn de que la Alianza vendiera 1,5 millones de coches eléctricos a principios del año 2017? Pues que erró sus cálculos en más de un millón. En julio de ese año, la Alianza vendió únicamente 481.000 vehículos eléctricos en todo el mundo; más de la mitad de las ventas fueron del Leaf.[11] La Alianza había desaprovechado su ventaja en los vehículos eléctricos.

• • •

Cada vez que Ghosn se posicionaba más a favor de una compañía que de la otra aumentaba la tensión. A pesar de poner reparos a algunas decisiones, como por ejemplo la de la estructura de los coches eléctricos, normalmente recurría a Nissan para impulsar nuevas tecnologías clave, incluidas las del vehículo eléctrico y el autónomo. Para los ingenieros de Nissan, era lo lógico, porque la compañía contaba con un equipo de ingenieros mucho más grande y riguroso y tenía fama de innovadora. En cambio, Renault era más un «rápido seguidor». Cada vez que alguna compañía sacaba una tecnología nueva al mercado, Renault enseguida intentaba copiarla. Renault normalmente se apoyaba en Nissan, porque el socio nipón tenía unas raíces muy profundas y mucha experiencia en los complejos mercados chino y estadounidense, dos mercados muy importantes en los que Renault tenía poca, o ninguna, presencia.

Pero en ambas compañías, los ingenieros de una tenían opiniones poco favorables —que casi nunca expresaban— sobre los ingenieros de la otra parte, y ese resentimiento se hacía latente en las dos direcciones.

La gente de Nissan solía ver a los de Renault como displicentes, o incluso vagos. Esta idea se reforzó cuando de repente en Nissan se prohibieron las generosas vacaciones de Navidad y de verano. En las empresas japonesas, de ritmo frenético, las vacaciones pagadas son un beneficio que si bien se recoge sobre el papel, son pocos los empleados que se las permiten. Tomarse un tiempo libre raya el incumplimiento del deber y es visto como una carga para los compañeros.

En los lugares de trabajo de Japón se ha creado todo un ritual de ofrecer obsequios para reducir el grado de culpabilidad por haberse tomado unos días de vacaciones. Quienes se van de vacaciones se ven obligados a llevar un regalo de recuerdo —como una caja de bombones o algo similar— para compartir con el resto de los compañeros. Es una señal de agradecimiento a los que han tomado el relevo. Después de la unión con Renault, los empleados de Nissan —sobre todo los internacionales— empezaron a hacer vacaciones en Navidad o en verano, algo que nunca se había visto en las empresas japonesas.

Un estudio denominado «Privación de vacaciones», que lo hace regularmente el sitio de reservas de viajes online Expedia, explica la gran diferencia que hay entre los países. En Francia, por ejemplo, los trabajadores tienen más de treinta días de vacaciones anuales y todos intentan hacerlas.

En Japón, en cambio, tienen veinte días, pero solo se atreven a hacer la mitad.[12]

En Nissan, como los demás fabricantes japoneses, se preocupan mucho por tener sus fábricas en buen estado de mantenimiento, organizadas y perfectamente limpias. Un principio que impera en todas las fábricas es el denominado 5S, en referencia a los principios japoneses de *seiri, seiton, seiso, seiketsu* y *shitsuke*, que quiere decir «clasificado, ordenado, reluciente, uniforme y disciplinado». Los que visitan una fábrica de coches japonesa se quedan impresionados al ver que no hay ni una sola mancha en el suelo. La imagen que los ingenieros de producción de Nissan se llevan de las fábricas de Renault es totalmente diferente. Se dice que en Renault, en lugar de limpiar el suelo, pintan sobre la suciedad.

Actualmente, los ingenieros de Nissan se quejan de que cargan con el peso de la investigación y el desarrollo de producto, a pesar de que se supone que ambas compañías tienen que contribuir por partes iguales en cada proyecto; no solo en términos de dinero, sino también de personas y demás recursos. En Nissan casi todos tenían la molesta sensación de que Renault era pesada y lenta, debido en parte a que lleva muchos años siendo una industria estatal. A pesar de que el gobierno ha ido reduciendo su participación en la industria hasta quedarse con un 15 % únicamente, la impresión general es que las viejas costumbres son muy difíciles de cambiar.

Un ex alto dirigente de Nissan nos dijo: «Renault siempre veía la Alianza como algo que servía para que Nissan arreglara los problemas de Renault. Siempre pensé que la gente de Renault era un poco vaga por no arreglar sus propios problemas y esperar a que Nissan lo hiciera. En cambio, Nissan decía: "Este es mi problema. Yo mismo lo arreglaré"».

Pero el desprecio era mutuo. Los de Renault consideraban que los de Nissan eran arrogantes e inflexibles, y que estaban aferrados irremediablemente a las normas. A los de Renault les molestaba tener que aportar la mitad de los recursos y la financiación cuando sus beneficios iban a ser menores. Renault casi siempre recibía menos ingresos de las nuevas tecnologías simplemente porque era dos tercios el tamaño de Nissan y podía aplicarlas en muchos menos automóviles.

«Había resentimiento. Nissan siempre jugaba con ventaja», dijo el exejecutivo de Nissan. «Había gente en Renault que pensaba: "Tenemos el cuarenta y tres por ciento de Nissan, ¿por qué no podemos tener eso gratis?". Siempre generaba mucha tensión el hecho de que la tecnología viniera de Nissan».

Al mismo tiempo, los directivos de Renault tenían la sensación de que sus homólogos en Nissan eran tan servilmente esclavos de los todopoderosos ingenieros que habían perdido de vista lo que los clientes querían en un coche o cuánto estaban dispuestos a pagar. Los occidentales criticaban mucho lo que consideraban que era una «perfección innecesaria». Tal perfección se tradujo en una gran cantidad de coches con una tecnología impresionante que se quedaron sin vender en los concesionarios por culpa de no haber estudiado bien las necesidades de los clientes y por falta de un marketing estratégico.

«En definitiva, los coches eran genéticamente demasiado caros», dijo un antiguo directivo de Renault. «Se dedicaban a lanzar productos al azar esperando encontrar al cliente despreocupado por la rentabilidad».

Había gente en Renault que temían que las enormes dimensiones de Nissan acabaran borrando a Renault. Para disgusto de los tradicionalistas franceses, Renault empezó a internalizar elementos de la cultura corporativa japonesa, y los métodos japoneses se fueron filtrando poco a poco en la compañía. Extranjerismos japoneses como *gemba*, una referencia a las operaciones de primera línea como es la planta de producción, o *kaizen*, que significa la búsqueda de la mejora continua, pasaron a formar parte del vocabulario en Renault.

«Se implantó en Renault la cultura industrial japonesa, algo que no todos los de Renault encajaron bien», dijo un antiguo asesor de Ghosn en la compañía francesa. «Nissan siempre había sido superior a Renault en ingeniería, pero en los últimos años Renault les había igualado. Sin embargo, los nipones no reconocían ese progreso, y eso indignaba a los de Renault».

En Renault también algunos se quejaban de que Ghosn favorecía a la parte japonesa escogiendo a sus ejecutivos para los puestos de liderazgo en la Alianza. En el año 2014, mientras Renault y Nissan se estaban preparando para celebrar el decimoquinto aniversario de la Alianza, Ghosn presentó su «próxima gran ola de integración». La Alianza avanzó hacia la idea de *integración*, la nueva palabra de moda adoptada para hablar de la combinación de funciones conjuntas en toda la Alianza bajo la dirección de un único ejecutivo. Hasta ese momento, todas las funciones principales, excepto las compras, eran independientes para cada compañía. A partir de ahora, se elegiría a una persona de Nissan para que liderara las importantes e influyentes carteras de ingeniería, fabricación y cadena de suministro de ambas compañías.

El objetivo de esa convergencia era supuestamente el de unificar las operaciones y dinamizar la toma de decisiones, pero algunos ejecutivos de ambas partes se quejaron de que había tenido el efecto contrario al crear un nivel más de burocracia entre la alta dirección y los ingenieros. Además, en ambas compañías aumentó el miedo de perder su autonomía razonando que, si había un único directivo para tomar las decisiones de ambas compañías, no estaban tan lejos de una fusión en toda regla.

Y, si se producía la fusión, ¿quién iría entonces en el asiento del conductor?

La jugada final de Ghosn era turbia, incluso para sus más allegados, pero el líder visionario continuó insistiendo en dos prioridades clave: más integración y mayor escala.

• • •

La consolidación era un tema candente en toda la industria. Sergio Marchionne, entonces director ejecutivo de Fiat Chrysler Automobiles y rival en Europa del macho alfa Ghosn, era un líder mundial que pedía la consolidación de las empresas automovilísticas como única manera de sobrevivir a la tremenda espiral de costes de las nuevas tecnologías. En abril de 2015, Marchionne presentó el caso a los analistas de la industria en su tratado «Confesiones de un adicto al capital».[13] Dijo que los fabricantes de automóviles estaban malgastando millones de dólares desarrollando los mismos productos y que necesitaban fusionarse. Según sus cálculos, los principales fabricantes del mundo habían gastado solo en el año 2014 unos cien billones de euros en desarrollo de producto: unos dos billones de euros a la semana. Marchionne calculó que, si las empresas unificaban las partes y el desarrollo, tal como lo estaban intentando Renault y Nissan, se ahorrarían entre un 40 % y un 50 % de los costes.

Convencido de esta idea, Marchionne cortejó también a Ford y a GM para que se fusionaran con Fiat Chrysler, pero fue rechazado por ambos rivales, recelosos de que Marchionne predicaba una fusión de la que él sería el único líder, igual que Ghosn se había hecho con el liderazgo de Renault y Nissan.

A la urgencia se sumaba la afluencia de compañías de alta tecnología y startups fabricantes de vehículos eléctricos de Sillicon Valley y China. Estos intrusos disfrutaban de la financiación de sus ricos y entusiastas inversores. Los recién llegados retaban a los anticuados maestros del metal con nuevas, y más rápidas, maneras de fabricar coches. Aunque las empresas establecidas luchaban por invertir en nuevas fábricas de coches eléctricos y baterías, por ejemplo, también tenían que amortizar los enormes costes fijos que ya habían invertido en una infraestructura industrial orientada a la tecnología del pasado. En cambio, los enérgicos advenedizos podían invertir en las últimas y más novedosas técnicas de ingeniería sin acarrear con esos costes generales. Los fabricantes de automóviles tradicionales tenían un miedo real a que les adelantaran aspirantes a fabricantes de automoción como Tesla, la preferida de Elon Musk en Palo Alto, o los nuevos fabricantes de coches eléctricos de China como NIO, Xpeng y Byton que pocos norteamericanos conocían.

Tesla, que al principio había sido ignorada por la vieja guardia de las compañías de automoción por considerarla un proyecto vanidoso de su exótico e impredecible fundador multimillonario, muy pronto puso los pelos de punta a las compañías establecidas. A fin de cuentas, Mask, tenía una compañía de naves espaciales, Space X, y hablaba de colonizar Marte. Inicialmente, la calidad de los coches Tesla era más que cuestionable, con evidentes deficiencias en la chapa: una aberrante ofensa para los fabricantes tradicionales, que llevaban años perfeccionando sus técnicas de producción.

Pero, contra todo pronóstico, Tesla consiguió captar la atención de un gran número de clientes fanáticos y sus coches enseguida se convirtieron en un imprescindible artilugio de alta tecnología, como el iPhone. Tesla consiguió el Santo Grial que se les había escapado a casi todas las demás compañías de automoción: los clientes no se fijaban tanto en los detalles de los coches, los querían simplemente porque eran Tesla. La marca tenía mucho poder. Tras varios años de pérdidas, Tesla refutó a sus detractores y empezó a obtener importantes beneficios. Sus acciones se hicieron famosas en Wall Street y no paraban de crecer. Hacia el año 2020, el presidente de Toyota, Akio Toyoda, se lamentaba de que la capitalización del mercado de Tesla —que estaba por encima de los 450.000 millones de dólares— excediera al valor de Toyota y al de otros seis fabricantes japoneses *juntos*. Y todo eso a pesar de que Toyota estaba vendiendo unos once millones de coches al año —Tesla solamente 367.500, menos del 5 % del total de Toyota—.

Las compañías que han nacido para el coche eléctrico han cambiado la manera tradicional de desarrollar y fabricar coches. Los fabricantes tradicionales sacaban al mercado sus modelos rediseñados cada cuatro o siete años. En cambio, los recién llegados tienen la mentalidad de Silicon Valley de ciclos de productos mucho más rápidos. Al fin y al cabo, los nuevos modelos de teléfonos inteligentes salen casi cada año. Gracias a la ayuda de la informática en la nube, algunos fabricantes pueden pasar de no tener nada a tener un prototipo en tan solo dos años. Y mediante actualizaciones inalámbricas, el software de los coches se puede actualizar instantáneamente. Todos los fabricantes de automóviles establecidos del mundo, desde

Detroit y Stuttgart hasta Seúl y Yokohama, se esfuerzan por acelerar el ritmo del desarrollo y seguir siendo competitivos.

Mientras tanto, nuevos gigantes de automoción están apareciendo en mercados emergentes, como India y China. Al principio, los fabricantes tradicionales se reían de ellos, creyendo que esos países nunca lograrían producir auténticos rivales mundiales de la talla de Ford, Honda o Daimler. Pero dejaron de reírse cuando aquellas compañías empezaron a comprar importantes marcas. Tata Motors, de India, compró Jaguar y Land Rover a Ford en 2008. Y la china Geely, conocida oficialmente como Zhejiang Geely Holding Group Co., adquirió Volvo, la marca *premium* sueca, y Lotus, el icono clásico de los coches deportivos británicos. En 2018, Geely desconcertó a toda la industria cuando en secreto se hizo con una participación del 9,7 % en la alemana Daimler AG, socia de Mercedes-Benz, y se convirtió en su mayor accionista.[14] Estos nuevos gigantes amenazan con subvertir la jerarquía tradicional de la industria automotriz —en la que Renault y Nissan ocupaban una posición privilegiada—.

Y, por si fuera poco, los nuevos modelos de movilidad —por ejemplo, el auge de gigantes como Uber en Estados Unidos y Didi Chuxing en China— han cambiado la forma de utilizar el coche. El coche compartido amenazó con socavar el modelo de negocio del coche de propiedad individual y transformar a los fabricantes convencionales en fabricantes de utilitarios que los modernos proveedores de movilidad, como Uber, comprarían en masa y no tendrían que prestar demasiada atención a trivialidades como el diseño, la conducción o la variedad. Otros jóvenes turcos tienen una idea más descabellada de un futuro con coches autónomos que te llevarán a casa tus pedidos de Amazon. Hasta Ford se ha aliado con la cadena Domino's Pizza en un programa piloto que tiene coches autónomos para entregar las pizzas calientes a sus glotones clientes. Los fabricantes de la vieja escuela han dejado de ver un futuro en la simple fabricación de coches y están intentando a toda costa reposicionarse como compañías de «nueva movilidad».

En un artículo escrito para la revista *Automotive News* titulado «Kiss the Good Times Goodbay» (Despídete de los buenos tiempos), Bob Lutz, el antiguo vicepresidente de GM que había rechazado la idea de rescatar a Nissan, describe una visión provocativa de lo que se avecina. Los coches conducidos por humanos estarán «prohibidos por la ley», puesto que la seguridad de los coches autónomos será mucho mayor que la de los conducidos por personas. Las carreteras se convertirán en una corriente interminable de módulos de conducción autónoma que nos llevarán de un lado a otro a más de 200 km/h. «Estos módulos no serán de marca Chevrolet, Ford o Toyota, sino que serán Uber o Lyft, o llevarán el nombre de cualquier otro competidor en el mercado», escribió este legendario de la industria del automóvil. Los que entonces aún sepan conducir sorprenderán a sus amigos, igual que ahora nos sorprenden los que saben ensillar y montar a caballo.[15] ¿Cuándo ocurrirá esto según Lutz? En los años treinta. Este fue el Sturm und Drang que conmocionó a la industria del automóvil a mediados de 2010.

• • •

Si ese futuro se hiciera realidad, los márgenes de los fabricantes de coches se reducirían aún más —si consiguieran sobrevivir—.

Según Marchionne, director ejecutivo de Fiat Chrysler, la consolidación no es fácil porque hay choques culturales entre las diferentes empresas —el caso de Nissan y Renault fue un ejemplo de ello, aunque muchos no se dieran cuenta—. Además, es extremadamente complejo gestionar a los recién creados megafabricantes. La desigualdad entre las partes integrantes y la falta de una marca diferenciada complican aún más la ecuación. El fracaso espectacular de la fusión entre Daimler y Chrysler —unos días antes de que Fiat interviniera con su propio salvavidas— resultó ser una clara señal de alarma para cualquier compañía que estuviera pensando fusionarse.

Pero, como la mayoría de los líderes de la automoción en ese momento, Marchionne no veía otra opción para sobrevivir.

«Es muy arriesgado ejecutar una consolidación, pero los beneficios son demasiado grandes para ignorarla», concluye su análisis. «Todo se reduce a una cuestión de estilo y capacidad de liderazgo».[16]

Renault y Nissan pasaron por las mismas dificultades, pero en este caso, Ghosn no paraba de aumentar la tensión añadiendo constantemente compañías a la Alianza con el objetivo de aumentar su amplitud, que era la finalidad de la Alianza. En un guiño a su visión, incluso pensó en comercializar la marca Global Motors como un nuevo nombre para su grupo.

En 2010, añadió a Daimler en el grupo como socio junior, a través de un acuerdo de participación minoritaria. La compañía alemana pasaba a tener el 3,1% de participación en Renault y en Nissan, mientras que estas últimas le correspondían con una participación del 1,55%. En 2014, la Alianza volvió a crecer tomando una participación del 67,1% en el holding que controlaba al mayor fabricante ruso, AvtoVAZ.

Su jugada más ambiciosa para aumentar el ámbito de actuación de Nissan la hizo en el año 2016 comprando el 34% de la compañía rival japonesa Mitsubishi Motors Corp., que entonces estaba pasando apuros. Añadiendo el volumen de ventas de Mitsubishi a su cartera por fin podría proclamar que vendía la mayoría de los coches del mundo. En una conferencia de prensa dada en octubre de ese mismo año, Ghosn anunció a bombo y platillo el acuerdo al que había llegado con Mitsubishi como un punto de inflexión, y fue nombrado presidente de la recién adquirida compañía.

«Hoy nuestra alianza mundial ha llegado a un punto de inflexión», dijo. «Con Mitsubishi, la Alianza tendrá una ventaja sobre la mayoría de compañías de automoción y no tendrá ninguna desventaja con respecto a ninguna otra».

Y tenía razón. Al año siguiente, en el 2017, la tripartita Alianza Renault-Nissan-Mitsubishi declaró unas ventas de 10,61 millones de vehículos, los suficientes para arrebatarle a Volkswagen y Toyota el título mundial. Esa hazaña de Ghosn contribuyó a solidificar su fama como una leyenda viva de la industria de la automoción.

Y parecía una justificación natural a su oneroso paquete de compensación que pedía y recibía, por lo menos para los estándares japoneses y franceses. Era un visionario que hacía malabares con un trío de compañías y las lideraba hacia un futuro incierto de nuevas tecnologías y nuevos mercados. Por supuesto, él creía que un liderazgo de este tipo se merecía un buen salario.

A pesar de que las tensiones entre Nissan y Renault aumentaban en la olla a presión que era la industria del automóvil, con cambios bruscos y rápidos, Ghosn siempre se mostraba seguro de ser capaz de acercar aún más las compañías manteniendo cada una su independencia.

«Para mucha gente, la consolidación de la industria quiere decir que A compra a B, o que B absorbe a C», dijo Ghosn a *Automotive News* en el congreso mundial de 2016. E insistió en que el enfoque de la Alianza era diferente. «Es una interpretación muy moderna en la que no tienes que elegir entre la escala y la libertad o la autonomía, sino que puedes tener las dos opciones a la vez. Puedes tener tu propia marca y beneficiarte de ser más grande».[17]

Pero añadió un pequeño matiz: «Tienes que asegurarte de que funcione».

7

UNA COLISIÓN INMINENTE

PARA GHOSN, LA ALIANZA ERA UN NUEVO TIPO DE asociación que iba más allá del nacionalismo para aunar lo mejor de cada compañía en una estructura cooperativa. No era francesa ni japonesa, y estaba liderada por un hombre que no era japonés y que nunca había sido aceptado como un auténtico francés. A pesar de todo, las fuerzas conservadoras de ambas partes aumentaban sus tensiones a medida que el equilibrio de poder se inclinaba hacia Nissan, que era la que lideraba las ventas y los beneficios y ahora estaba tirando de Renault, y no hacia Renault, que era la que había rescatado a Nissan de la quiebra.

A pesar de todos los discursos idealistas de los altos directivos sobre un fabricante de automóviles internacional, muchos de los subordinados de Ghosn seguían viendo la empresa desde una perspectiva más limitada. Aparte de la visión patriótica de los empleados de cada compañía, los gobiernos de los dos países también estaban presionando por tener más control de sus propias compañías. En Francia, los tradicionalistas de Renault y del gobierno querían que Renault ejerciera toda su influencia como accionista mayoritario de Nissan. Al mismo tiempo, los homólogos de Nissan y del gobierno japonés no solo temían una adquisición total, sino que empezaron a movilizarse en secreto para que el socio nipón tuviera más poder decisorio en los asuntos de la Alianza.

Un ejecutivo de Nissan y ayudante de Ghosn dijo que: «Había insatisfacción por ambas partes [de la Alianza]. A mí me sorprendía que se nos presentara la Alianza como la alternativa perfecta a una fusión y una adquisición, cuando en realidad la tensión era enorme. La relación entre ambas compañías nunca fue buena».

• • •

En el año 2000, cuando Ghosn llevaba un año en Nissan, ambos socios eran casi iguales en cuanto a su tamaño. Gracias al Revival Plan de Nissan, el fabricante japonés consiguió más que doblar el beneficio de Renault, aunque sus ventas globales seguían siendo iguales. Nissan registró unos ingresos netos de unos 2.600 millones de dólares en el año fiscal que acababa el 31 de marzo de 2001,[1] mientras que los ingresos netos de Renault eran de poco más de 1.000 millones de dólares en su año fiscal que acababa el 31 de diciembre de 2000.[2] En cambio, las ventas de Nissan solo superaban a las de Renault en 200.000 vehículos (2,6 millones frente a 2,4 millones).

En el año 2005, cuando Ghosn tomó las riendas de ambas compañías, la brecha entre las dos partes se había ampliado enormemente. Renault seguía vendiendo prácticamente el mismo número de coches, pero Nissan había aumentado en un millón de coches al año y estaba declarando unos ingresos netos de casi 4.400 millones de dólares. Los beneficios de Renault ascendían a 4.000 millones de dólares, pero más de dos tercios de ellos procedían de los dividendos de su participación en Nissan.[3] La capitalización del mercado de Nissan era entonces casi el doble de la de Renault. En tan solo siete años Nissan había eclipsado por completo a Renault.

Desde el punto de vista de Nissan —en especial, el de la vieja guardia de la compañía japonesa— la que fuera salvadora de la compañía era en ese momento la que estaba siendo salvada.

Particularmente irritante era el desequilibrio que había entre las participaciones cruzadas y complejas que unían a los miembros de la Alianza y que daban la ventaja a Renault.

Renault poseía el 43 % de Nissan, y esta a su vez poseía el 15 % de Renault, pero Nissan no tenía derecho a voto. Al mismo tiempo, el gobierno francés tenía un 15 % de Renault —un hecho que preocupaba a mucha gente en Tokio— y esta participación del gobierno fue posteriormente dotada con un derecho de voto *doble*. Eso convertía a un gobierno extranjero en el mayor inversor del accionista mayoritario de Nissan.

A medida que Nissan superaba a Renault, ese desequilibrio hizo que las compañías tuvieran otro punto de desencuentro. En resumen, el acuerdo se había estructurado para beneficiar a Renault, porque se hizo en el momento en el que realizaba el rescate. Después las cosas habían cambiado. Nissan era la clara campeona, pero el acuerdo seguía favoreciendo a Renault.

Entonces, los conflictos iban más allá de las baterías de coches y los limpiaparabrisas. Las disputas eran por el control de toda la Alianza. Los intereses divergentes de Francia y Japón, ocultos durante mucho tiempo bajo la fachada de una asociación mutuamente sostenible, salieron a la superficie. Los conceptos tradicionales de fusiones y adquisiciones corporativas, que defendían algunos grupos de dentro de Renault y Nissan, chocaban con la visión de Ghosn de una asociación estratégica internacional. Además, las opiniones opuestas sobre la participación del gobierno en las grandes empresas provocaron el rencor y las sospechas que actualmente continúan manchando la unión franco-japonesa.

En cierto modo, la visión de Ghosn de un nuevo tipo de compañía internacional, algo que todavía no se había conseguido al cien por cien en el sector de la automoción, colocaba a la gente fuera de sus zonas de confort. Se estaba gestando una reacción violenta.

«Ghosn era muy radical», dijo en aquella época un asesor que trabajó con él directamente durante varios años. «Lo que estaba intentando hacer era algo que nunca se había hecho en la industria de la automoción: combinar dos compañías potentes, muy importantes a nivel nacional, y mantenerlas unidas de manera que tuvieran un único ciclo económico para siempre. Era un asunto muy polémico».

Ghosn decía que, si había conseguido sobrevivir tanto tiempo, era porque había logrado mantener el equilibrio. «Era un equilibrio delicado entre respetar las identidades de cada uno y formar sinergias. No puedes hacer una alianza únicamente respetando las identidades porque le gente te va a preguntar "¿por qué no trabajáis juntos?", pero tampoco puedes hacer una alianza solamente con sinergias porque eso es una fusión y las fusiones tienen muchas trampas en cuanto a quién es el ganador y quién el perdedor», dijo en una entrevista concedida para este libro. «Por eso la nuestra funcionó».

• • •

Era una cuestión polémica porque pocas industrias tenían tanto prestigio, poder y prosperidad como el sector de la automoción. Todos los gobiernos del mundo tienen mucho interés en promocionar su industria automotriz y tienen muchos motivos para protegerla.

El primero y más importante es porque la fabricación de automóviles da empleo a una gran cantidad de trabajadores, desde los ingenieros que diseñan los vehículos y los trabajadores que los montan hasta los proveedores que fabrican las piezas y los vendedores que las suministran a los concesionarios. Solo la industria de Estados Unidos emplea a más de 1,7 millones de personas y contribuye con el 3% del producto interno bruto del país, según el Center for Automotive Research. Además, da empleo a otros ocho millones de estadounidenses en trabajos relacionados con la compra de bienes y servicios.[4]

En Japón, la influencia de la industria del automóvil es aún mayor. Aunque la población de Japón es menos de la mitad de la de Estados Unidos, hay 5,5 millones de personas que trabajan en algo relacionado con el automóvil; siendo 880.000 los japoneses que están empleados directamente en la producción de automóviles. Casi el 8,2% de la población activa del país se sostiene con empleos relacionados con los coches y los camiones.[5]

Aunque prácticamente todas las marcas de Estados Unidos se consolidaron alrededor de alguna de las tres grandes de Detroit —General Motors, Ford y Chrysler—, Japón siguió teniendo una serie de fabricantes que se obstinaron en mantener su independencia hasta bien entrado el siglo XXI. La lista incluye marcas conocidas en todo el mundo, como Toyota, Nissan, Honda, Mitsubishi, Mazda, Subaru y Suzuki.

La industria francesa del automóvil emplea directamente a unas 205.000 personas y genera unos 2,2 millones de empleos relacionados. Entre sus primeras marcas nacionales está Renault, así como el grupo PSA, que cuenta con Peugeot y Citroën. En el año 2018 ambas estaban entre los diez primeros fabricantes de automóviles del mundo.[6]

Las industrias de automoción nacional también promueven grandes inversiones en innovación y tecnologías avanzadas, desde las baterías de alto rendimiento y los chips informáticos hasta los sensores láser y la inteligencia artificial. Este sector se considera tan fundamental para la seguridad y la prosperidad de una nación que China priorizó los coches eléctricos y autónomos como parte del plan estratégico del gobierno Made in China 2025, para liderar la siguiente generación de industrias de valor añadido a nivel mundial. En Estados Unidos, la administración Trump impuso miles de millones de dólares en aranceles sobre las importaciones chinas de vehículos ensamblados y componentes de automoción para proteger a los fabricantes locales. Y amenazó con hacer lo mismo con las importaciones de Europa, Japón y Corea del Sur, argumentando que el flujo de importaciones de estas potencias era tan devastador para la economía doméstica que suponía una amenaza para la seguridad nacional.

Por último, no hay que subestimar el vínculo emocional que existe con las marcas de un país. Los coches representan la estética cultural de un país, sus logros tecnológicos y su bienestar económico. Modelos icónicos como la camioneta F-150 de Ford, el híbrido Prius de Toyota o el deportivo Porsche 911 dicen tanto de la gente que los conduce como de los países que los crearon. El mero hecho de tener un fabricante de origen nacional es una fuente de orgullo en muchos países. Ha dado lugar a proyectos tan ostentosos como la inverosímil creación en los años ochenta de la marca nacional Proton de Malasia, a pesar de que los Proton no eran más que versiones rebautizadas de los vehículos diseñados por Mitsubishi.

Además de por razones patrióticas, los clientes también tienen apego a sus automóviles por razones económicas. Después de la compra de una casa, la compra de un coche suele ser la segunda inversión más importante de la mayoría de la gente. Quieren proteger esa inversión de su bolsillo y enorgullecerse de todo lo que simboliza.

Tanto Nissan como Renault tienen un valor simbólico en la mente de los ciudadanos de sus respectivos países. El círculo del logo de la marca Nissan representa el sol naciente de la bandera nacional japonesa. A su vez, Renault exhibe su orgullo nacional por la habilidad científica que se remonta a Nicholas-Joseph Cugnot, el inventor francés al que se le atribuye la construcción del primer vehículo terrestre autopropulsado del mundo, en 1770, un vagón de tres ruedas a vapor con una enorme caldera colgando de la parte frontal.

En Estados Unidos tal vez se conozca más a Renault como el proveedor de Le Car, una berlina compacta que se vendió en el mercado estadounidense hasta 1980, año en que se dejó de vender en ese mercado. Pero el fabricante francés tiene una historia que se remonta a hace más de cien años.

Louis Renault, uno de los tres hermanos fundadores, presentó el primer automóvil producido por Renault, el diminuto descapotable Voiturette tipo A, el día de Nochebuena de 1898 dando un paseo con el motor de un cilindro por la calle Lepic, la calle más empinada de París. La increíble capacidad del vehículo para subir calles sin ninguna dificultad hizo que esa noche vendiera doce coches. Más de un siglo después, Renault ya era internacional y empleaba a más de 180.000 trabajadores en treinta y nueve países.

Para la mayoría de los gobiernos es inconcebible dejar que estas compañías desaparezcan. Estados Unidos, por ejemplo, rescató a General Motors y a Chrysler durante la gran recesión de 2008-2009.

«Estas compañías están bajo la tutela del Estado porque emplean a muchísima gente», dijo un exayudante de Ghosn. «Es importante saber que tanto Nissan como Renault son empresas muy especiales para sus países de origen. Forman parte de su esencia. En Japón y en Francia hay mucho más interés por sus compañías de automoción que, por ejemplo, por las farmacéuticas o las financieras. Las grandes empresas financieras se fusionan constantemente, y a lo mejor ni te das cuenta. En cambio, en la industria del automóvil sí que se nota».

• • •

En cuanto Nissan recuperó su rentabilidad y su orgullo, los ejecutivos enseguida quisieron tener más voz en las decisiones de la Alianza. Unos se manifestaban a favor del derecho a voto en Renault. Otros querían reequilibrar el porcentaje de participación de ambas compañías para limitar la influencia de Renault. Y otros querían ambas cosas.

La inquietud por el desequilibrio de las participaciones en la Alianza llegó hasta los salones del gobierno en Tokio. En 1999 el poderoso Ministerio de Economía, Comercio e Industria japonés (METI), que desempeña un papel activo para promocionar y defender los intereses de las empresas japonesas, apoyó a regañadientes el rescate de Nissan por parte de Renault como única opción para salvar a Nissan y sus miles de puestos de trabajo.

Pero una incómoda realidad dificultaba esa relación para quienes, de Nissan o del gobierno japonés, anhelaban tener derecho a voto: Nissan había renunciado a ese derecho en el acuerdo original de la Alianza cuando entregó a Renault las llaves de la compañía.

«Mediante ese acuerdo Renault podía nombrar y escoger unilateralmente a los miembros del consejo. Y también podía designar, destituir o nombrar al director ejecutivo de Nissan. Pero Nissan no podía hacer lo mismo en Renault. Y todo esto se había plasmado por escrito en los artículos de la Alianza que se escribieron en 1999», dijo un ayudante de Ghosn. «A día de hoy, hay mucha gente que no lo sabe y que piensa que, como Nissan es más grande, debería tener más poder. Pero en los artículos de la Alianza pone que Renault es la propietaria de Nissan. Esa es la realidad. Con el contrato en la mano: Renault es la dueña de Nissan».

A pesar de las realidades contractuales, las manifestaciones de Nissan dispararon las alarmas en Renault, la cual temía perder el control de su más preciada y rentable posesión.

«De repente, en Renault no solo les asustaba que Nissan pudiera empezar a caminar por sí sola y que dejara de necesitarles, sino que dejara la Alianza porque ya no le aportaba ningún beneficio», dijo un ejecutivo de Renault que trabajó en ambas compañías. «En Renault tenían miedo y decían: "Oíd, un momento. No podéis olvidaros de quién manda aquí. Nosotros os compramos. Nosotros os salvamos. Así que no tiene ningún sentido que ahora intentéis retarnos"».

Ghosn nunca quiso adueñarse de Nissan, en parte porque se había hecho famoso resucitando a la compañía y se enorgullecía de su éxito. También porque opinaba que tener una mentalidad de comprador sería la perdición de la asociación, como había ocurrido con otras fusiones de compañías de automoción, por ejemplo, la de Daimler y Chrysler. (Y, según sus críticos, Ghosn no quería matar a la gallina de los huevos de oro: Nissan seguía siendo la principal fuente de sus ingresos).

«Hay que reconocer que Ghosn siempre dirigió las dos compañías por separado y mantuvo el equilibrio entre ambas, hablando de ellas como socias iguales de la Alianza», dijo otro exejecutivo que trabajó con él en Francia y Japón. «Siempre fomentábamos que las sinergias de la Alianza se produjeran porque las dos compañías estaban motivadas para trabajar juntas, porque podían conseguir más trabajando juntas que por separado. Casi nunca tuvo que obligar a ninguna de las dos compañías a hacer algo».

Pero ahora que Renault estaba intentando alcanzar a Nissan, el gobierno y los trabajadores japoneses temían que el gobierno francés, tomando el control de Renault, desviara trabajo de Nissan a

Renault para aumentar su producción y salvar los puestos de trabajo en las fábricas que iban mal. La producción compartida siempre había sido la razón de ser de la Alianza y una fuente esencial de sinergias. En realidad, una de las decisiones con más carga política de la Alianza fue la asignación de vehículos de una compañía para que se construyeran en una planta de montaje de la otra. Ambas partes eran reacias a renunciar a una fracción de su producción y de los puestos de trabajo para ayudar a las fábricas de la otra compañía.

El tema de proteger la producción pasó a ser prioritario en Japón a principios de la década de 2010, en un momento en el que los fabricantes de automóviles nipones estaban empezando a levantar más fábricas en el extranjero. Japón, que había construido su economía en gran parte con la exportación de automóviles, de repente estaba fabricando más coches en los mercados extranjeros donde se vendían. Las exportaciones de vehículos empezaron a caer, y se activaron los temores sobre el vaciamiento de la industria automotriz local. Los japoneses incluso tienen una palabra para este fenómeno: *kuudouka*, que quiere decir «vaciamiento», en referencia a las fábricas vacías. En el año 2010, Nissan hizo algo que hasta entonces había sido inconcebible. Empezó a importar vehículos tailandeses para venderlos en Japón, lo que supuso un cambio alarmante del habitual flujo de producto. Como reacción a la presión política para frenar el declive del comercio local, Toyota se comprometió a mantener una capacidad de fabricación de tres millones de vehículos al año en Japón.[7] Nissan también intentó calmar las inquietudes del país sobre la pérdida de puestos de trabajo prometiendo que seguiría produciendo al menos un millón de vehículos al año en Japón.[8]

Pero las mismas presiones se aplicaron a Renault. Y, según los japoneses, en 2013 Nissan tenía razones de peso para empezar a preocuparse por las intenciones de Renault. En aquel momento, las ventas de automóviles en Europa estaban cayendo y había un exceso en la capacidad de producción. La mitad de las 160 plantas de automóviles estaban funcionando al 70 % de su capacidad. Para cualquier fabricante esto era una manera miserable de perder dinero.

Los clientes simplemente compraban muchos menos coches de los que las compañías podían producir.[9]

La crisis fue especialmente aguda en Renault y en su planta de montaje Flins, junto al río Sena en el noroeste de París. Flins fue creada en 1952 y es la planta de automóviles más grande y más antigua de la compañía. Empleó a 2.600 personas y produjo más de 18 millones de vehículos en medio siglo, pero en el año 2013, las plantas de Renault estaban trabajando al 60% de su capacidad total. A los trabajadores de Flins les preocupaba su sustentabilidad si no podían encontrar más trabajo.[10]

Ghosn, apodado «el corta costes», ya antes había cerrado plantas y volvería a hacerlo.

Cuando las tensiones laborales aumentaron, Renault llegó a un acuerdo que permitía a la compañía recortar algunos puestos de trabajo a cambio de proteger los lugares de trabajo en Francia y aumentar la producción en un tercio. Renault también se comprometió a mantener la producción anual en Flins, que era de unos 110.000 vehículos. Ahí es donde intervino Nissan.[11] En una decisión que todavía hoy se ridiculiza en Nissan, la Alianza decidió llenar la planta de Flins con la producción del Nissan Micra, el famoso coche urbano compacto de la marca japonesa. El gobierno francés, insistiendo en mantener los puestos de trabajo, cuando la tasa de desempleo rozaba el 10% de la población, no había dejado de presionar a Ghosn.

Tres años antes, Nissan había trasladado la producción del Micra de su planta de Reino Unido a una fábrica *low cost* de la India. La planta, ubicada en Chennai, con un acuerdo de participación del 70% de Nissan y el 30% de Renault, limitó los costes instalando máquinas de segunda mano de Renault y comprando por primera vez maquinaria a fabricantes *low cost* de Corea del Sur.[12] Nissan consideraba que la producción local del utilitario era clave para limitar los costes de producción y hacer frente al enorme y prometedor mercado de la India. En ese momento, los ejecutivos de Nissan estaban indignados porque Renault les exigía devolver la producción del Micra a Francia, donde no podían competir en productividad ni en salarios.

«Francia lo consideró una gran victoria, pero Nissan tenía la sensación de que había sido una imposición», dijo el ayudante de Ghosn. «Nissan veía que Ghosn estaba confabulado con el gobierno francés, que les obligaba a fabricar los automóviles en su país. Fue un asunto muy polémico».

Nissan accedió, pero se avecinaba una colisión inminente.

• • •

Un año después, el gobierno francés hizo estallar otra crisis por el control cuando logró imponer la ley Florange, que daba doble valor a los votos de los accionistas de larga duración. Esta ley fue aprobada en marzo de 2014 bajo el gobierno del presidente socialista François Hollande y empezó a tener efecto en 2016. Garantizaba el derecho de voto doble a los accionistas «leales», como el gobierno francés. La idea de favorecer a los inversores con dos votos por el precio de uno fue diseñada para proteger a las compañías francesas de las posibles opas hostiles. En la Alianza, este nuevo golpe se dio a conocer con el nombre de «la crisis Florange».

El nombre de la ley viene de la ciudad francesa de Florange, donde el fabricante de acero ArcelorMittal intentó cerrar dos altos hornos después de la opa hostil de 2006. En un intento agresivamente proteccionista por salvar los puestos de trabajo, el gobierno de Hollande amenazó con nacionalizar los altos hornos, pero retrocedió cuando ArcelorMittal aceptó invertir en la fábrica y olvidarse de los despidos.[13]

Las compañías podían renunciar a la nueva ley Florange con el voto de un accionista, que es precisamente lo que Ghosn quiso hacer en una reunión general en 2015. Si la participación del 15 % que tenía el gobierno francés en Renault ya preocupaba a muchos en Japón, la idea de doblar el valor de esos votos les inquietaba aún más. Ghosn quería calmar la preocupación de Nissan sobre los derechos de voto y evitar cualquier intromisión del gobierno en los asuntos corporativos de Renault.

Incluso dentro de Renault había dos bandos. Por un lado, los conservadores de la vieja guardia que se preocupaban por asegurar el poder de Renault sobre Nissan; y, por otro, Ghosn y los que tenían una mentalidad más internacional, a quienes les inquietaba más el poder del gobierno sobre su propia compañía.

«Ghosn siempre había confiado en mantener las dos entidades (Renault y Nissan) independientes, pero estaba sufriendo una enorme presión por parte del gobierno francés, y en particular desde dentro de Renault, para que las fusionara», dijo un alto ejecutivo de Nissan sobre los enfrentamientos de Ghosn con el gobierno francés.

A pesar de que en Nissan había gente que dudaba de la lealtad de Ghosn, ni a él mismo le gustaba lo que consideraba que eran interferencias del gobierno francés.

En una entrevista concedida a *Automotive News* después de su huida al Líbano, Ghosn dijo: «Yo no fui nada popular en los sucesivos gobiernos de Francia porque estaba en contra de cualquier intervención del gobierno, en especial en la industria. Un día escribiré un libro sobre la influencia —la mala influencia, en mi opinión— de los gobiernos en las empresas y, en particular, en la industria del automóvil. Tengo muchas pruebas de ello. Creo que cualquier intervención es negativa, y eso ha sido demostrado con creces».

Mientras Renault preparaba la reunión general de accionistas de 2015 para excluirse de la ley Florange, el ministro de Economía de Francia ideaba un plan para frenar ese rechazo y asegurar el doble valor de sus votos. Tres semanas antes de la votación, y sin avisar a Ghosn o a Renault, el gobierno francés elevó su participación en Renault del 15 al 19,7 %, lo que le daba suficientes votos para impedir la exclusión que defendía Ghosn.[14] Entonces, después de garantizarse un derecho de voto doble, el gobierno francés volvió a reducir su participación al 15 %. El ministro de Economía que urdió el plan fue Emmanuel Macron, futuro presidente de Francia. Esto supuso el comienzo de una difícil relación entre Ghosn y Macron, que se endureció cuando fue arrestado en Japón y pidió ayuda al gobierno francés.

«Con esta acción el gobierno francés demostraba claramente a Nissan y al gobierno japonés que estaba dispuesto a hacer lo que hiciera falta para hacerse con el control de la compañía y reforzar la Alianza para tener más poder. Ellos [Nissan] no se percataron de la fuerte amenaza que representaba ese «diablo». Dijeron que a ese diablo podía crecerle otra cabeza».

. . .

La intervención del gobierno francés provocó una gran conmoción en Nissan y la rápida reacción en contra de Hiroto Saikawa, entonces vicepresidente y número dos después de Ghosn. Saikawa, como uno de los primeros elegidos por Ghosn durante su Revival Plan, había sido siempre un defensor acérrimo de la Alianza, pero por ahí no iba a pasar. Saikawa dijo más adelante que no estaba dispuesto a quedarse cruzado de brazos mientras el gobierno francés orquestaba lo que algunos en Nissan dijeron que era una «invasión» de su compañía.

«La preocupación de Nissan era que le impusieran las decisiones que se tomaran en Europa, o más concretamente en Francia, y que eso acabara destruyendo el futuro de Nissan», dijo Saikawa. «Al fin y al cabo, teníamos que proteger a Nissan».

El primer instinto de Saikawa fue aproximarse al «botón nuclear», una de las varias estrategias que había desarrollado Nissan para hacer retroceder a Renault o detener una fusión. En vista de la situación, Saikawa —con el beneplácito de Ghosn— dijo al gobierno francés que Nissan quería reequilibrar las participaciones y reducir la de Renault en Nissan a un 33 %. Otra opción era la de amenazarles con que Nissan aumentaría la suya en Renault hasta el 25 %: un movimiento que, según la ley japonesa, invalidaría el derecho a voto de Renault. Saikawa era el hombre que daba la cara, pero detrás siempre estaban Ghosn y Greg Kelly, el director americano de Nissan que fue arrestado con Ghosn y que desempeñó un papel fundamental en la negociación de la resistencia de Nissan.

La maniobra de Nissan asustó al gobierno francés y, a finales de 2015, Saikawa y Kelly negociaron un compromiso a través de un Acuerdo de Alianza Reformulado que se dio a conocer en diciembre.

Según ese acuerdo, el gobierno francés conservaba su derecho de voto doble en asuntos clave, como los dividendos, la nominación de los representantes del gobierno francés para el consejo de administración, la liquidación de grandes activos de Renault, las ofertas públicas de adquisición y el asunto del derecho de voto de Nissan. Pero el gobierno francés tendría un derecho de voto limitado entre el 17,9 y el 20 % en casi todos los demás asuntos.[15]

Nissan sigue sin derecho a voto, pero Renault aceptó incluir una cláusula de no interferencia como parte del «pacto de estabilidad» de la Alianza. Renault dijo que no interferiría con Nissan en la gestión de temas como la nominación y el despido de los miembros del consejo, y que se comprometía a no oponerse a las peticiones que estuvieran respaldadas por el consejo de administración de Nissan. La consecuencia final de la crisis Florange es que Renault perdió influencia sobre Nissan y su consejo de dirección.

Nissan había conseguido detener el juego de poder del gobierno francés, aunque eso no sirvió de gran ayuda para reforzar su voz en los asuntos de la Alianza. De momento, la Alianza conservaba su tenue equilibrio. Dentro de Nissan, hasta los detractores de Saikawa admiten que su victoria en ese combate con el gobierno francés fue uno de sus momentos más estelares.

En cambio, los más extremistas de Renault consideran el acuerdo como una rendición humillante en la que cedieron algunos de los privilegios más importantes de los fabricantes de automóviles; por ejemplo, la participación mayoritaria de Nissan.

. . .

La crisis Florange dejó profundas cicatrices y una gran desconfianza, especialmente en Nissan. El propio Ghosn era muy consciente de los «botones nucleares», porque los necesitaba como palanca para decir al gobierno francés que retrocediera. Pero dentro de Nissan había gente que estaba empezando a dudar de sus intenciones y se preguntaba si estaba sucumbiendo a la presión de una fusión por parte del Estado francés, que era el que decidía si mantener o no a Ghosn en el puesto.

«Esto reavivó la llama de los que estaban a favor de disolver y desintegrar la Alianza», dijo un ex alto directivo de Renault que trabajaba en ambas compañías. «Además, hizo que las relaciones entre las diferentes compañías se hicieran mucho más complejas y hostiles».

Ghosn, una vez huido a Líbano, dijo que la crisis Florange fue lo que hizo empeorar las relaciones de la Alianza. «La ley Florange fue lo que hizo que los japoneses empezaran a ser hostiles y destructivos», dijo en una entrevista.

Cuando la Alianza empezó a cojear, algunos dejaron de compartir la visión de Ghosn de crear unos vínculos más potentes como una manera nueva y mejor de colaborar. Los analistas financieros, e incluso los propios trabajadores de la empresa, se preguntaban si no sería más sensato hacer una fusión en toda regla.

El acuerdo de una alianza laxa prometía unas sinergias que ahorrarían costes a ambas compañías, pero una fusión habría dado unos resultados más rápidos y sustanciosos. Los analistas de la industria decían que las sinergias no se habrían traducido directamente en ganancias porque Nissan y Renault no compartían los estados financieros. Las sinergias habían producido ahorros en la reducción de costes, un cálculo bastante impreciso en el mejor de los casos. Los analistas expertos dicen que únicamente una fusión completa desataría realmente el potencial de beneficios que tiene este conglomerado tan difícil de manejar.

«Nosotros no nos lo creíamos», dijo un antiguo ejecutivo de la Alianza. «¿Cómo se mide la reducción de los costes? Si, por ejemplo, dices que vas a gastarte mil millones de dólares en esta nueva plataforma, pero solo lo haces con Renault, te estás ahorrando quinientos mil millones de dólares. Los números de la sinergia siempre han sido teóricos porque nunca puedes seguir su rastro hasta el resultado final».

Y, a pesar de la imagen pública que daba Ghosn de persona dura y pragmática que tomaba las decisiones de ambas compañías, estaba limitado en su capacidad para forzar verdaderamente una decisión que beneficiara más a una compañía que a otra. Como líder y representante de dos compañías cotizadas de manera independiente, estaba constantemente obligado a sopesar el conflicto de intereses inherente a su cargo. Cualquier decisión que tomara en beneficio de una compañía le ponía en la cuerda floja, por este motivo le resultaba difícil imponer acuerdos desde Renault o desde Nissan, aunque el resultado beneficiara a la Alianza en su conjunto. A fin de cuentas, la Alianza no era una entidad cotizada y no tenía accionistas con los que Ghosn estuviera en deuda.

«Hay mucha gente que especula que Ghosn era una especie de árbitro, como los de fútbol o rugby. Pero no, él no era árbitro», recordó un ex alto directivo de Renault que trabajó con Ghosn muchos años. «Asistí a cientos de reuniones presididas por el señor Ghosn. Puedo jurar ante cualquier juez que el señor Ghosn podía influir, pero nunca decidir oponerse al interés de una de las compañías».

No se hacía nada que no fuera en beneficio de ambas compañías, y conforme fue pasando el tiempo cada vez se hacían menos cosas. Aunque una fusión podría haber sacado más jugo al limón, también habría cruzado una línea roja para Nissan.

«Los japoneses siempre estuvieron rotundamente en contra de la fusión», dijo un ex alto directivo de Nissan. «Casi todo el mundo estaba a favor de colaborar con Renault, pero casi nadie estaba a favor de una fusión».

• • •

Saber que Ghosn ya había estudiado una posible fusión habría decepcionado a los ejecutivos japoneses de Nissan. El denominado Proyecto Oruga —en alusión a la anhelada metamorfosis de la

Alianza en una bonita mariposa—, un trabajo supersecreto, fue urdido por un grupo de altos cargos de Nissan, todos ellos hombres de confianza de Ghosn. Ninguno era japonés porque Ghosn sabía que cualquier filtración provocaría un alud de protestas.

Entre los miembros del equipo había altos cargos que después serían protagonistas de la caída de Ghosn, incluidos el acusado como cómplice, Greg Kelly, y Hari Nada, vicepresidente sénior considerado el impulsor de una campaña destinada a derrocar al presidente y que presuntamente colaboró en denunciar años de supuesta mala praxis financiera por parte de Ghosn. La firma McKinsey and Company fue contratada como consultora, y Goldman Sachs gestionaba el tema bancario.

El Proyecto Oruga se puso en marcha en otoño de 2012, más de dos años antes de la crisis Florange, y el equipo volvió a reunirse a principios de 2013 en las oficinas centrales de la Alianza en Holanda, un acorazado Potemkin formado por un equipo de personas instaladas en un terreno neutral. El que esta sociedad conocida como Renault-Nissan BV estuviera en Holanda tenía la ventaja adicional de tener que someterse a las leyes fiscales y documentarias del país, que eran mucho menos estrictas.

«Ghosn se reunió con nosotros y nos explicó resumidamente qué pretendía», dijo uno de los miembros del proyecto. «Ghosn dijo: "Quiero que os reunáis en enero. Nosotros nos reuniremos en Ámsterdam donde nadie nos verá". Todos desaparecimos de la red y nos reunimos en la oficina. Fue un privilegio formar parte del proyecto. Me encantaba la idea de fusionar dos compañías gigantes en una única entidad».

Las conversaciones siguieron avanzando y finalmente los ejecutivos de Renault se reunieron para ultimar los detalles.

Definieron una visión para una entidad única que sería un holding holandés con un único símbolo de cotización, en lugar de tener acciones diferentes de Nissan y Renault. La nueva entidad cotizaría conjuntamente en las bolsas de París y Tokio, y tal vez también en la de Nueva York para tener un mayor acceso al mercado de capital estadounidense. Uno de los principales problemas sería la gestión de la participación del gobierno francés en Renault. Había gente de Renault y de Nissan, incluso ejecutivos no japoneses, que querían que el gobierno francés vendiera su participación y se marchara.

En un momento dado, el proyecto se desvaneció. Consideraron que era demasiado complejo y costoso desde el punto de vista de las finanzas y la política. Lo que iba a ser un canje de acciones mutuamente beneficioso, de pronto, se vio socavado por unos tipos de cambio no cooperativos. Entonces empezaron a pensar de nuevo en los gastos y las repercusiones de solapar las operaciones de las compañías fusionadas. Además, dudaban de que los gobiernos francés y japonés les apoyaran. Al final, abandonaron el Proyecto Oruga, y Ghosn propuso, como solución intermedia, la convergencia de las funciones de fabricación, ingeniería y recursos humanos de ambas compañías, bajo el paraguas de un líder para toda la Alianza.

Incluso esta solución molestó a muchos de Nissan, que no se fiaban de ceder o compartir el control de la empresa. Los equipos de investigación y desarrollo, en concreto, se solapaban o se duplicaban, y tenían largas disputas sobre qué tecnologías perseguir.

«Durante los últimos años de esta convergencia de funciones bajo el mandato de Carlos Ghosn, la empresa fue ineficiente e incluso contraproducente para la Alianza», dijo Saikawa. «En Nissan hubo una reacción negativa enorme contra esta imposición de convergencia».

Ese malestar tendría que haber disparado las alarmas sobre los peligros de una mayor integración, pero Ghosn nunca abandonó la idea de crear un holding. En febrero de 2018, tres semanas antes de su sesenta y cuatro cumpleaños, Renault renovó su contrato para otros cuatro años más.

En aquella ocasión, la reasignación de Ghosn venía con condiciones. El consejo de Renault le dio una orden muy delicada: «Haz lo que tengas que hacer para que la Alianza sea irreversible».[16] Ghosn revisó su cuaderno de estrategias y volvió a poner en marcha el plan del holding. Era un plan que presentaba muchas posibilidades de exacerbar las tensiones en Nissan y, para quienes creen que su detención fue una conspiración probablemente este plan habría sido el que desencadenó en última instancia el supuesto complot para derrocarle tras casi dos décadas de liderazgo.

Sea cual sea la verdad, lo cierto es que —al menos para la mayoría de los japoneses— la palabra *irreversible* era un sinónimo inevitable de un objetivo inaceptable: la *fusión*.

«En ese momento, Carlos Ghosn no especificó claramente cuál sería su proceder», dijo un alto cargo de Nissan.

Acababa de ponerse en marcha el enfrentamiento más grave.

Los que estaban del lado de Ghosn dijeron que, a pesar de sus esfuerzos por mantener una paz incómoda y equilibrar las fuerzas de colisión de dos continentes que estaban a medio mundo de distancia, hasta el propio Ghosn creía que el conflicto que se avecinaba era inevitable.

«Sabía que algo así iba a ocurrir», dijo un alto cargo de la Alianza que trabajó con él en París. «Sabía que estaba entrando en arenas movedizas y hablaba conmigo sobre ello abiertamente. Sabía que, tarde o temprano, iba a tener que hacer algunas concesiones muy difíciles que no agradarían a ninguna de las dos partes».

8

LOS FRANCESES SON DIFERENTES

UNA DÉCADA DESPUÉS DE QUE SE CREARA LA Alianza, en Tokio los recuerdos de cómo empezó todo —con uno de los socios a punto de la quiebra— eran algo confusos. Pero tanto Renault como el gobierno francés querían que todo el mundo recordara que ellos habían sido los salvadores de Nissan y que, al tener el 43 % de la compañía, se merecían un respeto —y un nivel de control—como recompensa adecuada. «Creían que habían rescatado a Nissan cuando nadie más lo habría hecho. Y seguían preguntándose: ¿dónde está el sentido de la gratitud?», dijo un exdirectivo japonés que participó en las negociaciones.

El orgullo francés también les llevaba a decir que el rescate de Nissan había sido el último ejemplo de los más de 150 años de experiencia francesa en la ayuda a Japón. Las primeras aventuras comenzaron en la década de 1860 cuando Japón estaba empezando a abrir su economía tras siglos de un aislamiento prácticamente total. Japón buscaba expandirse rápidamente, pero para ello necesitaba ayuda extranjera. En 1865, las compañías francesas le ofrecieron trabajos de herrería para la construcción de los modernos buques de guerra que la armada japonesa necesitaba —y que después utilizó con un efecto devastador en la guerra de 1904-1905 contra Rusia—.

Otro de los primeros éxitos fue el de la producción de seda, tan solicitada en los grandes y lujosos salones de Europa. Pero, en cuanto las exportaciones japonesas se dispararon, la calidad empezó a empeorar, debido a que a los propietarios de los talleres sin escrúpulos les interesaba más el volumen de ventas que la calidad de sus sedas. La respuesta del gobierno japonés fue uno de los primeros ejemplos de la planificación industrial que se convertiría en un símbolo de Japón después de la Segunda Guerra Mundial. Las autoridades japonesas pidieron ayuda al gobierno francés y acordaron que Francia les ayudaría a construir la fábrica Tomioka Silk Mill en 1872 con ayudas del Estado, y que la fábrica tendría la tecnología y el asesoramiento de expertos franceses. El proyecto fue un enorme éxito que ayudó a restaurar la posición de Japón en el mercado.[1] Tomioka Silk Mill estuvo operativa durante más de cien años y cerró en 1987.

El acuerdo de colaboración en el negocio de la seda mostró un interés común para los dos países en participar activamente en la empresa privada. El gobierno francés, tanto si era socialista como si era otro más afín a la patronal, siempre ha jugado un papel activo en la industria que se remonta a la segunda mitad del siglo XVII con Luis XIV, cuando el ministro de Finanzas creó un plan para regular el comercio. La intervención del Estado, a pesar de los obstáculos con los que se ha encontrado, siempre ha estado presente. El gobierno ignoró algunas tecnologías revolucionarias clave: invirtió en actualizar su red de canales en el momento en el que el ferrocarril empezaba a dominar y creó un subsidio para los barcos de vela cuando los de vapor estaban empezando a adueñarse de los mares.

Después de la gran depresión de los años treinta y de la devastación de la Segunda Guerra Mundial, Francia creó un organismo de planificación, conocido simplemente como Commissariat du Plan (comisión de planificación). La comisión llevó a cabo una serie de planes económicos a largo plazo en los que el gobierno participó activamente en la gestión directa de varias empresas.[2] Hacia 1970, el Estado calculó que tenía el control directo de más de quinientas empresas comerciales e industriales, y una participación minoritaria en otras seiscientas. La participación del gobierno francés en sus empresas era mucho mayor que en cualquier otro país occidental. El Estado controlaba los monopolios del tabaco, las minas de carbón, los ferrocarriles, la radio y la televisión, y poseía al menos una marca importante de petróleo, transporte, banca, publicidad y, por supuesto, automoción.

En Francia, la intervención del gobierno —o interferencia, según la opinión de cada uno— se da por sentada. «En Francia, la cuestión de las nacionalizaciones no es un asunto tan emocional o filosófico como lo sería en Estados Unidos... En los siglos pasados, la riqueza de Francia pertenecía tanto al Estado que la industria privada se vio obligada a depender del patrocinio estatal y a aceptar su dirección», dijo la CIA estadounidense en un informe de 1982 que fue desclasificado en 2008.[3] Esta intervención estatal ha continuado aun después de que muchas otras naciones hayan abandonado la idea. Una de las características distintivas de Margaret Thatcher en la transformación de la economía británica cuando llegó al poder en 1979 fue la de soltar las riendas de muchas compañías estatales que eran consideradas como el núcleo identitario del país, incluidas British Airways, British Telecom y British Steel. De la misma manera, Japón desmanteló la gigantesca Japan National Railways en 1987 y vendió su participación en NTT, la compañía telefónica nacional, que tenía desde hacía más de veinte años —aunque ha mantenido una participación del 34 % de la misma—.

Francia, en cambio, iba a contracorriente. En 1982, el presidente François Mitterrand lanzó un programa de nacionalización general para apropiarse de cientos de compañías; entre otras, el grupo de electrónica y telecomunicación CGE, el icono de la banca Rothschild y el fabricante de aviones Dassault. Convirtió a Francia en la economía más dependiente del Estado de toda Europa Occidental, representando el 23 % de la mano de obra del país.[4] Esta iniciativa fue parcialmente revertida a finales de los ochenta cuando llegó Jacques

Chirac, y después de él hubo más privatizaciones. A pesar de ello, hasta en la era proempresa de Macron, el Estado seguía teniendo participación en muchas grandes empresas que se consideraban estratégicas y la idea de una nacionalización, por lo menos temporal, ha vuelto a renacer en 2020, a raíz de la pandemia de la COVID-19, para proteger a las grandes empresas francesas.

• • •

En el caso de Renault, la intervención del gobierno francés fue en muchos sentidos la que originó la crisis que provocó la caída de Ghosn y la que envenenó las relaciones de la Alianza incluso después de su destitución.

La historia corporativa de Renault es la de cualquier compañía típica francesa. La Régie Nationale des Usines Renault fue formalmente nacionaliza por Charles de Gaulle en 1945 después de que la compañía y la familia propietaria fueran acusadas de colaborar con los nazis en la guerra. Con esta intervención, el mayor fabricante de automóviles del país se convertía en un departamento del gobierno, y actualmente sigue siendo un «recurso nacional» en cuyos asuntos participan activamente distintos burócratas del gobierno.

Renault ha sido lo suficientemente grande como para mantener algo de autonomía, ignorando los planes posteriores a la guerra de los burócratas del gobierno para limitar su variedad de modelos o incluso acabar por completo con la producción de automóviles.

Renault, a diferencia de Nissan, siempre buscó acuerdos internacionales. En el año 1979, tomó una participación en American Motors Corp., la cual en unos cinco años generó una pérdida de mil millones de dólares y una nueva deuda igual a la mitad de sus ventas. Puesto que la compañía empleaba a 98.000 personas en aquel momento, el gobierno tuvo que idear un plan de rescate. La fusión con Volvo podría haber ayudado recortar los costes y habría rescatado a Renault, pero al final los accionistas de la compañía sueca no aceptaron la fusión.

Entonces, el gobierno decidió que la mejor solución sería la privatización, la cual se llevó a cabo en el año 1994 bajo el liderazgo de Louis Schweitzer, el afable pero modesto director ejecutivo de Renault.

Aunque había nacido en Suiza, estaba totalmente integrado en el sistema francés. Su padre, que había sobrevivido a un campo de concentración nazi, acabaría dirigiendo el Fondo Monetario Internacional, mientras que su tío abuelo, Albert Schweitzer, fue un famoso teólogo, misionero y ganador del Premio Nobel de la Paz en 1952. El novelista y filósofo Jean-Paule Sartre era primo suyo. Schweitzer pasó la primera parte de su carrera en el gobierno, donde fue ascendiendo hasta alcanzar el puesto de jefe de gabinete del primer ministro Laurent Fabius antes de ser enviado a Renault en 1986 y convertirse en su director ejecutivo en 1992.

Este magnífico linaje le fue muy útil para controlar las riendas del poder, pero Schweitzer no era para nada un conspirador. Se ganó su sólida reputación en la industria del automóvil por ser una persona honesta y sensata.

En el año 1996 contrató a Ghosn como vicepresidente ejecutivo de Renault. Cuando Ghosn tomó posesión del cargo estuvo trabajando sobre los cambios que Schweitzer había implantado durante los cuatro años anteriores. Y, cuando transformó Renault y tomó las riendas de Nissan, Schweitzer, claramente agradecido, dijo en 2003 que hasta ese momento la Alianza «... había cumplido los objetivos mucho antes de lo esperado; y había dado mucho más de lo que nadie se esperaba».

Ghosn se ganó la fama de «el corta costes» en Renault, pero fue Schweitzer quien había dado los difíciles primeros pasos de cerrar fábricas. Además, él hizo posible la Alianza, dirigiendo las delicadas negociaciones con Nissan. Lidió con estilo las complejas idiosincrasias culturales, dejando claro que la Alianza sería una asociación de iguales, disipando así muchos de los temores dentro de Nissan y del gobierno japonés. Igual de importante era conseguir el apoyo del gobierno francés, sin el cual el acuerdo se habría ido a pique.

Aunque Ghosn fue quien lideró la transformación de Nissan, los de la industria seguían reconociendo la importancia de la actuación de Schweitzer. Fue él, y no Ghosn, quien en el 2000 se llevó el premio de ejecutivo del año que otorga *Automotive News*. En referencia a Schweitzer escribió que «un gran ejecutivo es el que hace posible que sus subordinados brillen». Otro comentarista escribió: «Schweitzer es un símbolo de amabilidad. Su voluntad de dejar que Ghosn se llevara todos los méritos es una gran lección de cómo se han de hacer las cosas».

De origen libanés y con una juventud transcurrida en Brasil, Ghosn estaba en el extremo opuesto del espectro social. Su éxito en la universidad de París se le atribuyó a su inteligencia y su esfuerzo. También su ascenso en Michelin, donde empezó justo después de terminar la universidad, se debió a sus méritos y a su habilidad para conseguir resultados, y no tanto a tener los contactos adecuados. Hasta cuando entró en Renault en cierta medida se seguía sintiendo como un intruso. «La gente me advertía de que era un riesgo, de que los ejecutivos extranjeros nunca habían acabado demasiado bien en Renault», escribió en su autobiografía *Shift*. «Durante el tiempo que estuve en Francia nunca trabajé en París… era algo así como la oveja negra».

Ghosn tampoco era tan elegante como Schweitzer, a quien le elogiaban por dejar que los demás se llevarán los méritos. En cambio, Ghosn escribió en su libro que, cuando le pidieron que asumiera la dirección de Nissan, «pensé que, si yo estuviera en el lugar de Louis Schweitzer, también me habría elegido a mí».[5]

En el año 2005, Ghosn sustituyó a Schweitzer en el puesto de director ejecutivo de Renault. Y en 2009 se convirtió en presidente de la compañía, lo cual significaba que en ese momento estaba dirigiendo dos multinacionales en dos continentes a los que separaban ocho zonas horarias de diferencia y con un total de más de 250.000 empleados.

Sin embargo, ahora ya no tenía a su mentor para ayudarle a tratar con el quisquilloso gobierno francés, el cual seguía siendo su principal accionista con el 15 % de participación en Renault. Aunque Renault ya no era únicamente propiedad del gobierno galo, seguía siendo un emblema francés.

Teniendo en cuenta la larga tradición de la intervención del gobierno francés en los asuntos corporativos de los «campeones nacionales», no es de extrañar que hubiera enfrentamientos épicos: el que hubo entre Ghosn y Emmanuel Macron, el ministro de Economía francés y futuro presidente del país, fue extraordinario.

• • •

Macron, hijo de médicos y nacido en el seno de una familia de profesionales, se graduó en una de las mejores universidades que había para formar políticos —su tesis doctoral versa sobre Maquiavelo—, y en 2004 entró en la administración pública, donde trabajó en el Ministerio de Economía. Cuatro años después, dio un giro muy rentable a su carrera: compró su licencia en el gobierno por 50.000 euros y aceptó un puesto sénior en el grupo bancario Rothschild & Co. Como banquero de inversión participó en muchos contratos de alto nivel, y en cuatro años se hizo rico. Esto es algo que carece de importancia en la mayoría de los países, pero las élites francesas tienen una opinión diferente sobre la riqueza. El prestigio viene de tu herencia, tu educación y tu posición social, y no es algo que puedas comprar fácilmente. Aunque en este sentido Macron tenía un currículum bastante bueno, seguía siendo visto como un intruso. Regresó al sector público en el año 2012 y se convirtió en el secretario general de la presidencia, desde donde trabajó en segundo plano con François Hollande. Ascendió rápidamente, y en 2014 pasó a ser el ministro de Economía e Industria. Entre sus funciones estaba la de ocuparse de Renault y trabajar con Ghosn.

No hay duda de que —siendo como eran los dos de obstinados, dinámicos y exitosos— las relaciones entre ellos no eran demasiado buenas, más bien se detestaban mutuamente.

El enfoque francés era básicamente opuesto a la perspectiva japonesa. Mientras que las autoridades japonesas habían dejado atrás los días de formular políticas industriales de la década de los sesenta, el gobierno francés en general y Macron en particular seguían pensando que las empresas tenían que ayudar a defender las políticas del gobierno. «Según los franceses, Renault tenía una deuda con el gobierno francés y con los franceses», dijo un exdirectivo japonés que participó en las negociaciones de la alianza Renault-Nissan.

Macron no entendía por qué el gobierno japonés no negociaba directamente con el gobierno francés y, en lugar de eso, insistía en que los asuntos de la Alianza eran un tema a tratar entre las dos compañías. El enfrentamiento que más daño hizo fue el de la crisis Florange de 2015. Macron, tal vez recuperando el trabajo sobre Maquiavelo que había hecho en la universidad, vio, de forma oportunista, la posibilidad de reforzar el control del gobierno sobre Renault y, por ende, sobre Nissan, utilizando la ley Florange que le daba al gobierno el voto doble en Renault. Desde el punto de vista del gobierno francés, Renault había invertido 5.000 millones de dólares en Nissan, arriesgándose a perderlo todo si el fabricante japonés no conseguía salvarse. Dado que aquella apuesta había merecido la pena —al fin y al cabo, al principio no era una inversión segura—, había llegado la hora de que Renault y Francia recibieran su recompensa, tanto en términos de beneficios económicos como de asegurar que la Alianza ayudara a preservar el máximo número posible de puestos de trabajo en Francia. «Pensaban que Japón tenía que aceptar que Nissan dejara de ser una compañía japonesa», dijo un oficial japonés.

Los observadores también dijeron que la rápida decisión de incrementar el valor del voto del gobierno francés en Renault era típica de Macron.

Según un antiguo compañero suyo, «Macron siempre llegaba con las armas cargadas», y la jugada de la ley Florange resultaba un claro ejemplo. Fue una decisión osada y mal planeada, que se tomó sin haber estudiado a fondo las posibles implicaciones que acabaron siendo reales, serias y muy duraderas. «Fue como poner una capa roja delante del toro», dijo un exejecutivo de Renault sobre este asunto. «De repente, Nissan redescubrió que el gobierno francés es un actor muy importante en Renault. Y eso era una enorme fuente de preocupación para Japón», dijo otro.

Al intentar negociar un camino intermedio, Ghosn no se hizo con demasiados amigos del lado francés, en parte por cómo había gestionado esas negociaciones. Él no era como Schweitzer. «Ghosn tenía la insufrible convicción de que él estaba a un nivel superior que le permitía tratar directamente con ministros», dijo un exministro del gobierno francés en ese momento. «Por lo tanto, solo consideraría hablar con un primer ministro, lo cual dudo que fuera del agrado de Macron, quien rara vez dejaba de lado su propia arrogancia».[6]

Esa irrupción de Macron, como un elefante en una cristalería, provocó tal reacción que ocho meses después tuvo que dar marcha atrás y poner un límite al valor del voto de Renault en Nissan, en especial por lo que hacía referencia a la selección del consejo y del director ejecutivo. A cambio, la compañía japonesa acordó que no intentaría aumentar su participación en Renault para lanzar un contraataque.[7] De la misma manera que la propuesta inicial de Macron había dejado perplejos a los de Nissan, el compromiso de los japoneses fue criticado como una severa pérdida para Renault —y para Francia—. En palabras de una firma de consultoría de París, fue «un fallo de supervisión».[8]

Algunos analistas comentaron que Macron se había apresurado para lograr el acuerdo sin reflexionar demasiado porque estaba formando un nuevo partido político que, sorprendentemente, le llevó a ser elegido como presidente de Francia en 2017. «Me alegré de haber intervenido, porque sentía que Ghosn había ido demasiado lejos en la "niponización" del grupo», diría Macron más tarde.[9] Desde el punto de vista de los franceses, el mensaje de Macron era claro: Ghosn, aquel niño prodigio, ya no era de fiar.

Había tanta tensión en aquel momento que un viaje a París que en junio de 2018 hizo el ministro de Economía japonés, Hiroshige Seko, para promocionar Osaka como ciudad para la Exposición Universal de 2025, se aprovechó para convocar una reunión urgente para hablar de Renault y Nissan con el ministro de Economía francés. Así, la delegación japonesa, que había preparado todo el plan de marketing orientado a la Expo, en el último minuto tuvo que incluir la incorporación de un experto en automóviles. «Estaban muy ansiosos por tener charlas con el gobierno», dijo un oficial del METI. «Seguíamos teniendo opiniones contrarias, pero nosotros estábamos más dispuestos a llegar a un acuerdo», comentó sobre la reunión. Las diferencias sobre qué debía hacer cada uno de los gobiernos se sumaban a la confusión general sobre quién estaba a cargo de cada cosa.

· · ·

Mientras Ghosn se veía a sí mismo tratando de arreglar las cosas, la parte francesa veía confabulaciones, y la remuneración de Ghosn volvía a hacer saltar las alarmas. En el año 2016 empezó a hablarse sobre su salario en Renault en el parlamento francés. Si bien su sueldo base y sus bonificaciones del año 2015 sumaban la modesta cifra de 3,01 millones de euros, había además una cantidad considerable de 4,18 millones de euros en pagos diferidos vinculados al rendimiento y en acciones. Además, Ghosn también estaba cobrando 9 millones de dólares de Nissan. (En 2018, en Japón una de las acusaciones contra él era que estaba ocultando anualmente entre 10 y 12 millones de dólares que cobraría después de jubilarse).

Todo esto tocó la fibra sensible de los franceses. La situación empeoró cuando la junta decidió pagarle a pesar de que los accionistas, liderados por el gobierno francés, habían votado en contra del plan de compensación en la reunión anual en abril de 2016. Macron, que en aquel momento era ministro de Economía, arremetió contra lo que dijo que era «el gobierno disfuncional» de Renault, después de que la junta revocara la decisión de los accionistas.[10] Más tarde, los más cercanos a Ghosn dijeron que había intentado evitar el escrutinio público de su salario en Nissan por su temor a que una Francia enojada, y el gobierno francés en particular, se vengara destituyéndole de su cargo de director ejecutivo de Renault.

Los escépticos de Renault llegaron a creer que el ambicioso Ghosn estaba entonces concentrando su atención de nuevo en Yokohama, puesto que veía a Nissan como una oportunidad más cómoda para seguir incrementando su salario. Mientras que la junta de Renault incluía a directores externos tanto de los sindicatos como del gobierno francés, la de Nissan era mucho más condescendiente. Algunos ejecutivos de Renault se quejaban de que Ghosn pasaba cada vez menos tiempo en París, y otros temían que «se hubiera nacionalizado japonés» y se hubiera convertido en un hombre de Nissan, con demasiados asuntos de la Alianza decididos por la compañía nipona. Un ejecutivo de Renault dijo: «La Alianza estaba dirigida según la cultura corporativa japonesa, la cual después se exportó a Renault».

• • •

El estatus de «outsider» y el aparente rechazo de Ghosn a alinearse con los franceses quizás acabaron pasándole factura cuando vio cómo el gobierno francés reaccionaba ante su detención y su posterior encarcelamiento. De forma deliberada, Macron ignoró las peticiones de ayuda de Ghosn y de su mujer, Carole. Unos meses después de su encarcelamiento, Macron intentó parecer más comprensivo. «Le dije varias veces a Abe [primer ministro japonés] que las condiciones de la detención y el interrogatorio a Carlos Ghosn no me parecían satisfactorias», dijo el presidente a los periodistas. Pero Ghosn opinaba que Francia debía hacer mucho más que sermonear a Japón sobre el estado de sus prisiones. Después de su huida al Líbano comentó: «Quería algo más de apoyo. Un político francés me dijo: "Si yo hubiera sido el presidente, te habría sacado en 24 horas...". Pero me abandonaron».[11]

En un primer momento, la opinión pública francesa parecía estar a favor de Ghosn. «Al principio, parecía evidente que se trataba de un complot organizado por los japoneses para acabar con Ghosn y deshacerse de los franceses. Esta era la opinión predominante al principio del caso», dijo un ejecutivo francés.

Pero, cuando empezó a desarrollarse el caso contra Ghosn —ayudado por las filtraciones de información en su contra por parte de los fiscales japoneses—, la opinión pública francesa fue cambiando. La actitud inicial de esperar y ver qué sucedía con el que había sido su héroe nacional se convirtió en una actitud negativa por varias razones. Una, porque Ghosn seguía siendo algo así como un extranjero. «Las culturas francesas y japonesas son muy diferentes, pero Ghosn está lejos de ambas», dijo un exdirectivo de Renault. Segundo, porque la sensación que tenía Ghosn de la Alianza como su feudo personal chocaba con las sensibilidades de los franceses. Como dijo un abogado estadounidense que trabaja en Francia: «En Francia está bien tener dinero, pero no tienes que hacerlo evidente». Sus acciones posteriores contribuyeron poco a defender su causa. Una vez instalado en Beirut, Ghosn, fugitivo de Japón e indeseado en Francia, presentó una demanda para recuperar su pensión anual de Renault, además de las acciones relacionadas con el rendimiento.[12] La cuestión se basaba en el tecnicismo de si había dimitido voluntariamente de Renault o si había sido despedido, pero en cualquier caso la óptica no era nada positiva.

. . .

El asunto más flagrante para muchos críticos franceses fue una polémica sobre dos fastuosas fiestas organizadas en lo que viene a ser el símbolo francés del exceso: el palacio de Versalles de Luis XIV. El asunto estalló en 2019 cuando se acusó a Ghosn de haber utilizado el dinero de la compañía para pagar una fiesta en 2014 que organizó para conmemorar el decimoquinto aniversario de la Alianza, y en el año 2016 hizo que la compañía pagara 50.000 euros para la fiesta de cumpleaños de Carole. Estos dos presuntos casos de mal uso de los fondos de la compañía se conocieron en el momento más oportuno para los detractores de Ghosn y, cuando la gente empezó a opinar mal de él, ambos eventos pasaron a ser investigados por los fiscales franceses.

Aunque la cantidad de dinero era relativamente pequeña en el universo de las supuestas irregularidades de Ghosn, el nivel de consumo ostentoso era evidente. Los invitados con vestidos de gala y corbata negra eran agasajados por el personal y por actores ataviados con lujosos vestidos de época y ropas de la corte real. En la fiesta que tuvo lugar en el año 2014 en Versalles, hubo un banquete para 160 invitados. Pocos de ellos pertenecían a la Alianza. La noche terminó con un maravilloso espectáculo pirotécnico. Una auditoría realizada posteriormente informó de que el evento había costado 600.000 euros y que lo había pagado Renault Nissan BV, la sociedad radicada en Holanda. Los defensores de Ghosn no reconocen esta cantidad pero, como se puede ver en el vídeo que hizo Ghosn y que se filtró en YouTube cuando estalló el escándalo, está claro que la fiesta fue bastante ostentosa.

Si a Ghosn le preocupaba que esta generosidad corporativa pudiera considerarse inapropiada, ciertamente no lo demostró —de ahí el vídeo—. A pesar de que se trataba de un evento corporativo, en el vídeo no se ven por ninguna parte los logos de las compañías de la Alianza, y un invitado dijo que fue una idea de última hora hacer que se tratara de un evento de la Alianza.[13]

Ghosn y su mujer estaban encantados de cómo había salido la fiesta y quisieron repetir en el año 2016 para celebrar el cumpleaños de Carole. Esta vez con una salvedad: el propio Ghosn pagó la factura. Aunque el precio total de la factura no se reveló, una persona cercana a Ghosn dijo que fue de unos 325.000 euros —lo cual representaba una tercera parte de su sueldo base anual en Renault—. La polémica giraba en torno a los 50.000 euros que pagó la marca en concepto de patrocinio al museo. La gente de Versalles, alegando que creían que se trataba de otro evento corporativo, lo imputaron al contrato de mecenazgo que tienen con Renault para ayudar con las reformas. Un portavoz de Ghosn dijo que el pago de esos 50.000 euros en concepto de patrocinio no estaba entre los cargos —una cifra que podría haberse pasado por alto— y que se ofrecieron a devolverlos. En cualquier caso, Renault no fue el beneficiario del evento, un factor que pasaron por alto los medios de comunicación tanto en Francia como en el extranjero. Sea como fuera, el daño ya estaba hecho.

Los auditores franceses contratados por Renault en el año 2019 confirmaron que habían encontrado un total de 11 millones de euros en gastos dudosos entre 2009 y 2018.[14] Para sus detractores, no eran más que pruebas de las irregularidades cometidas por Ghosn y que demostraban que había estado desviando dinero de la compañía para su uso particular. Pero determinar si tienen razón o no es bastante difícil. Cuando Ghosn, o cualquier director ejecutivo, vuela en el jet privado de la empresa, ¿está viajando por trabajo o por placer? Cuando está en Davos, ¿se ha comprado él el billete? ¿Tendría que pagar la comida cuando está en el avión? ¿Puede un cónyuge viajar gratis? Si no, ¿cuánto debería pagar? Todos estos asuntos varían en función de la compañía y del país, pero es una cuestión de sentido común. En realidad, esta generosidad corporativa es bastante común, y solo se convierte en un tema de controversia cuando estalla un escándalo, momento en el que todos *se sorprenden* de lo que está pasando.

El gobierno francés también jugó un papel fundamental, aunque involuntario, en el caso Ghosn, cuando en 2018 acordó renovarle su contrato en Renault por cuatro años más. Con la condición de que buscara la manera de hacer que la Alianza fuera «irreversible», el ala patriótica de Nissan vio la amenaza de una toma de posesión francesa como algo que debía ser contrarrestado, incluso cuando la parte de Renault mantenía las sospechas de que Ghosn estaba jugando a favor del equipo de Nissan. Si se puede decir que el enfoque equilibrado de un problema no deja a nadie contento, Ghosn fue un modelo de ecuanimidad.

. . .

Con o sin Ghosn, el gobierno francés seguía interesado en participar activamente en los asuntos de Renault. En el año 2019, Fiat Chrysler (GCA Group) propuso una gran fusión, una unión de marcas de segundo nivel en la que Nissan tendría sólo un 7,5 % de participación en el grupo. El acuerdo contaba con el respaldo del nuevo director ejecutivo de Renault, Jean-Dominique Senard, a quien el gobierno francés presionaba para que afianzara aún más la Alianza. Mientras las autoridades japonesas hablaban, por lo menos sobre el papel, de que empresas del sector privado como Nissan y Renault debían arreglárselas por sus propios medios para solventar sus problemas, en París no había esta reticencia. Después de todo, Renault era un bien nacional, ¿no?

Al final, el gobierno francés quiso ralentizar el ritmo y FCA rompió el acuerdo en el último minuto, dejando a Senard en la estacada. Macron, que era el presidente en ese momento, había dejado la negociación en manos del ministro de Economía y aliado Bruno Le Maire, quien dijo que quería más tiempo para que Nissan se uniera al pacto. Esta fue una muestra de preocupación poco habitual por los sentimientos de Tokio. Le Maire volvió a menospreciar a Senard cuando intentó apaciguar a Nissan con comentarios sobre que el gobierno estaría dispuesto a reducir su participación en Renault e incluso planteó la idea de que Renault podría recortar voluntariamente su participación con su socio japonés. Los medios franceses informaron de que esos comentarios enfurecieron a Senard, quien se suponía que iba a «estar respaldado por las altas esferas del gobierno» —refiriéndose a Macron—. Solicitó una reunión urgente con el presidente, pero supuestamente su agenda estaba completa. En aquel momento, Macron estaba tratando de lidiar con los desafíos internos de Francia, el futuro de la Unión Europea y con el mismísimo Donald Trump.

Mientras que el gobierno francés creía que una fusión era la conclusión lógica derivada del «rescate francés» de Nissan, el arquitecto de la Alianza, Schweitzer, ya había detectado mucho antes los potenciales problemas que la fusión podría causar. Al crear el concepto de Alianza en 1999 había descartado específicamente la idea de construir una nueva entidad. «Esto no es una fusión. La gente no está intentando crear una cultura común ni nada que se le parezca», dijo en una entrevista cuando la Alianza estaba tomando forma. «Crear una cultura común lleva mucho tiempo». Más adelante, los múltiples problemas relacionados con la cultura corporativa de la Alianza demostraron el valor de esta advertencia.

Con el paso del tiempo, la intromisión del gobierno francés en la relación Renault-Nissan demostró los peligros inherentes a este tipo de política empresarial. La estricta aplicación de la ley Florange, un instrumento de conveniencia creado por la política para rescatar a una siderúrgica en crisis, y las distintas maniobras de Macron y sus lugartenientes han demostrado que los políticos, incluso aquellos con conocimientos empresariales, pueden llegar a dictar un conjunto de normas totalmente retrógradas. En una época en la que los trabajadores de las fábricas de automoción están siendo sustituidos por ingenieros de software que programan los robots para ser utilizados en las cadenas de montaje, incentivar el trabajo manual a cualquier precio era continuar con la lógica de subvencionar barcos de vela cuando la máquina de vapor se apoderaba del mundo, o de invertir en canales en la época del ferrocarril.

9

CASO ABIERTO

EL 19 DE NOVIEMBRE DE 2018, JUSTO CUANDO los fiscales estaban lanzando sus redes sobre Ghosn en el aeropuerto Haneda de Tokio, su número dos, un Hiroto Saikawa con cara de póker, acudía al habitual comité de operaciones mensual en el último piso de la sede central de Nissan. Después de tratar los temas rutinarios del orden del día con sus cuatro colaboradores, Saikawa se apartó inesperadamente de la dinámica habitual.

«Dijo: "hagamos una pausa"», recuerda uno de los ejecutivos que estaban en la reunión. «Saikawa convocó a los miembros del comité ejecutivo en la sala de reuniones de su despacho, situado en el piso inferior. Nos reunió para darnos la noticia antes de que saliera en los medios».

Esta reunión improvisada incluía a más gente: a los jefes de cada departamento, desde el jefe de ventas y el de marketing hasta el de fabricación y el de ingeniería. Todos sentados escuchaban atónitos lo que Saikawa les estaba contando sobre la detención de Ghosn.

«No hubo demasiados comentarios ni reacciones. Estaban todos estupefactos, sin nada que decir», recuerda un ejecutivo que estaba en la reunión. «La primera información que la compañía podía dar era escasa».

Pero enseguida estalló el caos en la oficina cuando los fiscales allanaron el lugar, confiscando archivos, registros y otros documentos.

En una escena más propia de una serie policíaca de la televisión, los agentes peinaron las oficinas centrales de Nissan, empaquetando cajas llenas de pruebas. Pusieron un empeño especial en los despachos de los contables, de los administrativos y, por supuesto, en el de Ghosn. Un ejecutivo dijo que fue «un completo caos».

Esa misma noche, Saikawa —cuyo apellido se traduce literalmente como «río de occidente»— informó al resto del mundo en una conferencia de prensa internacional. Sin embargo, los ejecutivos comentaron que para entonces su ira e indignación habían aumentado considerablemente. En una reunión anterior con los directivos, Saikawa había aparecido muy comedido, incluso compungido, al tiempo que mostraba su preocupación por la situación de Ghosn, y no había querido comentar nada sobre las acusaciones.

«La primera vez que nos habló de la detención de Ghosn, nos dio a entender que para él había sido una sorpresa y que estaba muy triste. Me parece que ni siquiera mencionó cuál había sido el motivo. Simplemente nos dijo que Ghosn había sido detenido y que no sabía el porqué», dijo un ejecutivo. «Después, lo metió en la jaula de los leones. En la conferencia de prensa me quedé muy sorprendido porque su actitud ya era muy diferente».

El arresto pilló por sorpresa al departamento de relaciones públicas de Nissan. No se les había avisado. Estuvieron debatiendo acaloradamente sobre cuál debía ser el tono de la nota de prensa inicial que iban a redactar. El primer borrador de la nota estaba lleno de indignación y enfatizaba la «sorpresa» de Nissan con el arresto; sin embargo, la versión final se redujo a un texto menos grandilocuente, en el que decían que cooperarían con los fiscales y pedían perdón a los accionistas.

Sea como fuere, Saikawa acudió a declarar en el acto principal de la noche. Se presentó ante los cientos de periodistas y se sentó solo en una pequeña mesa, de la que colgaba una hoja de papel que se había impreso a toda prisa para poner su nombre. Saikawa ni siquiera se preocupó por hacer la profunda reverencia en señal de disculpas que acostumbran hacer los directivos japoneses para entonar el *mea culpa* por una mala conducta. Ante las cámaras que le filmaban para todo el mundo criticó al que había sido su mentor y condenó duramente sus irregularidades financieras y su abuso de poder.

«Tenemos que eliminar los aspectos negativos del régimen del señor Ghosn. Tenemos que corregir algunos aspectos, como que tanto poder se concentre en las manos de un solo individuo», dijo Saikawa. «Me resulta muy difícil expresar con palabras lo que siento. Más allá de lamentarlo, siento decepción y frustración, desesperación, indignación y resentimiento».

Para los estándares japoneses, esa declaración era un claro repudio de todo lo que tenía que ver con Ghosn.

«La verdad es que fue muy, muy crítico. Estábamos todos sorprendidos», recordó un alto ejecutivo, porque «en ese momento nadie sabía qué había hecho en realidad el señor Ghosn. ¿Cómo podía hablar de él en esos términos? No puedes declararlo culpable de antemano. Fue algo muy sorprendente».

• • •

En la rueda de prensa, Saikawa no mencionó los motivos del arresto. Dijo que la investigación estaba avanzando y que había cosas que Nissan no podía divulgar. Durante varios días, no se supo con certeza el alcance de las investigaciones de la fiscalía, con información y datos filtrados a los medios japoneses. Cuando por fin salieron a la luz los motivos principales de la detención muchos quedaron perplejos. Las acusaciones se reducían a un asunto técnico, aparentemente vulgar, consistente en no informar correctamente sobre los balances financieros oficiales de la empresa.

Los fiscales acusaron a Ghosn, Greg Kelly y Nissan —como entidad corporativa— de infringir la ley japonesa por subregistro de salario, una suma que asciende a más de 80 millones de dólares de salario diferido que cobraría Ghosn tras su jubilación. El Estado mantenía que los tres habían infringido la ley japonesa, porque esa cantidad debía haber sido aprobada por la junta de Nissan. En resumen, tanto los inversores de la compañía como los accionistas tenían derecho a saberlo, y eso nunca ocurrió.

Pero esto no fue más que la primera acusación de las muchas que, siguiendo el típico *modus operandi* japonés, vendrían después. Los fiscales de Tokio intensificaron su investigación, acumulando nuevas acusaciones durante varias semanas, mientras Ghosn permanecía en la cárcel. Es algo que hicieron para poder aprovecharse del particular sistema japonés de «la nueva detención»: una práctica que permite a los fiscales retener a los sospechosos hasta veintitrés días sin que haya una acusación formal mientras ellos continúan interrogándoles y recopilando datos. Cada detalle nuevo desentierra nuevas pistas. Los japoneses lo llaman «la cosecha de patatas»: el efecto dominó de un testigo o una prueba que lleva a otra. Los críticos del sistema lo denominan «el sistema de rehenes de la justicia», porque mantiene a las personas retenidas durante un largo tiempo mientras se les somete a eternos interrogatorios y se les mantiene detenidos hasta que confiesan. Japón no tiene un sistema de libertad bajo fianza, por lo que los sospechosos son retenidos hasta que son procesados y tienen derecho a libertad bajo fianza, transcurrido el periodo de detención de tres semanas, o hasta que los fiscales deciden no seguir adelante con el caso.

O hasta que los sospechosos vuelven a ser inculpados, momento en el que los fiscales pueden volver a poner en marcha el reloj hasta otros veintitrés días. El periodo de retención se divide en realidad en tres días y luego dos períodos de diez días, en los que los fiscales deben obtener la aprobación del tribunal para prolongar la detención. Pero en la práctica esa aprobación suele ser una mera formalidad.

Así, la primera detención de Ghosn, el 19 de noviembre, dio comienzo a la primera retención de tres días. Fue detenido bajo la sospecha de haber ocultado unos 44,38 millones de dólares de salario diferido durante cinco años, desde el ejercicio fiscal de Nissan comprendido entre el 2010 hasta el 2014. Los cargos contra Ghosn, Kelly y Nissan fueron presentados formalmente el 10 de diciembre, cuando estaba casi acabando el periodo de detención de veintitrés días.

En ese momento podría haber sido puesto en libertad bajo fianza, pero el mismo día, los fiscales «detuvieron de nuevo» a Ghosn por un presunto esquema similar de compensación diferida, esta vez cubriendo un nuevo marco temporal (2016-2018). Así pues, en lugar de concederle la libertad bajo fianza, Ghosn fue condenado a otros veintitrés días de cárcel.

Los fiscales acusaron a Ghosn y a Kelly de haber planeado meticulosamente una compensación no declarada por un total aproximado de 82,41 millones de dólares. El pago diferido era superior a los 71,54 millones de dólares que Nissan había informado públicamente como compensación oficial de Ghosn en ese periodo. De hecho, la cantidad total era más del doble de su compensación declarada. Después, los fiscales aumentaron el total de la compensación diferida a 84,22 millones de 2010 a 2018. Alegaron que, para Ghosn, este supuesto plan de compensación era una solución adecuada, pues durante mucho tiempo su frustración por su compensación había sido un secreto a voces.

Los fiscales opinaron que no era pura casualidad que el plan hubiera empezado en el año 2010, año en que las nuevas leyes japonesas exigían la declaración pública de sus ingresos. Ghosn supuestamente había recurrido a la «contabilidad creativa» para evitar el escrutinio público de informar de un salario exagerado que desentonaba claramente con las sensibilidades francesa y japonesa. Al mismo tiempo, eso le seguía permitiendo recibir un paquete de compensación tras su jubilación semejante al de sus homólogos en la industria. Según dijo el fiscal, Ghosn podría tener su pastel y comérselo todo él —sería bien remunerado, pero nadie lo sabría—.

El importe de la compensación total de Ghosn era un secreto muy bien guardado; pocos en Nissan sabían exactamente a cuánto ascendía. Después de que empezara el juicio a Kelly en Tokio, en septiembre de 2020, Saikawa testificó que antes de que cambiaran las leyes japonesas en 2010 Ghosn estaba ganando entre 17 y 22,8 millones de dólares al año, pero después del cambio legislativo, Nissan había declarado una remuneración anual que era la mitad. Los fiscales dijeron que esa era la diferencia que Ghosn ocultó y que querían que devolviera.

Un email enviado supuestamente por Kelly a su homólogo en Renault en abril de 2010 hablaba de que los colaboradores de Ghosn estaban ocupados intentando encontrar la manera de pagar parte de la compensación a su director ejecutivo «sin tener que declararla públicamente». Pero la clave, según el citado email, era encontrar la manera «legal» de hacerlo, y Kelly le pedía que preparara un dictamen legal que respondiera a esta cuestión: «¿Cuáles son las implicaciones legales más probables?».

Después, durante el juicio a Kelly, los fiscales hablaron de que este y otros ejecutivos de Nissan habían dedicado mucho tiempo y esfuerzo a analizar las opciones para contrarrestar esta diferencia, como por ejemplo pagar a Ghosn un extra a través de la alianza Renault-Nissan, desviando el dinero a través de una filial no consolidada o de una tercera compañía, vendiéndole a precio de ganga propiedades inmobiliarias u obras de arte para que él pudiera venderlas y sacarse un beneficio, e incluso ofrecerle a Ghosn un préstamo que después le sería perdonado. También consideraron la posibilidad de pagar a Ghosn en forma de una pensión inflada, un acuerdo de no competencia y unos «honorarios por asesoramiento» tras su jubilación. Los fiscales dijeron que el dinero fluyó a través de un plan de «compensación aplazada».[1]

. . .

La normativa que regula el tema de los ingresos diferidos es notoriamente compleja en la mayoría de los países, puesto que los reguladores y las compañías juegan al gato y al ratón para identificar los ingresos declarables. En Japón, especialmente, las normas dejan mucho espacio a la interpretación, y algunos analistas dijeron que el caso fue todo menos fácil para los fiscales.

Conforme avanzaba el mes de diciembre, aumentaba la esperanza de que se pudiera llegar a un acuerdo, de que los cargos pudieran ser retirados o de que Ghosn pudiera por lo menos ser procesado por la segunda acusación y puesto en libertad. Algunos expertos se preguntaban si debería declararse culpable y pedir perdón —como hacen muchos sospechosos en Japón— y acabar con una sentencia suspendida. Este desenlace le habría permitido evitar la prisión cumpliendo un periodo de libertad condicional, pero seguiría siendo un duro golpe contra la buena imagen y el legado del ejecutivo. En cambio, Ghosn se mantuvo firme, y los fiscales no hicieron más que apretar las tuercas.

En Japón, más del 99,9 % de las sentencias judiciales son inculpatorias; en gran parte, porque los sospechosos suelen confesar durante los interrogatorios de su primera detención. Este es el secreto de la receta en el país del «sistema de rehenes de la justicia».

Pero Ghosn se mantuvo firme.

«Ellos pensaban: "Vamos a detener a ese hombre, le haremos pasar un infierno, le vamos a bombardear con malas noticias y, después de dos semanas, confesará todo lo queremos". Pensaban que así sería. Golpéale fuerte, haz que confiese y obtendrás una victoria rápida», dijo Ghosn en una entrevista. «Pero no fue así; y ese fue el primer error».

Durante la primera semana en prisión, Ghosn estuvo en silencio casi absoluto mientras el mundo entero se preguntaba qué había ocurrido. La primera vez que pudo salir para defenderse públicamente fue al cabo de nueve días de su detención. Para aquel entonces, Ghosn había contratado como abogado defensor al exfiscal de Tokio, Motonari Otsuru. Este negó formalmente las acusaciones a Bloomberg News el 28 de noviembre después de reunirse con su nuevo cliente.[2] Parecía que Ghosn había encontrado un punto de apoyo para defenderse.

Después, inesperadamente, volvieron a acusarle por abuso de confianza, agravado esta vez por desviar presuntamente dinero de Nissan para su uso personal. Este nuevo arresto ocurrió el 21 de diciembre, más de un mes después de su primera detención, lo que de nuevo ponía a cero el cronómetro y le impedía salir en libertad bajo fianza. Este tercer arresto fue mucho más serio que los otros dos. A diferencia de los anteriores, referentes a delitos económicos con dinero aún no desembolsado, en esta ocasión el arresto tenía que ver con unos fondos que Ghosn supuestamente ya había desviado de Nissan para cubrir enormes pérdidas personales que había sufrido en el pasado. Esta acusación era mucho más grave que la de no haber declarado algunos ingresos, y por eso provocó enseguida la indignación moral de los japoneses.

Ni Kelly ni Nissan fueron acusados de este tercer delito. Los fiscales querían únicamente atacarlo a él. El propio Kelly fue puesto en libertad bajo fianza el día de Navidad de 2018, después de pedir atención médica por una afección en la espalda. Kelly tenía programada una operación de espalda en Estados Unidos cuando en octubre Nissan le convocó a una «reunión urgente» en Japón. De hecho, esta llamada fue un montaje planeado para detenerlo. Después de pasar más de un mes en la prisión de Tokio, sus problemas de espalda no hicieron más que empeorar, por lo que fue puesto en libertad bajo fianza para que le operaran en un hospital japonés; pero, como la operación se había retrasado varias semanas, le quedaron secuelas en forma de insensibilidad en las extremidades. Kelly estuvo obligado a quedarse en el país hasta el día del juicio, que se celebraría dos años después, el 15 de septiembre de 2020.

Esta tercera acusación contra Ghosn se remonta a las pérdidas millonarias que sufrió a raíz de la crisis económica mundial de 2008. Esta acusación daba a entender que los problemas de Ghosn eran recientes, porque tenía un contrato de intercambio de acciones de una bolsa extranjera con el Shinsei Bank de Japón, que supuestamente tenía que proteger el valor de su salario en yenes cuando se convertía a dólares. Pero la repentina apreciación del yen frente al dólar debida a la recesión de 2008 hizo que ese contrato quedara devaluado en 1.850 millones de yenes (16,6 millones de dólares).

Cuando el banco decidió cerrar la cuenta, provocando unas pérdidas enormes a Ghosn, él acordó que la cuenta se transfiriera a Nissan como una forma de garantía. El organismo regulador de Japón, la Comisión de Vigilancia de Bolsa y Valores, convino que esto era un posible conflicto de intereses y exigió a Nissan que dejara de soportar las pérdidas en nombre de Ghosn. En enero de 2009, una liquidación trimestral venció en el contrato y, sin embargo, Nissan pagó una pequeña cuota al banco Shinsei. Ghosn supuestamente reembolsó a Nissan el dinero, lo que hacía suponer que las transacciones hasta ese momento habían sido legales.

Por otro lado, Ghosn, que seguía teniendo problemas de liquidez, se vio obligado a obtener otra fuente de garantía para sustituir a Nissan, que ya había sido descalificada por los reguladores japoneses por haber estado manteniendo la cuenta deficitaria de Ghosn. Entonces Ghosn encontró otro colaborador: el empresario saudí Khaled Al-Juffali, socio de una compañía que tiene el 50 % de participación en el distribuidor de automóviles de Medio Oriente, Nissan Gulf. Pero Juffali es más conocido por ser el vicepresidente de uno de los mayores conglomerados de Arabia Saudita. Además, ocupa un puesto en el consejo de la Autoridad Monetaria de Arabia Saudita[3] y también es uno de los dignatarios con los que Ghosn se reunía cuando viajaba a los foros económicos de Davos. Se cree que Juffali ayudó a Ghosn a devolver la transacción de derivados a su empresa de gestión de activos al arreglar una carta de crédito al Shinsei Bank, que exigía garantías adicionales sobre el acuerdo de canje de divisas.

Después de eso, Nissan hizo cuatro pagos a una cuenta de una subsidiaria de Nissan en Oriente Medio a través del «fondo de reserva para el CEO», un fondo discrecional que se diseñó para realizar pagos imprevistos. Se supone que, después, esta subsidiaria transfirió los fondos a la compañía de Juffali. Los fiscales afirman que esto fue una recompensa por la ayuda que Juffali había prestado a Ghosn para resolver sus problemas económicos personales. Pero los abogados de Ghosn y Juffali niegan que esos presuntos pagos fueran pagos *quid pro quo* (de compensación). Las transferencias de Nissan, afirman, son desembolsos legales que se hicieron para cubrir los gastos de marketing y los incentivos.

En los medios de comunicación japoneses, esta tercera acusación se conoce como la «ruta saudí» del flujo de fondos —en referencia al empresario saudí vinculado a esas transferencias—.

Desde Nissan dicen que la compañía no empezó a recopilar documentos relacionados con esta acusación hasta noviembre, el mes del primer arresto de Ghosn. Los fiscales, con derecho a registrar los informes bancarios y la residencia de Ghosn, recogieron esos documentos y los estudiaron para reconstruir las acusaciones finales. A los trabajadores de Nissan no les gustó que Ghosn hubiera jugado con la empresa como si fuera su banco personal.

«Las personas no utilizan la credibilidad de sus empresas para respaldar sus transacciones personales. Es un conflicto de intereses», dijo un empleado implicado en la investigación interna de Nissan. «En segundo lugar, no es correcto hacer que la compañía cubra tus pérdidas, aunque después devuelvas el dinero. Yo nunca se lo habría pedido a Nissan. Por último, si se demuestra que estos pagos [a Juffali] se hicieron a modo de compensación por las transacciones financieras de Ghosn y no por algo relacionado con la empresa, ello querrá decir que la compañía pagó 14,7 millones de dólares por la única razón de apuntalar el contrato personal de intercambio de divisas de Ghosn. Esto supone para Nissan una pérdida de 14,7 millones de dólares».

. . .

El 11 de enero de 2019, casi dos meses después de la primera detención, los fiscales finalmente acusaron a Ghosn de abuso de confianza en la ruta saudita, y también acusaron a Ghosn, Kelly y Nissan de haber ocultado a las autoridades financieras de Japón compensaciones millonarias entre 2016 y 2018. Sobre Ghosn pesaban entonces tres acusaciones formales y, sin otros arrestos pendientes, podría salir finalmente en libertad bajo fianza.

Pero pasaron dos meses más hasta que los jueces aprobaron su libertad condicional, porque los fiscales y la defensa tenían que pactar las condiciones de la fianza. Cuando por fin aprobaron su libertad, el 5 de marzo, la fianza que le pusieron fue de 8,9 millones de dólares, los cuales Ghosn pagó en efectivo.

Tras haber pasado 108 días encarcelado, Ghosn salía en libertad de la monolítica celda ante la mirada de cientos de periodistas —apelotonados detrás de las vallas del aparcamiento— ansiosos por transmitir en directo aquel momento en todas las pantallas de Japón. La gente esperaba que aquel gran *showman* diera una conferencia de prensa en las escaleras de la cárcel, pero lo que en realidad vieron fue un espectáculo mucho más rocambolesco.

Ghosn no salió de su arresto vestido con uno de sus impecables trajes de marca, sino con un mono de trabajo, cubierto con gorra azul y un cinturón de seguridad de color naranja chillón. Una mascarilla quirúrgica ocultaba su rostro e iba custodiado por un equipo de guardias de seguridad que también llevaban sus propias mascarillas para confundir a los medios. Ghosn entró en una furgoneta Suzuki que llevaba una escalera de trabajo en el techo. Tal vestimenta estaba pensada para despistar a los periodistas que deseaban seguirle hasta la residencia designada por el tribunal, donde viviría su libertad condicional hasta el juicio. Pero toda esta parafernalia solo funcionó al principio porque, en cuanto el vehículo traspasó la puerta principal de la cárcel, un grupo de periodistas motorizados y varios helicópteros empezaron a seguirle para informar de todos sus movimientos por la capital.[4]

En el momento de salir de la prisión, el otrora titán de la industria automovilística, emitió un comunicado diciendo que su arresto había sido una «horrible pesadilla» y declaró: «Soy inocente y voy a defenderme de todas estas acusaciones infundadas e injustificadas».

Cuando por fin estuvo en libertad, Ghosn empezó a preparar su defensa e incluso abrió una cuenta en Twitter para defender su caso ante el mundo. La foto de su cuenta @carlosghosn muestra al ejecutivo en actitud pensativa mirando una pérgola de estilo japonés en un parque. A principios de abril colgó su primer tweet prometiendo que iba a «contar toda la verdad de lo que está pasando» en una conferencia de prensa que iba a dar en abril.[5]

Aún no sabía que los fiscales no habían acabado con él. Y su amenaza de una ofensiva mediática probablemente despertó su ira.

La mañana del 4 de abril, al día siguiente de su primer tweet en el que prometía una ofensiva mediática, las autoridades asaltaron la residencia provisional de Ghosn y su esposa, ubicada en un edificio de apartamentos en Tokio. Por cuarta vez fue detenido y encarcelado, menos de un mes después de que le dieran la libertad condicional. Su arresto le impidió hacer la conferencia de prensa y le inculparon de la cuarta, y más seria, acusación.

En la acusación de abuso de confianza en la ruta saudita, que fue la tercera acusación contra Ghosn, no estaba del todo claro cuánto daño financiero, si lo hubo, había causado a Nissan. Su intento de hacer que Nissan respaldara sus pérdidas personales había fracasado —aunque Nissan sospecha que los fondos transferidos a Oriente Medio se utilizaron para compensar el favor económico personal que le habían hecho a Ghosn—. La nueva acusación de abuso de confianza agravado contra Nissan, sin embargo, decía que Ghosn había desviado fondos de Nissan para su uso personal.

Según los fiscales, Ghosn aprobó pagos por unos 15 millones de dólares de una subsidiaria de Nissan a un distribuidor entre 2015 y 2018. La compañía, identificada después como Suhail Bahwan Automobiles, una empresa con sede en Omar, distribuía vehículos Nissan en la región y estaba dirigida por el empresario Suhail Bahwan, otro amigo multimillonario de Ghosn. Los pagos, nuevamente extraídos del fondo de reserva para el CEO, se destinaron a gastos de marketing, pero los fiscales alegan que Ghosn recibió como comisión unos 5 millones de los desembolsos. Parte de este dinero fue supuestamente desviado a una firma de inversión con sede en Estados Unidos que dirigía el hijo de Ghosn, mientras que otra parte sirvió para ayudar a pagar su lujoso yate *Shachou*. Los medios de comunicación japoneses denominaron esta cuarta acusación como la «ruta omaní».

Ghosn había sido acusado de abuso de confianza el 22 de abril de 2019 y fue puesto en libertad después de pasar veintidós días en la cárcel y de pagar otros 5,4 millones de fianza. Ahora, si le declaraban culpable de todos los cargos, se enfrentaba a una imponente montaña de problemas legales, a cumplir una condena firme —de hasta quince años— en una cárcel japonesa y a pagar una multa máxima de 1,1 millones de dólares. Debido a la elevada tasa de sentencias inculpatorias en Japón (99,9 %), era muy probable que Ghosn fuera declarado culpable de *algo*.

Ghosn negó categóricamente todas las acusaciones y mantuvo su declaración de inocencia, pero incluso mientras luchaba contra las acusaciones formales de la Fiscalía, un torrente interminable de otros posibles delitos salía a la luz. Esas acusaciones no formaban parte de las causas penales que la justicia japonesa había puesto en marcha contra él, sino que formaban parte de una avalancha de declaraciones y difamaciones hechas directamente por Nissan. Todas se centraban en el mal uso de los recursos de la compañía que, en el caso de que fuera cierto, sería calificado de corrupto e inmoral, si no directamente ilegal.

Este diluvio de filtraciones paralelas había empezado casi en el mismo momento de la primera detención de Ghosn.

Una de las principales acusaciones era que había abusado de una subsidiaria de Nissan para comprarse casas en Río de Janeiro y en Beirut. En el año 2010 se había creado y radicado en Holanda una sociedad denominada Zi-A Capital BV, cuya finalidad era la de financiar tecnologías emergentes. Los investigadores de Nissan dijeron que habían descubierto que en realidad Zi-A estaba pagando las propiedades de Ghosn en Brasil y Líbano, y que se habían gastado más de 22 millones de dólares en reformarlas. La mansión de Beirut que tiene las paredes de color rosa —tantas veces mostrada en los medios— es donde Ghosn finalmente se refugió después de huir de Japón, para agravio de Nissan, que la habría pagado y sigue reclamándole los derechos de propiedad.

Ghosn también fue acusado de hacer que Nissan pagara a su hermana mayor unos honorarios de consultoría de 750.000 dólares en aproximadamente una década sin que conste ningún trabajo realizado por ella. «Nadie en Nissan, excepto unas pocas personas, lo sabía», dijo la compañía añadiendo que no habían encontrado ningún trabajo que hiciera referencia a esos honorarios. Los viajes en avión de Ghosn también fueron investigados. Nissan dijo que Ghosn había facturado a la compañía unos 4,4 millones de dólares por los viajes privados de él y su familia en el jet privado de la compañía y en otros aviones fletados. Después, durante el juicio a Kelly, entre los gastos que se le imputaron había uno de 2016 de 32.700 dólares que Ghosn supuestamente había facturado a la compañía por la compra de trajes nuevos.

Nissan también alegó que Ghosn se había apropiado indebidamente de 1,28 millones de dólares en derechos sobre la revalorización de las acciones manipulando la fecha del ejercicio para cobrar un precio más alto por un pago mayor.[6]

Los actos de mala conducta de Ghosn enseguida tuvieron un efecto negativo en Nissan y en toda la Alianza.

Las investigaciones internas de Nissan descubrieron jugadas sucias en la sociedad con sede en Holanda, Nissan-Mitsubishi BV (NMBV), que aparentemente había sido creada como un fondo de capital de riesgo para invertir en tecnologías emergentes. Pero Nissan y Mitsubishi descubrieron que Ghosn estaba utilizando la entidad para pagarse a sí mismo grandes sumas de dinero. Supuestamente percibió de NMBV 8,9 millones de dólares en bonificaciones y salario sin que los miembros de la junta, Saikawa de Nissan y Osamu Masuko de Mitsubishi, lo supieran. Por cierto, ninguno de estos dos hombres recibía un euro de NMBV.[7]

Las compañías dijeron que también habían descubierto negocios sucios con la otra filial con sede en Holanda: Renault-Nissan BV (RNBV). En este caso, unos 4,5 millones de dólares de los gastos de RNBV eran gastos privados de Ghosn que no tenían nada que ver con el negocio. Estos gastos cubrían toda una serie de compromisos sociales extravagantes que daban una imagen poco favorable de ejecutivo obsesionado con vivir a todo lujo a expensas de la compañía.

Se supone que utilizó ese dinero para pagar la fiesta que hizo en el año 2014 en el Palacio de Versalles, el entretenimiento de los invitados al carnaval de Río de Janeiro y al Festival de Cannes, regalos de Cartier de París, cenas en el museo Marmottan de París, honorarios del abogado personal de Ghosn en Líbano —a pesar de que Nissan realizaba pocos negocios en el país—. Se cree que RNBV hizo donaciones por un total de 2,65 millones de dólares de parte de Ghosn, no de las compañías, a diez instituciones educativas y oenegés; nueve de las cuales están en Líbano, la patria de sus ancestros. Aparte de esto, endosó a RNBV otros 5,71 millones de dólares para viajes que, según la compañía, lo más probable es que fueran viajes privados de él y su familia.[8]

• • •

La lujosa fiesta en Versalles fue un episodio especialmente flagrante que cubrieron algunos medios de comunicación internacionales. Los invitados pasaban desfilando entre una formación de soldados con alabardas y con tricornios. Después se paseaban por los salones dorados del palacio mientras se les deleitaba con música de cuerdas y clavicémbalo, antes de acceder al suntuoso banquete en una mesa iluminada por candelabros.

La fiesta en Versalles que tuvo lugar dos años más tarde para celebrar el cumpleaños de su segunda esposa, Carole, fue una noche al estilo María Antonieta, repleta de actores vestidos con trajes de época típicos del siglo XVIII y pelucas aristocráticas. Fue una fiesta tan opulenta que salió una foto en la revista *Town & Country*.[9] Los eventos del Palacio de Versalles se habían convertido, en opinión de la gente, en el emblema de los excesos de un ejecutivo sin control.

Los problemas de Ghosn aumentaron con la investigación de la Comisión de Bolsa y Valores de Estados Unidos sobre la supuesta compensación diferida. La comisión acusó a Ghosn de omitir, con ayuda de Kelly, unos beneficios de compensación y jubilación de unos 140 millones de dólares entre 2009 y 2018.

A principios de 2020 Renault dijo que interpondría a Ghosn una demanda civil reservándose el derecho a pedirle una devolución por todos los fondos que hubiera malversado, después de que los fiscales franceses empezaran una investigación preliminar y llevaran el caso a los tribunales. La administración fiscal francesa también está investigando las transacciones entre Renault y su distribuidor en Omar y los contratos del fabricante francés con la sociedad radicada en Holanda.[10]

Nissan, por su parte, afirmó que le pediría una compensación por los millones de dólares que dicen que ha perdido la compañía por culpa de su mala praxis financiera. Y en febrero de 2020, el fabricante japonés cumplió esta amenaza presentando una demanda civil en Japón contra su expresidente por 91 millones de dólares en daños por el supuesto «incumplimiento de su deber fiduciario» y por la «apropiación indebida de los recursos y bienes de Nissan».[11] Esta acción se produjo inmediatamente después de la demanda civil interpuesta por Nissan contra Ghosn en las británicas Islas Vírgenes. En esa denuncia Nissan alega que «se han realizado pagos y transacciones no autorizadas a través de entidades creadas con ese propósito» y carga contra el lujoso yate de Ghosn y otras compensaciones.

Ghosn diría más adelante: «Me están atacando por todos los frentes».

• • •

Nissan declaró que Ghosn pudo orquestar toda esta red en beneficio propio de manera ilegal e indecorosa, porque en su persona había concentrado demasiado poder sin control alguno, como presidente y director ejecutivo, y gracias a un círculo reducido de colaboradores. Nadie podía decirle que no.

Dentro de este séquito estaba Kelly, la persona de confianza de Ghosn que en el año 2009 se convirtió en el vicepresidente y controlaba todos los asuntos del despacho del director ejecutivo, del director de la Alianza, del departamento legal y de recursos humanos. Siempre que un asunto espinoso aterrizaba en su mesa —fuera de los auditores legales o del departamento contable—, Kelly lo despachaba rápidamente, sobre todo si tenía algo que ver con Ghosn, dijo Nissan después de su arresto. Las unidades que estaban bajo el control de Kelly operaban de una manera opaca, «simplemente respondiendo que era un "asunto del director ejecutivo"». Mientras tanto, una trama compleja de empresas fantasma bloqueaba la supervisión transparente de las subsidiarias, como ocurría con las sociedades radicadas en Holanda.[12]

Más adelante, Nissan hizo una autopsia del escándalo y en el informe resultante de treinta y ocho páginas que presentó a la Bolsa de Tokio, la compañía decía que Ghosn —aprovechando su legado de haber salvado a Nissan de la bancarrota— había establecido un «culto a su personalidad» que hacía de todos sus negocios un «territorio impenetrable». Como consecuencia de ello, dijo Nissan: «La función de control y equilibrio de determinados departamentos administrativos no funcionó de manera efectiva en lo que se refiere al problema de las demandas del señor Ghosn en beneficio propio».[13] En otras palabras, en un colosal fallo de control por parte de la empresa, el poder absoluto del señor Ghosn resultó ser totalmente corrupto.

Tanto Ghosn como Kelly negaron todas las acusaciones, pero en medio de esta avalancha de denuncias, el sentimiento japonés se volvió en contra del hombre que durante mucho tiempo había sido aclamado y adoptado como un héroe nacional. Aunque Ghosn superase las cuatro acusaciones del fiscal en un tribunal de justicia japonés, rehabilitar su fama en el tribunal de la opinión pública parecía casi imposible. La semana siguiente al primer arresto de Ghosn, el periódico de negocios *Nikkei*, el equivalente japonés al *Wall Street Journal*, dijo en un editorial que, por el hecho de haber logrado crear la Alianza, Ghosn se seguía mereciendo un «alto reconocimiento». Pero, poco después, el citado periódico líder de opinión, criticó al alto directivo depuesto por sus hechos más recientes.

«No cabe la menor duda de que la caída de uno de los ejecutivos más poderosos de la industria del automóvil se debe a su falta de respeto por la ética y la ley», escribió *Nikkei*. «Es cierto que muchos ejecutivos japoneses han cometido delitos corporativos para proteger la fama o el destino de sus compañías... pero muy pocas veces lo han hecho por pura codicia».[14]

10

LOS INGREDIENTES DE UNA CONSPIRACIÓN

PARA LOS JAPONESES, LA CAÍDA DE GHOSN FUE simplemente un tema de codicia y arrogancia. Pero al otro lado del globo, en Francia —y en otros rincones de la industria internacional de la automoción— su arresto provocó inmediatamente las sospechas más siniestras sobre una conspiración para echar al extranjero. Y, conforme iban encajando las piezas del puzzle, surgía una versión diferente.

La noticia del arresto de Ghosn se conoció en París justo a la hora de comer de un lunes despejado pero frío. Renault se quedó estupefacta, igual que todos los franceses. En las oficinas de la compañía, los ejecutivos se afanaban en conocer más detalles, por insignificantes que fueran, sobre los cargos del fiscal y las acusaciones de Nissan.

El hombre encargado de la difícil tarea de sustituir al pez gordo de Renault fue el francés Philippe Klein, alto directivo de Nissan y uno de los primeros hombres escogido por Ghosn en 1999 para su Revival Plan. También fue vicepresidente de Nissan a cargo de la oficina del director ejecutivo, como predecesor de Greg Kelly. Como ingeniero fanático de los coches vintage, Klein fue jefe de planificación de productos y programas de Nissan y la persona clave que ideó las líneas de producto Infiniti y Datsun.

Klein había iniciado su carrera en Renault como ingeniero de motores —posiblemente, el que más sabía de motores de coches— y durante toda su carrera estuvo yendo y viniendo de Renault a Nissan. El haber estado a cargo de la oficina del director ejecutivo tanto en Nissan como en Renault lo convirtió en una persona muy de fiar y respetada por ambas partes. O, por lo menos, lo había sido.

De vuelta en Tokio, Hiroto Saikawa pidió a Klein que volara inmediatamente en un jet privado para ejercer de emisario de Nissan en Francia, pero antes tenía que hacer una parada muy importante.

Mientras en Tokio arrestaban a Ghosn, el embajador de Francia en Japón estaba dando un banquete en la embajada, entre cuyos asistentes estaba Louis Schweitzer, el legendario director ejecutivo de Renault que negoció el rescate de Nissan en 1999 y contrató a Ghosn como su sucesor.

Klein tenía la delicada tarea de transmitirles la escueta información que le había suministrado Saikawa.

Fue una incómoda conversación, marcada por el asombro y la incredulidad, pero el verdadero reto le esperaba en París, donde un agotado Klein aterrizó al día siguiente para salir corriendo hacia las oficinas centrales de Renault en Boulogne-Billancourt, a las afueras de la ciudad.

La misión de Klein parecía clara: explicar que Nissan había descubierto la mala praxis financiera de Ghosn y que su detención no afectaría a la alianza con Renault. También tenía la tarea de instar a Renault a que empezara una *due diligence* de sus propias operaciones y de la sociedad Renault-Nissan BV en Holanda. Le dijeron que explicara que algunos detalles aún estaban bajo secreto de sumario y que se expondrían a su debido tiempo.

• • •

Klein fue recibido con mucha desconfianza por parte de los ejecutivos situados en los despachos de la séptima planta. Uno de los más descreídos fue Thierry Bolloré, el número dos de Ghosn en Renault. Bolloré, igual que Ghosn, había empezado su carrera profesional en el fabricante de neumáticos Michelin. Después se había trasladado al gigante de componentes automovilísticos Faurecia, antes de entrar en Renault en 2012. Considerado un aguerrido defensor de la participación de Renault en Nissan, fue ascendido a director de operaciones en febrero de 2018, luchando por la primera posición como supuesto heredero de Ghosn. Klein no tuvo una cálida bienvenida.

«Me dio la sensación de que me veían como a un extraterrestre que venía de otro planeta con un extravagante mensaje, como un simple traidor, o como un estúpido que estaba completamente manipulado... o que había estado demasiado tiempo en Japón», recuerda Klein. «Negaban que lo que estaba ocurriendo fuera posible», y decían que no era más que una conspiración de los japoneses.

En el fondo, él mismo también lo pensaba.

Todavía permanecía presente en la memoria colectiva de los parisinos un humillante escándalo que había golpeado a Renault siete años antes, en 2011, y que estuvo a punto de derrocar a Ghosn. Renault había acusado —resultó que falsamente— a tres altos directivos, y los despidió, por la supuesta venta de secretos corporativos sobre los coches eléctricos a intereses extranjeros. Patrick Pélata, entonces director de operaciones de Renault y gurú de desarrollo de producto que apuntaba a director general, fue obligado a dimitir por el caso para proteger a su amigo Ghosn de las consecuencias políticas del mismo. Como antiguo compañero de Carlos Ghosn en la École Polytechnique, Pélata era una de las dos únicas personas en Renault que se dirigían a él por su nombre —para los demás trabajadores de Renault y Nissan, incluso para los altos directivos, él siempre era el señor Ghosn—. ¿Era su arresto en Japón el principio de otro error pero a una escala mucho mayor?

En cuanto Ghosn fue arrestado, los rumores sobre una conspiración empezaron a correr como la pólvora.

Los primeros cargos —que había ocultado más de 80 millones en salario diferido— fueron rechazados por los escépticos por tratarse de una estratagema ideada por Nissan, tal vez junto con el gobierno japonés, para destituirlo. ¿Por qué? Porque, justo nueve meses antes, Renault había dicho que renovaría el contrato de Ghosn como director ejecutivo cuatro años más, pero con una condición: que hiciera «irreversible» la alianza de Renault con Nissan. Para algunos en Nissan estas fueron unas palabras muy provocativas.

Además, la crisis Florange de 2015, en la que el gobierno francés se aseguró el derecho de doble voto en Renault a pesar de las protestas de Nissan, estaba todavía fresca en la memoria de muchos en Yokohama. Este enfrentamiento avivó en Nissan las eternas sospechas sobre las intenciones del fabricante francés. Ahora, los conspiradores se imaginaban a un Japón paranoico consumido por el miedo a que el gobierno francés y Ghosn se estuvieran posicionando para un final de juego que erradicaría de una vez por todas la independencia de Nissan y la convertiría en una empresa filial.

• • •

Según la versión oficial de Nissan y de Saikawa, las relaciones y los planes de integración de la Alianza no tuvieron nada que ver con el arresto de Ghosn. Para Nissan, era un claro caso de mala praxis. Saikawa, en una entrevista para la revista *Shukan Bunshun* de Japón, meses después del arresto condenó a su antiguo mentor. «Me pregunto si el señor Ghosn ha sentido alguna vez cariño o apego a Nissan como compañía. Me pregunto si Nissan, para él y su familia, no era más que una herramienta para disfrutar de un lujoso nivel de vida», dijo Saikawa. «Me pregunto si el señor Ghosn tuvo alguna vez respeto por los japoneses y por la sociedad japonesa. Si lo hubiera tenido, no habría cometido este tipo de irregularidades».[1]

Pero, para los que creían que se trataba de una conspiración, parecía mucho más plausible que Nissan y las autoridades japonesas se hubieran confabulado para mantener la independencia de Nissan de la mejor manera posible: eliminando al único hombre que mantenía a las dos compañías unidas. Fue justo después de que el gobierno francés ordenara a Ghosn que hiciera la alianza irreversible cuando una persona clave de dentro de Nissan —como admitió abiertamente la compañía— compartió por primera vez sus dudas sobre las supuestas fechorías de Ghosn. En aquel escenario, Ghosn no era culpable de ningún crimen, sino que era el daño colateral de una colisión entre los instintos nacionalistas y las fuerzas de la globalización.[2] El argumento de la conspiración fue, para Ghosn, un pilar de su defensa.

«La única explicación que hay es que, aparte de eliminarme a mí, también quisieran destruir todo mi legado y reorganizar por completo la relación de poder entre las tres compañías», dijo Ghosn en una entrevista para este libro desde Líbano después de haber huido de Japón. «Los japoneses enseguida se dieron cuenta de que, por desgracia, la mayor influencia que Renault o los franceses tendrían en Nissan sería a través de mí. Por eso dijeron: "Si nos deshacemos de él, se acabará este vínculo de influencia". Y eso fue exactamente lo que ocurrió».

En abril de 2019, él mismo lo dijo en un comunicado que hizo por vídeo, en lugar de en la rueda de prensa en vivo que esperaba dar ante una gran audiencia en el Club Foreign Correspondents de Japón. En cuanto se emitió el vídeo, Ghosn acababa de ser detenido por segunda vez. Sus abogados prepararon minuciosamente aquel mensaje de siete minutos y medio con antelación sabiendo que podía ser detenido y que le prohibirían hablar.

«No es un tema de ambición. No es un tema de dictadura. Es una conspiración. Todo es un complot. Es una puñalada por la espalda», decía Ghosn en el vídeo. «Existía el temor de que con el siguiente paso de la Alianza, es decir con la convergencia hacia una fusión, se perdieran puestos de trabajo o se pusiera en peligro la autonomía de Nissan».[3]

• • •

Según la versión de Ghosn, las semillas de la conspiración ya se habían plantado cuando en 2017 Emanuel Macron fue nombrado presidente de Francia e intensificó la presión por la «integración irreversible» de Renault y Nissan. En enero de 2018, el gobierno francés informó al gobierno japonés de que planeaba fusionar la gestión de ambas compañías. Según Ghosn, él desencadenó la reacción de los japoneses de proponer una estructura de holding para Renault y Nissan. Resumió los fundamentos de su plan en una entrevista con *Automotive News* después de huir de Japón. Las tres compañías —Renault, Nissan y Mitsubishi— estarían unidas bajo una misma entidad paraguas, situada en un territorio neutral, como Holanda o Suiza, y cotizarían en una bolsa de doble cotización en París y Tokio, en lugar de tener cotizaciones diferentes para cada una de ellas. Cada fabricante conservaría sus oficinas centrales y sus comités de dirección, pero serían supervisados por el consejo independiente del holding. Ese consejo de administración tendría unos diez directores nombrados por los consejos de las tres compañías.

Ghosn dijo que el gobierno francés vendería su participación en Renault según el plan previsto y que las compañías mantendrían su independencia operativa. Lo que no estaba del todo claro era qué induciría al gobierno francés a soltar su control de una de las empresas industriales más emblemáticas de la nación. Y también había dudas sobre si los tres fabricantes de automóviles serían capaces de trabajar autónomamente bajo una única cotización.

Ghosn propuso esta idea a principios de 2018 e inmediatamente se topó con una fuerte barrera en Japón; no solo de Nissan, sino también del poderoso Ministerio de Economía, Comercio e Industria (METI), el guardián de Japan Inc. Para Saikawa, un holding era lo mismo que una fusión, pero disfrazada con un nombre más bonito; algunos miembros del gobierno en Tokio también compartían esta opinión. El ministro defendía públicamente que ambas compañías tenían que decidir en común cuál sería su dirección futura; pero los emails internos que se intercambiaron los ejecutivos de Nissan en aquel momento demuestran que algunos ejecutivos de la compañía opinaban que el gobierno japonés estaba siendo claramente agresivo en su oposición.

En abril de 2018, Hari Nada, el entonces vicepresidente sénior que estaba a cargo de la oficina del presidente y director ejecutivo de Nissan, estaba negociando con su homólogo en Renault una propuesta de fusión. Nada, un hombre muy influyente designado como el sucesor de Kelly, reportaba directamente a Ghosn. En un email filtrado que envió a Ghosn poniéndole al día del estado de las negociaciones, Nada desestimaba la propuesta de fusión de Renault por simplista. También decía que no tenía en cuenta la opinión de los accionistas de Nissan. Nada escribió que la postura de Nissan era la siguiente: prefería la situación actual, en lugar de la fusión, pero en realidad prefería dar el difícil paso de reequilibrar las participaciones cruzadas entre Renault y Nissan antes que la situación actual.

«Dije que el reequilibrio implicaba que Renault redujera su participación en Nissan, y Nissan incrementara el suyo en Renault, para que ambas tuvieran más poder, así como reestructurar el escenario contractual para que ninguna de las partes tuviera más control sobre la otra, además de la salida del gobierno francés de Renault y la creación de un mecanismo para preservar los beneficios de la Alianza y asegurar la buena sucesión del actual líder», escribió Nada en el email a Ghosn. «A Nissan le gustaría mantenerse fiel al principio de compañías autónomas buscando soluciones que beneficien a todos».

Por otro lado, el influyente y cauteloso ministro de Economía, Comercio e Industria empezó a presionar a la Agencia de Participaciones Estatales (APE) de Francia, una administración pública nacional francesa creada para gestionar la participación del gobierno en compañías como Renault y otras más, para que apoyara a Nissan. El METI estaba coordinado por Hitoshi Kawaguchi, entonces vicepresidente sénior de Nissan y encargado de los asuntos gubernamentales. Según un email de Kawaguchi a Ghosn, Saikawa y Nada, el METI preparó en mayo de 2018 un acuerdo de intenciones proporcionando al gobierno francés «una prueba por escrito de la protección de los intereses de Nissan». Kawaguchi añadía que Nissan había pedido «al METI que se mantuviera al lado de Nissan para respaldarla intentando frenar al gobierno francés y a la APE siempre que fuera necesario». Además, adjuntaba un borrador de la carta del METI al gobierno francés.

El mensaje clave del METI era que «Nissan es libre de tomar sus propias decisiones» y que, si la parte francesa no respeta esta libertad, pondrá en peligro la confianza entre ambas compañías que sustenta la Alianza y que el METI calificaba como «el símbolo más importante del éxito de la cooperación industrial entre Francia y Japón». El METI sostenía que las futuras conversaciones deberían concentrarse en los «elementos esenciales»; entre los cuales destacaba el tema de «la igualdad en la estructura accionarial de participaciones cruzadas», un tema maldito para los franceses. Hasta Kawaguchi pensaba que este era un tema fundamental.

«En nuestra opinión, el proyecto está yendo demasiado lejos, mientras que los franceses no están haciendo nada», escribió Kawaguchi en el email a Ghosn y los demás. «Aunque agradecemos el apoyo del gobierno japonés, es un tema que, a fin de cuentas, afecta a una compañía privada». Saikawa contestó diciendo que estaba de acuerdo en que la dura actitud de los franceses era «algo inquietante» y que era necesario un enfoque diferente.

Para Ghosn y su equipo legal, esta escalada de tensión entre el gobierno francés y el japonés, y entre Nissan y Renault, fue lo que provocó la reacción para eliminarlo.

• • •

Sin embargo, habría que discutir el tema de cómo se desarrolló la detención del presidente.

Todas las partes parecen coincidir en que las indagaciones de Nissan sobre Ghosn habían empezado a principios de 2018 con una investigación secreta dirigida por Kawaguchi, Nada y el auditor legal de Nissan, Hidetoshi Imazu. Entre los tres fueron desenterrando pruebas hasta dar con Toshiaki Ohnuma, el entonces gerente de la división de secretaría de Nissan, que es la que maneja los asuntos relacionados con los altos ejecutivos, incluido el de las compensaciones. La firma legal externa de Nissan, Latham & Watkins, aportó asesoramiento legal y ayudó a dirigir una auditoría mundial de las empresas afiliadas de Nissan. También es cierto que Imazu, en lugar de llevar las acusaciones a la junta de Nissan para su consideración, que es lo que se supone que han de hacer los auditores, dio el paso poco ortodoxo de ir primero a la Fiscalía del distrito de Tokio, encendiendo así las alarmas.

Por último, nadie se ha preguntado sobre el delicado asunto de la sincronización en el tiempo. En el mismo momento en que Kawaguchi y Nada estaban destapando la supuesta mala conducta de Ghosn, también estaban defendiendo a Nissan ante la idea de crear un holding.

En lo que no coinciden las diferentes versiones es en las motivaciones de cada equipo.

• • •

Los abogados de Ghosn sostienen que este grupo de ejecutivos de Nissan se inventaron las irregularidades como pretexto para expulsar a Ghosn y hacer descarrilar la fusión. Kawaguchi y sus seguidores lideraron una trama para pescar cualquier acto de mala conducta y consultaron con la Fiscalía del distrito de Tokio sobre cuál de ellos encajaría mejor. El equipo interno de Nissan también trabajó con Masakazu Toyoda, anterior viceministro de Economía, Industria y Comercio, que pasó a ser director del consejo de administración en junio de 2018. Todos sus esfuerzos se concentraban en un único resultado. Los que defienden a Ghosn mantienen que, hacia marzo de 2018, Kawaguchi y el auditor legal de Nissan, Imazu, lideraron una investigación clandestina para encontrar cualquier acto de mala conducta cometido por Ghosn en la compañía. «Su intención era evitar la fusión de Nissan y Renault mediante el descubrimiento de "actos impropios" del señor Ghosn y su posterior despido de Nissan», escribieron los abogados de Ghosn en un documento judicial en octubre de 2019. «El propósito de esta investigación injusta y tendenciosa era reestructurar la relación entre Nissan y Renault (el gobierno francés) derrocando al señor Ghosn y evitando la "integración" de las dos compañías».[4]

Según la versión de Ghosn, los conspiradores y los fiscales chantajearon a Nada y Ohnuma para que hicieran declaraciones como testigos y presentaran pruebas contra Ghosn, a cambio de no enfrentarse a sus propios delitos. Además, afirma Ghosn, Saikawa se salvó injustificadamente del arresto por algunos de los presuntos actos de mala conducta. Por ejemplo, firmó documentos sobre los planes de compensación de Ghosn tras su jubilación que incluían acuerdos de consultoría y no competencia, así como el informe anual de valores que tuvo que ser analizado porque supuestamente era incorrecto. Los abogados de Ghosn también dijeron que Saikawa, y no Ghosn, fue quien donó la mitad de los 15 millones de dólares que se pagaron a Suhail Bahwan Automobiles en virtud de las acusaciones por abuso de confianza de la ruta omaní. Dijeron que Saikawa era el director ejecutivo en ese momento y que, por lo tanto, él estaba a cargo del controvertido fondo de reserva para el CEO del cual fluyeron los fondos.[5] Para los abogados defensores, el hecho de que Saikawa, contrario a la fusión, eludiera los cargos criminales era una flagrante hipocresía que demostraba que los fiscales solo iban detrás de Ghosn. Al fin y al cabo, lo que importaba en esta conspiración era dejar Nissan en manos japonesas sólidas. Para los abogados de Ghosn, esta vigilancia selectiva reflejaba cierto tipo de discriminación racial, y por ello los ejecutivos japoneses con las manos sucias salían libres de cargos mientras que los extranjeros eran encarcelados.

«En este caso, no hay duda de que el señor Ghosn ha sido discriminado por su raza, su nacionalidad o su posición social», escribieron los abogados de Ghosn en el expediente. Incluso dentro de Nissan, un trasfondo de división cultural y racial impregnó el escándalo, ya que los empleados no japoneses aceptaban más fácilmente la teoría de la conspiración. Un ingeniero americano de Nissan que justo antes del arresto de Ghosn había sido recolocado en el centro de tecnología global de Nissan a las afueras de Yokohama dijo: «Estamos seguros de que le han traicionado».

Más adelante, Ghosn compararía su arresto con el ataque sorpresa de los japoneses que catapultó a Estados Unidos a la Segunda Guerra Mundial, diciendo que él, al igual que los desafortunados americanos, nunca lo vio venir. «¿Recuerdas lo que ocurrió en Pearl Harbor?», dijo Ghosn.[6]

«Era evidente que los japoneses se sentían defraudados, pero nadie podía imaginar que reaccionaran así», dijo. «No habían dado ninguna señal de alarma».

• • •

Otros opinan que se trató de un golpe de estado en cámara lenta. Desde los primeros días de la Alianza, dicen, Nissan y los japoneses siempre creyeron que los intrusos extranjeros acabarían abandonando Japón, bien por su propia voluntad u obligados. General Motors, que se había asociado con Suzuki y Subaru, los abandonó durante la gran recesión. Y Ford también acabó traspasando su dominio sobre Mazda. Daimler abandonó su asociación con Mitsubishi. La incursión de Renault en Japón estaba durando más de la cuenta, pero todos pensaban que su salida iba a ocurrir un día u otro.

En Renault incluso algunos creían que durante años los japoneses habían ido recopilando información comprometedora (*kompromat*) sobre Ghosn esperando el día en que les pudiera resultar útil. Si Renault no se retiraba por su cuenta, siempre quedaba la «opción nuclear» de hacer estallar la Alianza, opción que algunos ejecutivos de Nissan se habían planteado e incluso creían que era la mejor.

«Ni un solo segundo he pensado que esta actividad empezara a raíz de las noticias sobre la fusión en 2016, 2017 o 2018», dijo un ayudante de Ghosn en Renault. «En absoluto. Fue orquestada desde el principio. Los japoneses vieron que había una amenaza y pulsaron el botón rojo. Es fácil de entender».

A esta teoría de la conspiración también contribuyó el rumor de que, a finales de 2018, justo antes de su arresto, los colaboradores de Ghosn dijeron que estaba planeando una reestructuración en la dirección en Nissan que podría destituir a Saikawa como director ejecutivo. Ghosn no estaba satisfecho porque el rendimiento de Nissan había empezado a decaer. Un candidato para sustituir a Saikawa era José Muñoz, un ejecutivo español responsable del récord de ventas de Nissan en Norteamérica y que en aquel momento estaba ocupando el puesto de director de operaciones de la compañía. Según dicen, Ghosn se lo dijo sin rodeos a Saikawa: podía pasar a colaborar con la empresa holding y retirarse con elegancia como próximo presidente de Nissan, o sería despedido y sustituido por Muñoz.

Pero el hacha nunca cayó sobre Saikawa. En cambio, Ghosn acabó en la cárcel. En enero de 2019, Muñoz abandonó Nissan y, más tarde, entró en el rival surcoreano Hyundai Motor Co., como director de operaciones y director ejecutivo para Norteamérica —la salida de Muñoz formó parte del amplio éxodo de ejecutivos no japoneses de Nissan que se produjo a raíz de la detención de Ghosn—. Más tarde, Ghosn dijo que estaba ponderando una reestructuración de la dirección porque el rendimiento de Saikawa había empeorado, pero negó que el despido de este fuera inminente. Sin embargo, los que defienden a Ghosn opinan que, para preservar el control de Japón en la cúpula, es normal que los líderes japoneses de Nissan quisieran atajar cualquier reestructuración de los altos mandos.

• • •

La versión oficial de Nissan es más confusa. La compañía nunca explicó con muchos detalles sobre el arresto de Ghosn. Dicen que la investigación empezó por culpa de un «confidente», que al principio no dijeron quién era, pero que después resultó ser Nada. Y, hasta el final, Nissan ha mantenido su posición oficial de que «la única causa de esta cadena de acontecimientos es la mala conducta de Ghosn y de Kelly».

Al igual que en la versión de Ghosn, para Nissan todo empezó con una investigación interna, pero que fue iniciada por Imazu. En primavera de 2018, la investigación empezó a dudar de Zi-A Capital BV, el fondo de inversión creado para financiar *startups* pero que acabó pagando las casas de Ghosn. Después, la investigación interna descubrió lo que pensaban que eran planes ilegales para ocultar miles de millones de dólares de remuneración aplazada.

Según este relato, Nada y Ohnuma firmaron un acuerdo de colaboración con los fiscales, porque tenían información privilegiada de las irregularidades. De hecho, afirmaron haber ayudado a elaborar esos planes de compensación diferida durante varios años, entre 2010 y 2018. Ambos se aprovecharon de un cambio en el código penal japonés que introdujo un procedimiento de negociación de cargos al estilo occidental. Este acuerdo tuvo efecto en junio de 2018, siendo estos dos empleados de Nissan los primeros en Japón en acogerse a esta disposición.[7]

Nada, en concreto, deambula como uno de los personajes más turbios de toda la saga Ghosn; en parte, por su función de líder en las negociaciones con Renault y, en parte, por su papel de negociador de culpabilidad que admitió haber participado en el presunto delito. Nada, que era un erudito nacido en Malasia, abogado educado en Gran Bretaña y distinguido por tener uno de los acentos británicos más refinados de todos los empleados ingleses que trabajaban en Yokohama, fue una pieza clave en la caída de Ghosn. Pero lo que hizo que Nada se volviera contra el jefe al que había servido fielmente durante años como persona de confianza es una de las cuestiones más desconcertantes de todo el escándalo Nissan.

Nada, cuyo nombre completo es Hemant Kumar Nadanasabapathy, entró a trabajar en Nissan en 1990, justo dos años después de que Greg Kelly, arrestado con Ghosn, entrara a trabajar en la sede de Tennessee. Nada, al igual que Kelly, también fue ascendiendo por la jerarquía organizacional. En el año 2014 saltó del puesto de director de asuntos jurídicos para Nissan en Europa al de vicepresidente en Japón para la oficina del director ejecutivo con una cartera de funciones que cubría la oficina de la Alianza, el departamento legal, el desarrollo organizacional, la gestión de las instalaciones y la auditoria interna. En el momento del arresto de Ghosn, Nada tenía cincuenta y cuatro años.

Sus compañeros lo describen como una persona agradable, sociable y un fumador empedernido, capaz de adaptarse al enfoque de la no confrontación propio de las empresas japonesas y de buscar fuera de las reuniones el consenso que allane el camino para los acuerdos. Nada jugó un papel fundamental en la gestión de las espinosas relaciones de los de la Alianza con Renault, y los nacionalistas de Nissan lo veían como un potente negociador que defendía ferozmente los intereses y la autonomía de la compañía.

En algunas versiones, se habla de Nada como un auténtico villano que orquestó la eliminación de Ghosn; bien para preservar cobardemente su posición de influencia evitando que la compañía se diluyera en un holding, o bien en una errónea emboscada a sangre fría para salvar a Nissan del dominio francés. En otras, se le describe como una víctima involuntaria presentada ante la justicia y obligada a cooperar si no quería entrar en prisión. Hasta Ghosn se mostraba confundido con él, y en su libro publicado después del escándalo escribió que Kawaguchi, Toyoda e Imazu «le pusieron una pistola en la cabeza». Y que de ese mismo modo actuaron con Ohnuma.[8]

Otra versión diferente afirma que, de pronto, Nada, al darse cuenta de que durante varios años había estado ayudando a realizar demasiadas irregularidades financieras, decidió limpiar su imagen acogiéndose a la nueva negociación de culpabilidad. Nada sabía que la creación de un holding abriría la caja de Pandora con nuevos mecanismos para que Ghosn pudiera seguir exprimiendo el sistema. Mientras que Renault, Nissan y Mitsubishi —igual que todas las compañías que cotizan en bolsa— estaban sujetas a unas normas estrictas de declaración y auditoria, no iban a ser necesariamente tan transparentes si se constituían en un holding, cuya estructura es menos clara.

Incluso con las trabas existentes en estas empresas, el argumento era que Ghosn se las había arreglado para desarrollar un complicado sistema de compañías ficticias con el fin de desviar fondos para su uso personal. En un holding estaría todavía menos controlado, tendría más poder como emperador indiscutible y habría menos personas que se atrevieran a frenarle.

«El denunciante no quería que estos actos de mala conducta fueran a más», dijo un oficial de Nissan. «En caso de que se realizara la fusión, Ghosn se aprovecharía de la situación para sacar aún más dinero de la compañía. En un sentido más general, se trataba de impedir que estafara en mayor medida a las compañías».

• • •

Una versión más matizada salió a la luz cuando Nada finalmente declaró en el juicio de Kelly y ofreció su primera versión de lo ocurrido, presentando una imagen de un ejecutivo desolado por los conflictos: la de una persona que había abusado de su posición como administrador legal principal de la compañía, pero que ahora quería reparar los daños.

Sin embargo, parte de su testimonio también parecía respaldar la teoría de la conspiración.

Según Nada, en enero de 2018 se vio arrastrado hacia una investigación que se estaba llevando a cabo sobre los gastos de viaje de Ghosn. Un confidente de Nissan había iniciado esa investigación el año anterior, y estaba lideraba por el auditor de la compañía Imazu. Kawaguchi fue a ver a Nada para pedirle su opinión legal sobre el asunto, pero la investigación se detuvo de golpe porque las supuestas irregularidades no tenían tanta importancia como para profundizar en el tema. Pero ese asunto dejó a Nada pensando en otros muchos comportamientos que él consideraba sospechosos.

El primero, era el uso de Zi-A para pagar las casas de Ghosn. También estaba el tema de los millones de dólares en salario diferido. Nada había participado de lleno en ambos asuntos. Había ayudado a crear Zi-A y había trabajado durante años en los diferentes planes de jubilación de Ghosn. En mayo de 2018, Nada empezó a revelar información a Imazu y Kawaguchi instándoles a que consultaran esos temas con abogados externos, incluido Latham & Watkins.

Zi-A resultó ser otro callejón sin salida: la opinión predominante era que no se trataba de un delito procesable, pero el equipo secreto de Nissan hincó el diente en el tema de la compensación.

En el juicio, Nada dijo que el plan era recoger pruebas contra Ghosn, enfrentarse a él en una reunión del consejo y obligarle a dimitir; y que, si no lo hacía, pasarían el asunto a la Fiscalía. Pero las cosas nunca llegaron tan lejos. Imazu fue primero a consultar el tema con los fiscales, supuestamente sin que Nada lo supiera, pero cuando Nada se enteró se le pusieron los pelos de punta porque él mismo había participado en unas irregularidades que ahora estaban siendo analizadas con lupa.

«Reconocí que al menos los fiscales sabían que Nissan estaba implicada en esa trama», testificó Nada. «Me preocupaba que mi participación en el tema fuera malentendida... Yo participé en la realización de muchas de las irregularidades por las que el señor Ghosn estaba siendo investigado. Mi implicación podría interpretarse de manera equivocada».[9]

Nada estaba cada vez más nervioso y en julio descubrió a su propio abogado hablando de negociaciones de culpabilidad, intentando convencer a un abogado con mucho poder que supuestamente tenía una relación estrecha con el entonces primer ministro Shinzo Abe. En septiembre, Nada hizo su primera visita a la Fiscalía de Tokio, y el 31 de octubre se aseguró la inmunidad acogiéndose a la negociación de culpabilidad. Nada consiguió librarse de una investigación que él mismo había iniciado.

. . .

Sin embargo, el testimonio de Nada también demostraba que la inminente fusión con Renault le preocupaba profundamente, incluso mientras planeaba la acción judicial contra Ghosn. Nada dijo que a mediados de 2018 todos esperaban que Ghosn se retirara al año siguiente, lo que acabaría finalmente con la pesadilla de la alianza «irreversible».

«Sabía que se iba a retirar. Sabía que el señor Ghosn estaba ahora hablando de una fusión. La fusión iba a ser la consecuencia de su jubilación. Estaba seguro de que el plan del que llevábamos tanto tiempo hablando ahora se iba a ejecutar», dijo Nada. «Sentía que el tren estaba a punto de salir de la estación, y teníamos que frenarlo como fuera».[10]

La versión de los hechos que dio Nada fue una de las primeras confirmaciones públicas que se hicieron por parte de Nissan sobre lo que Ghosn llevaba tiempo diciendo: que quería la fusión de las compañías. Y otros documentos presentados en el juicio mostraban la preocupación de Nissan ante esa posible fusión.

En febrero de 2018, el mismo mes en que Renault dijo que renovaba el mandato de Ghosn, Saikawa escribió un email a Nada advirtiéndole de que Ghosn «podría estar presionado o forzado por la parte francesa para hacer la fusión como recompensa por la ayuda que Renault le había prestado en su mandato y en el tema de su compensación».[11] Ese mismo mes, Nada escribió a su equipo legal advirtiéndose de que Renault planeaba afianzar a Nissan en su propia cuenta de resultados. «Es posible que Renault ya haya puesto en marcha la maquinaria para fusionarse con Nissan», advertía. Y en otro email que envió a Saikawa, el día antes de la detención de Ghosn, Nada decía que Nissan tenía que aprovechar el inminente escándalo de Ghosn para obligarle a reequilibrar su participación en Renault.

Nada escribió: «Nissan debería posicionarse en contra de las irregularidades del señor XXX y destituirlo como máximo representante de la compañía para cambiar las condiciones de la Alianza y formar un nuevo gobierno para la misma».

Teniendo en cuenta que su jefe iba a ser arrestado por un escándalo de dimensiones épicas, no parecía ser el momento oportuno para obsesionarse por las relaciones con Renault. En cualquier otra compañía, los altos mandos se estarían preocupando por las consecuencias legales y por la conmoción que ocasionaría la noticia a los empleados, proveedores y clientes.

Kawaguchi fue bastante directo cuando dijo que Nada, Imazu y él mismo estaban de acuerdo: tanto en su oposición a la idea de la fusión de Ghosn como en su interés por descubrir sus supuestas irregularidades.

En el juicio a Kelly, el entonces jubilado director de relaciones con el gobierno, dijo que se reunía con Nada e Imazu dos o tres veces por semana en una sala privada para hablar sobre la investigación, pero que los tres mantuvieron en secreto su oposición a la fusión. «Era una opinión que nunca salió de nuestro círculo», comentó. «Ellos me eligieron a mí como persona de confianza».

Según Kawaguchi, Nissan necesitaba tener más poder en la Alianza para que esa asociación fuera verdaderamente sostenible, y veían a Ghosn como un obstáculo a ese equilibrio de poder porque cada vez estaba más a favor de la fusión. En el juicio, Kawaguchi se definió como un verdadero patriota de Nissan, pero dijo que Ghosn, un hombre que vestía con dos trajes distintos, el de líder de Renault y el de Nissan, era un director ejecutivo conflictivo.

«Trabajé en Nissan durante más de cuarenta años y realmente sentía un gran afecto por la compañía y quería protegerla», dijo Kawaguchi. «Pero para el señor Ghosn era diferente, porque él ocupaba dos puestos simultáneamente».

En el interrogatorio, Kawaguchi insistió en que en sus mentes los tres tenían dibujada una línea clara entre los dos asuntos: la fusión y la mala praxis. «Nunca fabricamos ninguna prueba para corroborar este delito y así detener la fusión», aseguró.

Parece ser que los abogados de la acusación, creyendo que el testimonio de Kawaguchi tenía muy poco valor para su causa, no quisieron hacerle ni una sola pregunta, a pesar de que se demostró que él había sido uno de los promotores del arresto.

Reforzando el argumento de Ghosn de que la investigación fue una caza de brujas estaba el hecho de que los primeros descubrimientos de aquel trío —sospechas sobre los gastos de los viajes y de las casas pagadas por Zi-A— no llevaron a nada. Según Nada e Imazu, esos asuntos no podían ser tratados como un delito penal y se quedaron en el aire.

Imazu visitó la Fiscalía de Tokio por primera vez el 16 de junio de 2018, unos cinco meses antes del arresto de Ghosn, para exponer sus ideas a las autoridades. Los fiscales, tras escuchar su declaración, le dijeron que los cargos sobre esos asuntos probablemente no prosperarían pero que siguiera investigando.

Como auditor principal de Nissan, Imazu tenía autoridad para emprender este tipo de investigaciones, pero el requisito era que informara de sus descubrimientos al consejo directivo, a otros auditores o al director ejecutivo. Imazu se defendió diciendo que no lo hizo porque los fiscales, temiendo una filtración, le dijeron que llevara el asunto de forma confidencial.

Analizando ahora la actitud de los tres ejecutivos, los escépticos califican su actitud como deshonesta: conspiraron en secreto para imponer su propia interpretación de lo que era mejor para Nissan sin tener en cuenta al consejo o a los accionistas. En el juicio a Kelly, un abogado de la defensa preguntó a Imazu que si, sabiendo el enorme daño que iba a ocasionar al valor de Nissan en el mercado, habría sido más prudente y no habría acudido directamente a los fiscales.

Imazu respondió: «No pienso así».

Después de reunirse con los fiscales, Imazu explicó a Kawaguchi y Nada ese encuentro, y les dijo que los fiscales le habían propuesto que siguieran investigando. El 2 de julio contrataron a la firma de abogados Latham & Watkins para que siguiera con la investigación interna.

Los dos asuntos principales que Imazu primero presentó a la Fiscalía aparentemente no tenían nada que ver con los cargos que al final le imputaron a Ghosn: el de las compensaciones diferidas y el abuso de confianza; las denominadas «ruta saudí» y «ruta omaní». Para los escépticos, eso reafirmó la sensación que tenían de que se trataba de una caza de brujas bien planificada.

Al mismo tiempo, otros documentos que se presentaron en el tribunal indicaban que algunas personas de Nissan que tenían información privilegiada estaban planificando la expulsión de Ghosn desde mayo —la misma época en la que Nada dijo que empezó a trabajar con Kawaguchi e Imazu—. Un gráfico encargado por Nada mostraba los diferentes escenarios: ¿Qué pasaría si Renault se deshiciera de Ghosn? ¿O si fuera el propio Ghosn quien dimitiera? ¿Y si Nissan destituyera a Ghosn?

Uno de los planes era nombrar a Kawaguchi como sucesor de Ghosn en la presidencia de Mitsubishi.

Otro documento postulaba un «caso de condena real» en el que Ghosn era arrestado. Este escenario se basaba en el descubrimiento de «pruebas contundentes de violación material de las leyes o del código de conducta» por parte de Ghosn, aunque no especificaba ninguna irregularidad en concreto. Utilizaba nombres en clave como «carbón» para referirse a Ghosn, «rojo» para Renault, «marino» para Nissan y «granate» para Mitsubishi. El gráfico trazaba diferentes rutas para deshacerse de Ghosn, incluida una a partir de un enfrentamiento en la sala de juntas y el voto de los accionistas, y otra mediante una condena por un delito. La mayoría de esas rutas llevaban a la destitución de Ghosn, excepto en «el peor de los casos»: «carbón» se quedaba como director de «marino».[12]

¿Fue pura casualidad que los hombres que orquestaron la caída de Ghosn también estuvieran luchando contra la fusión de Nissan? Para muchos, esta opción era bastante difícil de digerir.

• • •

Los temores de Nada se remontan incluso a más allá de 2018.

A finales de 2017, Nissan fue golpeada por un escándalo de otra índole que quedó casi en el olvido después del arresto de Ghosn. En aquella ocasión, se acusó a la compañía de haber cometido irregularidades en las inspecciones de seguridad de algunos modelos en sus plantas de Japón durante décadas. En señal de arrepentimiento, Nissan llamó a revisión a 1,2 millones de vehículos, prácticamente todas las unidades producidas para la venta en su mercado doméstico en los últimos tres años.[13] Y, como parte de la indemnización impuesta por el gobierno, los auditores tuvieron que revisar todos los rincones de la compañía para desenterrar otras posibles irregularidades. Se animó a los denunciantes a dar un paso al frente, y el tema del cumplimiento normativo pasó a ser un tema primordial en las comunicaciones internas de la compañía.

Nada, como jefe de asuntos legales y de cumplimiento normativo, de repente se convirtió en el centro de atención como principal impulsor de la pulcritud legal de la compañía, una posición incómoda para alguien que supuestamente había incumplido las normas para ayudar a pagar a su jefe. Nada sermoneaba sobre la importancia de la ética corporativa en un vídeo interno a una serie de empleados. Este vídeo de 2017, visto ahora, rezuma como un presagio inquietante de la crisis más grande que está a punto de azotar a la compañía.

«Sin las medidas de cumplimiento, creo firmemente que nuestra organización se hundiría», predica Nada, vestido con un traje azul, una reluciente camisa blanca y una corbata a rayas rojas —además de su dorado pin de solapa corporativo de Nissan—.

«Se hundiría drásticamente en un solo evento, tal como hemos visto que ha pasado con otras compañías que no han cumplido las leyes o que se han abalanzado hacia una situación horrible, con su cotización cayendo estrepitosamente o sus líderes siendo encarcelados», continúa Nada. «Y todo esto sucede de una forma lenta y corrosiva... Hasta que la empresa se desmorona».

Nada termina su mensaje instando a quienes descubran irregularidades a que las denuncien. Nissan introdujo un sistema de denunciar que se llamaba «speak up»; seguramente, sus creadores lo idearon como una forma de detener las fechorías, y no para derrocar al presidente.

«Se necesita un sistema en el que los jefes practiquen lo que predican», dijo Nada muy serio, sin una pizca de ironía. «La gente tiene que saber que, si no cumple las reglas, si las cosas van mal, hay consecuencias... Los empleados de una empresa han de poder decir: "Aquí algo va mal"».

• • •

Saikawa, a pesar de ser director ejecutivo, mantenía cínicamente que no había sabido nada de las investigaciones hasta octubre —justo un mes antes de que los fiscales tendieran su trampa a Ghosn—. Dice que no le habían dicho nada porque Nissan sospechaba que también él estaba involucrado.

Durante 2018, mientras la investigación interna merodeaba sobre el inconsciente Saikawa, él también estaba intensificando el rechazo al plan de Ghosn de crear un holding. La postura de Saikawa era clara: «Un holding es el camino hacia la fusión total. Y es imposible detenerlo. Al fin y al cabo, si se acaba teniendo un solo consejo de administración y dos comités ejecutivos, es lo mismo que tener una sola compañía. Así que una empresa holding que defienda la independencia no es más que una ilusión». Saikawa obtuvo el respaldo de Nada y Kawaguchi en la defensa de Nissan, los cuales conocían la investigación que se le estaba haciendo a Ghosn, pero no se lo dijeron a su jefe.

Entre el verano y la primavera de 2018, trabajaron con el Ministerio de Economía, Comercio e Industria de Japón (METI) para preservar la Alianza y reequilibrar la participación, e incluso consiguieron que Ghosn se reuniera con el secretario general del gabinete Yoshihide Suga para hablar de las relaciones de la Alianza. Suga le transmitió la postura del primer ministro, la cual compartía Saikawa: Japón valoraba la alianza y quería conservarla, pero ambas compañías tenían que seguir siendo independientes. Ambas querían una alianza «sostenible», y no una «irreversible».

Al final, los fiscales decidieron absolver a Saikawa y, solo al final de la investigación, Nada se sintió seguro para informarle. A principios de octubre, Saikawa y Nada estaban viajando por Europa para visitar a los inversores cuando Nada le pidió a Saikawa hablar a solas con él. Según una versión de los hechos, fue entonces cuando Nada le confesó que Ghosn estaba metido en un lío y que le daría todo tipo de detalles cuando regresaran a Japón. Al parecer, Saikawa miró a Nada y le preguntó: «¿Va a ser arrestado?». A lo que Nada respondió: «Probablemente, sí».

A finales de ese mismo mes, Ghosn decidió reunirse con Saikawa para hablar cara a cara del futuro de la Alianza, pero en la agenda de Ghosn el único lugar —alejado de miradas indiscretas— que encontró para reunirse fue durante una visita que tenía prevista a la planta de montaje de Renault en Marruecos. Saikawa viajó hasta allí aun sabiendo que los fiscales ya estaban avanzando hacia la detención de Ghosn en Japón. Saikawa mantuvo la cita para no despertar sospechas, pero viajó con su guardaespaldas; en parte, porque temía por su seguridad en el caso de que Ghosn hubiera sido alertado. Fue durante ese cara a cara, según algunas versiones, cuando Ghosn le presentó un ultimátum a Saikawa: o defendía la fusión o se iba. La reunión concluyó sin que se decidiera nada sobre la estructura de la Alianza.

Esa fue la última vez que lo vio en persona.

. . .

Al final, hay dos versiones opuestas sobre la planificación del arresto de Ghosn. Según su versión, ha sido víctima de un golpe corporativo destinado a evitar la adquisición de Nissan por Renault. Según la versión de Nissan, Ghosn no es más que el autor de unos crímenes corporativos que se descubrieron cuando alguien los delató.

De todas formas, no todo encaja a la perfección en este tipo de tramas —golpe o crimen—.

Una cosa es decir que Nissan y el gobierno japonés querían evitar que el fabricante de coches se convirtiera en una subsidiaria directa de Renault, ya que todo el mundo sabía que Japón había adoptado una postura firme en este asunto y que Nissan llevaba años reclamando mayor independencia. Pero mucho más difícil es demostrar que, para lograrlo, Japón Inc. incriminara a Ghosn de un delito.

¿Y si hubiera sido un golpe corporativo? Entre los ejecutivos de las dos compañías de la Alianza, Ghosn era de los que más defendía la autonomía de las mismas. Una «fusión de iguales» como la de Daimler-Chrysler, en la que siempre insistía Ghosn, también estaba destinada al fracaso si se imponía sobre su asociación franco-japonesa.

Si lo que quería Nissan era deshacerse de él, estaba cometiendo un error de cálculo. El sucesor de Ghosn —supuestamente, Thierry Bolloré—, un hombre que siempre estaba en desacuerdo con Saikawa, era mucho menos proclive a reequilibrar esa sociedad cada vez más desigual. De hecho, el derrocamiento de Ghosn precipitaría la adquisición de Nissan por Renault que tanto temía la vieja guardia de Nissan.

Además, también existe la posibilidad de creerse las dos versiones: Nissan quería bloquear la fusión que quería Ghosn, y Ghosn era culpable de actos de mala conducta. Quizá la vieja guardia de Nissan había visto una oportunidad de oro en el descubrimiento de las irregularidades para finalmente forzar a la Alianza al reequilibrio que tanto tiempo llevaban reclamando.

Sin embargo, esa oportunidad resultaba ser un tanto sospechosa. Después de tantos años —el dinero empezó a moverse alrededor del año 2008, y el plan de las supuestas compensaciones diferidas se remonta al año 2010—, ¿por qué su supuesta mala conducta sale a la luz de repente como un punto álgido durante ese enfrentamiento tan espinoso sobre el futuro de la Alianza?

Para Saikawa, la explicación es muy simple, siguiendo la línea corporativa: «En cuanto al tiempo, fue pura coincidencia».

11

EL PECULIAR SISTEMA JUDICIAL JAPONÉS

CARLOS GHOSN Y GREG KELLY NO IBAN A SER los únicos procesados en el caso Nissan. Su huida al Líbano situó en el punto de mira de todo el planeta el sistema judicial de Japón, un sistema que hasta la Federación de Colegios de Abogados ha descrito como un «sistema de rehenes». Es un sistema en el que la Fiscalía tiene gran parte del poder y son escasas las absoluciones.

El poder judicial japonés, al igual que el resto de órganos de gobierno, se basa en su constitución escrita en 1947 por un equipo de 24 civiles estadounidenses y expertos militares durante la ocupación en la posguerra. Esto crea, por lo menos sobre el papel, un sistema acusatorio al estilo norteamericano, en el que la Fiscalía y los abogados defensores presentan unos cargos ante un juez imparcial; pero, en un país que se enorgullece del consenso y de la no confrontación ante los conflictos, la realidad es algo diferente.

Los que critican el sistema judicial japonés no dudan en afirmar que en Japón el 99 % de las sentencias judiciales son inculpatorias, aunque esta cifra sea algo sesgada. Sería más preciso decir que solo un 1 % son absueltos, mientras que el 99 % restante de los casos son pospuestos o se anula el juicio. Según esto, el índice de condenas está más cerca del 97 %. Para los pocos que deciden rebatir las acusaciones, unas cinco mil personas en 2018, la tasa de absolución al final del juicio es del 2,2 %.[1]

Esto no sirve de gran consuelo para acusados como Ghosn o como su mano derecha, Greg Kelly, pero no es tan diferente a lo que ocurre en Estados Unidos, por ejemplo, donde el 90 % de los acusados de delitos federales se declaran culpables, el 8 % de los casos son desestimados y tan solo un 2 % van a juicio. En el juicio casi todos pierden. De las 63.012 causas penales en 2019, tan solo 170 fueron declaradas no culpables en el juicio.[2] Las cifras en Estados Unidos suelen ser más bajas porque los fiscales generalmente aceptan más casos, pero estos siguen ofreciendo poca esperanza a los acusados. Los datos de los años 2013 y 2014 de California hablan de que el 83 % del total de acusados o bien se declararon culpables o fueron declarados culpables en un juicio.[3]

La situación en Japón antes de la Segunda Guerra Mundial era aún peor porque tenían un concepto del delito totalmente diferente al de ahora. «El concepto japonés de justicia... se basa en la regulación de la conducta de una persona de acuerdo con las normas que definen la relación de esa persona con la sociedad. Y estas normas están definidas por una historia que es muy anterior a la legislación de tipo occidental, asimilada más recientemente», escribió Nobuhisa Ishizuka, conferenciante en la Facultad de Derecho de Columbia, en un trabajo realizado poco después de la huida de Ghosn de Japón.[4]

El primer intento que hizo Japón de crear una legislación al estilo «occidental» fue la importación del código civil francés, al que más adelante se le añadirían algunos elementos del código penal germánico. Durante la era Meiji, a partir de 1868, Japón adoptó una legislación occidental basada en el Código Napoleónico de 1804, que sustituyó su mosaico de leyes administradas por nobles locales y que solían tener unas consecuencias brutales para los presuntos malhechores. Este cambio formaba parte de los muchos que implementó Japón para su modernización, pero también se trataba de una cuestión práctica. Japón necesitaba una legislatura que también fuera aceptada por las naciones occidentales para así poder salir del humillante principio de la «extraterritorialidad», por el cual los extranjeros en Japón no estaban sujetos a las leyes nacionales y se les concedía una especie de inmunidad diplomática.

Estados Unidos, Francia, Gran Bretaña y otros países occidentales impusieron la extraterritorialidad a los extranjeros en Japón cuando les impulsaron a abrir sus puertos al comercio internacional. En teoría, al que cometía un delito tenían que aplicarle las leyes de su país de origen pero, en la práctica, la mayoría de acciones criminales cometidas por extranjeros eran ignoradas. Evidentemente, era algo que molestaba a los japoneses, que consideraban, y con toda la razón, a los extranjeros como invasores sin ley —China y otros países asiáticos tuvieron que soportar unos sistemas judiciales similares—.

El pretexto de los occidentales era que, puesto que Japón no tenía un código legal, no podían administrar la justicia adecuadamente, pero cuando adoptaron el código legal francés a finales del siglo XIX acabaron con ese problema y el de la extraterritorialidad.[5] De todas formas, el resultado no fue exactamente el sistema acusatorio que uno espera en una sala de audiencias actualmente, en el que el juez y el fiscal se sientan juntos frente al acusado y su abogado.

Esto daría paso al sistema de justicia estadounidense presentado en la constitución de 1947, pero ninguno de los sistemas anteriores desaparecería por completo. De hecho, el principio de la extraterritorialidad aún no ha desaparecido al cien por cien: los militares estadounidenses instalados en Japón —y en otros países— siguen teniendo unos privilegios legales especiales que siguen provocando cierta polémica. Muchas de las actuales prácticas legales japonesas denunciadas por Ghosn tienen sus raíces en el sistema francés, que a diferencia del de Estados Unidos y del Reino Unido impone una mayor carga probatoria a los acusados.

A pesar de que esto ahora ha cambiado, ya que los fiscales y la defensa están al mismo nivel, por lo menos por lo que respecta al lugar donde se sientan en los juicios, algunos expertos legales se quejan de que el sistema japonés es «pseudoadversario», con más presunción de culpabilidad que de inocencia. «Es el acusado el que ha de demostrar su inocencia», dijo en una entrevista para este libro Keiichi Muraoka, profesor de derecho de la Universidad de Hakuoh y exabogado. Dice Muraoka que el sistema judicial japonés es extremadamente defectuoso. «Tenemos que luchar cada día para implantar un juego limpio en los juicios. Tenemos muchos problemas para demostrar la inocencia, lo cual es lo todo lo contrario a lo que debería ser».

Algunos expertos afirman que el objetivo general del sistema judicial japonés es totalmente diferente al de occidente. Un abogado europeo que ha trabajado mucho en Japón dijo en referencia a los antecedentes: «El objetivo de las legislaciones occidentales es determinar la verdad; en cambio, en Japón, la verdad no es tan importante como la armonía dentro de la sociedad. La justicia está para restaurar la paz».

• • •

A pesar de tener unas estructuras similares, hay unas diferencias fundamentales entre el sistema judicial japonés y el norteamericano. Una de las diferencias tiene que ver con el número de profesionales en activo. En Japón hay 42.000 abogados, mientras que en Estados Unidos hay 1,3 millones. Esto quiere decir que en Estados Unidos hay un abogado por cada 252 personas, mientras que en Japón el mismo abogado tendrá que repartirse entre 3.007 personas. Esta diferencia es la que hace que en Japón algunas funciones legales tengan que ser asumidas por otros grupos de especialistas; por ejemplo, la gestión de las transacciones inmobiliarias. También demuestra la importancia que dan a la cultura del consenso sobre la discordia. Esta diferencia es similar a la que hay en los propios rangos de la Fiscalía. En todo Japón hay unos dos mil fiscales. En cambio, Estados Unidos cuenta con una legión de treinta y seis mil fiscales estatales y federales, una cantidad que en proporción con la población total del país es seis veces mayor.[6] Aunque en Japón el nivel de criminalidad es muy inferior al de Estados Unidos, esta diferencia de recursos se traduce en una enorme carga de casos y muchas horas de trabajo. También es la causa de que haya una larga lista de casos a la espera de ser juzgados. Greg Kelly, por ejemplo, tuvo que esperar casi dos años desde su arresto, en noviembre de 2018, hasta su juicio, en septiembre de 2020.

Existen además diferencias estructurales, las cuales —desde que se adoptara la nueva legislación después de la Segunda Guerra Mundial— han inclinado la balanza contra el acusado. En Japón no hay juicio con jurado, la decisión de condenar queda en manos de los jueces, que provienen del mismo sistema y comparten las mismas sensibilidades que los fiscales. Este problema ha sido parcialmente remediado con la introducción en el año 2009 de los «jueces legos», que toman parte en algunos tipos de delitos penales y que han demostrado su voluntad de emprender una línea de acusación diferente a la de los jueces profesionales.

Aún resulta más polémico el hecho de que la acusación pueda apelar contra una absolución, mientras que en la mayoría de los países, incluido Estados Unidos, una absolución pone fin a todas las acciones legales contra un acusado. Los fiscales utilizan este recurso a menudo, sobre todo en los casos de altos cargos, lo que significa que el presupuesto prácticamente ilimitado del Estado se puede utilizar para paliar los medios limitados y la resistencia de un acusado. Un estudio de 2010 descubrió que los fiscales ganan el 65,5 % de sus recursos, mientras que las defensas tan solo el 10 %.[7]

En cuanto a la mecánica del proceso, existe un concepto limitado de «descubrimiento» de las pruebas: las pruebas de la acusación se entregan a la defensa para que ambas partes tenga acceso a las mismas pruebas antes del juicio. Esto figuraría en el juicio de Kelly, en el cual la defensa recibió miles de páginas de documentación en el último minuto, otras después de que el juicio hubiera comenzado, e incluso hubo parte del material que nunca se le entregó a la defensa. Si esto ocurriera en Estados Unidos, el veredicto sería inmediatamente revocado. Pero los expertos dicen que, aunque esto es técnicamente cierto en Japón, en la práctica, el descubrimiento de las pruebas es un asunto largo y complicado que depende de que la defensa sepa qué pruebas solicitar. La capacidad de Estados Unidos para recuperar online todos los documentos judiciales sobre el caso Ghosn impresionó tanto a los periodistas japoneses que cubrían el caso que la emisora nacional NHK hizo un extenso reportaje sobre cómo funciona todo esto. El reportaje decía que en Japón, hasta el fallo del Tribunal Supremo de 1989, solo a los periodistas oficialmente acreditados se les permitía tomar notas en una audiencia judicial.

Además, en Japón los jueces casi siempre se remiten a los fiscales en áreas clave, como puede ser obtener órdenes de registro o emitir acusaciones, áreas en las que es mucho más difícil obtener la aprobación en Estados Unidos; lo que demuestra el enorme poder que tiene la Fiscalía en Japón. Un acusado también ha de tener mucho cuidado con lo que escribe a su abogado en un email: el concepto de «privilegio abogado-cliente» en Japón no existe.

Pero, sin lugar a dudas, el punto más conflictivo para muchos expertos legales internacionales es que no se permita que los abogados asistan a las sesiones, algo muy infrecuente en los países occidentales. Además, los críticos sostienen que someter a un sospechoso a incontables horas de interrogatorio es una práctica común en Japón. Los defensores del sistema judicial japonés dicen que tener a un abogado presente en las sesiones sería un obstáculo importante para esclarecer los hechos. Según el ministro de Justicia japonés, un comité asesor estuvo estudiando el tema durante tres años y concluyó que «si la asistencia de los abogados a los interrogatorios estuviera garantizada, sería difícil descubrir la verdad de los hechos porque los sospechosos no declararían todo lo que tienen que declarar».

Una de las quejas principales de Ghosn acerca del tratamiento que recibió por parte de la justicia japonesa fue precisamente el tema de los largos interrogatorios a los que fue sometido. Según sus abogados, los interrogatorios se prolongaron durante unas siete horas al día, todos los días de la semana y las vacaciones. Los fiscales no están de acuerdo. Ellos dicen que, de los 130 días que estuvo detenido, solamente fue interrogado 70 días y nunca más de cuatro horas al día.[8] Muraoka, el que fuera su abogado defensor, dice que Ghosn tuvo bastante suerte. Dice que un sospechoso japonés habría sido interrogado durante diez horas al día. Es fácil entender por qué la confesión suele ser la mejor vía de escape, sobre todo si tenemos en cuenta que normalmente es la única forma de salir en libertad provisional mientras el proceso avanza lentamente.

Sin abogados presentes cabe la posibilidad de que el fiscal, presionado por apuntarse un tanto, utilice la intimidación para desgastar al indefenso acusado. En 2006, a raíz de una serie de casos en los que las confesiones resultaron ser totalmente inciertas, el gobierno instituyó la práctica de grabar algunos interrogatorios. En el año 2019 se impuso esta práctica para todos los interrogatorios.

Los aspectos culturales también juegan un papel importante en las confesiones. En Japón tener a alguien acusado de un delito es una desgracia para su familia. Lo más normal es que el acusado pierda su trabajo y que los familiares más próximos caigan en la misma desgracia. En cambio, una confesión hace que el supuesto delito desaparezca y evita un juicio público que crearía más publicidad negativa para sus allegados. En Japón, «los pecados de un padre» recaen sobre sus hijos y sobre el resto de la familia.

Algunos expertos dicen que la falta de fiscales también hace que la justicia japonesa dé tanta importancia a la confesión del crimen. Encontrar las pruebas forenses y la variedad de testigos que se necesitan para un juicio es mucho más costoso y laborioso que hacer que el acusado entone el *mea culpa*. Mientras que los críticos señalan el hecho de que un sospechoso puede permanecer retenido durante veintitrés días después de su detención, los fiscales consideran que es un periodo de tiempo muy corto para obtener todas las pruebas que necesitan para emitir un juicio. En la práctica, si los fiscales no encuentran suficientes pruebas para acusar al sospechoso en ese periodo de veintitrés días, el caso es desestimado. «No se trata de que sea una justicia de rehenes, sino de cómo se realiza la investigación», dijo un exfiscal en una entrevista para este libro.

Los fiscales opinan que trabajan mucho y que son muy profesionales, y que su único objetivo es garantizar que únicamente los culpables de un delito sean procesados. Un punto a favor del aparentemente injusto 99 % de sentencias inculpatorias es el hecho de que los fiscales solo asumen el 37 % de los casos que les dan, concentrándose en los que se supone que son irrecusables.

Todo esto genera un desequilibrio en el sistema, donde la correcta ejecución de la justicia recae mayoritariamente en el juicio de los acusados. El propio Ghosn hablando de su experiencia con el sistema judicial japonés dijo: «Los fiscales son básicamente los que deciden quién es culpable o inocente, no necesitan jueces ni abogados defensores».[9]

• • •

Gran parte de este problema se viene arrastrando desde el inicio de toda carrera judicial. Después de finalizar la carrera de Derecho y de pasar un examen que en Japón es muy estricto, todos los futuros jueces, fiscales y abogados entran en un programa de formación que dura un año y está supervisado por la Corte Suprema de Justicia.[10] Hay muchos que no pasan el corte. De promedio, solo entre un 25 % y un 30 % aprueban el examen. Antes de la reforma de 2006, solamente aprobaban entre un 2 % y un 3 %.

En ese curso reciben formación específica sobre las prácticas legales, y les enseñan los principios de la justicia; pero, como en todos los ámbitos en Japón, el sistema acaba tomando el control. Si todos reciben la misma formación, aquellos que deberían estar en el lado opuesto de la balanza de la justicia acaban trabajando juntos y adoptando las mismas opiniones sobre la administración de justicia.

Del mismo modo, los jueces, en lugar de salir de las filas de los abogados expertos, casi siempre pasan de la formación de la Corte Suprema a los tribunales. Por lo tanto, pueden ser más jóvenes que los fiscales: una situación comprometida en un país en el que la veteranía es importante para casi todo.

Un burócrata del Ministerio de Asuntos Exteriores se encontró atrapado en el atolladero judicial de Japón. Masaru Sato fue acusado en un caso con tintes políticos que apuntaba principalmente a un legislador de alto rango que fue condenado por soborno. Sato había defendido su propia inocencia, pero tanto él como el legislador fueron declarados culpables. Recibió una sentencia de treinta meses de suspensión, que no parecía ser excesivamente dura, pero como Sato nunca se declaró culpable estuvo detenido durante los 513 días que duró su caso. Como antiguo empleado del gobierno, Sato no culpa a la gente del Ministerio de Justicia. «Los jueces y los fiscales son buena gente, no tengo ninguna duda», dijo en un simposio en 2020. «Es el sistema, es un mecanismo que sabe cómo destrozar la vida de una persona», dijo.[11]

Ghosn sostuvo que los fiscales también participaron en la conspiración contra él, pero no ha podido presentar pruebas de su acusación por lo que en algunos niveles esta alegación parece bastante improbable. Aunque a los fiscales se les considera orientados a la consecución de objetivos y con un mismo criterio en sus opiniones, también son extremadamente independientes y suelen estar libres de influencias políticas. Esto se vio claramente en el caso de Kakuei Tanaka, ex primer ministro y líder político que fue acusado en 1976 de un escándalo de soborno en el que también estaba implicado el fabricante de aviones Lockheed. A pesar del poder que tenía Tanaka como líder del partido demócrata liberal, los jueces siguieron adelante con el caso y ganaron el juicio.

Sato y otros críticos dicen que, aunque los fiscales descartan casi dos tercios de los casos que les llegan, la parte negativa es que en los casos que siguen adelante existe una excesiva presión para obtener una condena. Un antiguo fiscal dijo que, con solo dos casos que perdiera, su carrera como fiscal estaría acabada. Bajo esta presión es comprensible que los fiscales tengan la tentación de tomar determinados atajos, especialmente cuando los jueces, sus antiguos compañeros en el centro de formación, se resisten a reprocharles este tipo de cuestiones de procedimiento.

En el peor de los casos, los fiscales podrían incurrir directamente en falsedad. Un caso así conmocionó a todo el sistema judicial.

. . .

En el año 2009, Atsuko Muraki, una funcionaria del Ministerio de Salud, Trabajo y Bienestar, fue acusada de haber cometido abuso de poder para ayudar a un grupo a obtener fraudulentamente el derecho a utilizar el descuento de correos que únicamente estaba disponible para personas discapacitadas. El caso era un escándalo prácticamente irrelevante que afectaba únicamente a unos cientos de envíos. Pero en Japón el mal uso de la autoridad, por pequeño que sea, es considerado un caso grave, especialmente si se trata de una persona del ministerio.

El caso fue asignado al departamento de investigación especial de la Fiscalía de Osaka, en el oeste de Japón. Esta unidad es el escalafón más alto dentro de la Fiscalía, y trata los casos más complejos y potencialmente sensibles —el departamento de investigación especial de Tokio es la responsable del caso Ghosn y Kelly—.

Los fiscales esperaban que, igual que muchos otros en su situación, Muraki se declarara culpable de lo que era una ofensa leve, pero ella, igual que Ghosn, no estaba dispuesta a declararse culpable. Defendió enérgicamente su inocencia, y fue puesta en confinamiento solitario igual que Ghosn, soportando 164 días de detención. Posteriormente, explicó que los interrogadores le habían presionado mucho para que confesara, diciéndole que los cargos no eran tan graves y que probablemente no iría ni un día a la cárcel. En efecto, la única manera de salir de la cárcel es confesando un crimen. Ella no lo hizo. «Culpable es culpable, independientemente de que se suspenda la sentencia. Lo que me dijo el investigador hizo que me diera cuenta de que los fiscales actúan totalmente ajenos a las actitudes de la gente corriente», dijo años después en una entrevista.[12]

En su juicio, un testigo de cargo que había confesado su complicidad con Muraki, cambió de repente su testimonio y dijo que en realidad había falsificado los documentos. Además, se comprobó que algunas fechas clave de las pruebas eran contradictorias. Cuando fueron consultados, los fiscales dijeron que ya habían destruido sus notas de las entrevistas y que por lo tanto no podían comprobar los datos. El juez desestimó 34 de las 43 declaraciones presentadas por la Fiscalía, incluidas 15 de las fundamentales.[13] Eso fue suficiente para que Muraki consiguiera la absolución.

Sorprendentemente, algunos miembros de la acusación no estaban dispuestos a olvidar el asunto, alegando que, en línea con la ley japonesa, debían apelar el veredicto de no culpabilidad.[14] Sin embargo, hubo algunos fiscales sensatos que se negaron a ello. Y menos mal, porque otra bomba estaba a punto de estallar. El *Asahi Shimbun*, uno de los principales periódicos de Japón, reveló que el fiscal jefe del caso había alterado las fechas en un disquete del ministro de Sanidad para hacer que Muraki pareciera culpable. El disquete nunca se presentó como prueba en el juicio —la defensa destacó esa ausencia, ya que contenía grabaciones muy importantes— y el fiscal alegó que la alteración había sido debido a un error.[15] A pesar de todo, se desató el caos. El fiscal jefe fue arrestado, así como sus dos supervisores, quienes también fueron detenidos —como medida cautelar— y acusados de presionar demasiado al fiscal para ganar una condena. Cada uno de ellos fue sentenciado a dieciocho meses de prisión, aunque —al haberse declarado culpables— sus sentencias fueron suspendidas. No sabemos qué es lo que opinaron de los interrogatorios a los que fueron sometidos.

El escándalo conmocionó hasta en el mismo Ministerio de Justicia. «Fue un golpe tremendo para mí; nunca habría pensado que un fiscal hiciera algo así», dijo en una entrevista un fiscal jubilado. Pero no fue el único. El fiscal general del Estado asumió la responsabilidad del escándalo y dimitió, a pesar de que solamente llevaba seis meses en el puesto y no había estado implicado directamente en aquel caso.

El ministerio ordenó una revisión en 2011, en la que a cada fiscal del país se les pidió que analizaran personalmente de qué manera consideraban que debían hacer su trabajo, para garantizar que no volviera a suceder nunca más algo similar. Entonces el ministerio dio el paso excepcional de emitir un informe público en el cual exponía los estándares de lo que se esperaba de todos y cada uno de los que trabajaban en la Fiscalía.[16] «La declaración de culpabilidad por cualquier medio no es nuestro objetivo», dijo. Las unidades de élite especiales fueron también sometidas a un escrutinio más amplio por parte de funcionarios ajenos a sus unidades, y se ampliaron los casos en los que se permitía grabar los interrogatorios. Tres días después, la Fiscalía emitió un informe de seguimiento de cuarenta páginas, en el que detallaba las reformas que habían hecho y enumeraba los casos específicos en los que la grabación de las confesiones se consideraba que coaccionaba y, por lo tanto, se calificaban como inadmisibles.

Para Muraki su pesadilla tuvo un final feliz. No solo fue readmitida en su trabajo, sino que además cuatro años después fue ascendida al puesto más alto al que podía aspirar: el de viceministra. Después de jubilarse, fue nombrada directora externa del consejo de Itochu Corporation, una de las compañías más importantes de Japón. Pero Muraki sigue siendo una voz crítica con el sistema. Ella y un equipo relativamente reducido de expertos legales, se hacen eco de una de las afirmaciones del propio Ghosn cuando aseguran que las reformas no han eliminado verdaderamente los problemas de fondo.

• • •

Otra queja entre los críticos es que los jueces son excesivamente cautelosos y no quieren que sus fallos se revoquen en apelación. No se trata de una hipótesis meramente teórica. Los académicos estadounidenses J. Mark Ramseyer y Eric B. Rasmusen examinaron dos años de fallos emitidos por más de trescientos jueces japoneses, y observaron que los jueces que condenan en lugar de absolver obtienen más promociones. La situación es aún peor para los jueces cuyas decisiones de absolver a un acusado sean revocadas en apelación. En esos casos, la consecuencia suele ser el destierro del juez al Japón rural: un traslado que, a pesar de ser agradable para huir de las ciudades superpobladas, no deja de ser un obstáculo para avanzar en su carrera profesional.[17]

Un problema relacionado es que los jueces apenas son supervisados y, por lo tanto, pueden tener una percepción desmesurada de sus capacidades para determinar si un acusado es inocente o culpable. En ocasiones, los jueces, ignoran las cuestiones de procedimiento que les plantea la defensa. «Los jueces japoneses confían excesivamente en su habilidad para descubrir la verdad. No han sido entrenados para admitir que pueden haber cometido un error, incluso cuando se trate de un error judicial», dice el exabogado Muraoka.

Otro elemento importante que contribuye a mantener ese *statu quo* es una de las propias herramientas para exponer los errores judiciales: los medios de comunicación. Aunque los periodistas dispuestos a cambiar el sistema desempeñaron un papel fundamental en el caso del correo de Muraki, son una minoría. Muchos prefieren seguir con el sistema, lo cual quiere decir escribir relatos sobre las filtraciones cuidadosamente elaboradas de la Fiscalía.

Japón no está solo en esta práctica, que se utiliza en todas partes en los casos de gran repercusión para influir en la opinión pública. El sistema es bastante sencillo: un fiscal, o un policía, ofrece en privado una «exclusiva» extraoficial a un periodista designado para cubrir el ministerio o departamento en concreto. Dicha exclusiva se centrará, evidentemente, en los puntos fuertes de la acusación, con lo que contribuye a crear la imagen de que el acusado debe ser culpable.

El que pueda seguir en el futuro obteniendo este tipo de acceso exclusivo a la información dependerá de que los fiscales estén satisfechos con la historia resultante. En esta estrecha relación, ambas partes salen beneficiadas. Los funcionarios publican la historia de forma anónima, ayudando a influir en la opinión pública y demostrando que están haciendo un buen trabajo. El periodista gana puntos con sus editores por ser capaz de destapar una exclusiva a la que la competencia no ha tenido acceso.

Si un periodista se niega a jugar, los funcionarios simplemente recurrirán a otro periódico, y el periodista que no ha querido colaborar será considerado por sus rivales como un perdedor, y probablemente lo relegarán. «Intentas estar al lado de los fiscales, sobre todo cuando eres joven. Consigues buena información y, aunque sabes que deberías escribir un relato equilibrado, no puedes hablar con el acusado», dijo un periodista explicando cómo funciona esto.[18]

Durante la saga Ghosn se utilizó mucho esta práctica, con los artículos de los medios de comunicación volviéndose cada vez más negativos conforme se iba filtrando más información dañina. «La gente le tiene poca simpatía ahora», comentó un ejecutivo japonés sobre el caso Ghosn. «Piensan que es su problema; que es un hombre rico y que se las ha de apañar por sí solo». El propio Ghosn arremetió contra esta práctica. «Se han dicho muchas mentiras. A los fiscales no les importa demasiado la verdad, lo que quieren es ganar el caso. Asumen las riendas del caso, quieren ganarlo y no les importa nada la verdad», argumentó en una entrevista en marzo de 2020.[19]

. . .

Estos problemas persisten, en parte porque son temas que no atañen a la mayoría de los japoneses. Con su famosa baja tasa de delincuencia, es muy poco probable que una persona normal tenga una experiencia con el sistema judicial, más allá de preguntar direcciones a las pequeñas cabinas de la policía esparcidas por todos los pueblos y ciudades. «Los ciudadanos comunes probablemente no piensan demasiado en el sistema de justicia penal», dice la exacusada Muraki. «Reconozco que yo tampoco pensaba demasiado en ello. Si leía en las noticas que un sospechoso había sido arrestado por un supuesto crimen, me alegraba de que le hubieran arrestado».[20]

En Japón, ni el japonés medio ni los extranjeros que lo visitan tienen apenas posibilidades de quejarse de cómo funciona la justicia. La mayoría de los tipos de delitos violentos son prácticamente inexistentes —una excepción es el índice de violaciones y violencia de género, sobre lo que los expertos opinan que hay un nivel preocupante de crímenes de este tipo que no se denuncian—. En cuanto a las tasas de homicidios, un barómetro bastante común porque casi siempre son denunciados, Japón compite con Singapur por ser «el país más seguro del mundo».

Según la Oficina de las Naciones Unidas contra la Droga y el Delito, se produjeron 334 homicidios intencionados en Japón en 2018; o lo que equivale a 0,26 por 100.000 habitantes. En Estados Unidos, la cifra de homicidios fue de 16.214, o lo que es lo mismo: 4,96 por 100.000 habitantes. Esto representa que la tasa de asesinatos en Estados Unidos es diecinueve veces más alta que la de Japón.[21] La diferencia es aún más marcada si hablamos de la violencia con armas. Según un estudio de la Universidad de Sídney, en Estados Unidos, en el año 2017 hubo 14.452 homicidios por arma, casi cuarenta diarios.[22] En Japón hubo ocho ese mismo año.[23]

El Ministerio de Justicia se aferró a este alto nivel de seguridad para defender el sistema después de la huida de Ghosn al Líbano. «Gracias a los esfuerzos continuados de la policía, los jueces, los fiscales y la población japonesa, el índice de criminalidad en Japón es extremadamente bajo si lo comparamos con el de otros países, y es justo decir que Japón es ahora el país más seguro del mundo», dijo el ministro de Justicia Masako Mori en una conferencia de prensa tras la fuga de Ghosn. Pero quizá el ciudadano medio no opina lo mismo. Sí que ven que Japón es un país muy seguro en cuanto a lo bien que se comportan, pero no en lo bien que están vigilados. Una encuesta publicada en 2019 en el periódico *Nikkei* decía que tan solo el 43 % de la población se fiaba de la policía, y el 39 % de los fiscales.[24]

De todas formas, la presión más fuerte para el cambio es la que ejercen los propios legisladores. La Federación de Colegios de Abogados de Japón, la cual representa a los 42.000 abogados que hay en el país —y la que acuñó la frase «justicia de rehenes»—, es la que lidera la presión para el cambio. La federación es una de las voces más críticas contra el sistema judicial japonés, y ha logrado algunos éxitos, como el de limitar los interrogatorios abusivos a los sospechosos por medio de grabar todas las sesiones. Pero los abogados dicen que ellos son los grandes ignorados de la burocracia, que es donde reside el poder real. Como en otras partes en Japón, el cambio suele venir de la *gaiatsu*, o presión extranjera, y en este sentido el caso Ghosn ha demostrado ser un pararrayos. En el juicio a Greg Kelly, un juicio muy mediático a nivel internacional, el ministro de Justicia Mori salió justo antes del juicio que tenía que empezar en septiembre de 2020 en un seminario virtual producido especialmente en inglés. Era algo muy poco habitual para un ministro que siempre había ignorado a la prensa internacional, y más aún había rechazado hablar en inglés a los periodistas extranjeros. En uno de sus comentarios decía que iba a permitir que los abogados estuvieran presentes durante los interrogatorios a los sospechosos. Dijo que esta decisión formaba parte de una revisión hecha por un panel de expertos judiciales. Solo el tiempo dirá si esto es una reforma auténtica o simplemente una táctica dilatoria para evitar la tormenta de analistas extranjeros.

. . .

Si tenemos en cuenta la manera de funcionar de la sociedad japonesa en general podemos afirmar que en conjunto el sistema judicial japonés es justo en la mayoría de los casos. Como dijo Mori: «El sistema judicial de cada país tiene sus raíces en su historia y su cultura, y se ha ido elaborando y desarrollando a lo largo de los años».

El riesgo es que para que funcione adecuadamente todos tienen que poner de su parte; especialmente los fiscales, que son los que tienen más poder. Si no se hacen las comprobaciones y los balances oportunos como los que se hacen en todas partes, las actuaciones incorrectas de los fiscales pasarán sin ser penalizadas. Bajo la acusación de que el sistema tiene que cambiar, en su conferencia de prensa Mori dijo sin darse cuenta lo que muchos críticos afirman que es el verdadero problema del sistema judicial de Japón. Ghosn, dijo, debería volver a Japón para «demostrar su inocencia».

La Fiscalía insiste.

12

GHOSN CONTRAATACA

ESTAMOS A DÍA 8 DE ENERO DE 2019, EN UNA mañana típicamente invernal con un frío intenso y el cielo de color azul eléctrico; furgones con las ventanas tintadas van pasando por el puesto de control de los juzgados de Tokio. En el distrito de las oficinas gubernamentales de la capital se encuentra la torre con forma de fortaleza que simboliza la autoridad social japonesa. A una manzana de distancia está el Palacio Imperial, rodeado de fosos, donde vivió la dinastía Yamato, la monarquía inquebrantable más antigua del mundo, que se remonta a unos 2.600 años. A continuación, se encuentra el edificio del Ministerio de Justicia de Japón, con sus ladrillos rojos originales; un edificio del siglo XIX diseñado por arquitectos alemanes que refleja la rápida adopción —aunque con algo de reticencia— de las formas occidentales que iniciaría la modernización del país.

Cada día laborable los furgones transportan a los acusados —presuntos violadores, asesinos, ladrones y defraudadores— para que defiendan su caso ante el juez. Pero ese día en concreto las calles que rodean a los juzgados estaban abarrotadas de periodistas, fotógrafos y gente de todas las televisiones, ansiosos por ver a un acusado especialmente famoso. Después de pasar el día de Navidad y el de Año Nuevo en su gélida celda en el centro de detención de Tokio al otro lado de la ciudad, Carlos Ghosn iba finalmente a hacer su primera aparición pública desde el día de su arresto.

Es poco frecuente que a los acusados como Ghosn se les permita comparecer ante el juez, como se le permitió a Ghosn aquella mañana. La mayoría de los acusados pasan sus días en la cárcel sin ser vistos, pero el todopoderoso abogado de Ghosn, él mismo un exfiscal, conocía unos cuantos trucos. Adoptó una disposición legal japonesa, apenas utilizada, que permite a los acusados exigir escuchar directamente del jurado las razones de su detención.

La breve audiencia pública no iba a cambiar el curso del juicio a Ghosn, menos aún iba a sacarlo de la cárcel —a pesar de que sus abogados lo habían intentado varias veces—. No cabía la menor duda de que los procedimientos de aquella mañana iban a ser rápidos, formales y superficiales, pero las maniobras legales en nombre del presidente que había sido expulsado de la Alianza, que llevaba silenciado y casi incomunicado durante dos meses, por fin le concedían la oportunidad de contar su versión en un escenario público ante espectadores de todo el mundo.

Además de la multitud de periodistas que aquel día abarrotaban las calles, cientos de amas de casa, trabajadores a media jornada, estudiantes universitarios y un montón de curiosos esperaban también a las puertas de los juzgados para conseguir uno de los pocos asientos en tribuna y poder presenciar esa histórica audiencia. Unas 1.122 personas entraron en el sorteo de los catorce asientos asignados para el público.[1] Entre los que esperaban, algunos fueron seleccionados para participar en el sorteo en nombre de los medios de comunicación, que buscaban aumentar sus probabilidades de tener a un reportero en el interior y así ser los primeros en informar a su audiencia.

Cuando por fin Ghosn entró en la espartana sala del tribunal, todos pudieron ver las secuelas de sus cincuenta días encerrado. Demacrado, con canas y visiblemente más delgado tras varias semanas de raciones a base de arroz hervido y verduras salteadas. Tenía las mejillas y los ojos hundidos. Y su característico cabello negro azabache dejaba ver las raíces grises. El hombre elegante que siempre había sido rescató algo de su antiguo prestigio gracias a un traje color azul oscuro que parecía menos elegante al no llevar corbata. Corroborando la imagen del hombre caído en desgracia, Ghosn entró en la sala esposado y con una cuerda alrededor de la cintura. En lugar de zapatos, le habían obligado a llevar las típicas zapatillas de plástico verde de los juzgados, que parece que han sido diseñadas tanto para degradar a los acusados como para impedir que se fuguen. Los observadores pudieron ver cómo le temblaban los dedos de los pies durante todo el juicio. Todos los periódicos de Japón mostraron en las portadas de sus ediciones matinales los dibujos que se hicieron de un hombre desaliñado y debilitado con una expresión agresiva.

. . .

A Ghosn le concedieron diez minutos para hacer una declaración. Aprovechó la oportunidad con la misma eficiencia y determinación que un ejecutivo Fortune 500, haciendo una presentación en la sala de reuniones. Con dos vigilantes de seguridad uniformados de azul de pie, a su lado, Ghosn confesó su inocencia y lanzó un contraataque punto por punto a los cargos que se le imputaban, dirigiéndose al jurado en un tono de voz calmado y controlado. Parecía que, a pesar de su demacrado aspecto, los días de arresto no habían empañado su antigua personalidad extremadamente racional.

«Estoy deseando que empiece el proceso para defenderme de las acusaciones que recaen sobre mí», dijo Ghosn al jurado. «Siempre he actuado con integridad y nunca he sido acusado de ninguna irregularidad en mis varias décadas de carrera profesional. He sido erróneamente acusado e injustamente detenido sobre la base de unas acusaciones arbitrarias e infundadas».[2]

Por lo que respecta a la primera de las dos alegaciones de ocultar más de 80 millones de dólares en compensación aplazada, Ghosn se defendió diciendo que la cantidad real nunca fue acordada ni reembolsada. Así pues, no había violado ninguna regla de transparencia porque no había ninguna compensación aplazada formalizada de la que informar. Además, sostenía que los fiscales no habían demostrado ninguna intención de violar la ley.

«Contrario a las acusaciones de los fiscales, nunca he recibido compensación alguna de Nissan que no haya sido declarada, como tampoco firmé ningún contrato vinculante con la compañía para recibir una cantidad fija que no haya sido divulgada», afirmó Ghosn, añadiendo que había una manera muy fácil de ver si el dinero se había hecho efectivo.

«La prueba es el "test de la muerte": Si me muriera hoy, ¿reclamarían mis herederos a Nissan algo más que mi pensión de jubilación? La respuesta es un "no" rotundo».

Después, continuó hablando de otra de las acusaciones: el delito de abuso de confianza contra Nissan —la denominada ruta saudí—, por presuntamente haber usado fondos de la empresa para cubrir unas pérdidas personales y luego hacer que Nissan pagara a una empresa asociada saudí que le ayudó como avalista. En ese caso, Ghosn admitió haber utilizado a Nissan como fuente de una garantía temporal, pero dijo que los contratos deficitarios le fueron transferidos sin coste alguno para Nissan. El abogado de Ghosn sostiene que las actas de la junta directiva de Nissan muestran su conformidad con este tipo de acuerdos para los trabajadores no japoneses.

Ghosn afirma que los fondos de los que se habla —los 14,7 millones de dólares transferidos entre 2009 y 2012 del fondo de reserva para el CEO de Nissan a la compañía propiedad del magnate saudí Khaled Al-Juffali— no eran algo así como una compensación o comisión, como dicen los fiscales.[3] El abogado de Ghosn más adelante admitió que en 2009 Juffali había extendido un crédito de 27,7 millones de dólares para ayudar a su cliente, pero añadió que eso no tenía nada que ver con los desembolsos de la reserva para el CEO.

Según Ghosn, los pagos que se hicieron a la compañía Khaled Juffali Co. fueron en compensación por la ayuda que esta había prestado a Nissan en la reestructuración de los distribuidores de la región de Oriente Medio y por conseguir financiación regional. Ghosn añadió que Juffali también hizo de intermediario en las negociaciones de Nissan con las autoridades de Arabia Saudí para construir una planta de montaje en el país como parte del impulso por diversificar su economía, básicamente dependiente del petróleo. Esa fábrica nunca llegó a construirse, pero Juffali ayudó a Nissan a conseguir el permiso de fusión con su propia compañía y así vender los vehículos Nissan en Arabia Saudí.

En cualquier caso, sus abogados afirman que las transferencias de la reserva para el CEO no habían sido firmadas únicamente por Ghosn, como si se tratara de un fondo reservado para él. Hubo también una serie de ejecutivos que aprobaron aquel desembolso, incluido Greg Kelly, entonces jefe de la oficina del director ejecutivo, y Stephen Ma, que en ese momento era el director financiero regional y que después, cuando Ghosn se marchó en 2019, pasó a ser director financiero de toda la compañía.

Juffali defendió a Ghosn diciendo que él fue quien negoció que Nissan tuviera una participación «importante» en esa fusión, conocida como Nissan Saudí Arabia.

«Khaled Juffali Company ha ofrecido unos servicios críticos que han beneficiado sustancialmente a Nissan Motor Co., Ltd. y a Nissan Middle East», decía el comunicado. «Los 14,7 millones de dólares que Nissan Motor Co., Ltd. ha pagado en cuatro años han sido para propósitos legítimos de negocios con el fin de ayudar y promocionar la estrategia empresarial de Nissan en Arabia Saudí e incluyen el reembolso por gastos comerciales».

Ghosn acabó su refutación apelando a la sensibilidad japonesa. Hizo hincapié en lo mucho que quería a Nissan y en lo mucho que había aportado a la economía del país al sacar del desguace a uno de sus iconos corporativos.

«He dedicado dos décadas de mi vida a reestructurar Nissan y a construir la Alianza. He trabajado día y noche para cumplir estos objetivos, por tierra y por aire, mano a mano con los diligentes empleados de Nissan de todo el mundo, para crear valor. Los frutos de nuestro trabajo han sido extraordinarios», dijo, señalando lo que tantas veces repetía de que la Alianza Renault-Nissan-Mitsubishi había prosperado hasta convertirse en el grupo automovilístico número uno del mundo en el año 2017, produciendo más de diez millones de vehículos al año.

«Hemos creado, directa e indirectamente, numerosos puestos de trabajo en Japón y hemos restablecido a Nissan como un pilar de la economía japonesa», añadió Ghosn. «Estos logros, conseguidos gracias al incomparable equipo de empleados que Nissan tiene en todo el mundo, después de mi familia, son una de las mayores satisfacciones de mi vida».[4]

Ghosn insistía en que jamás en su vida se le habría ocurrido estafar a Nissan. Si fuera avaricioso, como decían los fiscales, habría tenido muchísimas oportunidades para saltar del barco por las otras ofertas mucho más generosas que le hicieron Ford y GM cuando fueron a llamar a su puerta. En la audiencia contó que «cuatro compañías importantes» intentaron contratarle, pero que él siempre las rechazó por lealtad al fabricante nipón. «Aunque sus propuestas eran muy atractivas, en mi cabeza no cabía la idea de abandonar Nissan mientras estábamos en medio de una reestructuración», dijo Ghosn. «Nissan es una compañía japonesa emblemática por la que me he preocupado mucho».[5]

• • •

La audiencia ante el juez fue un contraataque. Por fin, después de casi dos meses, Ghosn tenía la oportunidad de defenderse con ayuda de sus abogados y de su mujer, Carole.

En esa audiencia del 8 de enero, el equipo de la defensa no habló de la segunda acusación por abuso de confianza: la de la ruta omaní. El juicio por este cargo sería en abril, tres meses después de su primera vista.

Llegada la fecha, el equipo legal de Ghosn trató el tema de la ruta omaní en un doble ataque. Primero, alegaron que la mitad de los 15 millones de dólares desembolsados que había investigado la Fiscalía habían sido aprobados por Hiroto Saikawa cuando él, y no

Ghosn, ocupaba el puesto de director ejecutivo. Además, todos los fondos se destinaron con las autorizaciones pertinentes de los jefes de departamento y directores regionales y por el tesorero global o director financiero, a incentivar la participación de mercado y el volumen de ventas de Suhail Bahwan Automobiles (SBA).

Pero lo más importante era que ninguno de los fondos transferidos de Nissan a SBA había sido devuelto, directa o indirectamente, a Ghosn ni a su familia, dijeron los abogados. Puesto que los pagos se hicieron en beneficio de Nissan, y no de Ghosn, los fiscales no tenían fundamentos para acusar a Ghosn de haber causado un «perjuicio económico» a la compañía.

A continuación, los abogados de Ghosn preguntaron por qué Nissan siguió manteniendo a SBA como su distribuidor regional después de haber imputado a Ghosn. Si SBA hubiera estado canalizando sobornos a Ghosn, ¿acaso no habría querido Nissan romper los lazos comerciales con esa empresa? Sin embargo, hasta 2020 Nissan ha continuado contratando a SBA para vender sus coches en Oriente Medio.

A principios de 2019, los abogados de Ghosn solicitaron la libertad condicional de su cliente, pero el tribunal de Tokio se negó a concedérsela. El ejecutivo estaba recluido en un centro de detención de Tokio en el que le habían adjudicado un espacio más grande, con una cama al estilo occidental, en lugar del típico futón japonés en el suelo de una minúscula celda. Pero hasta su tercer juicio, tres días después de presentarse ante el juez, la familia de Ghosn no pudo visitarlo, e incluso sus propios abogados tenían un acceso limitado.

Estando él todavía encarcelado, su mujer Carole abrió otro frente de batalla para limpiar su nombre. Inició una campaña incansable para pedir ayuda internacional, incluso a la ONU, y destinada a acusar al sistema judicial japonés. Su mensaje era alto y claro, y decía algo que aún nadie había expuesto de manera tan prominente: el «sistema de rehenes» de Japón es una afrenta a los derechos humanos.

Carole presionó a la Organización de Derechos Humanos para protestar por el «trato cruel e inhumano» de los acusados en Japón y presionó al gobierno de Tokio para que reformara su «draconiano sistema de prisión preventiva y de interrogatorios extenuantes».

La familia entonces contrató al abogado experto en derechos humanos y exembajador francés François Zimeray para que llevara el caso al grupo de trabajo sobre la detención arbitraria de la ONU. Carole se embarcó en algo así como un viaje diplomático: abandonó Japón y solicitó la intervención del gobierno francés, presionó a la ONU y defendió el caso de su marido en Estados Unidos.

Se entrevistó con prácticamente todos los medios de comunicación importantes, tanto de televisión como de prensa, inyectando la saga de su marido en el discurso público. En un artículo de opinión publicado en el *Washington Post*, Carole —que tiene el pasaporte estadounidense y el libanés— describía con manifiesta indignación la redada que la madrugada del 4 de abril la policía había realizado en su casa para detener a Ghosn por su cuarto supuesto delito, el de la denominada ruta omaní. En aquel momento, Ghosn estaba en libertad bajo fianza después de sus tres acusaciones anteriores y vivía con Carole en un pequeño apartamento cerca del distrito Shibuya de Tokio. Pero a las 5:50 h de la mañana, alguien golpeó con fuerza la puerta presagiando lo peor.

«Más de una docena de fiscales japoneses estaban esperando al otro lado de la puerta. Entraron en nuestro apartamento como bestias. El corazón me iba a mil por hora», escribió. Las autoridades le confiscaron el teléfono móvil, el ordenador, el pasaporte, la agenda y las cartas que ella le había escrito durante su encarcelamiento, dijo. «Me trataron como a una criminal a pesar de no ser sospechosa y de que no había ninguna acusación contra mí. Una fiscal estuvo todo al rato a mi lado e incluso me siguió cada vez que fui al baño. Estuvo conmigo en el baño mientras me duchaba y me dio una toalla cuando acabé... Los fiscales no me permitieron telefonear a mi abogado e intentaron apartarme para interrogarme, pero me negué a ir con ellos».[6]

Carole propagó la teoría de la conspiración al escribir: «Algo que debería haberse tratado en la sala de juntas se había convertido en un asunto criminal». Y concluía su artículo en el *Washington Post* implorando al entonces presidente de Estados Unidos, Donald Trump, que tratara el caso de Ghosn en una reunión que iba a tener en la Casa Blanca con el primer ministro japonés, Shinzo Abe.

«Esa negociación ha de ser lo primero y lo más importante», razonó Carole. «Es difícil imaginar que Trump sea indiferente a que un ministerio del gobierno japonés interfiera en las negociaciones normales de las decisiones empresariales de uno de sus fabricantes de automóviles».

No se sabe si Trump o Abe abordaron el tema, pero Carole volvió a instar a Trump a que tratara el tema de su marido en la cumbre de los veinte líderes mundiales que se iba a celebrar en Osaka en 2019. La mayoría de sus súplicas —a Trump, al gobierno francés y a la ONU— no obtuvieron una respuesta inmediata, pero la campaña fue una experta táctica para movilizar a la opinión internacional en contra de Japón y de Nissan. Japón ya tenía una larga historia de cambiar sus formas rígidas únicamente a través de la influencia externa. Existe incluso una palabra para designar esta manera de cambiar las cosas: *gaiatsu*, cuya traducción literal es «presión externa».

El término se remonta al año 1854 cuando el almirante Perry del ejército de los Estados Unidos obligó a Japón a abrir sus puertos al comercio internacional. El término volvió a tomar protagonismo durante la ola de occidentalización que inundó Japón después de la Segunda Guerra Mundial, gracias a la ocupación militar de Estados Unidos y su imposición de una nueva constitución. Más recientemente, el *gaiatsu* se ha manifestado en la negativa inicial de Japón de posponer los Juegos Olímpicos de Tokio 2020 ante la creciente preocupación internacional por convocar el desfile deportivo mundial durante la pandemia del COVID-19. El primer ministro Abe insistió obstinadamente en que los juegos se celebrarían; hasta que los comités olímpicos internacionales, liderados por Canadá y Australia, empezaron a cancelar sus planes de asistir. Al final, la presión internacional fue la que obligó a Japón a posponer los juegos, a regañadientes, y a hacer sonar la alarma sobre la propagación del virus y declarar el estado de emergencia como en otros países.

Algo típico de las tácticas *gaiatsu* de Carole son comentarios como los que aparecieron en su entrevista de 2019 con *Automotive News*. «Japón es uno de los países del G7, pero no se comporta como un país del G7, sino como algo más parecido a China o Rusia».

Con estos comentarios, Carole Ghosn salió de la oscuridad y emergió como una fuerza poderosa y sincera en la lucha por su marido. No era su manera de actuar habitual. Ella y Carlos se habían casado en el año 2016, después de que Ghosn se divorciara de su primera mujer, Rita. También de Líbano, Rita y Carlos se conocieron jugando al bridge cuando ella estaba estudiando farmacología en Lyon, Francia. Estuvo al lado de Carlos desde que empezó a trabajar en Michelin en Brasil en 1985 hasta su rápida llegada a la cima de Nissan y después a la de Renault, viajando por los cuatro continentes. Tanto Carole como Rita, igual que Ghosn, son de la iglesia cristiana maronita libanesa. Ghosn y Rita —conocidos como personas hogareñas en sus primeros años en Japón— tienen tres hijas (Caroline, Nadine y Maya) y un hijo (Anthony).[7] Tras su arresto, los que defienden a Ghosn estuvieron muy pendientes de sus hijos y de Carole.

Para Ghosn, Carole fue «mi leona».

Había nacido en Beirut en 1966, pero pasó gran parte de su vida en Estados Unidos. Carole estudió en la Universidad Americana de Beirut y en la Universidad de Nueva York.[8] Le gustaba codearse con la aristocracia y la alta sociedad. Estaba muy vinculada al sector de la moda de Nueva York y fundó una empresa que vendía caftanes de diseño, una prenda de ropa que se usa tradicionalmente en Oriente Medio. Bajo su influencia, la visión del mundo de Ghosn se amplió —se dice que ella le enseñó a esquiar en 2015 cuando el ejecutivo estaba a punto de cumplir sesenta años—. Incluso antes de la crisis, Carole y Carlos se mostraban tremendamente leales y se protegían mutuamente. Con su rubia melena larga y ondulada y su estilo pragmático y directo, Carole era una embajadora efectiva y amable ante las cámaras cuando Carlos no podía hablar. Pero también se convirtió en un foco de controversia por derecho propio.

Por ejemplo, tras el arresto de Ghosn por la acusación de la ruta omaní, los investigadores japoneses le interrogaron porque sospechaban que parte del dinero había sido desviado a una compañía de las Islas Vírgenes Británicas, donde ella tenía un derecho de propiedad. Los fiscales creían que el clan Ghosn se había comprado su yate de lujo *Shachou* —que en japonés quiere decir «presidente de la compañía»— a través de una compañía denominada Beauty Yachts.[9] Y la opulenta fiesta en el Palacio de Versalles, organizada para celebrar el 50 aniversario de Carole, generó más acusaciones de malversación de fondos en Francia al tiempo que alimentaba los cotilleos sarcásticos.

• • •

Además de criticar la justicia de rehenes japonesa, el equipo de Ghosn criticó el tratamiento de su caso por parte de Japón que, según decían, le imposibilitaba tener un juicio justo.

Entre otras afirmaciones estaba la de que la Fiscalía de Tokio se había confabulado con Nissan para investigarle, aunque la propia Nissan también estaba implicada en algunas de las acusaciones. Además, Hari Nada, el anterior ayudante de Ghosn que lideraba el departamento legal de Nissan y que se volvió en su contra, seguía en su puesto y continuaba liderando la investigación interna de Nissan sobre las supuestas irregularidades cometidas por Ghosn. Para los críticos de la investigación de Nissan, eso mostraba un conflicto de intereses total, puesto que Nada estaba implicado en algunos de los supuestos delitos que él mismo estaba investigando. En los sistemas occidentales, en cambio, a este tipo de negociadores de culpabilidad se les suele recusar o marginar. Este acuerdo sospechoso provocó mucha controversia incluso dentro de Nissan; especialmente, entre los colaboradores de Nada, que querían que la investigación de Nissan y las acusaciones contra Ghosn fueran irreprochables.

Un trabajador de Nissan, recordando una conversación con un asesor legal que estaba a las órdenes de Nada, describía la ética como algo lamentable: «El asesor dijo: "Soy abogado y sigo reportando a un hombre que ha declarado su culpabilidad y que, si no fuera por esta posibilidad de negociar su culpabilidad, estaría en la misma situación que Ghosn. ¿Qué dice esto de mí?"».

Nada contrató a la firma de abogados externa Latham & Watkins para que le ayudara a liderar una investigación a Ghosn independiente, aunque la firma ya había sido consultada previamente respecto a algunos de los planes de compensación de Ghosn que estaban siendo investigados por la Fiscalía. Durante todo ese tiempo, Nissan no quiso preguntar nada a Ghosn ni a Kelly, ni siquiera para saber su versión de la historia.

Los abogados de Ghosn también acusaron a Latham & Watkins de realizar una investigación ilegal y de incautarse de pruebas ilegalmente. Los abogados de esta firma, dijo la defensa de Ghosn, «robaron» ordenadores y discos duros con grandes cantidades de información personal y de correspondencia de Ghosn con sus abogados a través de un colaborador en Beirut. Los fiscales de Tokio coordinaron así esta redada, con ciudadanos privados, en lugar de con investigadores, para burlar el sistema de garantías normal, dijeron los abogados de Ghosn.

Al preguntarles sobre su trabajo en el caso, Latham & Watkins dijo que no había ningún conflicto de intereses porque su único cliente siempre había sido Nissan y porque siempre habían hablado de su compromiso con el fabricante de automóviles. «Latham discrepa de quienes sugieren que la investigación interna estaba sesgada y añade que numerosas agencias independientes y autoridades policiales de Japón y de Estados Unidos realizaron sus propias investigaciones independientes y llegaron a unas conclusiones coherentes con las de la investigación interna», dijo la firma de abogados. No mencionaron las acusaciones que habían formulado los abogados de Ghosn.

Los abogados de Ghosn también dijeron que los fiscales japoneses se habían incautado ilegalmente de las posesiones de Carole Ghosn durante el asalto a su domicilio el 4 de abril. La orden de registro se llevó a cabo solo con las posesiones de Carlos Ghosn, y no con las de ella, dijeron los abogados; sin embargo, los fiscales también habían confiscado su teléfono móvil, su ordenador y su pasaporte. Carole Ghosn pudo abandonar Japón porque los fiscales le devolvieron su pasaporte libanés, pero no el estadounidense.

La retahíla de presuntas extralimitaciones de los fiscales incluía acusaciones como que las autoridades habían filtrado ilegalmente detalles del caso a los medios y que habían negado a Ghosn el derecho a un juicio rápido, garantizado por la constitución japonesa. Cuando Ghosn estaba organizando el saltarse la fianza y huir de Japón a finales de 2019, más de un año después de su arresto, todavía no había fecha oficial para su juicio.

Por último, los abogados de Ghosn acusaron a la Fiscalía de Tokio y a Nissan de conspirar para ocultar pruebas. Sus abogados dijeron que Nissan había pedido a la Fiscalía que bloqueara el acceso a seis mil emails y otras pruebas digitales.[10] En Japón, los fiscales tienen la obligación de compartir todas las pruebas que tengan si se lo ordena un tribunal.[11] Pero también en este punto la acusación sembró la duda sobre la igualdad de trato.

«Los fiscales no quieren que veamos las demás pruebas. Por eso podemos suponer que esas pruebas serían beneficiosas para nosotros», dijo uno de los abogados de Ghosn. «Están ocultando pruebas, por lo que no se sabe qué están eliminando».

• • •

El contraataque organizado por Carole y los abogados de Ghosn tenía como objetivo dar una bofetada a Japón delante del mundo entero. Presentaba la imagen de un sistema japonés que defiende de palabra sus propias normas mientras funciona de una manera completamente incompatible con las normas occidentales. En Japón, sin embargo, los inquebrantables fiscales y los tribunales se mantuvieron firmes, y la reacción internacional fue más un quejido ahogado que un clamor unificado.

Los llamamientos al gobierno francés nunca cobraron mucha fuerza. Emmanuel Macron, que en ese momento había sido nombrado presidente, no era un claro aliado. Él y Ghosn habían tenido una relación complicada durante la crisis Florange, cuando Macron humilló a Ghosn con su táctica evasiva para asegurar el derecho de voto doble del gobierno francés en Renault. En 2015, Macron también había liderado la iniciativa del gobierno francés para presionar a Ghosn para que aceptara un recorte salarial en Renault, ante las críticas por estar recibiendo una compensación excesiva. En el año 2018, con las protestas en las calles de los «chalecos amarillos» que pedían una reforma económica, al gobierno de Macron le interesaba evitar cualquier movimiento que sugiriera algún tipo de favoritismo hacia un líder empresarial de élite y con buenos contactos.

Así pues, pensando en el futuro, París se desentendió de Ghosn para salvar la frágil alianza del fabricante de coches francés con Nissan.

Carole aireó su disgusto por el desinterés de Macron en una entrevista con el periódico francés *Journal du Dimanche*. «El silencio del palacio del Elíseo es increíble», dijo. «Pensaba que Francia era un país que defendía la presunción de inocencia. Todos se han olvidado de lo que Carlos ha hecho por la economía de Francia y por Renault».[12]

La saga Ghosn tampoco consiguió el apoyo de los norteamericanos —al menos, de la manera que se esperaba—.

A pesar de que Carole pidió al presidente Trump que defendiera la causa de su marido, la Comisión de Bolsa y Valores de Estados Unidos (SEC, por sus siglas en inglés: organismo regulador que supervisa los mercados de valores y los balances financieros) estaba investigando si Ghosn, que había sido acusado de falsificar las declaraciones financieras en Estados Unidos, también había cometido el mismo delito en Japón. Justo cuando la estrategia de la defensa de Ghosn estaba empezando a componerse, las autoridades de Estados Unidos corroboraron la versión de los fiscales japoneses de que, con la ayuda de Greg Kelly, había ocultado unos 140 millones de compensaciones diferidas durante casi una década mediante una estrategia de declaraciones fraudulentas, documentos con fechas anteriores, tipos de cambio más favorables, contratos ilícitos y toda una serie de trucos contables. Según los registros de la SEC, Ghosn lo planeó todo para ocultar más de 90 millones en compensaciones y después cambió el cálculo de su pensión para engrosarla en unos 50 millones de dólares adicionales. La SEC acusó a Ghosn y a Nissan, como entidad corporativa, de haber infringido las disposiciones antifraude de las leyes de valores y acusaron a Kelly de ser su cómplice.

El codirector del ente regulador de la SEC dijo en septiembre de 2019 que: «Las declaraciones que había hecho Nissan sobre la compensación de Ghosn eran totalmente falsas. En estas declaraciones, Nissan exponía las mentiras de Ghosn y Kelly y engañaba a los inversores, incluidos los estadounidenses».

La versión de los hechos que daba la SEC ya era conocida. Ghosn quería la generosa compensación que tenían sus homólogos de la industria, pero no quería dar el indecoroso espectáculo de tener que justificarla ante el público de Japón y de Francia, que la desaprobaban.

«Ghosn empezó a preocuparse por las críticas que despertaría en los medios japoneses y franceses si se hiciera pública su compensación total», dijo la SEC en su comunicado. «Para evitar las críticas, Ghosn y sus subordinados en Nissan idearon mecanismos para ocultar en la declaración pública una parte importante de su compensación».[13]

Ghosn llegó a un acuerdo y pagó un millón de dólares de multa, pero no admitió ni negó los hechos. Como parte del acuerdo, a Ghosn se le prohibió ser responsable o director de una empresa pública en Estados Unidos. Para un ejecutivo de su nivel, tal prohibición era un golpe más duro que la multa. Sus abogados, sin embargo, lo vieron como una pequeña victoria: consideraban que ese acuerdo aclaraba el tema en Estados Unidos, y así el equipo podía concentrarse en Japón. Pero el pulso con la SEC demostraba que Japón no era el único que buscaba fallos en el plan de compensación de Ghosn. Y, según la opinión pública, pagar un millón de dólares de multa no era algo lógico para una persona inocente. El caso de la SEC también presagiaba la dura batalla que le espera a

Ghosn en los tribunales japoneses. La Fiscalía era muy reservada respecto a sus hallazgos y su estrategia legal, pero el caso de la SEC se basó en gran medida en sus pruebas.

Lo que la SEC no investigó fueron las rutas saudí y omaní, las dos acusaciones de abuso de confianza consideradas únicamente como un asunto japonés. Los fiscales de Tokio, debido a que se trataba de un caso legal muy delicado y de que todavía no se había celebrado el juicio, se negaron a dar más detalles sobre estas acusaciones, igual que habían hecho con el caso de la compensación. La primera vez que se publicaron las acusaciones fue mediante un resumen escueto de unos cuantos párrafos. Al mismo tiempo, los informes de los medios oficiales que se elaboraban en la planta baja de la Fiscalía de Tokio, justo en la esquina del tribunal del distrito, eran ejercicios poco esclarecedores de preguntas y respuestas sin comentarios. Los detalles de las pruebas contra Ghosn tendrían que esperar hasta el juicio, insistían los fiscales.

. . .

Lo que al final se destapó fue un choque de relatos dispares y acusaciones mutuas.

En su entrevista con *Automotive News,* Carole Ghosn comentó que no veía claro que le concedieran la libertad a su marido. Declararle inocente equivaldría a reconocer los fallos del sistema judicial japonés, debido especialmente a su tan aclamada tasa de condenas. Las instituciones legales de Japón ya habían invertido gran parte de su reputación en el caso como para dejar que Carlos Ghosn se les escapara de las manos, dijo Carole.

Y añadió: «Seguramente dirán: "¿Hemos hecho todo esto y ahora vamos a declararle inocente?". ¿Qué pasará con su gobierno o su sistema judicial? ¿Se hundirá? ¿Cambiará? Por supuesto, para salvar su prestigio, van a hacer todo lo que sea por declararle culpable... El sistema está manipulado».[14]

13

LA ALIANZA CONMOCIONADA

UNA SEMANA DESPUÉS DE QUE ARRESTARAN A Ghosn, Nissan y su socio japonés Mitshubishi pusieron en marcha su destitución como presidente de la compañía. El consejo directivo de Nissan votó unánimemente a favor del despido junto con la aprobación de dos directores elegidos por Renault; incluido un francés que había sido uno de los primeros treinta ejecutivos escogidos por Ghosn para salvar a Nissan de la quiebra en 1999.

Pero, mientras estuvo en la cárcel, mantuvo su asiento como director ejecutivo en ambas compañías. Bastaba la decisión del consejo para destituirlo como presidente del consejo, pero solo la votación de todos los accionistas podría eliminarlo completamente del consejo directivo.

Nissan tenía tanta prisa por eliminarlo por completo de la compañía que convocó una reunión extraordinaria en abril de 2019 para votar en su contra. La reunión prometía ser explosiva ante los rumores de que Ghosn, que acababa de ser puesto en libertad bajo fianza justo antes de su sesenta y cinco cumpleaños, podría intentar asistir a la reunión.

A pesar de ser un sospechoso delincuente, Ghosn seguía teniendo derecho a asistir a la reunión, no solo porque seguía siendo el director ejecutivo, sino porque además era el mayor accionista individual de la compañía. La última vez que sus acciones fueron detalladas en los informes de la compañía, que fue en junio de 2017, Ghosn tenía 3,1 millones de acciones de Nissan. Según la cotización de Nissan en el año 2019, sus acciones valdrían unos 25,5 millones de dólares.[1]

Pero finalmente no pudo asistir a la reunión porque cuatro días antes de la misma fue arrestado por cuarta vez en su apartamento de Tokio; esta vez, por abuso de confianza en la denominada ruta omaní.

Los pequeños inversores japoneses hacían fila en la calle para asistir a la reunión que, esta vez, se había organizado en el Grand Prince Hotel Shin Takanawa de Tokio: un complejo inmenso construido en los antiguos terrenos de un príncipe de la familia imperial a quien se le despojó de la nobleza durante la ocupación de Estados Unidos después de la Segunda Guerra Mundial. Durante la reunión, enojados inversores criticaban a Ghosn y Greg Kelly —este último también había mantenido su cargo de director después de su arresto—, pero también culpaban a Hiroto Saikawa y a la dirección de Nissan por haber permitido que cometieran esas irregularidades.

Mitsubishi esperó hasta que se celebrara su reunión de accionistas ordinaria, dos meses después, para destituir a Ghosn de su cargo de director ejecutivo, rompiendo así su último vínculo formal con la industria automotriz de Japón.

Renault no fue tan rápido. Durante las semanas posteriores al primer arresto de Ghosn, los ejecutivos de Francia seguían sin creérselo. Se mostraban reacios a despedir inmediatamente al que había sido durante tanto tiempo su jefe sin antes conocer los detalles de las acusaciones. Apoyándose en la presunción de inocencia hasta que se demostrara su culpabilidad, Renault tardó dos meses en destituirlo; incluso en aquel momento la compañía lo hizo de mala gana, a través de una maniobra para salvar su imagen permitiendo, o más probablemente forzando, su destitución.

. . .

En el fondo, la relación entre la parte francesa y la japonesa del grupo automovilístico estaba bastante deteriorada. Desgarrada por la desconfianza y las luchas internas, la Alianza que Ghosn había construido durante dos décadas parecía estar descomponiéndose sin él. Su expulsión había destapado conflictos que llevaban tiempo ocultos bajo la superficie de la buena imagen que daba de una inusual historia de éxito de unión entre dos compañías de dos países diferentes. También se empezó a hablar de que la Alianza iba a desparecer. Los analistas empezaron a dibujar diferentes salidas para el futuro del grupo, sin descartar su extinción total.

«¿Sería realmente terrible que Renault y Nissan tomaran caminos separados?», preguntaba en un informe Max Warburton, analista del sector de la automoción en AllianceBernstein. «La Alianza nunca ha sido funcional del todo ni ha estado totalmente integrada. Son pocas las verdaderas sinergias entre las dos compañías. Renault puede seguir siendo rentable sin Nissan. Para Renault, sería mucho más lógico trabajar con otros socios. La Alianza puede funcionar sin Ghosn; su importancia se ha exagerado. O puede que se deshaga por las costuras, pero Renault encontrará una forma alternativa de seguir adelante».

Warburton concluía: «Tal vez han exagerado la importancia de la Alianza».

Lo que el mercado sentía era que, a pesar de los ahorros en los costes compartidos y la cooperación entre las plataformas de vehículos comunes, intentar obtener más ganancias sería como pedir peras al olmo. Y más especialmente en ese momento en el que la buena voluntad escaseaba y las perspectivas de colaboración parecían sombrías.

En medio de tal agitación Nissan empezó a maniobrar para conseguir un nuevo equilibrio en la Alianza, con la intención de reequilibrar las participaciones cruzadas y tener más poder de decisión en los asuntos de la Alianza, empezando por tener una mayor influencia para el nombramiento de sus propios directores.

Y el daño fue peor que las relaciones tensas. Los ejecutivos de Nissan se vieron inmersos en la distracción permanente de recomponer una imagen muy dañada, defendiendo las acciones de la compañía, luchando contra Renault y revisando su gestión corporativa. Todo ello hizo que Nissan dejara de prestar atención a los automóviles, precisamente en un momento en el que necesitaba desesperadamente nuevos productos.

Uno de los primeros modelos que resultó afectado fue el Nissan Leaf: el vehículo eléctrico con el Ghosn había dado a Nissan la fama de líder tecnológico del mercado de automoción. A finales de 2018, Nissan ya había presentado una segunda generación del modelo, pero con el defecto de tener muy poca autonomía en comparación con los vehículos eléctricos de la competencia. Los clientes reclamaban una versión nueva que tuviera más autonomía para poder hacer distancias más largas. La tan esperada presentación de ese coche, planeada para la Feria del Automóvil de Los Ángeles, fue cancelada por culpa del caos que había desatado el escándalo Ghosn. Finalmente, la presentación se hizo con varios meses de retraso sin demasiada pompa y perdiendo por ello una excelente oportunidad.[2]

Mientras tanto, entre todas esas turbulencias, los ejecutivos de Nissan se preocupaban por salvarse las espaldas, especialmente aquellos denominados los «niños de Ghosn»: los que él mismo había contratado y promocionado para formar parte de su estrecho círculo de colaboradores. Ejecutivos y directivos de todos los niveles, como José Muñoz —el directivo español que se suponía que iba a sustituir a Saikawa— empezaron a abandonar Nissan. Algunos fueron destituidos, otros simplemente las vieron venir y saltaron del barco. En cualquier caso, el resultado fue una masiva fuga de talentos.

En septiembre de 2019, diez meses después del arresto de Ghosn, unos diez altos ejecutivos habían abandonado la compañía —la mayoría no eran japoneses—. La lista incluía a dos directores internacionales de la marca premium de Nissan Motor Co., el Infiniti; el jefe internacional de ventas, el jefe internacional de recursos humanos; el diseñador de Infiniti, el jefe internacional de relaciones públicas de la Alianza, el ejecutivo que había liderado el renacimiento de Datsun, ideado por Ghosn como marca de gama baja para los mercados emergentes; y el director de operaciones de Mitsubishi —un ejecutivo que llevaba años en Nissan y que había ido ascendiendo bajo la supervisión de Ghosn—.

«¿Sabes qué pasa con las ratas que no comen? Que tienen hambre y se comen unas a otras», dijo una persona próxima a la dirección de Nissan. «Esto es exactamente lo que pasó, porque la gente temía que algo le iba a suceder. No puedo nombrarlos uno por uno porque fueron muchos».

La purga culminó en septiembre con el despido de Saikawa. Nunca fue una persona popular en Nissan por culpa de su rudo estilo de gestión, pero muchos lo veían como al «niño de Ghosn» más importante. Él mismo había cometido unas irregularidades con su salario que no salieron a la luz hasta que Ghosn, en las sesiones posteriores, habló de puñaladas por la espalda y de recriminaciones dentro de Nissan. Saikawa era, para sus enemigos, el emblema de la podredumbre habiendo sido durante tanto tiempo la mano derecha de Ghosn.

Los accionistas enseguida se pusieron en contra de Nissan, Mitsubishi y Renault; no solo porque el futuro de la Alianza pareciera frágil, sino porque las ventas y los beneficios empezaron a caer en picado, primero en Nissan y, después, en las otras dos compañías de la Alianza. El precio de las acciones de las tres compañías se desplomó y la Alianza se tambaleaba.

Nissan y Renault parecían estar preparándose para el colosal enfrentamiento sobre la futura estructura de la Alianza y sobre quién la controlaría en el caso de que acabara sobreviviendo.

A finales de noviembre de 2018, una semana después del arresto de Ghosn, los altos ejecutivos de Renault y de Nissan se encontraron en persona en la sede central de la Alianza Renault-Nissan BV (RNBV) en Ámsterdam en una reunión que ya estaba programada. Ambas partes intentaron ceñirse a los temas del negocio, pero detrás de una fachada de civismo, la gélida desconfianza impregnaba el auténtico diálogo, aunque las razones de cada una de las partes eran bien diferentes. Los de Renault estaban preocupados por lo que consideraban que había sido un despiadado golpe corporativo, mientras que los de Nissan estaban indignados por los supuestos delitos de Ghosn.

«Podías ver claramente los distintos tipos de reacciones dentro de cada compañía. Las diferencias de posición no hicieron más que empeorar con el tiempo», dijo el ejecutivo. «Conforme iba avanzando el tiempo, aumentaba la decepción de los que estaban en desacuerdo con el arresto de Ghosn. Y quienes estaban decepcionados porque creían que las acusaciones eran ciertas también estaban cada vez más decepcionados».

El principal problema de las semanas siguientes al arresto de Ghosn era el de comunicar a Renault los detalles de sus acusaciones. Nissan quería entregar sus informes directamente a los gerentes de Renault, pero un pez gordo de Renault, dirigido por Thierry Bolloré, estaba totalmente convencido de que se trataba de una conspiración de Nissan y pidió que la entrega se hiciera a través del canal más formal del equipo legal de la compañía. Nissan se negó diciendo que temían que el informe completo fuera censurado o que nunca llegara al equipo directivo, un cuerpo que Nissan consideraba más imparcial.

La comunicación entre los japoneses y los franceses se rompió de golpe.

«Pasamos de las reuniones y de hablar unos con otros a las cartas entre los directores ejecutivos de Nissan y Renault», contó un ejecutivo de Nissan. «Nunca había sucedido nada igual. Era una situación extrema».

. . .

Renault, pillada totalmente desprevenida, necesitaba tiempo para digerir el arresto de su líder. Bolloré y su círculo más íntimo estaban consternados por los ataques agresivos y despiadadamente coreografiados del departamento de relaciones públicas de Nissan contra Ghosn desde el mismo día de su arresto. Muchos de Renault temían que Nissan, que llevaba tanto tiempo resentida por el control de la compañía francesa, quería aprovecharse de la situación para sabotear la Alianza y acabar independizándose.

«Tenían un plan de propaganda masiva. Podría decir un plan de relaciones públicas; pero no, era algo más que eso. Era propaganda», comentaba un asesor de Bolloré sobre Nissan. «Nosotros no teníamos ni idea de qué iba a pasar. Nunca había visto nada igual en los casos de incumplimiento de la ley, especialmente cuando ocurría en los puestos de la alta dirección. Normalmente, emites un comunicado de prensa lo más breve posible e intentas preservar la reputación de las compañías. Todas las actuaciones de Nissan demostraban que tenían un plan para atacar a Renault y también a la Alianza».

Un tema de controversia inicial fue el de cómo sustituir a Ghosn en la presidencia de Nissan. Renault se reservaba el derecho de nombrar a los altos ejecutivos de Nissan según las condiciones del acuerdo de la Alianza. Ahora, sin embargo, Nissan aprovechaba el vacío de poder para rechazar este derecho. Los ejecutivos de Nissan decían que querían tener más poder decisorio en la elección de su próximo presidente. También querían abolir el puesto de presidente global de la Alianza, una función que Ghosn talló a su medida como árbitro final de las tres compañías. Por último, Nissan quería hacer desaparecer poco a poco a Renault-Nissan BV, la sociedad con base en Holanda que con el tiempo se iba convirtiendo en una sociedad holding de esas que Ghosn había ideado para hacer la Alianza «irreversible». Para Nissan, esta empresa era un caballo de Troya para el control de Renault: tenía voz y voto en los asuntos de Nissan y en sus planes de producción, que eran el sustento principal de la compañía.

Quedaba claro que Nissan estaba exigiendo nuevas medidas, el problema era ¿por qué ahora? Los ejecutivos de Nissan decían que los actos de mala conducta de un Ghosn instalado en Renault les llevaban a exigir un replanteamiento de la manera de trabajar habitual. Citando las supuestas fechorías de Ghosn a modo de justificación, vieron la oportunidad de volver a sintonizar la Alianza a su gusto. Pero, desde el punto de vista más escéptico de Renault y desde el de muchos comentaristas externos, el juego de poder de Nissan olía más a un calculado acto final de un golpe de estado a sangre fría que había comenzado con la redada a Ghosn.

¿Era la reelaboración o incluso la disolución de la Alianza el verdadero objetivo final?

Puede que sí. Para los más tradicionalistas de Nissan, cortar con Renault habría sido lo mejor.

• • •

Durante décadas los fabricantes de coches extranjeros han comprado participaciones pequeñas, o incluso mayoritarias, en varios fabricantes japoneses; pero, como modelos de lo que podría venir a continuación para Renault y Nissan, no fueron demasiado prometedoras. En la mayoría de los casos, el pretendiente extranjero acababa abandonando, y no siempre elegantemente. Entre las décadas de los setenta y los noventa, cuando las marcas japonesas aumentaron su asalto de ventas en la «fortaleza de América», los asediados fabricantes de Detroit decidieron lo siguiente: *si no puedes ganarles, cómpralos*. General Motors compró una participación importante en Suzuki, Subaru e Isuzu. Ford compró una participación mayoritaria en Mazda. Y, en el año 2000, DaimlerChrysler —el gigante germano americano que estaba lidiando con su división interna— compró el control de Mitsubishi Motors para crear lo que se esperaba que fuera un gigante de tres patas con bases en Norteamérica, Europa y Asia.

Algunas veces, los participantes extranjeros se abalanzaban para ayudar a los rivales japoneses que estaban en apuros, como hiciera Ford con Mazda. Otras veces, compraban participaciones para poder ver más de cerca la manera de fabricar coches de los japoneses, que parecía que estaban tomando el control del mundo. Pero con la gran recesión todos los socios extranjeros empezaron a reducir sus propiedades o a deshacerse de ellas.

Mazda, que llevaba desde 1979 bajo el yugo de Ford, se puso eufórica en 2008 cuando Ford —que entonces estaba intentando evitar a toda costa la quiebra— redujo su participación mayoritaria en el fabricante japonés del 33,4 % a un escaso 13 %. Hablando sobre la retirada de Ford, una portavoz de Mazda dijo: «Lo que esto significa es que Mazda vuelve a ser una compañía japonesa».[3] Un directivo de Mazda, Takashi Yamanouchi, que luego se convirtió en el primer director ejecutivo de la era posFord, definió el movimiento del fabricante estadounidense como «un regalo caído del cielo».[4]

Mazda intentó entonces marchar a solas, pero eso no duró mucho tiempo. Siendo uno de los fabricantes más pequeños de Japón cayó víctima de la misma presión a la que todos se enfrentaban en la industria: la de tener que hacer una gran inversión en nuevas tecnologías.

Su rentabilidad empezó a disminuir y buscó a otro protector. En el año 2017 encontró a Toyota, que adquirió el 5 % de la compañía de Hiroshima, poniéndola bajo la protección del que era el primer fabricante de coches japonés.

La ruptura más amarga fue sin duda la que se produjo cuando Suzuki demandó a su socia extranjera Volkswagen para obligarle a vender su 19,9 % de participación en Suzuki. VW había comprado su participación en 2009 con un acuerdo muy publicitado que llenó el vacío que había quedado cuando GM vendió la suya. Pero, al cabo de dos años, a Suzuki le molestó lo que dijo que era un programa de adquisición total. El presidente, Osamu Suzuki, que se había casado con un miembro de la familia fundadora y había tomado su nombre, exigió el «divorcio» y criticó a VW por ser un «opresor».

Tras casi cuatro años de disputas legales en la Corte Internacional de Arbitraje, el tribunal se pronunció a favor de Suzuki en 2015. VW fue obligada a vender sus acciones, poniendo fin a una alianza disfuncional que no había conseguido llevar a cabo ni un solo proyecto conjunto. La respuesta del presidente de Suzuki a esa decisión fue: «Me siento aliviado. Es como si me hubieran sacado una espina clavada en la garganta».[5]

El historial de los fabricantes extranjeros que se han asociado con japoneses no es bueno.

Pero desvincular a Nissan de Renault es más fácil de decir que de hacer. Las dos décadas de integración han entrelazado la planificación de productos, la producción industrial, la ingeniería y, sobre todo, la compra de los materiales, desde el acero y el papel hasta las bujías y los inyectores de combustible. Aprovechando el volumen que tienen entre las dos, se han ahorrado más de 100 billones de euros en compras comunes. Las plataformas comunes han sustentado cerca del 70 % de todos los vehículos fabricados por Nissan y Renault. Las dos compañías también comparten el 75 % de sus motores y transmisiones. Aunque esta integración haya alcanzado su punto máximo con rendimientos decrecientes, separar todo esto y dividir los bienes les llevaría años de negociaciones y muchos dolores de cabeza.

La larga y complicada separación de Ford y Mazda es un presagio del difícil y abrupto camino que les espera a Renault y Nissan. Ford empezó a vender su participación en 2008, pero no salió completamente de Mazda hasta 2015. E incluso en el año 2020 las dos compañías seguían compartiendo una planta de ensamblaje en Tailandia.

Es muy difícil llevar a cabo la ruptura y, por eso —por lo menos en sus declaraciones oficiales—, Renault y Nissan se han comprometido a mantener la Alianza. Y, a pesar de que sus relaciones eran algo turbias, a finales de enero de 2019 se produjo un avance clave, cuando Ghosn se vio obligado a dimitir como presidente y director ejecutivo de Renault. Su hombre de confianza Bolloré fue nombrado director ejecutivo y, con la intención de negociar la paz, un hombre externo a la compañía fue nombrado presidente. Ambas partes dieron un paso atrás al problema de la integración «irreversible» y, en vez de eso, se están concentrando en solucionar la maltrecha relación existente entre ellos.

• • •

El nuevo presidente de Renault era Jean-Dominique Senard, quien —al igual que Ghosn— pasó de Michelin a Renault: era el director ejecutivo del fabricante de neumáticos cuando Renault le ofreció el cargo. Pero en muchos sentidos, Senard es la antítesis de Ghosn.

Hijo de un diplomático que viajaba por todo el mundo, Senard es un conocedor consumado del lugar, en línea con el fundador de la Alianza Louis Schweitzer. Cuando a sus casi sesenta y cinco años fue contratado por Renault era uno de los más conocidos en los círculos empresariales franceses, con estrechas relaciones con el gobierno y un linaje de sangre azul. Senard es alto, delgado y elegante, frío y reflexivo —y francés de nacimiento—. Parece algo soso y anticuado, todo lo contrario a Ghosn, que era un extranjero, pero intenso y emprendedor, rebosaba carisma y energía, era más bajito, había nacido en Brasil y tenía raíces en Medio Oriente. Ghosn hablaba con ímpetu, gesticulando generosamente y siempre adornaba sus discursos con una gran cantidad de datos y detalles. En cambio, Senard es más callado y escueto en sus discursos. Mientras que Ghosn podía alterar a los japoneses, Senard parece más tranquilizador.

Senard inmediatamente dio muestras de sus intenciones conciliadoras. Para empezar, acordó no asumir la presidencia de Nissan, sino la vicepresidencia. Saikawa, que había hablado directamente con Senard, esquivando a Bolloré y a otros altos directivos de Renault, fue franco con él cuando expresó la postura de Nissan. Saikawa confesó a Senard que insistir en la presidencia provocaría una conmoción en Japón, entonces Senard entendió aquel consejo y aceptó el segundo puesto. «El señor Senard llegó en un momento en el que ya podíamos volver al debate normal y dejar de lado las confrontaciones políticas», dijo Saikawa.

Senard también acordó con Saikawa dejar en suspenso el tema de la Renault-Nissan BV, la sociedad radicada en Holanda, y mantenerla como foro para decidir los asuntos de la Alianza. Y acordó una nueva estructura: más equilibrada para la Alianza y en la que las decisiones se tomaran por consenso y no se impusieran desde arriba, como había estado haciendo Ghosn. Esa nueva estructura no era la revisión radical que Nissan habría querido, pero por lo menos era un paso en esa dirección. Algunos de Renault tenían sus reservas, pues creían que Senard se había vendido. Pero ya había un nuevo presidente tomando las decisiones.

El 12 de marzo de 2019, Senard y los directores ejecutivos de Renault, Nissan y Mitsubishi se reunieron en la sede central de Nissan en Yokohama —el territorio de los japoneses—, como una muestra simbólica de unidad, y proclamaron un «nuevo comienzo» para la Alianza. Era la primera vez que los líderes de las compañías aparecían juntos en público desde el arresto de Ghosn. En el futuro, dijeron, las decisiones las tomará una nueva junta formada por cuatro miembros: los directores ejecutivos de las tres compañías y el presidente de Renault, Senard.

La nueva junta sustituirá a otros organismos de la Alianza, como son las sociedades de Holanda.

En la conferencia de prensa en la que anunciarían las innovaciones, Saikawa y Senard estaban sentados el uno al lado del otro, en el medio. El director ejecutivo de Renault, Bolloré, y el de Mitsubishi, Osamu Masuki, les flanqueaban, como si fueran observadores externos. Saikawa, que siempre estuvo muy serio, duro y estresado en los meses posteriores al arresto de Ghosn, en ese momento se mostraba aliviado y sonreía de vez en cuando.

«Para la alianza, este comunicado de entendimiento es un gran paso», dijo Saikawa. «Es una verdadera asociación de iguales... Es un enfoque *win-win* basado en el consenso».[6]

La Alianza parecía volver a encarrilarse, al menos durante un tiempo.

• • •

Pero, al cabo de un mes de este comienzo de igual a igual, Senard indignó a Nissan cuando intentó volver a poner sobre la mesa la propuesta de fusión que en su día defendió Ghosn. Era una idea que para los franceses seguía viva y por la que el gobierno presionaba a Senard, igual que había hecho con Ghosn, y cuyo objetivo era asegurarse el control de Nissan. Las conversaciones no prosperaron porque Nissan se opuso en rotundo, pero la propuesta de Senard advertía a Nissan de que, a pesar del espectáculo público dado en Japón, la dinámica fundamental de la Alianza no había cambiado.

«En cierta manera se precipitó demasiado para obtener un buen resultado con el que contentar al gobierno francés, especialmente a Macron», dijo un ejecutivo de Nissan implicado en las negociaciones sobre la estrategia de Senard. «Quiso hacer una tarea honorable para la sociedad francesa, la de convertir la Alianza en irreversible para que tanto Renault como los puestos de trabajo franceses siempre estuvieran a salvo».

El rechazado Senard, que todavía sufría la presión de conseguir un acuerdo exitoso para Renault, hizo entonces otro intento de fusión: esta vez con Fiat Chrysler Automobiles (FCA). Esta compañía se había creado en 2014, después de que el fabricante italiano Fiat se lanzara al rescate de Chrysler Group tras su quiebra en 2009, durante la gran recesión. Combinar Renault y FCA fue otra idea extravagante en la que también había pensado Ghosn. Después, desde Líbano, Ghosn diría que antes de su arresto había estado negociando una fusión con FCA y que esperaba sellar el trato con el presidente de FCA, John Elkann, en enero de 2019. Pero, antes de que eso pudiera ocurrir, Ghosn fue encarcelado. Por alguna razón, las supuestas maniobras de Ghosn con FCA nunca salieron a la luz como causantes del retroceso japonés, y el tema se quedó en el aire.

El intento de Senard de terminar los negocios inacabados de Ghosn golpeó a Nissan, a Japón y a toda la industria del automóvil. Cuando dieron a conocer los primeros rumores de una asociación Renault-FCA, Saikawa dijo que él «no sabía nada» de esas conversaciones.[7] Pero, en mayo de 2019, FCA lanzó la bomba anunciando públicamente una propuesta de fusión «transformacional» en la que participaban al 50 % los dos pesos pesados europeos. A Nissan y a Mitsubishi solo se les mencionaba en las notas al pie, como una especie de reparto de apoyo a los principales protagonistas.

FCA presentó al nuevo gigante de la automoción como el fabricante número tres del mundo, con unas ventas combinadas de 8,7 millones de vehículos, por detrás de Volkswagen y Toyota. Si añadiéramos a este volumen las ventas de Nissan y Mitsubishi, añadió, las ventas globales eclipsarían los quince millones de unidades, lo que les convertiría en el número uno.

Pero esa fusión amenazaba con debilitar severamente la influencia de Nissan. La primera junta directiva de la nueva compañía, por ejemplo, tendría nueve miembros: cuatro de Renault y de FCA, pero solo uno de Nissan.[8] Al mismo tiempo, la nueva sociedad Renault-FCA mantendría su 43,4 % de participación y derecho a voto en Nissan, pero la participación de esta en la sociedad se vería reducida del 15 % al 7,5 %.[9] Nissan estaba a punto de convertirse en el gran perdedor, así como sus directivos, Saikawa y sus subordinados, que no iban a tener ningún derecho decisorio. Era como si Renault estuviera jugando duro con una Nissan cada vez más difícil de gestionar. Si Nissan no aceptaba el trato, Renault se limitaría a buscar otro socio.

Saikawa dijo que él no se oponía abiertamente a esa fusión; de hecho, el tener mayor volumen ahorraría costes tanto a Nissan como a Mitsubishi. Por ejemplo, en el mercado estadounidense, Nissan podría aprovecharse de la exitosa línea de camionetas Ram y de los todoterrenos Jeep, además de las herramientas de tecnología compartida o de versiones insignia Nissan de esos productos de eficacia probada. Pero, a pesar de que Saikawa dijo que su compañía no se opondría abiertamente a la fusión, fue colocando obstáculos en el camino insistiendo en que Nissan se abstendría de votar a favor de la fusión. Y añadió que Nissan necesitaba más tiempo para evaluar las repercusiones de una fusión.

Apenas una semana después de anunciar que habían estado hablando de la fusión, Fiat Chrysler se retiró del acuerdo. El gobierno francés, deseoso de fortalecer su influencia sobre la nueva sociedad, iba retrasando la aprobación del plan. Un punto conflictivo era un tema que había envenenado las relaciones entre Renault y Nissan: los puestos de trabajo. Tanto FCA como Renault estaban soportando una capacidad excesiva de producción; recortar esa superposición era uno de los motivos principales de la fusión, pero ambas partes se resistían a recortar los puestos de trabajo. En una reunión de la junta de Renault para hablar de la fusión, Nissan se mantuvo al margen de la decisión, mientras que los representantes franceses exigían más tiempo. Al gobierno francés también le asustaba la resistencia de Nissan, y FCA comenzó a desconfiar de las desventajas de asociarse con Renault si Nissan no formaba parte de la alianza.

El acuerdo se desmoronó, y FCA culpó directamente al gobierno francés —haciéndose eco de las quejas que durante años Ghosn y Nissan habían manifestado sobre la intromisión del gobierno francés—. «Está claro que actualmente no hay en Francia las condiciones políticas adecuadas para que este tipo de combinación prospere con éxito», dijo FCA en un comunicado emitido para agradecer a Senard, Bolloré, Nissan y Mitsubishi —no al gobierno francés— su «participación constructiva».

«Pensábamos que todos remaban en la misma dirección, pero ni siquiera todos estaban en el mismo barco», recuerda un antiguo asesor de Renault.

• • •

El trato a escondidas de Senard con FCA provocó la reacción inmediata de Japón.

En la reunión anual de accionistas de Nissan en junio de 2019, tres semanas después de que FCA rompiera las negociaciones con Renault, enfurecidos inversores atacaron a Senard por intentar firmar un acuerdo saltándose a Saikawa y condenaron al recién nombrado vicepresidente de Nissan por no tener siquiera acciones del fabricante japonés. Uno de los asistentes, canalizando la desconfianza que se palpaba en la sala, dijo que temía una adquisición extranjera de Nissan y calificó a toda la nación francesa de hipócrita.

«Son realmente muy astutos», dijo un accionista sobre los franceses. «¿Puede comportarse como director de Nissan y no solo como presidente de Renault? Está claro que le gustaría aprovechar la fusión en beneficio de Renault».[10]

Un Senard visiblemente afectado habló en inglés a los 2.800 accionistas a través de un intérprete japonés. En su discurso imploraba insistentemente a los accionistas que confiaran en él. «Jamás se me habría ocurrido ser agresivo con una compañía de la que soy director. Os suplico que me creáis», dijo, añadiendo que «las relaciones entre Nissan y Renault están mucho peor de lo que creía».

Senard defendió que la fusión abortada con FCA beneficiaría a todos los socios de la Alianza, incluida Nissan. «¿Sabéis quién se ha puesto muy contento al enterarse de que se han roto las negociaciones? Todos nuestros competidores del mundo», dijo. «Sabían que, si el acuerdo de fusión hubiera prosperado, habría sido una ventaja muy importante para la Alianza». Y concluyó diciendo: «No hay malas intenciones».

Pero el daño ya estaba hecho. La confianza en el nuevo jefe de Renault ya se había diluido.

Tampoco ayudó nada el hecho de que Senard fuera trasladado de la reunión de accionistas de Nissan con una furgoneta Alphard, de su archirrival Toyota, en lugar de con un vehículo Nissan. Y el insulto se convirtió en un agravio solo cuatro meses después cuando, una vez alejadas de su vista Renault y la Alianza, FCA anunció su fusión con el grupo PSA: el fabricante de vehículos Peugeot y Citroën, y archirrival francés de Renault. FCA y PSA anunciaron su fusión participando al 50 % por ambas firmas, lo que les convertiría en el cuarto fabricante de automóviles más importante del mundo, suficientemente grande para presionar a la Alianza. El grupo resultante de la fusión fue denominado Stellantis; un nombre que tiene sus raíces en el verbo latino *stello*, que quiere decir «brillar con estrellas».[11]

«Senard aparentaba ser un empresario muy razonable y amable», recuerda un alto ejecutivo de Nissan que participó en las relaciones con Renault, «pero en realidad no lo era».

• • •

Al año siguiente de la detención de Ghosn, la Alianza empezó a tambalearse en el limbo, y tanto el rendimiento como las ventas de Nissan empezaron a caer, especialmente en el mercado clave de Estados Unidos. Los beneficios operativos de la compañía cayeron un 99 % en el trimestre de abril a junio de 2019, y de nuevo cayeron un 70 % en el de julio a septiembre. Al final del año fiscal, que acababa el 31 de marzo de 2020, Nissan registró su primera pérdida neta en once años, la peor desde la que sufrió el primer año de Ghosn en la compañía en 1999. A principios del año 2020, los ingresos de Nissan mermaron por la pandemia del COVID-19, cuando los concesionarios de todo el mundo cerraron sus puertas y se obligó a todos los clientes, desde Pekín hasta Los Ángeles, a quedarse en casa durante el confinamiento. Si miramos hacia delante, las previsiones de Nissan para el año fiscal que termina el 31 de marzo de 2021 son las peores de toda su historia.

Pero la realidad es que Nissan ya estaba en una brusca caída antes de la pandemia. El margen de beneficio se había quedado estancado en un robusto 6,3 % en marzo de 2017, cuando Ghosn dejó a Saikawa como único director ejecutivo. Tres años después, Nissan era una casa en ruinas.

Los inversores reaccionaron apresurándose a deshacerse de sus acciones de Nissan. Entre principios de 2019 y marzo de 2020, el precio de las acciones había caído un 55 % de su valor.

El contagio enseguida se extendió a Renault y a Mitsubishi. En el año 2017, cuando Renault estaba todavía bajo el liderazgo de Ghosn, el fabricante francés alcanzó su máximo de ventas de vehículos y de beneficios.[12] Pero en el año 2019, el año en que fue despedido, Renault registró su primera pérdida neta anual en una década.[13] En primavera de 2020, la calificación de los bonos corporativos de Renault se redujo drásticamente al nivel de bonos basura. Mitsubishi, que ya estaba en números rojos antes de la pandemia, también registró su primera pérdida neta en el año fiscal que acaba el 31 de marzo de 2020, y los beneficios cayeron un 89 %. El precio de las acciones entre principios de 2019 y el primer trimestre de 2020 cayó en Renault un 68 %, y en Mitsubishi un 48 %. Fue un cambio de rumbo generalizado.

Ghosn opinaba que la Alianza necesitaba a alguien como él, a una persona fuerte que la mantuviera unida. En una entrevista concedida a *Automotive News* en 2020 desde su casa de Líbano, Ghosn contaba el secreto de su éxito: ser capaz de apaciguar los conflictos de la Alianza que se gestan bajo la superficie.

«Entre 1999 y 2018, nunca se oyó hablar de ningún problema, porque obviamente yo era el que tomaba la decisión final e instalé un espíritu de cooperación entre los extremos. Pero sabíamos que los extremos estaban siempre allí. Que siempre se iban a aprovechar de cualquier situación para hacer que su opinión prevaleciera», dijo Ghosn. «Me acusaron de ser un dictador, pero francamente era quien tomaba las decisiones».

Muchos de sus subordinados le apoyaron, incluso después de su arresto.

«El señor Ghosn tuvo un enorme impacto e influencia en el mantenimiento de la Alianza porque cada compañía tenía diferentes opiniones sobre las decisiones que se debían tomar, y eso provocaba conflictos entre ambas, pero el señor Ghosn era quien resolvía los conflictos y tomaba las decisiones por el bien de la Alianza», dijo un ex alto directivo de Nissan.

A Ghosn no le incomodaba decir que la Alianza no era nada sin él y su visión.

«Pensaban que los que iban detrás de mí podrían dirigir cada una de las compañías y la Alianza como si nada hubiera ocurrido pero, como se ha podido comprobar, estaban muy equivocados», dijo Ghosn en una entrevista para este libro desde Líbano.

Algunos opinan que el mayor fallo de Ghosn, dejando de lado las explosivas acusaciones de mala conducta, fue que nunca se esmeró en formar a un sucesor. Uno tras otro, los posibles candidatos iban despareciendo del escenario mientras Ghosn seguía con el mando del grupo automovilístico.

Patrick Pélata, el número dos de Ghosn en Renault entre 2008 y 2011, había sido señalado como el elegido. Era un gurú del producto, muy querido y con un historial extraordinario en puestos de liderazgo en Nissan y Renault, pero se le obligó a dimitir para proteger a Ghosn tras el escándalo de espionaje falso en Renault, en el que tres empleados fueron erróneamente acusados de revelar secretos a los chinos. Otro aspirante con experiencia en empresas cruzadas era Carlos Tavares, que fue ascendido al segundo puesto en Renault cuando confesó en una entrevista que quería llegar a ser director ejecutivo de Renault. Llegó a ser director ejecutivo, pero del grupo PSA, el fabricante francés que flanqueaba a Renault y se relacionaba con Fiat Chrysler. También en Nissan, el que había sido jefe de planificación, Andy Palmer, estaba siendo formado para el puesto de director ejecutivo, pero también se marchó en 2014 para liderar al fabricante de vehículos deportivos Aston Martin.

A pesar de sus sesenta y cuatro años, Ghosn no mostraba ninguna intención de querer jubilarse; a esa edad fue cuando firmó su renovación por cuatro años como líder de Renault. Toda una generación de posibles líderes se sentía frustrada porque para ellos no había sido trazado el camino hacia la cima.

«Uno de los aspectos que se convirtió en la kriptonita de Ghosn fue su incapacidad para formar exitosamente a sus sucesores», dijo un colaborador de la Alianza que trabajó con él. «No es que no lo intentara. Es porque es muy egocéntrico».

Mientras la Alianza empezó a tambalearse sin él, Ghosn parecía disfrutar viendo los problemas desde la barrera. Ridiculizó el nuevo enfoque basado en el consenso de «gestión de Papá Noel». Calificó la espiral de declive de Nissan como «nauseabunda». Y se mofó del intento fallido de Senard de pactar una megafusión con FCA.

«La Alianza se perdió una oportunidad de oro, que era Fiat Chrysler», dijo Ghosn. «¿Cómo puedes perder esa gran oportunidad de convertirte en el jugador número uno de la industria?».

«Dijeron que querían pasar la página de Ghosn. Está bien, han tenido mucho éxito», continuó. «Pasaron la página de Ghosn porque no han vuelto a crecer. No han vuelto a incrementar sus beneficios. No han vuelto a tener iniciativas estratégicas. No han vuelto a tener ninguna iniciativa, y la Alianza está a punto de desaparecer».[14]

14

LAS UNIONES CON EXTRANJEROS

A PESAR DE HABERSE CONVERTIDO EN UNA POtencia industrial global, Japón, igual que George Washington, sigue manteniendo una visión escéptica de las uniones con extranjeros. Gran parte de su poder económico tras la Segunda Guerra Mundial se debe a su capacidad de hacer negocios internacionalmente, pero esto no es lo mismo que saber trabajar con socios extranjeros. El modelo de exportación de Japón significa que ellos envían electrónica, bienes industriales y especialmente automóviles a todo el mundo, pero el control se mantiene firmemente en la sede central en Japón. Los países extranjeros no son socios potenciales, sino oportunidades de mercado. «En resumidas cuentas, tú puedes tener una compañía japonesa con presencia global pero no puedes tener una compañía japonesa realmente globalizada», comentó un economista japonés hablando sobre la historia de Nissan.

El hecho de tener unas culturas corporativas inflexibles y unas normas estrictas sobre cómo se deben hacer las cosas hace que a las compañías japonesas les cueste mucho asociarse con otras compañías, tanto externas como japonesas. El hecho de que la Alianza Renault-Nissan-Mitsubishi siga adelante se debe, en gran parte, a lo que Ghosn y los ejecutivos de las compañías consiguieron a pesar de los innumerables y costosos desastres a los que se han enfrentado las corporaciones japonesas al intentar asociarse.

No es —únicamente— un caso de patriotismo. Las culturas de las empresas japonesas son rígidas por sí mismas. Las compañías europeas y estadounidenses van cambiando constantemente de propiedad y de dirección estratégica, y los empleados han de ser capaces de adaptarse a la manera de funcionar de una nueva compañía cuando cambian de trabajo. Si bien en Japón la situación está empezando a ser algo más fluida, este tipo de avances sigue siendo una excepción. Las empresas siguen funcionando igual que siempre, y la mayoría de los trabajadores se quedan con su primer empleador durante toda su carrera profesional. Por consiguiente, las compañías y los trabajadores tienen pocas posibilidades de conocer otros modelos de empresas diferentes, tanto propias como externas. Un ejecutivo de Nissan probablemente tendría los mismos problemas para mudarse a Toyota como a General Motors. Pocos lo han intentado.

Otro problema para la Alianza fue su modelo de socios igualitarios. Si miramos en todo el mundo, este tipo de «fusiones de iguales» está entre los más difíciles de gestionar, y algunos expertos opinan que en realidad no existen. «En general, entre las compañías enseguida surgen notables diferencias que confirman que la verdadera igualdad entre ellas no existe», escribió Mitch Berlin, de la firma de consultoría Ernst & Young, en un informe de 2017. «Y, cuando dos trabajan fervientemente para convertirse en uno, las percepciones, las fuerzas y las debilidades divergentes se manifiestan en cada cambio».[1] Estos problemas, que ya son de por sí bastante difíciles cuando se trata de una única cultura y un único lenguaje, se multiplican en el caso de la Alianza Renault-Nissan, que opera internacionalmente, con una diferencia horaria de ocho horas y tres idiomas: el francés, el japonés y el inevitable uso del inglés como un compromiso que no agrada a nadie.

• • •

Los primeros intentos de Japón de establecer acuerdos internacionales surgieron de un gran impulso de las inversiones en el extranjero en la década de los años ochenta, cuando los enormes beneficios y el incremento de la valoración de los activos internos dieron a las compañías japonesas la capacidad financiera para mirar hacia el exterior. Los resultados de aquellas primeras incursiones en el imperio global no fueron demasiado alentadores, y las historias de algunos de estos fracasos se hicieron populares entre las empresas japonesas. Por ejemplo, en 1989, la compañía inmobiliaria japonesa Mitsubishi Estate se hizo con el control del Rockefeller Center de Nueva York. (Confunde el hecho de que muchas empresas lleven el nombre de Mitsubishi como parte de su historia en el conglomerado multinacional Mitsubishi, cuando hoy en día funcionan de manera independiente).[2] El precio de 1.400 millones de dólares[3] que pagó por el icónico complejo de oficinas situado en el centro de Manhattan se basó en unos cálculos internos de que los alquileres de oficinas en el mercado se triplicarían. Este precio habría sido razonable para Tokio, donde la burbuja inmobiliaria estaba experimentando un boom sin precedentes —la misma burbuja que estalló al año siguiente, en 1990—, pero en un mercado más volátil, como era el de Nueva York, era una premisa poco realista.

La realidad resultó ser aún peor que lo previsible. El mercado de las oficinas de Nueva York, en lugar de subir, tuvo una de sus peores caídas, y en el año 1995 el precio del Rockefeller Center era la mitad que en 1989. En aquel momento, el mercado de Tokio también experimentó una de sus peores caídas (del 80 %), y la inmobiliaria Mitsubishi Estate quiso salir a toda costa y dejó de cumplir con la hipoteca de propiedad, entregando así uno de los edificios más famosos de Norteamérica a sus propietarios. La humillante retirada de Mitsubishi no supuso la catástrofe total para la compañía, que después iría progresando al invertir cuidadosamente en las propiedades de alta gama de un territorio que les era más afín, como era el centro de Tokio. También consiguió mantener la propiedad de dos de los edificios más valiosos del Rockefeller Center que recuperarían su valor, aunque no por muchos años.

Con la misma ansia de propiedad, el diseñador japonés de campos de golf Minoru Isutani adquirió el famoso campo de golf Pebble Beach en Monterey, California, en septiembre de 1990 por 841 millones de dólares, a pesar de que las estimaciones de los analistas fijaban el precio real de la propiedad alrededor de los 600 millones. Con esta compra, que se hizo justo después de la del Rockefeller Center, surgió el temor a una conquista económica de Estados Unidos emprendida por los ricos japoneses, capaces de ignorar la etiqueta del precio debido a su riqueza en expansión. Un espíritu antijaponés alcanzó su punto álgido más o menos en esa misma época, cuando las importaciones de automóviles japoneses amenazaban el futuro de los tres grandes de Detroit.

De hecho, el japonés Isutani estaba muy endeudado y, cuando vio que su plan de convertir el Pebble Beach en un club solo para socios era rechazado, lo vendió justo dos años después de comprarlo con una pérdida del 40 %. El nuevo comprador fue otro grupo japonés que tuvo mucho más cuidado en la gestión de la propiedad y consiguió venderlo a unos inversores norteamericanos en 1999 obteniendo beneficios por ello.

Sony Corp. también lo pasó mal con su adquisición en 1989 de la productora cinematográfica Columbia Pictures, uno de los estudios más famosos de Hollywood, por 3.400 millones de dólares y su posterior pérdida del 80 % de su valor. Harold L. Vogel, analista de Wall Street, dijo en ese momento: «Esperaban que fuera la gallina de los huevos de oro y, en cambio, se encontraron con unas operaciones que perdían dinero. Decir que esto no es lo que esperaban es la expresión más utilizada de los últimos cinco años».

Estos son los fracasos más notables de aquella época, pero hubo muchos más. Un análisis realizado por la empresa japonesa Nomura Research Co. en 1994 calculó que, en tan solo una década, los inversores japoneses habían perdido unos 320.000 millones de dólares con sus adquisiciones en Estados Unidos; especialmente en el mercado de bonos cuando el dólar perdió valor frente al yen.[4]

Las razones de este triste historial fueron múltiples y variadas. Como hemos visto en los acuerdos de Mitsubishi y de Sony, el problema radicaba en no saber dónde se estaban metiendo: Mitsubishi Estate no conocía el mercado, y Sony no entendía el volátil mundo del cine. Y todo ello se agrava con el problema del idioma. Hay pocos ejecutivos japoneses que hablen bien inglés, y menos aún en las empresas tradicionales. Este desconocimiento del idioma les impide tomar decisiones bien fundamentadas, ya que pocos son capaces de entender la gran cantidad de análisis financieros que están disponibles para quienes hablan inglés. Esto quiere decir que, generalmente, los angloparlantes del grupo tienen un excesivo poder decisorio. A su vez, están siendo presionados por los asesores financieros dispuestos a cobrar altos honorarios si el acuerdo se lleva a cabo, pero ganan poco —o nada— si el cliente abandona las negociaciones.

• • •

Tras una década de fracasos, las empresas japonesas abandonaron el escenario global a finales de 1990; en parte, porque tenían muchos problemas en su país. De todas formas, volverían, a principios de los 2000, después de sanear sus balances y amasar una enorme reserva de efectivo. Como dijo en una entrevista un alto ejecutivo japonés: «No importaba que quisiéramos ser o no internacionales. Con una economía doméstica en contracción no teníamos otro remedio». Y entonces volvieron a comprar. Entre 2005 y 2019 se quintuplicó el valor total de las inversiones en el extranjero de las firmas japonesas, siendo Estados Unidos el mayor beneficiario de esta tendencia. En el año 2019, Japón era el mayor inversor extranjero en Estados Unidos, con un total de 645.000 millones de dólares, lo que supone un incremento del 168 % respecto a los diez años anteriores.[5]

Había un problema persistente: la creencia entre los bancos extranjeros de que las compañías japonesas eran demasiado blandas y estaban dispuestas a pagar más de lo normal. Los honorarios solían fijarse en función del valor del trato, lo que beneficiaba prácticamente a todos los que participaban en la negociación —excepto, por supuesto, a los accionistas de los compradores japoneses—. Y vinieron otros fracasos: en 2015, Japan Post Holdings, la compañía nacional de correos que es también el mayor banco de Japón y un grupo asegurador, invirtió 5.100 millones de dólares en la compra de Toll Holdings, una compañía de logística de Australia. Al cabo de dos años tuvo que amortizar 3.600 millones de dólares.[6] En el año 2006, Toshiba Corp. pagó 5.400 millones de dólares por el fabricante de reactores nucleares estadounidense Westinghouse Electric C., sin comprender bien la magnitud de la mala gestión realizada respecto a dos grandes proyectos que llevarían a la ilustre empresa estadounidense a declararse en quiebra en 2017.[7]

Aunque estos acuerdos deficitarios demostraron que las firmas japonesas solían ser demasiado ingenuas, la nueva ola de adquisiciones también produjo notorias historias de éxito. Entre otras destaca la acción ultrarrápida del Mitsubishi UFJ Financial Group (MUFG), el grupo bancario más grande y rentable de Japón, en el momento álgido de la crisis financiera global en 2008, de adquirir una participación en el banco de inversión estadounidense Morgan Stanley. Mientras Lehman Brothers estaba cayendo en la bancarrota, la mayor en la historia de Estados Unidos, Morgan Stanley estaba buscando desesperadamente a un salvador, y los bancos de la Corporación de Inversión China (CIC) estaban haciendo una *due diligence* para un posible acuerdo. El repentino interés del MUFG fue visto con cierto escepticismo en las altas esferas. Según nos dijo Andrew Ross Sorkin,[8] cuando el director ejecutivo de Morgan Stanley, John Mack, le contó al secretario del Tesoro de Estados Unidos, Henry M. Paulson, que estaban hablando con el MUFG, Paulson respondió en tono mordaz: «Vamos, hombre. Tanto tú como yo conocemos a los japoneses. No van a hacerlo. Ellos jamás actuarían tan rápidamente».

Pero lo hicieron, y diez años después su inversión inicial de 9.000 millones de dólares por el 9,9 % de Morgan Stanley valía unos 24.000 millones, sin contar el flujo regular de dividendos, estimado en otros 4.000 millones de dólares.[9] Ese acuerdo también supuso lo que se considera que es el mayor cheque bancario jamás emitido.

Tal era el pánico en aquel momento que Morgan Stanley quiso el dinero inmediatamente para ayudar a prevenir una caída de sus acciones. Pero, debido a que era festivo, las transferencias interbancarias que se solían utilizar para mover miles de millones no estaban disponibles. Así pues, el MUFG extendió rápidamente un cheque de 9.000 millones de dólares que fue entregado en mano a Morgan Stanley en Nueva York. Esta acción por sí misma plantea la pregunta de quién o qué sociedad, excepto un banco japonés, podía tener a mano 9.000 millones de dólares para hacer frente a un imprevisto.

Pero los fabricantes de automóviles japoneses son los que tienen mayores historias de éxito duradero en el mercado estadounidense, con unas inversiones a gran escala repartidas por todo el país. Estas inversiones han servido para demostrar que las grandes operaciones, con un gran coste inicial y en las que están en juego miles de puestos de trabajo, son capaces de superar las barreras culturales. La primera fábrica de automóviles japonesa en Estados Unidos fue la que Honda abrió en Marysville, Ohio, en 1982. Sin embargo, la mayoría de ellas están situadas en estados confederados no sindicalizados, para evitar los traumáticos conflictos que los fabricantes de coches de Estados Unidos han tenido con el sindicato United Auto Workers. Nissan dio el paso decisivo en 1983 abriendo una planta en Smyrna, Tennessee, la más grande de Norteamérica.

A pesar del empeño mostrado por Ghosn para tener una mayor participación en el mercado norteamericano se convirtió en un punto de fricción clave, no era el único que pensaba que Estados Unidos era un mercado vital para el éxito.

Toyota comenzó a fabricar en Estados Unidos a través de una sociedad conjunta con General Motors en la planta NUMMI de Fremont, California, adquiriendo valiosos conocimientos sobre cómo hacer que los trabajadores norteamericanos pensaran y actuaran como sus homólogos en Japón. Los trabajadores de la fábrica de General Motors eran considerados los peores de la industria, pues registraban un alto nivel de absentismo, conflictos laborales crónicos y una producción de baja calidad.

Pero eso no frenó a Toyota. Envió a los trabajadores hasta Japón para darles la formación y el adoctrinamiento adecuados. Eso fue una experiencia muy reveladora. La fábrica se convirtió en un modelo de éxito, que sería imitado como prueba de que a los trabajadores estadounidenses se les podía inculcar la misma ética laboral que tienen los trabajadores japoneses si se les dirige adecuadamente.

Fue un hito importante que demostró a los japoneses que podían fabricar en el extranjero sin tener que sacrificar la atención a la calidad, que los distinguía. También ayudó a aliviar —aunque no a eliminar— la fricción comercial que había entre Estados Unidos y Japón. La polémica invasión de los vehículos japoneses empezaría a dejar paso a la tan codiciada invasión de la inversión japonesa. La planta de fabricación de automóviles NUMMI continuaría haciendo historia hasta que las dos compañías decidieron cerrarla en 2009, pero encontró una nueva vida como planta de fabricación de Tesla.

También es algo evidente el interés que tienen los japoneses en el «largo plazo». Cuando la fábrica de Honda estaba todavía en construcción, Shoichiro Irimajiri, presidente de Honda of America Manufacturing, admitió de forma inusual que se esperaba que la planta perdiera dinero, pero que igualmente seguían adelante con la construcción. «No hay otra explicación a esta decisión que un compromiso con nuestra filosofía corporativa, que nos dice que para atender al mercado norteamericano tenemos que comprometer nuestros recursos en fabricar en Norteamérica».[10]

Fue una afirmación de la visión corporativa japonesa y admitía algo que pocos directores ejecutivos estadounidenses podrían hacer. Y, como la mayoría de las estrategias corporativas japonesas, formaba parte de un plan de mayor envergadura. En el año 2019 los fabricantes de coches japoneses instalados en Estados Unidos tenían 93.600 trabajadores en total, con otros 250.000 empleados en empresas relacionadas, como son los proveedores. En total, las cifras de la industria muestran que la inversión directa desde 1982 asciende a 51.000 millones de dólares.[11] Con toda esa inversión se han creado

24 plantas de fabricación, 45 centros de diseño, investigación y desarrollo, y 39 centros de distribución en 28 estados. Ha sido una historia de éxito para todos los participantes y ha jugado un papel fundamental en el refuerzo de la presencia japonesa en el mercado.

Pero los premios a las mejores, y peores, inversiones de Japón no provienen de la industria del automóvil. Ambos recaen en la misma persona: el extravagante empresario tecnológico Masayoshi Son. Nacido en el sur de Japón y de padres coreanos, Son invirtió 20 millones de dólares a principios de los 2000 en la recién creada página china de compras online Alibaba. En el año 2020, después de haber vendido parte de su participación inicial del 34 %, sus participaciones tenían un valor estimado de 150.000 millones de dólares, lo que representa un rendimiento de un 749.900 %. Este éxito singular ha permitido a Son cometer otros muchos pecados; el más notable, WeWork: la compañía de espacios de trabajo compartidos que en su día alcanzó grandes cotas de mercado. Son invirtió 13.500 millones de dólares, para amortizar 6.600 millones de dólares de su valor en abril de 2020.[12] «Fui un insensato», dijo respecto a la inversión después de su amortización.[13] Pero esto no era nada para Son. Se calcula que, cuando estalló la burbuja de las puntocom en el año 2000, Son perdió 70.000 millones de dólares. No es de extrañar que Son lleve el concepto japonés del largo plazo a una nueva dimensión: su principal compañía, el operador de telefonía móvil SoftBank, tiene un plan estratégico a trescientos años vista. Él sigue siendo una de las personas más ricas de Japón.

• • •

Los problemas a los que se enfrentan las firmas japonesas en el extranjero palidecen si los comparamos con los que se encuentra una firma extranjera que quiera invertir en Japón. En teoría, hay muchas oportunidades para las empresas extranjeras que deseen instalarse en este mercado bien asentado, seguro y potencialmente muy rentable. Mientras que la economía crece a un modesto ritmo del 1% al 2% —una cifra que estaba a la cola de las grandes economías, pero con la que ahora se ha identificado el mundo occidental—, hay cientos de compañías rentables que poseen una valiosa propiedad intelectual y grandes reservas en efectivo que harían extraordinariamente rentable cualquier adquisición. Además, con un tipo de interés de casi el cero por ciento, todo esto se podría hacer con «dinero ajeno». Sin embargo, todo ello no ha sido suficiente para atraer capital extranjero. En el año 2018, el valor de las inversiones extranjeras en Japón sumaba un total de 205.000 millones de dólares; lo que le situaba en la posición veintitrés del mundo, por detrás de Polonia. Estados Unidos ocupa el primer puesto con 7,43 billones de dólares en inversiones extranjeras.[14]

Los que invierten en Japón se quejan de muchas cosas, pero prácticamente todas las quejas se reducen a una diferencia básica. Mientras que el capitalismo de libre mercado recompensa a aquellos que compran barato y venden caro, la visión de los japoneses es diferente. Según ellos —lo cual no quiere decir que sea universal en el comercio japonés—, es mejor obtener un beneficio que sea razonable y crear unas buenas relaciones a largo plazo, porque siempre vas a necesitar a tu socio en algún momento en el futuro. En este mundo cooperativo, la idea de una «opa hostil» es un concepto que no existe.

Pero, como existe la posibilidad de comprar compañías japonesas a una fracción de su valor potencial, algunos se han atrevido a hacerlo.

Uno de los primeros, y el más controvertido, fue T. Boone Pickens, de Texas y conocido como «el hombre del petróleo» (en la jerga previa a la conciencia de género), quien llevó su estilo del salvaje Oeste a Japón en 1989, convirtiéndose en el mayor accionista del fabricante de faros Koito Manufacturing, proveedor de Toyota. Pickens se hizo con el control del 26% de la compañía que, según dijo, le costó mil millones de dólares. Se hizo cargo de la compañía, exigiendo un asiento en el consejo de administración y cambios en las operaciones para incrementar la rentabilidad. Pickens acusó a Koito de estar al servicio de Toyota por ser su cliente principal y de que el fabricante de coches utilizaba lo que se conoce como «monopsonio» (lo contrario a un monopolio) para obligarle a que le entreguen sus productos al menor precio posible.

Koito acusó a Pickens de que no buscaba nada de eso. Que lo que Pickens quería era un *greenmail*: una táctica de adquisición en la que un tiburón corporativo exige a gritos un cambio y, después, calladamente vende sus acciones por un precio superior para irse. La saga se convirtió en un elemento importante en la disputa comercial entre Estados Unidos y Japón, con los miembros del congreso muy felices de ponerse del lado de Pickens contra un supuesto monolito japonés. Fue entonces cuando los políticos, los líderes empresariales y los sindicatos estadounidenses se unieron todos en torno a la idea de «una amenaza de Japón», presagiando el conflicto entre Estados Unidos y China que ocurriría treinta años más tarde.

Dos años después de su llegada, Pickens declaró a viva voz que abandonaba, escribiendo un artículo de opinión en el *Washington Post* en el que decía, razonablemente, que la estructura de *keiretsu* de Japón de compañías entrelazadas creaba un cártel que hacía felices a las corporaciones, pero los consumidores pagaban unos precios inflados. Pickens lo definió como «el dominio prácticamente feudal de inmensas redes de proveedores y trabajadores».[15] Era sin duda una de las razones por las que los consumidores japoneses pagaban los precios casi más altos del mundo —los precios han estado bajando constantemente desde 1990, cuando la competencia se convirtió en una realidad y dejó de ser una mera formalidad—.

Al final, Pickens contribuyó poco a la causa de la apertura de Japón al extranjero. Aunque Koito, que conocía perfectamente las normas, no estaba dispuesta a entrar en el juego americano, contrató a una poderosa firma de relaciones públicas de Estados Unidos para que le ayudara a exponer su caso al estilo americano que habían aprobado. El tejano, sin embargo, se había quedado un poco corto en su propia *due diligence*. Dijo que había comprado las acciones a un inversor japonés contrariado que estaba buscando un cambio, pero enseguida se supo que las acciones eran propiedad de uno de los hombres más ricos de Japón, con una gran cantidad de propiedades inmobiliarias en Hawái y en otros lugares, y con algún que otro negocio turbio. Cuando eso se descubrió, la opinión pública de Japón se volvió más en contra de Pickens. El socio japonés acabó siendo arrestado diez años después por supuestamente ayudar a algunos jefazos del crimen organizado en negociaciones fraudulentas.[16]

Tampoco fue demasiado exitosa la llegada más sofisticada del grupo de telecomunicaciones británico Vodafone en 1999. Vodafone era en aquel momento el operador de telefonía móvil más importante del mundo, con experiencia en más de veinte mercados alrededor del mundo. Entonces, el líder del mercado de la telefonía móvil japonesa que estaba creciendo rápidamente era NTT DoCoMo, compañía subsidiaria de la empresa pública NTT (Telégrafos y Teléfonos de Japón). A pesar de que en aquel tiempo NTT tenía una ventaja local como una de las compañías más grandes de Japón, Vodafone predijo con toda seguridad que «se convertiría en un agente muy importante en la rápida expansión del mercado de la telefonía móvil».[17]

La realidad fue muy diferente. La marca japonesa J-Phone adquirida por Vodafone tenía muchas desventajas técnicas en el espacio de banda ancha que se le había concedido, otra muestra de cómo resultaban necesarias esas relaciones prolongadas con los políticos para obtener resultados. Además, la sede central de Vodafone hizo unos cálculos desmesurados de cuánto dinero podría hacer en Japón y cuánto tardaría en conseguirlo.

Se dice que un exdirectivo de Vodafone dijo que, mientras Londres presionaba para obtener mayores beneficios, cometió el clásico error de enviar a Japón a ejecutivos foráneos «culturalmente insensibles» que apenas tenían conocimientos del mercado. «Los ingenieros y los directivos japoneses sabían cuáles eran los problemas de la compañía pero, como se les disuadía de decir nada, guardaban silencio», dijo en relación con un informe de la embajada estadounidense que después fue revelado en una filtración.[18] Vodafone tiró la toalla en 2006 vendiendo su operación en Japón al SoftBank de Son con unas pérdidas de 8.600 millones de dólares.[19]

• • •

Por desgracia, esto es lo que suele pasar cuando se juntan jefes extranjeros con trabajadores japoneses de nivel medio, cuando hasta en las reuniones más rutinarias se topan con problemas por culpa del idioma y diferencias culturales sobre las expectativas. En algunos casos, los directivos japoneses planifican su propia estrategia sin tener en cuenta las ideas de sus socios extranjeros. Un ejecutivo extranjero encargado de planificar la fusión con una compañía japonesa durante los años noventa contó que, cuando llegó a las oficinas de la compañía japonesa, se encontró a todo el equipo directivo reunido. Al preguntarles qué estaban haciendo, le dijeron que estaban trazando la estrategia de la fusión. Cuando él les respondió que ya la habían elaborado juntos durante la semana, la respuesta de los japoneses fue: «Esta es realmente la que vamos a seguir».

Siempre se ha sabido que desarrollar buenas relaciones comerciales en Japón es un tema difícil y de largo recorrido. En aquella época, realizar un esfuerzo de ese tipo no valía la pena y, para los grandes inversores, Japón estaba ya fuera de su radar. Aunque el número de fusiones con compañías extranjeras había aumentado, el dinero que entraba en Japón seguía siendo minúsculo en relación con el tamaño de su economía. Entre 2005 y 2012, el total de las inversiones representaba el 0,17 % de su PIB. El porcentaje en Estados Unidos era diez veces mayor, y en el conjunto de los países desarrollados de la OCDE era veinte veces mayor.[20] Además, la subida del yen —a pesar de que la economía languidecía— también contribuyó a la reducción de las inversiones extranjeras, ya que las veían menos atractivas.

La situación no cambiaría de una manera significativa hasta el año 2012, cuando Shinzo Abe fue nombrado primer ministro por segunda vez y prometió restituir a la economía de Japón su gloria del pasado.

Se embarcó en un programa económico denominado los Abenomics (una palabra híbrida de *Abe* y *economics*). La «flecha» principal —como le gustaba decir— de sus políticas económicas implicaba la compra de activos financieros por el banco central de Japón: el Banco de Japón. En el año 2018, los activos del Banco de Japón eran iguales al PIB de todo el país. Poseía casi la mitad del total de bonos gubernamentales japoneses, y era el mayor inversor en los mercados de fondos de inversión cotizados (ETF) y fideicomisos inmobiliarios.

Cuando Abe llegó al poder, las acciones valían la mitad de lo que valían en 2007, justo antes de la crisis financiera global. Por todas partes había ofertas; hasta las compañías japonesas de primera línea vendían por menos del valor de liquidación los activos que poseían. Al mismo tiempo, las participaciones cruzadas se habían reducido, por lo que los inversores más interesados en la rentabilidad que en los vínculos a largo plazo de los *keiretsu* eran los que tenían más acciones. Gracias a la mejora del gobierno corporativo y al nuevo sentido del respeto por la rentabilidad para los accionistas, el mercado japonés recuperó su atractivo, especialmente para los titanes extranjeros de capital privado. Esta vez, en lugar del estilo cowboy de T. Boone Pickens, lo que imperaba eran los trajes a medida de los que trabajaban en Blackstone Group, KKR y Elliott Management.

Tuvieron un comienzo difícil. Tenían fama de desmantelar a las empresas que compraban para ganar un beneficio rápido y, por eso, a estos fondos extranjeros les denominaron *hagetaka*, que en japonés significa «buitres».[21] Los primeros esfuerzos provocaron algunas batallas importantes. Por ejemplo, la compañía Steel Partners de Nueva York perdió su batalla de conseguir un cambio en la dirección de Sapporo,[22] una de las grandes cerveceras de Japón, y acabó vendiéndola en 2010.[23] Cerberus Capital Management también perdió su apuesta en 2015 de reestructurar las operaciones del conglomerado Seibu, una empresa que tiene sus principales áreas de negocio en hoteles, ferrocarriles y el sector inmobiliario.[24] El fallo del grupo estadounidense fue sugerir a Seibu que cerrara una línea de tren que estaba perdiendo dinero y que transcurría por una zona turística del norte de Tokio. Aprovechando esa oportunidad, Seibu consiguió ganarse el apoyo de los alcaldes de las pequeñas ciudades por las que pasaba el tren para hablar de las consecuencias catastróficas de la desaparición de la línea.[25] Cerberus recibió una tormenta de titulares negativos durante varios días.

Pero los extranjeros aprendieron la lección y cambiaron las batallas importantes por discusiones más discretas, a las que estaban acostumbrados los japoneses. En el año 2019 el fondo de inversión de Estados Unidos ValueAct Capital trabajó con el grupo de equipos médicos Olympus, que previamente había sido golpeado por un escándalo,[26] consiguiendo sentarse en el consejo de administración y realizar una transformación en la empresa que hizo subir drásticamente sus acciones. No importó que en ese momento la mayoría de los miembros del consejo de Olympus fueran externos que se preocupaban más por los accionistas que por las vacas sagradas que había dentro de la compañía.

Elliott consiguió convencer a Masayoshi Son y a su SoftBank de que vendiera parte de su enorme participación accionarial para recomprar acciones y pagar la deuda en marzo de 2020.[27] Eso hizo que las acciones subieran un 55 % en tan solo una semana y que Elliott consiguiera un limpio beneficio. Pickens habría estado orgulloso de ello.

Todo ello contribuyó a aumentar la inversión extranjera que buscaba nuevas ofertas. Además, también ayudó el hecho de que los bancos centrales de todo el mundo estuvieran ahora siguiendo el liderazgo del Banco de Japón e inyectaran dinero en sus propias economías, impulsando el rendimiento de los bonos en la mayoría de los mercados.

• • •

Pero, justo cuando parecía que todo iba bien, Japón empezó a echarse atrás. A principios de 2020 el gobierno ajustó de una manera brusca y repentina las normas sobre las compras extranjeras en industrias consideradas estratégicas. Bajo las nuevas regulaciones, cualquier compra de más del 1% en una compañía considerada estratégica estaría sujeta a una evaluación previa,[28] y el gobierno había definido una franja bastante ancha. Entre los sectores a los que pertenecían las compañías consideradas estratégicas estaban defensa, aviación, ferrocarril, tecnología y telecomunicaciones (las compañías de equipamiento médico y las farmacéuticas fueron añadidas durante la pandemia del COVID-19). En total, el 14% de las compañías de la lista estaban cubiertas por las nuevas normas.

Podría ser que el gobierno japonés tomara las nuevas medidas restrictivas para evitar posibles ataques sorpresa por parte de las compañías chinas, cada vez más poderosas. Evidentemente, esta acción también dio un respiro a las juntas directivas atrincheradas para evitar la posibilidad de fusionarse con los malvados extranjeros. Y, sí, Nissan —además de otros grandes fabricantes de automóviles— está en esa lista.

15

PROBLEMAS A LA VISTA

¿CÓMO ES POSIBLE QUE CARLOS GHOSN, UNO DE los ejecutivos más populares y respetados del mundo, supuestamente estafara durante tantos años a Nissan Motor Co., una de las compañías más conocidas y prestigiosas del mundo, sin que nadie se enterara? ¿Dónde estaban las auditorías, la supervisión del consejo, la red de seguridad del cumplimiento normativo? En cuanto se hicieron públicos los cargos contra Ghosn, todos empezamos a hacernos estas preguntas que también desconcertaban a los analistas.

Después de su arresto, una de las prioridades de Hiroto Saikawa fue la de averiguar cómo había podido suceder eso. Creó lo que Nissan denominó un «comité especial independiente» de directores y figuras respetadas del mundo de la empresa para acabar con la corrupción y proponer una estructura más sólida de gobierno corporativo, a fin de evitar que se volviera a repetir lo ocurrido.

Fue un cometido difícil para Saikawa, un hombre que llevaba toda la vida en Nissan, que había llevado a Ghosn hasta la cima de la compañía y cuya firma aparecía en varios de los principales documentos de las alegaciones contra Ghosn. Saikawa era una persona de extremos —tanto para los japoneses como para los extranjeros—.

Decía de sus detractores que eran unos maniáticos atrasados y nacionalistas de la vieja guardia con ganas de descomponer la Alianza. Los que le defendían le consideraban una persona pragmática centrada en su trabajo; su falta de sentimentalismo le convertía en un líder clarividente y muy efectivo. En cambio, sus detractores consideraban que su estilo de liderazgo era frío, terco y arrogante. Tuvo que cargar con la mochila de ser el prototipo de «niño de Ghosn». Incluso durante todo el tiempo que duró la disputa con Renault, los subordinados de Saikawa jamás supieron cuál era su opinión sobre una posible fusión.

Para muchos trabajadores de Nissan, Saikawa era parte del problema, no la solución.

«Por la mañana podía ser un ferviente defensor de Nissan y, por la tarde, decir que no podíamos luchar contra Renault», dijo de él un antiguo directivo de Nissan. «Saikawa nunca se posicionaba. Esa era una de las razones por las que no podíamos confiar en él».

Y, sin embargo, como todavía era el director ejecutivo, ideó un plan hacia la salvación solucionando los problemas en la gestión corporativa que atormentaban a Nissan. Inyectaría transparencia y compromiso, reforzaría la supervisión, reactivaría los beneficios de la compañía y restauraría las relaciones rotas con Renault. En definitiva, Saikawa —que estaba a punto de jubilarse porque ya tenía sesenta y cinco años— pretendía salvar a Nissan de su peor crisis en veinte años. Después cedería el mando de la compañía a una generación más joven de directores ejecutivos y navegaría hacia el ocaso dorado.

O, por lo menos, ese era su plan.

. . .

El comité especial de Nissan regresó con su informe sobre el escándalo de Ghosn en marzo de 2019. El comité dibujó una imagen mordaz de Ghosn, la de un tirano que dominaba sobre una Nissan disfuncional como si fuera su feudo personal. Hablaba de que había filiales dudosas, documentos falsificados y unidades de negocio hábilmente compartimentadas controladas por agentes de confianza. Describía cómo Ghosn supuestamente había maniobrado con pocos controles o contrapesos en un mundo de reuniones de juntas directivas que le aprobaban todo y de auditores que eran sus perritos falderos.

El informe, elaborado a lo largo de varios meses —pero sin entrevistas a Ghosn o a Kelly—, decía que Ghosn no tenía ninguna «ética como director» y mantenía que «la causa fundamental de sus irregularidades era que toda la autoridad se concentraba en el señor Ghosn».[1]

Hasta junio de 2018, que fue cuando por fin Nissan nombró a sus primeros directores externos independientes, las reuniones de la junta duraban menos de veinte minutos. A Ghosn no le gustaba nada responder preguntas o escuchar opiniones de otras personas y tenía tendencia a marginar a los «fastidiosos» auditores, decía el informe. Sociedades como Nissan-Mitsubishi BV (NMBV), la *joint venture* entre Nissan y Mitsubishi con base en Holanda, o Zi-A Capital BV, la sembradora de startups que pagó la casa de Ghosn, funcionaban como cajas negras cuyos movimientos internos no podían ser vistos desde afuera. El fondo de reserva para el director ejecutivo —fuente del sospechoso flujo de dinero, las denominadas rutas saudí y omaní, a Oriente Medio— era bastante opaco, decía el informe, aunque Ghosn insistía en que requería múltiples firmas y no era una cuenta corriente personal.

«El señor Ghosn fue en cierto modo divinizado en Nissan como el salvador que había redimido a la compañía de la quiebra, y sus actividades eran consideradas un territorio impenetrable», decía la página treinta y dos del informe. Su conclusión: Nissan había sufrido una «cultura corporativa en la que nadie puede ponerle objeciones al señor Ghosn».

El comité especial recomendó entonces hacer una reforma completa de la estructura corporativa para mejorar la transparencia y el control. Entre las sugerencias estaba la de abolir el fondo de reserva para el director ejecutivo y crear un puesto de presidente no ejecutivo. La junta de administración seguiría teniendo un presidente, pero esa persona sería un director que se encargaría de dirigir las reuniones y no tendría influencia sobre las operaciones importantes de la compañía como la tenía Ghosn.

«En Nissan, la misma persona ejercía como líder de la gestión y líder del cuerpo supervisor. Pero ahora sabemos que esta estructura es la que llevó a Ghosn a cometer sus irregularidades», dijo en ese momento un miembro del comité especial. «El presidente de Nissan solía llevar dos trajes, pero nosotros les recomendamos que el jefe de la dirección de la compañía fuera el director ejecutivo y el jefe del cuerpo supervisor fuera el presidente del consejo. Las dos funciones debían separarse».[2]

El informe también recomendaba que se volviera a constituir el consejo directivo con una mayoría de directores externos independientes. En ese momento, Nissan tenía nueve directores, pero solamente tres eran considerados «forasteros», y ninguno de ellos había sido ejecutivo en Renault. Nissan no incluyó a sus primeros directores verdaderamente independientes hasta junio de 2018, meses antes del arresto de Ghosn: uno era un piloto de carreras profesional, y el otro era Masakazu Toyoda, un veterano del Ministerio de Economía, Comercio e Industria (METI). Ambos fueron inicialmente descartados por ser ineficaces «niños de Ghosn», aunque luego emergieron como unos de sus críticos más severos.

Si Ghosn esperaba que Toyoda iba a ser el exfuncionario modesto y encantado de cobrar algunos honorarios de director una vez jubilado, estaba muy equivocado.

El exfuncionario del METI había intervenido en muchas contiendas importantes, llegándose a enfrentar a sus homólogos en Washington en las polémicas disputas comerciales entre Estados Unidos y Japón que hubo en las décadas de 1980 y 1990, muchas de las cuales tenían que ver con las exportaciones de vehículos japoneses. Toyoda era el encargado de planificar la política internacional una década antes de que Ghosn aterrizara en Japón.

Conocido por su brusquedad, impropia de los japoneses, Toyoda ascendió a viceministro, el rango más alto accesible a las personas externas a la política. «Todos los que trabajábamos con Toyoda sabíamos que, en cuanto se hacía cargo de un asunto, llegaba hasta el final», dijo un antiguo compañero suyo.

En retrospectiva, Ghosn se dio cuenta entonces de que podría haber obtenido más de lo que esperaba, diciendo en su libro escrito en 2020[3] que veía a Toyoda como el estratega clave de la conspiración contra él y que su cargo en Nissan tras su jubilación era poco más que una misión de espionaje de parte del ministerio. Añadió que, dentro del grupo de presuntos conspiradores, «Toyoda fue, sin duda, el cerebro».

• • •

En esa época, en el consejo de dirección de Nissan había auditores legales. Teóricamente, el auditor legal principal era la persona más poderosa de la compañía, ya que tenía autoridad para exigir respuestas y opiniones sobre cualquier investigación. Pero, en la práctica, era más el refugio de personas internas leales a la compañía que eran nombradas para recompensar, en cierta medida, el servicio que habían prestado. Al ser personas que habían invertido tanto en cultivar las relaciones con los de la empresa, esos auditores no solían cometer la temeridad de agitar el barco en el que navegaban sus compañeros de toda la vida. En el caso de Nissan, Hidetoshi Imazu fue nombrado auditor legal en 2014, después de haber sido director hasta 2007. El veterano ingeniero había empezado a trabajar en Nissan en el año 1972 y tenía sesenta y nueve años cuando estalló el escándalo Ghosn.

No es de extrañar que el equipo especial creado para esclarecer los hechos descubriera que la presencia de un auditor legal no servía para detectar las irregularidades; en parte, porque no tenía una verdadera autonomía. Recomendó pues una nueva estructura de comités independientes que se encargarían de la auditoria de la empresa, la nominación de los ejecutivos y su compensación. Esos comités también estarían controlados por unos directores externos independientes. Según el equipo especial, Nissan no tenía un comité externo para nominar a los altos directivos o supervisar sus compensaciones, sino que este tipo de decisiones las tomaba todas Ghosn, incluida su propia remuneración. El sentido común dictaba que ahora se derribara el sistema.

El margen de maniobra que se le permitía a Ghosn a la hora de decidir las compensaciones de los ejecutivos no era para nada habitual, ni siquiera en Japón, dijo Ben Garton, director de investigación para el Board Director Training Institute of Japan, el cual asesora sobre el gobierno corporativo y el cumplimiento normativo en las compañías japonesas. Lo que realmente sorprende es la enorme diferencia que había entre su sueldo y el que recibían sus subordinados.

«Es extraordinariamente raro ver a una persona ganando tantísimo más que las demás. Y esto es lo que puede ocurrir cuando las decisiones las toma una sola persona», dijo Garton. «Esa fue la perdición de Ghosn. Eso fue lo que acabó sacando de quicio a la gente».

Durante el juicio a Greg Kelly, presunto colaborador de Ghosn en sus infracciones, uno de los testigos contó que Ghosn tenía la costumbre de tachar sus propias cifras salariales de las hojas de cálculo y de ajustarlas al alza o a la baja, aparentemente por capricho.

«El señor Ghosn decidía todas las compensaciones de los ejecutivos. Era el único que tomaba este tipo de decisiones», contó Keiko Ihara, directora independiente de Nissan —la piloto profesional que se convirtió en un pez gordo de la junta de administración—, a la revista *Automotive News* tras el arresto de Ghosn. «Esto no es normal en una empresa que cotiza en bolsa».

• • •

En particular, la falta de un comité encargado de la compensación ejecutiva contrasta enormemente con las estructuras de otras compañías norteamericanas con las que a Ghosn le gustaba comparar su propio paquete salarial. Por ejemplo, General Motors, la compañía en la que —según Ghosn— habría ganado mucho más dinero, siguiendo unas normas estrictas de cumplimiento tenía un comité de compensación ejecutiva y dedicaba más de treinta páginas de sus informes anuales a detallar sus planes de remuneración ejecutiva. Hasta Renault tenía un comité de compensación que ejercía un estricto control sobre los sueldos —especialmente, sobre el del director ejecutivo—. La compensación fija del último año de Ghosn tenía un límite máximo de 1 millón de euros, aunque la compensación variable aumentaba mucho más esta cantidad. El gobierno francés, que era el mayor accionista de Renault, siempre intentó evitar dar la impresión de que una empresa respaldada por el Estado estuviera enriqueciendo a los peces gordos corporativos.

El equipo especial de Nissan puso de manifiesto el incómodo choque de culturas que había entre el tradicional estilo de gobierno corporativo japonés, desde arriba hacia abajo, y el más transparente estilo occidental que ahora estaba recomendando adoptar. Esto provocó un enfrentamiento sobre el modo de proceder mientras que un enérgico Saikawa se empañaba en sacar adelante las reformas.

Los expertos en cumplimiento corporativo dijeron que los cambios tardarían mucho en llegar, pero que Nissan no estaba sola en la lucha contra el mal gobierno. Toda Japan Inc., con sus particulares empresas de participación cruzada (*keiretsu*), con la importancia que da al control ejecutivo y con la ambivalencia sobre los derechos de los accionistas, ha estado siempre en desacuerdo con las costumbres norteamericanas y europeas.

En concreto, hacía tiempo que los ejecutivos de Renault miraban con recelo las normas de Nissan, incluso hay quien dice que era un sistema propicio para la malversación y la explotación. Las directrices laxas o ambiguas de organismos japoneses como la Bolsa de Tokio crearon unos vínculos aún más débiles.

Un directivo de Renault que trabajaba en finanzas contaba que el antiguo presidente de Nissan, Yoshikazu Hanawa, y el de Renault, Louis Schweitzer, los dos hombres que diseñaron la unión inicial de ambas compañías en 1999, subieron juntos al escenario durante una rueda de prensa en el hotel Waldorf Astoria de Nueva York, y que un analista japonés le pidió detalles a Hanawa sobre el endeudamiento financiero neto consolidado de Nissan.

«No supo qué responder, y Schweitzer tampoco», dijo el exdirectivo de Renault que trabajaba en las dos compañías cuando gobernaba Ghosn. «No tenían ni idea, porque la Bolsa de Tokio no les exigía las cuentas consolidadas, solo les pedían las cuentas de la empresa matriz. Desde el punto de vista de las cuentas era una información muy pobre, como también lo era desde el punto de vista del gobierno corporativo, porque no tenían auditores independientes ni directores externos independientes. Y no había una tercera parte que supervisara».

«Cuando llegué a Nissan trabajé en el departamento financiero, y me quedé totalmente horrorizado al ver lo anticuados que eran sus sistemas», dijo el ejecutivo. «Era un universo completamente diferente. Japón tenía unos sistemas de control excesivamente flojos».

Los reguladores japoneses recomendaron finalmente —a principios de los 2000— que las compañías hicieran el cambio al sistema de gobierno internacional de tres comités para estar en sintonía con los estándares mundiales y para activar la inversión extranjera en Japón. En Estados Unidos, por ejemplo, el sistema de tres comités es un requisito obligatorio de las normas de cotización en bolsa, y los miembros del comité han de ser todos independientes.[4]

Pero, como siempre ocurre en Japón, los cambios van muy lentos.

En el año 2020, apenas 65 de las 2.125 compañías que cotizan en la Primera Sección de la Bolsa de Tokio habían adoptado la estructura de comité internacional que Nissan estaba a punto de poner en marcha, a partir de las recomendaciones de un equipo de trabajo especial, según los datos del Board Director Training Institute of Japan. Por otra parte, tanto Nissan como su socia de la Alianza, Mitsubishi, estaban entre las que cambiaron a los tres comités, pero el cambio se llevó a cabo después de haber sido manchadas por el estigma del escándalo Ghosn.

«Es la única estructura que garantiza el correcto cumplimiento dentro del código de gobierno corporativo», dijo Zuhair Kahn, que supervisa que se cumplan las normas del buen gobierno y es director en el banco suizo Union Bancaire Privée en Tokio. Añadió que son las normas de oro en Estados Unidos, donde muchas compañías han incorporado incluso lo que se denomina un «comité de riesgo» para prepararse ante lo inesperado, desde las turbulencias del mercado financiero hasta el fraude corporativo. «A Nissan, en realidad, le han obligado a adoptarlo».

• • •

En el año 2015, con mucho bombo y platillo Japón introdujo un nuevo código de gobierno corporativo que exigía a las compañías tener por lo menos dos directores independientes con el fin de mejorar la supervisión y la transparencia. En Estados Unidos y en Europa, los directores independientes son como terceras personas anónimas que comprueban el rendimiento de los ejecutivos que dirigen la empresa y velan por los intereses de los accionistas. Japan Inc., sin embargo, estaba predispuesto a darles más libertad a los ejecutivos encargados de las operaciones diarias —a fin de cuentas, ellos eran los expertos que estaban totalmente inmersos en los entresijos de la empresa—.

Japón también confía más en los fundadores de las compañías —y en sus familias— por tener el incentivo, si no el talento innato y el *know how*, para hacer lo correcto para el futuro de sus compañías. Masayoshi Son, fundador de la compañía de telefonía móvil y tecnología SoftBank, el primer proveedor del iPhone de Apple en Japón, sigue llevando el timón de la compañía desde hace cuatro décadas. Tadashi Yanai fundó la compañía que se convertiría en la respuesta de Japón a Gap, la cadena norteamericana de ropa informal. Habiendo ya cumplido los setenta años, Yanai dice que sigue yendo al trabajo cada día a las 6:30 de la mañana y que, como presidente y director ejecutivo, sigue tomando las decisiones en Fast Retailing y sus tiendas UNIQLO. Los accionistas no tienen ninguna prisa por mostrarle la puerta de salida.

La industria de automoción japonesa también ha tenido su cuota de negocios familiares. Osamu Suzuki, famosamente casado con la familia homónima de la compañía, adoptó el apellido, tomó las riendas de la compañía y le entregó el control a su propio hijo, continuando así la dinastía Suzuki. Y Akio Toyoda, nieto del fundador de Toyota Motor, fue nombrado presidente del enorme fabricante japonés en 2009. El padre, el tío e incluso el primo de su abuelo le precedieron en el cargo de presidente. La familia Toyoda lleva décadas teniendo una influencia desmesurada en la compañía, aunque se cree que el propio Akio y su padre poseen actualmente menos del 1 % de sus acciones.[5] El propio hijo de Akio ha entrado en la compañía alimentando las especulaciones sobre la próxima generación.

Pero el primer ministro, Shinzo Abe, con la intención de reactivar la moribunda economía del país en la década de 2010 a través de su iniciativa denominada los Abenomics, decidió que una dosis de responsabilidad internacional ayudaría a impulsar el rendimiento empresarial. Entre otras reformas, los reguladores también exigieron recortar las empresas de participación cruzada que durante tanto tiempo habían unido a las compañías japonesas en grupos de *keiretsus*, en ocasiones ineficientes. Una iniciativa clave fue la nueva norma de exigir más directores independientes en las juntas de administración.

Casi de un día para otro, Japón se llenó de pequeños negocios de empresarios no japoneses que vendían sus servicios como una forma de aportar una perspectiva internacional y diversificada a sus consejos de administración. Las mujeres directivas fueron especialmente premiadas gracias a otra iniciativa de Abe, denominada Womenomics, para fomentar la participación femenina en el mercado laboral.

Toyota rompió el molde cuando en 2018 formó el equipo directivo más diverso hasta la fecha: un equipo que incluía a una mujer japonesa y a dos no japoneses. Uno de los directores no japoneses era el famoso jugador de baloncesto inglés que va en silla de ruedas Philip Craven, que llegó a ser presidente del Comité Paralímpico Internacional. Toyota explicó la elección de Craven como apoyo al patrocinio de la compañía de los Juegos Olímpicos de Tokio 2020 y su apuesta por promover la «movilidad para todos» a través del desarrollo de vehículos de conducción autónoma.[6]

Las compañías japonesas buscan por todas partes a sus nuevos directores; a veces, incluso buscan en la reserva de candidatos con credenciales de gestión no tan obvias. Una cadena de restaurantes contrató a una presentadora de la televisión japonesa. El gigante de electrónica japonesa Fujitsu incorporó a una astronauta como su primera mujer japonesa. La selección de Nissan de la piloto de carreras profesional Keiko Ihara era algo totalmente impensable, aunque demostró ser una férrea dirigente cuando estalló el escándalo Ghosn y declaró abiertamente que las cosas tenían que cambiar.[7] Los detractores de tales medidas critican que la nueva tendencia es más una fachada y que pretender la diversidad *per se* contribuye poco a la supervisión corporativa cualificada y bien fundamentada.

• • •

A pesar de todo, el Japón corporativo consideraba que la diversidad en el equipo directivo era más fácil de digerir que muchas de las otras reformas de gobierno que se estaban presentando. En el año 2010, solo el 13 % de las compañías que cotizaban en la Primera Sección de la Bolsa de Tokio tenían dos o más directores externos. En 2015, después de la reforma, la proporción aumentó hasta el 40 %, y en el año 2019 hasta el 90 %.[8] También se dice que el nuevo código impulsó a Nissan a nombrar a sus primeros directores independientes, pero no lo hizo hasta el año 2018, tres años después de que entraran en vigor las nuevas medidas.

Los activistas accionariales opinan que las reformas de Japón son un paso hacia un estilo de gobierno más responsable y más occidental, pero que las medidas tienen poco peso. Si, por ejemplo, una compañía no ha nombrado a ningún director independiente, simplemente tiene que explicar los motivos de su decisión en sus informes.

Esto es un clásico ejemplo de la habilidad que tiene Japón de adaptarse, pero sin hacer un cambio real.

Sin embargo, en Estados Unidos la mayoría de las empresas que cotizan en bolsa tienen en sus consejos de administración a directores independientes que ocupan la *mayoría* de los asientos, y los tienen desde que unos escándalos contables históricos derrocaron a la empresa de telecomunicaciones WorldCom y al gigante energético Enron a principios de los 2000. En Japón, a pesar de que las reglas Abenomics están en vigor, tan solo 100 de las 1.800 compañías que cotizan tienen una mayoría de directores independientes, según calcula Aki Matsumoti, experto en gobierno corporativo y director ejecutivo de Metrical Inc. en Tokio.

Matsumoto también dice que un 90 % de las compañías japonesas siguen estando lideradas por ejecutivos que tienen al mismo tiempo el cargo de director ejecutivo y el de presidente: una combinación tóxica, considerada el mayor error de Nissan, por los potenciales conflictos de interés y por la desmesurada concentración del poder en una sola persona. Calcula Matsumoto que, en Estados Unidos, un 60 % de los consejeros también son directores ejecutivos, y la proporción es aún más reducida en Europa, donde es obligatorio que los consejeros sean externos.

Según el análisis de Matsumoto del gobierno corporativo, ningún fabricante de automóviles japonés consigue un excelente. Toyota, Honda e Isuzu consiguen como mucho un notable; Nissan, a pesar de tener la mayor proporción de directores independientes entre sus rivales japoneses, consigue un notable.

Incluso después de las reformas de Nissan, los detractores señalan que sigue habiendo fallos, pues afirman que algunos directores independientes no están lo suficientemente formados ni cualificados sobre el mundo de la empresa o que están limitados en sus responsabilidades debido a los puestos que ocupan en otras compañías. Por ejemplo, Jenifer Rogers, la estadounidense que acaba de ser nombrada directora independiente, es además directora en otras tres compañías; entre ellas, Kawasaki Heavy Industries y la intermediaria del comercio Mitsui & Co.

• • •

En la reunión anual de accionistas de junio de 2019, con las recomendaciones del equipo especial en mano y las reformas Abenomics que estaban tomando forma, Saikawa defendió la reforma completa del gobierno corporativo de Nissan. Los cambios propuestos estaban en el informe elaborado por el equipo especial. La votación, un paso muy importante del plan de Saikawa para rehabilitar una compañía llena de problemas, había sido programada poco después de que Nissan pusiera fin a la fusión propuesta de Fiat Chrysler Automobiles (FCA) con Renault al no votar a favor del acuerdo. Parecía que la negociación iba a ser fácil, pero Renault tenía otros planes. El fabricante francés, todavía afectado por el fracaso de su propuesta a FCA, contraatacó a Nissan diciéndole, justo dos semanas antes de la reunión de accionistas, que se abstendría de votar a favor de las reformas de Saikawa. Nissan estaba furiosa.

Era como si estuvieran jugando al ojo por ojo y diente por diente, pero en el fondo surgía de nuevo el problema de la representación de Renault en Nissan. Esta vez la disputa era por los tres nuevos comités de gobierno. Renault quería unos asientos garantizados en los nuevos comités, diseñados para ser ocupados por directores independientes y que no tuvieran ninguna influencia directiva. La petición amenazaba con frustrar un logro emblemático de Saikawa pero, gracias a unas conversaciones de última hora, llegaron a un acuerdo. Los líderes de Renault, Senard y Bolloré, se sentarían en dos comités de Nissan: Senard en el de nominación de ejecutivos, y Bolloré en el de auditoría.[9]

Una vez definido claramente el camino, los accionistas votaron a favor de las reformas.

Saikawa, a pesar de ser muy polémico, conservaría su puesto de director ejecutivo —por lo menos, de momento—, y dijo que aceptaría un recorte salarial del 50 % para reparar el escándalo Ghosn. Celebró las votaciones como una victoria «personal» muy importante para hacer las cosas bien en Nissan, y después se concentró en el siguiente reto: la sucesión.

«Estoy alcanzando un hito personal muy importante en cuanto a cumplir con mi responsabilidad», dijo Saikawa en la reunión de accionistas de 2019 en la que los inversores aprobaron su reforma. «Tenemos que pensar en el futuro de la compañía y preparar un plan para la sucesión... Para cumplir con las responsabilidades que me quedan me gustaría concentrarme y preparar a los sucesores».[10]

Durante el verano de 2019, Saikawa también se ocupó de reactivar el negocio casi hundido y de rehabilitar las relaciones dañadas con Renault. Su objetivo era tener atados todos esos cabos sueltos a finales de 2019 o a principios de 2020 y, antes de que acabara el año fiscal (el 31 de marzo de 2020) dejar la compañía en manos de su sucesor. Quería que el comité de nombramiento de ejecutivos recién creado elaborara una lista de candidatos en septiembre.

«Tenía mucho trabajo por hacer», recuerda Saikawa.

• • •

Lo primero que hizo fue reactivar el negocio. Saikawa dijo que el rendimiento de Nissan había tocado fondo después de que la compañía reportara una caída del 45% de los beneficios operativos a principios de 2019, pero no era así. Aquella caída en picado de Nissan acababa de empezar. En el trimestre siguiente, los beneficios volvieron a caer un 99%. Imitando a Ghosn como «cortador de costes», Saikawa anunció un plan para recortar 12.500 puestos de trabajo en todo el mundo y recuperar así el margen de beneficio de un escaso 2,7% a un 6% en marzo de 2023.[11] Planeó cerrar «las fabricas extranjeras que perdieran dinero» para reducir el exceso de capacidad de producción. En ese momento, Nissan estaba solamente utilizando el 69% del potencial de sus fábricas, mientras que la capacidad de producción que no utilizaba solo servía para aumentar sus números rojos. El objetivo era incrementar el rendimiento de las fábricas hasta un más que respetable 86%.

Al mismo tiempo, Saikawa reincorporó confidencialmente a Senard para negociar el futuro de la Alianza. Las conversaciones incluían reactivar la fusión fallida con Fiat Chrysler Automobiles —los líderes de la Alianza todavía no sabían que FCA había vuelto su mirada hacia el rival de Renault, el PSA Group—. Saikawa pidió analizar las posibles consecuencias para Nissan de una fusión renovada. También estudió reequilibrar las participaciones cruzadas entre Renault y Nissan. Una idea era reducir la participación de Renault en Nissan a menos del 30 %, posiblemente entre el 5 % y el 10 %, que era el límite para ejercer el control sobre la compañía japonesa. Lo ideal sería que un accionista aliado se prestara a comprar la parte de Renault. Si había algún reequilibrio, Saikawa quería resolverlo rápidamente antes de centrarse en FCA.

. . .

Lo que Saikawa no sabía en el momento en que estaba estudiando el tema era que los problemas de desequilibrio con Renault iban a ser los menos relevantes. Dentro de Nissan, una parte de los ejecutivos de la vieja guardia, estaba haciendo maniobras en su contra: contra el hombre al que seguían considerando un «niño de Ghosn». Y, paradójicamente, encontraron argumentos contra Saikawa en el informe de las irregularidades de Ghosn que el propio Saikawa había encargado.

Después de la presentación del informe realizado por el equipo especial, el propio equipo interno de Nissan continuó investigando las supuestas irregularidades. Y se destaparon algunos asuntos delicados cuando Greg Kelly, el director estadounidense y mano derecha de Ghosn que fue arrestado con él, aceptó hablar con la revista japonesa *Bungei Shunju*. En una explosiva entrevista, Kelly alegó que Saikawa había modificado indebidamente un sistema de bonificaciones vinculado al precio de las acciones en Nissan para incrementar su salario hasta en más de 400.000 dólares.

El equipo interno de Nissan investigó, y resultó ser que Kelly tenía razón. Mediante la falsificación de la fecha del ejercicio del denominado informe de los derechos sobre la revalorización de acciones, una especie de opción de compra de acciones también denominada SARs, para que apareciera una semana antes de la fecha real del ejercicio, Saikawa pudo obtener 446.000 dólares adicionales. Además, los resultados de la investigación interna fueron filtrados a los periodistas japoneses antes de que se les entregaran formalmente a los directivos de Nissan, poniéndole presión para que dimitiera.

En la reunión del consejo del 9 de septiembre de 2019, en la que se informaba formalmente de los resultados de la investigación interna, los directores externos de Nissan ya habían llegado al límite. Le obligaron a dimitir y le dieron un margen de dos semanas. Saikawa dijo que le parecía «demasiado pronto» e intentó negociar y quedarse más tiempo —varios meses— hasta poder nombrar a un sucesor. El consejo no aceptó su propuesta, dijeron que era mejor cortar por lo sano, lo antes posible, y añadieron: «También vemos problemas que atañen al señor Saikawa».[12] Se pusieron como objetivo nombrar al nuevo director ejecutivo a finales de octubre. Para Saikawa no habría viaje hacia el ocaso dorado.

Muchos de los que siguen esta historia, ahora piensan que Saikawa no era mejor que Ghosn. Pero entre uno y el otro había algunas diferencias. Para empezar, a Saikawa no se le había acusado de ninguna acción criminal, y a Ghosn sí. Decían que la falsificación de la fecha del informe de los derechos sobre la revalorización de acciones no violaba la ley, sino la política ética de la propia compañía. Además, se decía que no había necesidad de enjuiciarlo. (Nissan abandonó el uso de las SARs como parte de su reforma de gobierno corporativo. Pero en 2020 instauró otro plan de incentivos basado en las acciones, bautizado como «unidades de acción restringidas»).[13]

Además, Saikawa no era el único que engañaba al sistema de esta manera. Según el equipo de trabajo, Ghosn había hecho lo mismo: había recibido 1,3 millones de dólares más de lo que le correspondía: cantidad que casi triplicaba la de Saikawa. Kelly también se benefició supuestamente de la falsificación de la fecha —con lo que obtuvo 65.000 dólares adicionales—. Dos exdirectivos y otros cuatro actuales o anteriores también manipularon sus propios pagos de acciones.

Entre ellos estaba Hari Nada, el cual obtuvo un beneficio de unos 300.000 dólares; pero él, como corresponde al último superviviente, mantuvo milagrosamente su puesto después de considerarse que no era una cantidad bastante alta como para justificar una sanción pública. Entre los críticos, esa decisión no hizo más que reforzar la idea de que Nissan seguía teniendo enormes problemas de cumplimiento normativo.

Al final nadie fue procesado por esas infracciones. Saikawa fue el único que aceptó devolver el dinero; lo cual, al menos desde su punto de vista, era mucho más que lo que habían hecho Ghosn o Kelly.

Saikawa estaba atrapado por su propia mala conducta, pero dentro de Nissan había aumentado el resentimiento y la desconfianza contra él desde que Ghosn había sido arrestado. Muchos perdieron la fe en sus líderes cuando las ventas y los beneficios de Nissan empezaron a caer en picado. Algunos peces gordos se enojaron con la revelación de que Saikawa había ido a sus espaldas a negociar clandestinamente con Senard la fusión con FCA. Otros simplemente pensaban que debería haber dimitido en cuanto estalló el escándalo Ghosn y asumir la responsabilidad de haber sido el fiel ejecutor de las maniobras de un presidente corrupto durante tanto tiempo.

Al final, hasta los empleados estaban empezando a desilusionarse con la compañía.

«No vemos un plan en Nissan, lo único que vemos son irregularidades», dijo un exejecutivo que acabó marchándose. «Si no puedes confiar en los que tienen que gestionar la empresa, ¿cómo vas a confiarles la construcción del coche en el que te vas a montar con tu familia? ¿De verdad quieres arriésgate con tu familia? ¿O simplemente vas a descartar esa opción y te vas a comprar un Volvo?».

• • •

La conmoción en la dirección también reforzó la imagen de una Nissan a la deriva y cargó a la compañía con la difícil decisión de escoger a un nuevo director ejecutivo cuando lo necesario era que los ejecutivos centraran sus esfuerzos en darle la vuelta a la empresa. Los ya mermados beneficios volvieron a caer otro 70 % entre julio y septiembre de 2019. La maltrecha compañía había conseguido tocar fondo. El no tener líder también complicaba cualquier avance importante en las relaciones con Renault.

Y, además, Renault estaba teniendo sus propios problemas con los altos directivos.

En octubre de 2020, tal vez previendo un vacío de poder con la destitución de Saikawa, el director ejecutivo de Renault, que durante tanto tiempo había sido leal a Ghosn, Thierry Bolloré, retomó su planteamiento sobre un posible conflicto de intereses por el hecho de que Nada y la firma de abogados Latham & Watkins realizaran la investigación interna de Nissan sobre el caso Ghosn. Después de todo, Nada también había estado implicado en los supuestos delitos financieros de Ghosn, y la firma de abogados había asesorado a Nissan en el pasado sobre los diversos esquemas de compensación que estaban siendo investigados. Latham & Watkins no quiso hacer ningún comentario al respecto, alegando la confidencialidad del cliente, pero se mantuvo firme en su posición de que no había ningún conflicto de intereses en su trabajo con Nissan y en que la investigación era totalmente imparcial.

. . .

Bolloré escribió una carta de diez páginas fechada el 9 de octubre a la dirección de Nissan con una larga lista de preguntas sobre la propiedad de la investigación interna de Nissan. «En concreto, teniendo en cuenta el hecho de que el señor Nada está implicado en los delitos financieros cometidos por Ghosn y de que ha llegado a un acuerdo con la Fiscalía de Japón, ¿quién decide si está cualificado para ser, o seguir siendo, miembro del departamento de cumplimiento normativo de Nissan?», preguntaba Bolloré. «¿Cómo es posible que el señor Nada continúe teniendo un cargo en la alta dirección de Nissan?», Bolloré añadía que había recibido una carta anónima de un confidente de Nissan un mes antes «informando de la preocupación sobre "las irregularidades continuadas"» cometidas por Nada y Ohnuma, su compañero que negoció la culpabilidad.

Bolloré no era el único que izaba la bandera roja. Ravinder Passi, el entonces asesor general global de Nissan y subordinado directo de Nada, también escribió a la dirección expresando su preocupación por el hecho de que Nada se encargara de la investigación interna. Passi fue ignorado y trasladado finalmente a la filial de Nissan en Reino Unido, lo que resultaba ser una verdadera degradación. Después, Passi presentó una demanda laboral alegando represalias por parte del denunciado y fue despedido. Passi entonces presentó otra denuncia contra la compañía en la que había trabajado dieciséis años hasta convertirse en uno de sus principales abogados. El vídeo que hizo Nada en el año 2017 pidiendo a los empleados que denunciaran cualquier irregularidad parecía tener una nota a pie de página cuando se trataba de impugnar su propia conducta.

No fue hasta la reunión del consejo de Nissan celebrada el 8 de octubre de 2019 cuando Nada finalmente se apartó de los asuntos legales y se hizo «asesor». Como jefe del departamento jurídico, tal vez no nos sorprenda que obtuviera un certificado limpio en la exhaustiva auditoría encargada por Nissan. «En la investigación interna realizada por Nissan sobre los supuestos delitos financieros de Ghosn y otros, no se han encontrado pruebas de una conducta inapropiada por parte de Nada», decía la compañía en un comunicado de prensa que anunciaba su cambio de cargo y añadía que Nada tenía que concentrarse en «futuras acciones legales», entre las que supuestamente estaría la de explicar a la Fiscalía de Tokio cómo pasó de erradicar el fraude corporativo a servir como testigo del gobierno.

Es poco probable que Bolloré obtuviera algún día respuestas satisfactorias a estas preguntas. Enseguida empezaron a circular informes de que Senard pretendía destituirlo.[14] Y, justo tres días después de que Bolloré escribiera al consejo de Nissan, fue sumariamente despedido de Renault. Bolloré denunció su despido como un atentado «totalmente inesperado» que le había dejado «estupefacto».[15]

Su despido marcó un momento muy importante en la historia de la Alianza. Para bien o para mal, la purga interna parecía que llegaba a su fin: tanto Nissan como Renault quedaban despojadas de casi todos los vestigios de la era Ghosn.

«Iniciamos un ejercicio muy duro, que fue el de limpiar o eliminar a toda una generación de personal», dijo alguien muy próximo a la dirección de Nissan. «Algunos abandonaron por decisión propia, a otros tuvimos que despedirlos. En el caso de Saikawa, su despido era absolutamente necesario. El de Bolloré también, porque había estado defendiendo a Ghosn de la misma manera que le defendían los que estaban implicados en el caso. Y no se daba cuenta de ello».

Pero no pudieron acabar con todos los vestigios.

Hitoshi Kawaguchi, el ejecutivo que hizo de enlace entre Nissan y el gobierno japonés durante la investigación a Ghosn, permaneció en su puesto, y en marzo de 2020 se retiró como un héroe, con discursos de agradecimiento en el hall de las oficinas centrales y con un sinfín de gratos deseos. Imazu también dejó el cargo de auditor legal en junio de 2019, y se jubiló de Nissan en 2020.

Ohnuma permaneció durante un tiempo más. Y también Hari Nada, quien de un modo u otro supo capear el temporal y fue uno de los últimos hombres que se mantuvo en pie. A decir verdad, Nissan los necesitaba a los dos como testigos fundamentales en el inminente juicio, y no podía permitirse el lujo de perderlos. Los fiscales y Nissan tenían más ventaja si ellos seguían en nómina.

De todas formas, la Alianza seguía siendo caótica, y ahora estaba gestionada por líderes provisionales. Fiat Chrysler Automobiles se fusionó con el PSA Group, y Ghosn se burló abiertamente del fracaso de sus sucesores en Renault y en Nissan.

Sin Bolloré en la Alianza, Renault nombró a la directora financiera Clotilde Delbos como directora ejecutiva provisional. A mediados de 2020, Luca de Meo, el exjefe de la marca SEAT del grupo Volkswagen, asumió el cargo de director general. Meo tendría una compensación total de 5 millones de euros, bastante menos que los más de 7 millones que ganaba Ghosn.[16]

Nissan fue más rápida y, en tan solo un mes desde la salida de Saikawa, nombró director ejecutivo a Makoto Uchida, que era jefe de una división importante de Nissan en China. Uchida no llevaba toda la vida en Nissan, solamente desde el año 2003. Antes había trabajado en Nissho Iwai Corp. No era alguien muy conocido en Nissan.

Uchida era considerado un candidato comprometido, y su nombramiento fue una consecuencia de las tensiones permanentes con Renault. La vieja guardia de Nissan prefería a Jun Seki, entonces vicepresidente para la recuperación del rendimiento, que estaba diseñando el plan de reestructuración de Saikawa. Otro sector —liderado por Renault— prefería a Ashwani Gupta, un respetado veterano del mundo del automóvil de India que había ido ascendiendo por los rangos de Datsun y Renault y en ese momento era el director de operaciones del socio de la Alianza, Mitsubishi. Ambos tenían sus detractores. Seki, licenciado en Ciencias y Tecnología por la Academia Nacional de Defensa de Japón, era considerado un instigador nacionalista por algunos de Renault. Y muchos de Nissan consideraban que Gupta estaba demasiado próximo a Renault. Además, aunque Gupta hablara fluidamente el japonés, tenía nacionalidad india —no japonesa—, y algunos directores de Nissan insistían en que, tras la debacle de Ghosn, el siguiente director ejecutivo tenía que ser nativo. Las partes enfrentadas se decidieron por Uchida pero, puesto que solo tenía cincuenta y tres años y carecía de experiencia, Nissan formó la administración como si fuera un triunvirato. Uchida sería el director ejecutivo y estaría respaldado por Gupta, como director de operaciones, y por Seki, que sería el subdirector de operaciones.

Los tres hombres tomaron posesión del cargo en diciembre de 2019, cuando se suponía que Saikawa estaba finalizando su reestructuración triunfante y su plan de sucesión. Y se encontraron con una enorme lista de «deberes» pendientes de Saikawa. Los nuevos líderes de Nissan tenían la responsabilidad de recuperar el negocio, reactivar las ventas, recomponer la confianza en la compañía y reparar las relaciones con Renault.

Pero, antes de acabar su primer mes, Seki —aparentemente aún ofendido por haber sido relegado a un segundo plano— dimitió repentinamente y se marchó después de haber trabajado treinta y tres años en la compañía. Decidió que quería ser presidente de su propia compañía, y entró en Nidec Corp.: un fabricante japonés de motores eléctricos para todo tipo de aparatos, desde robots y drones hasta neveras y lavadoras. La misión de Seki como nuevo líder de Nidec era expandir la compañía en la nueva industria de coches eléctricos. En Nissan fueron muchos los que lamentaron su partida y la calificaron como otra gran pérdida de talento y de un potente liderazgo.

• • •

En el juicio de Kelly, Toshiyuki Shiga, director de operaciones de Nissan y vicepresidente durante el mandato de Ghosn, dio una explicación muy sencilla sobre lo que había pasado.

«Para resumir, hubo un fallo en el gobierno corporativo de Nissan. Carlos Ghosn había ido cambiado gradualmente y no quería escuchar a nadie», dijo Shiga. «Pero aquellos que permitieron que eso pasara son tan responsables como él».

A pesar de todo, Saikawa estaba orgulloso y no se arrepentía de nada.

Se veía a sí mismo —de forma similar a cómo muchos veían a Ghosn— víctima de la vieja guardia japonesa de Nissan, de ese grupito de tradicionalistas sobreprotectores de su independencia y temerosos de intimar demasiado con sus socios extranjeros.

Dijo Saikawa: «Seguía habiendo una mezcla de gente en la compañía: la gente moderna, acostumbrados a un sistema de gestión global, abiertos a la diversidad y a los socios de la Alianza; y la gente que no lo era, que seguían siendo muy conservadores y miraban con recelo a los recién llegados. Para mí esto suponía un problema. Había gente que pensaba que lo mejor era volver a la situación anterior, como en la década de 1990: una empresa independiente y japonesa únicamente. Había gente que empezaba a plantearse este tipo de cosas. Yo estaba a favor de la Alianza y de la internacionalización».

Según Saikawa, la destitución de Ghosn no hizo más que envalentonar a ese grupo de gente conservadora para empezar a hacer campaña a favor de su despido, como parte de un plan para «rejaponizar» la compañía. Saikawa opinaba que Ghosn había perjudicado a Nissan de dos maneras: primera, a través de sus presuntos delitos financieros y, segunda, deshaciendo el tejido de la cooperación internacional que la Alianza había estado tejiendo minuciosamente durante dos décadas.

Saikawa tomó las riendas de Nissan en 2017 y entró de lleno en una crisis financiera sin precedentes. Nissan fue golpeada severamente por el arresto de quien había sido su salvador y jefe durante casi dos décadas, Carlos Ghosn. Después fue sacudida por la casi ruptura de su alianza con Renault. Y, por último, fue estrangulada por la vertiginosa caída de sus beneficios y sus ventas. Saikawa luchó contra la presión francesa de una alianza «irreversible», y después intentó limpiar el decadente gobierno corporativo de Nissan. Pero, al final, fue expulsado por cometer unos fallos éticos expuestos por el equipo que él mismo había creado para investigar esos fallos. Los nuevos directores externos de los nuevos comités corporativos que el propio Saikawa había liderado decidieron que Nissan necesitaba volver a empezar sin él.

Para Ghosn eso era la justicia divina. Pero Saikawa no se arrepentía de nada.

«Para Nissan fue bueno que yo llevara las riendas en aquel momento, porque no era nada fácil gestionar la situación», dijo Saikawa sobre su trepidante carrera como director ejecutivo y sus cuarenta y dos años en Nissan. «Estoy orgulloso de todo lo que he hecho, y tienen que reconocer que, especialmente en el último año, he hecho mucho por Nissan. Creo que he aportado mucho a la compañía».[17]

16

ASUNTOS ESCANDALOSOS

JAPÓN ES FAMOSO POR TENER UNA TASA DE CRIminalidad excepcionalmente baja, por su sentido de la honestidad y por su gran ética. En los restaurantes no hace falta comprobar la cuenta, nadie toca las pertenencias ajenas que se dejan en un lugar público, y los empleados no roban a sus compañías.

La honestidad individual forma parte de la leyenda, pero también está respaldada por la burocracia japonesa, plagada de datos. La policía metropolitana de Tokio rastrea todos los artículos que se denuncian como perdidos (4,2 millones en 2019). Según los datos de 2019, 153.000 móviles fueron entregados a la policía ese año, junto con 372.000 carteras. De estos, el 83 % de los teléfonos y el 65 % de las carteras volvieron a las manos de sus propietarios. Más sorprendente es el hecho de que un total de 37 millones de dólares fueran entregados a la policía (con 27 millones devueltos a sus propietarios originales).[1] En parte, esto justifica que los japoneses mayores sigan prefiriendo pagar en efectivo, incluso en las transacciones comerciales.

Si bien en el caso de las empresas hay datos menos relevantes, la Asociación de Certificadores de Fraude (ACFE, por sus siglas en inglés) dice que en 2016-2017 investigaron 2.690 casos de fraude ocupacional de compañías o empleados de todo el mundo. De estos, 1.000 casos se habían producido en Estados Unidos y tan solo 4 en Japón.[2] Respaldando la idea de que en Japón hay una ética corporativa muy sólida, el prestigioso índice de sostenibilidad Dow Jones demuestra que las compañías japonesas obtienen calificaciones muy altas en cuanto a su compromiso con la responsabilidad corporativa y el comportamiento ético.[3]

Entonces, ¿por qué hay tantos escándalos corporativos, incluso en algunas de las más grandes y respetadas empresas japonesas?

Estas crisis han golpeado a prácticamente todas las industrias importantes, y algunas han sido suficientemente graves como para estar a punto de hundir a la compañía. Se descubrió que el grupo de electrónica Toshiba infló sus beneficios durante siete años a raíz de la crisis financiera 2008-2009 para encubrir sus problemas. Kobe Steel, conocida por sus materiales de vanguardia, alteró los test de calidad. Otras grandes firmas también falsificaron sus resultados, incluido el fabricante líder de fibra de carbono Toray Industries. En el sector financiero, el Long-Term Credit Banco de Japón y Yamaichi Securities Co., ambos tuvieron que cerrar a raíz de las difíciles condiciones en las que se encontraban en el periodo posterior a la burbuja de la década de 1990 cuando se descubrió que habían ocultado pérdidas económicas al empeorar la economía.[4]

Hasta Toyota se enfrentó a un escándalo, en el año 2009, con relatos aterradores de sus clientes estadounidenses, que afirmaban que sus coches se aceleraban repentinamente sin motivo alguno. La atención se centró en un pedal del acelerador electrónico que se había vuelto loco —los reguladores federales dijeron después que no pudieron encontrar pruebas de que esto ocurriera—.[5] También hubo una explicación más fácil: la alfombrilla del coche se movía hacia delante y presionaba el pedal del acelerador. Algunos estudios técnicos posteriores dijeron que la causa real era incluso más mundana: los conductores apretaban el pedal del acelerador en lugar del freno por error y, cuando el coche avanzaba, lo apretaban aún más con la intención de frenarlo.[6]

Pero desde el punto de vista de la reputación corporativa, el daño ya estaba hecho. Los relatos vinculados a los temores de la gente por las máquinas controladas por ordenador causan estragos. El presidente de Toyota, Akio Toyoda, tuvo que presentarse ante una comisión del Congreso y disculparse tal y como exige la tradición japonesa. Sin embargo, aquí no acabó todo, porque surgió un nuevo problema sobre un defecto mecánico en el pedal del acelerador. Toyota intentó ocultarlo, pero el Departamento de Justicia de Estados Unidos lanzó una investigación masiva que provocó que en 2014 la compañía tuviera que aceptar que había engañado a los consumidores.[7] Toyota pagó lo que en ese momento era una cifra récord de 1.200 millones de dólares para liquidar los cargos. William Pauley, el juez de distrito de Estados Unidos, dijo que el caso daba «una imagen reprochable de mala conducta empresarial».[8]

Pero el impacto global más importante, y por lo tanto el daño más grande causado a la reputación de la industria japonesa, fue el de la empresa líder mundial de airbags Takata. La compañía ignoró las advertencias internas sobre la seguridad de sus airbags, los cuales podrían causar daños al soltar esquirlas de metal cuando se activaban. Después de una retirada inicial en 2008 de unos cuatro mil vehículos solamente, las cifras fueron aumentando a lo largo de los años conforme iban surgiendo nuevos problemas.[9] En el año 2015, se había convertido en la empresa que más airbags había retirado en la historia.

Un punto clave fue que la compañía parecía incapaz de entender la envergadura del problema y continuaba retirando sus airbags conforme iban apareciendo los problemas. Se calcula que en total se retiraron unos 100 millones de airbags, pero en el 2020 el proceso continuaba. Esto ocurrió tres años después de que Takata, que se enfrentaba a unas demandas potenciales masivas, se declarara en bancarrota y vendiera sus activos a un competidor chino. La compañía había acordado en 2017 pagar 1.000 millones de dólares en sanciones por el asunto de los airbags, y tres altos ejecutivos fueron acusados en la corte federal de Michigan de ocultar a sabiendas los problemas. Para entonces todos había regresado a Japón con unas inciertas perspectivas de ser extraditados.[10]

El socio de la Alianza Mitsubishi Motors tampoco es ajeno a los escándalos. En el año 2016, la compañía se vio inmersa en un escándalo relacionado con la falsificación de las normas de economía de combustible. El descubrimiento de esos datos falsos, que se remontaban a veinticinco años atrás, obligó al presidente a presentar su dimisión y provocó una caída del 35 % del precio de las acciones. Ni de lejos era la primera vez que la compañía había tenido problemas. En el año 2000, su reputación se vio seriamente afectada después de admitir que durante veinte años habían ocultado una serie de defectos relacionados con los frenos, los embragues y los tanques de combustible. Más adelante se descubrió que habían ocultado otras cosas. En ese momento un comunicado de prensa decía sobre el escándalo del combustible: «Cuando se trata de entonar el *mea culpa*, pocas compañías pueden superar a los escándalos de Mitsubishi Motors Corp.».[11]

• • •

Una de las razones por las que se producen estos encubrimientos en serie y los escándalos posteriores es el estrecho punto de vista de los empleados, ya que estos habitan en el mundo de su empresa de toda la vida. «El problema principal es que los empleados de toda la vida viven en una sociedad reducida compuesta por el mismo tipo de gente», remarca Kazuhiko Toyama, consultor empresarial en Tokio. «Se preocupan más de lo que ocurre en un radio de cinco metros que fuera de él».[12]

Un extranjero que conoce bien este fenómeno es Michael Woodford, antiguo director ejecutivo del fabricante de cámaras y equipamiento médico Olympus Corp. Woodford, igual que Ghosn, era un extranjero liderando una compañía japonesa inmersa en un escándalo; pero él, en lugar de cometer las presuntas irregularidades, se dedicó a denunciarlas. Woodford había ido ascendiendo por los rangos de Olympus al estilo japonés: en 1981 empezó como vendedor en su país natal, Reino Unido, y fue ascendiendo rápidamente hasta que en abril de 2011, treinta años más tarde, llegó al cargo director de operaciones y luego, en octubre de ese mismo año, a director ejecutivo. Duró poco en su nuevo puesto, ya que dos semanas después de su nombramiento fue despedido por un voto del consejo. Su despido se produjo poco después de que empezara a investigar sobre unas pérdidas ocultas de 1.600 millones de dólares en inversiones especulativas.

En el centro del escándalo estaban unos pagos desmesurados a banqueros instalados en el extranjero que en el año 2008 habían trabajado en la adquisición por parte de Olympus Corp. de la empresa británica de productos quirúrgicos Gyrus por un valor de 2.000 millones de dólares. Los honorarios para este tipo de transacciones solían oscilar entre el 1% y el 2% del valor de la compra, pero en ese caso Olympus había pagado un total de 687 millones de dólares, lo que equivalía a un tercio del precio total de compra. Más tarde se descubrió que esos pagos, junto con otras transacciones dudosas, eran un subterfugio. El dinero era transferido al extranjero a unas cuentas secretas de Olympus que habían reportado enormes pérdidas cuando la compañía estuvo especulando en bolsa durante los años ochenta y noventa. Puesto que eran cuentas extranjeras, la compañía no tenía que informar públicamente de las pérdidas o restarlas de las ganancias generales de la compañía. O por lo menos así era hasta que las regulaciones cambiaron a finales de la década de los noventa.[13]

Woodford, cuando era jefe de operaciones europeas, empezó a preguntar sobre esos honorarios de Gyrus. A pesar de sus incisivas preguntas a la dirección de la compañía, fue promocionado a director ejecutivo en 2011. Su nombramiento fue un tanto misterioso, puesto que estaba bastante abajo en la jerarquía corporativa, trabajaba bastante lejos de la sede central y casi no hablaba japonés.

Según él, era evidente que su nombramiento había sido planificado por su predecesor Tsuyoshi Kikukawa, que intentaba controlar la compañía desde su nuevo cargo de presidente. El extranjero

Woodford tendría que desempeñar el papel de novato que dice que sí a todo y no hablar sobre el fraude financiero. Pero Kikukawa estaba muy equivocado porque Woodford continuó investigando las inversiones fallidas de la compañía. El presidente no hizo más que agravar sus errores convenciendo a la junta de que despidiera a Woodford, quien después explicó que esa reunión fue «una ejecución corporativa de ocho minutos».[14]

La compañía intentó defenderse diciendo que le despidieron porque tenía un estilo de gestión muy diferente. «Michael C. Woodford tenía muchas diferencias con el resto del equipo directivo en cuanto a la manera y el método de gestionar la empresa, y esto nos estaba causando problemas a la hora de tomar decisiones», dijo Olympus en un artículo de prensa unos días después del despido.[15] Era totalmente cierto que les causaba problemas, porque la compañía en aquel momento parecía convencida de poder seguir con su encubrimiento ilegal. Después de la votación de la junta, con una actitud despectiva que ponía de manifiesto la arrogancia de la compañía, el funcionario de Olympus encargado de recuperar las pertenencias personales de Woodford le dijo que ya podía tomar el autobús al aeropuerto para abandonar el país.

Pero Woodford tenía sus propias ideas. Contó su historia en el periódico *Financial Times*, y enseguida abandonó Japón por miedo a represalias, debido a los posibles vínculos criminales que había en algunas de las transacciones. Su siguiente parada fue en la Serious Fraud Office de Inglaterra, que aceptó llevar el caso, dados los vínculos que Reino Unido tenía vía Gyrus. Enseguida se sumaron a la investigación el FBI y la Agencia de Servicios Financieros de Japón (SFA, por sus siglas en inglés), que también iniciaron sus propias investigaciones basadas en las pruebas de Woodford.

Mientras tanto, Olympus marcó una posición inequívoca declarando, aunque en términos no demasiado claros, que todo estaba bien. Dijo que: «Las adquisiciones mencionadas en los medios de comunicación habían sido realizadas siguiendo las evaluaciones y los procedimientos adecuados... En ninguna medida, estas transacciones han sido ilegales, y estamos trabajando con un equipo de expertos externos para que examinen e informen sobre estas adquisiciones».[16] No ha quedado claro si algún responsable de todo esto se percató de lo irónico que resultaba anunciar en el mismo párrafo que las transacciones eran totalmente legítimas y que estaban siendo investigadas por un equipo de expertos externos.

Al mismo tiempo, Olympus sabía a quién culpar de todos esos problemas: «La interrupción del negocio y la pérdida de valor corporativo son totalmente lamentables, y la compañía considerará emprender acciones legales contra él [Woodford] si lo considera necesario». La compañía emitió una serie de declaraciones dudosas para justificar las adquisiciones, argumentando que había una especie de sinergia entre un fabricante de recipientes para hornos microondas y el negocio de equipamiento para hospitales de la compañía —ambos están dirigidos a la salud, argumentaba de manera inverosímil—. Este comunicado, acusador y cuestionable, no consiguió engañar a los inversores y, a pesar de que la compañía decía que todo iba bien, el precio de las acciones cayó un 81 % en seis semanas.

El informe independiente encargado por la compañía, que se hizo público dos meses después del despido de Woodford, no era menos mordaz.[17] Constaba de 200 páginas en las que se demostraba que Woodford había estado siempre en lo cierto. Un reducido número de altos ejecutivos había realizado una serie de inversiones altamente especulativas a principios de 1980. A medida que los mercados se ponían en su contra, iban acumulando pérdidas. Al mismo tiempo, las relajadas normas contables que había antes en Japón se estaban haciendo más estrictas, por lo que era cada vez más difícil ocultar el aumento de los déficits. Este grupo de ejecutivos había utilizado a una especie de banqueros de inversión «a la sombra» que habían creado unas sociedades fantasma, especialmente en las Islas Caimán.

«La parte central de la dirección estaba corrupta y contaminó a las partes que la rodeaban...», concluía el equipo de expertos.

Recomendaba que los directores del consejo «que procesaron el caso problemático [de despedir a Woodford] en una reunión de quince minutos fueran sustituidos en el momento oportuno». En aquel momento, tanto Kikukawa como otros dos altos directivos ya habían abandonado la compañía y estaban a punto de ir a los tribunales japoneses, donde se declararían culpables de ser cómplices en los delitos.

Al final, Olympus tuvo que volver a calcular sus ganancias de cinco años, y el resultado era de unas pérdidas totales de 1.580 millones de dólares.[18] En el año 2013 se la declaró culpable de fraude y fue sancionada con una multa de 7 millones de dólares, una cantidad relativamente pequeña para un fraude de tal magnitud. A Kikukawa y los otros ejecutivos implicados en el fraude les suspendieron la condena, porque el juez dijo que ninguno de ellos se había beneficiado personalmente. Pero la buena suerte de Kikukawa estaba a punto de acabarse. En el año 2017, él y otros siete ejecutivos fueron declarados responsables de una demanda civil presentada por Olympus. En el año 2019 a Kikukawa y a otros dos se les obligó a pagar un total de 543 millones de dólares por ese escándalo.[19]

Olympus, como empresa, tuvo que enfrentarse a muchas otras dificultades. En 2016, en un caso de Estados Unidos, la compañía admitió haber pagado comisiones ilegales para ayudar a promocionar la venta de sus endoscopios, y aceptó pagar una multa de 646 millones de dólares.[20] Ese incidente fue otra demostración de los peligros que corren las compañías japonesas que hacen negocios en el extranjero. Aunque este tipo de acciones serían técnicamente ilegales en Japón, no las consideran tan graves como en Estados Unidos, y la compañía no se enfrentaría a multas tan importantes.

Sin embargo, la empresa acabó depurando sus prácticas y se ha convertido en una sólida defensora del gobierno corporativo, yendo mucho más allá de las medidas superficiales para mejorar la gobernanza que se dieron en Nissan durante el mandato de Ghosn y en muchas otras empresas japonesas. Una clara señal de esto se dio en 2019 cuando abandonó la táctica tradicional japonesa de oponerse a los accionistas activistas —quienes casi siempre venían de fuera de Japón—. Olympus acordó dar al fondo de inversión norteamericano ValueAct Capital un asiento en su consejo de administración y lanzó un programa de transformación promocionado por el fondo.[21] La decisión de respaldar a los extranjeros fue un éxito inmediato para los inversores, que vieron incrementar el precio de sus acciones un 10 % el mismo día en que se anunció. Para los inversores a largo plazo, esta decisión hace que la compañía sea una de las mejores en las que invertir. A finales de 2019, las acciones de Olympus habían crecido un 1.369 % desde su valor más bajo de 2011 cuando se destapó el escándalo.

Las acciones aparentemente irresponsables del equipo de Olympus podrían entenderse, en todo caso, desde el punto de vista de sus objetivos más generales. Al ver que su negocio principal se enfrentaba a los nuevos problemas generados por el entorno económico post-burbuja, buscó una solución rápida en lugar de tratar de aplicar un bisturí a sus operaciones principales. Esto empujó a Kikukawa y a sus sucesores a tomar el camino del enriquecimiento rápido, en el que las posibilidades de obtener grandes ganancias suelen verse contrarrestadas por las mismas probabilidades de sufrir grandes pérdidas.

Todos estos planes tenían el respaldo de los banqueros de inversión que al principio les proponían acuerdos con escenarios prometedores de grandes beneficios y después continuaban «ayudándoles» creando fondos en el extranjero para ocultar los problemas.

A pesar de haber jugado un papel fundamental, estos banqueros nunca tuvieron que sentarse ante los tribunales. Una de las figuras principales en el caso, Hajime Sagawa, un exbanquero del Nomura que posteriormente montaría su propio negocio en Nueva York y que también viviría en Boca Raton, Florida, se vio envuelto en la investigación que hizo la SEC (Comisión de Bolsa y Valores de Estados Unidos). En la resolución de los cargos, la SEC le prohibía trabajar en el negocio de valores de por vida —tenía entonces sesenta y siete años—, pero no le imponía ninguna sanción económica. La

SEC decía en su expediente judicial: «Al decidir aceptar la Oferta, la Comisión consideró la colaboración que el Demandante brindó al personal de la Comisión».[22] No dio más detalles. Un banquero de Nomura Securities de Japón, que supuestamente había desempeñado un papel poco relevante y que impugnó las acusaciones, fue declarado culpable junto con otros dos subordinados.

Los contables de Olympus también se libraron de las sanciones, a pesar de no haber aclarado los problemas que Woodford había expuesto. El informe del equipo independiente absolvía a las dos firmas diciendo que «los autores intelectuales de este caso ocultaban los actos ilegales manipulando ingeniosamente los dictámenes de los peritos»,[23] un mordaz cumplido a la aparente habilidad de los que eran responsables del fraude.

El escándalo Olympus también fue famoso por el papel que jugaron —o dejaron de jugar— los medios de comunicación japoneses. La primera vez que se habló del fraude fue en una pequeña revista de investigación japonesa denominada *Facta*, cuyo editor había sido editor en *Nikkei*, el periódico financiero más importante de Japón. Como suele ocurrir en Japón, los medios ignoraron el caso, aferrándose a la opinión de la compañía de que no eran más que rumores y cotilleos. No fue hasta que el *Financial Times* y otros medios internacionales empezaron a hablar del caso cuando el *Nikkei* y otros medios japoneses empezaron a indagarlo. La presión externa (*gaiatsu*) afecta a toda una serie de instituciones en Japón.

Si bien el caso Olympus ha sido uno de los escándalos más sonados de la historia reciente japonesa, no es nada comparado con el escándalo Ghosn. Sin embargo, los dos tienen unas causas originales similares. Tanto en Olympus como en Nissan, había un presidente muy poderoso con autoridad para imponer acciones que deberían haber sido debatidas por un consejo de directores realmente independiente. En el caso de Olympus, un consejo de administración despide al recién nombrado director ejecutivo sin que nadie pueda objetar las órdenes del autoritario presidente. En el caso de Nissan, la junta directiva fue igual de condescendiente con las peticiones de

Ghosn. De hecho, una de las defensas principales de Ghosn para los cambios en las normas de compensación y la creación de sociedades en el extranjero fue que el consejo lo había aprobado todo.

Ambos escándalos también demostraron los riesgos de que los departamentos de relaciones públicas hagan declaraciones contundentes que puedan volverse en contra de la compañía. Cuando en Olympus estaban seguros de que podían despedir a Woodford, se sintieron libres para declarar que él era el culpable de los problemas de la compañía y amenazaron con emprender acciones legales contra él.[24] En abril de 2019 el departamento de relaciones públicas de Nissan también hizo la inverosímil y audaz declaración de que: «La única causa de esta serie de sucesos son las irregularidades financieras cometidas por Ghosn y Kelly». Al cabo de unos meses, la propia compañía tuvo que declararse culpable de los cargos por no informar a los reguladores, y dos altos ejecutivos admitieron haber negociado con la Fiscalía; además, se descubrió que gran parte del equipo de altos directivos, incluido el entonces presidente Saikawa, habían utilizado inadecuadamente los incentivos vinculados a las acciones para aumentar sus remuneraciones. Un buen departamento de relaciones públicas habría aconsejado más precaución en ambos casos.

Pero el escándalo Ghosn se diferencia de los demás en otro aspecto. En prácticamente todos los escándalos corporativos en los que han incurrido las compañías japonesas, la causa ha sido la necesidad de ocultar algo que podría perjudicar a la compañía. En ninguno de los casos, los culpables de encubrimiento fueron acusados de ocultar algo que los beneficiara personalmente. Fue este aspecto el que hizo que la opinión pública se volviera contra Ghosn, el hombre que previamente había rescatado a uno de sus titanes corporativos.

Irónicamente, un escándalo había contribuido a que Ghosn creara la alianza tripartita. La crisis provocada en Mitsubishi por falsificar las normas de economía del combustible comenzó cuando Nissan —que utilizaba a Mitsubishi para construir algunos de sus coches— alertó de que su socio estaba falsificando los datos sobre el kilometraje. Cuando el escándalo salió en los medios de comunicación, las acciones de Mitsubishi perdieron rápidamente el 35% de su valor. Esto hizo posible que Nissan comprara una participación mayoritaria del 34% a un precio mucho más bajo, convirtiendo a Ghosn en uno de los tres altos ejecutivos más importantes de la industria de la automoción.

En el mundo de los negocios, en cualquier acontecimiento —aunque sea un escándalo— hay ganadores y perdedores.

17

EL LEGADO MALTRECHO

A LAS 15:00 HORAS DEL DÍA 11 DE MARZO DEL 2011, cuando los japoneses estaban terminando su jornada para marcharse de fin de semana, un enorme terremoto de magnitud 9.0 sacudió al país. Fue el peor terremoto jamás registrado en la isla, un cataclismo geológico tan convulso que desplazó cuatro metros hacia Estados Unidos algunas zonas del norte de Japón, inclinó el eje de la Tierra e incluso pudo haber acortado la duración del día en un par de microsegundos.[1]

Esa violenta sacudida enseguida precipitó otras desgracias aún más serias.

El temblor bajo el mar, con su epicentro justo en la costa de la ciudad norteña de Sendai, provocó un tsunami con olas de hasta 39 metros que arrasaban todo lo que se encontraban a su paso hacia el interior de la isla, extendiéndose a lo largo de cientos de kilómetros hacia arriba y hacia abajo de la costa del Pácifico. Peor aún fue que el torrente de agua inundó la planta nuclear de Fukushima Daiichi, lo que provocó las fusiones en tres reactores que arrojaron radiactividad por grandes extensiones del país.

El triple desastre terremoto-tsunami-fusiones acabó con la vida de más de diecinueve mil personas.[2]

También ocasionó cientos de miles de millones de dólares en daños y fragmentó la espina dorsal de la economía japonesa. La calamidad destruyó la cadena de suministro estrechamente entrelazada de la industria del automóvil, dejando fábricas desconectadas y limitando la producción para el resto del año. Los fabricantes japoneses perdieron más de 1,5 millones de vehículos de producción en el punto álgido de la crisis.

Y la sacudida se extendió por todo el mundo, evidenciando la frágil realidad de la industria automovilística globalizada de hoy en día. Las plantas de montaje de Estados Unidos y de Europa, lideradas por competidores como General Motors o el grupo PSA, tuvieron que suspender o reducir la producción porque sus proveedores japoneses no podían servirles los componentes fundamentales. Ford, por ejemplo, tuvo que dejar de entregar pedidos de algunos vehículos rojos y blancos porque no podían recibir un pigmento especial para la pintura metalizada que solo se encontraba en la zona del terremoto de Japón. Y la escasez en todo el mundo de microchips de automoción que venían de Japón provocó que la producción global de automóviles se ralentizara durante meses. Los fabricantes de automóviles de todo el mundo estaban en estado de shock y luchando por sobrevivir.[3]

Pero el siempre agresivo Carlos Ghosn no iba a dejar que un brutal terremoto hiciera descarrilar sus planes de expansión y, pocos meses después de la tragedia, se aventuró en la zona del desastre, a pesar de la peligrosidad de la radiación, para estudiar los daños de la planta de motores Iwaki de Nissan: los motores habían sido expulsados de la línea de producción como si fueran bloques de construcción de juguete, y el suelo de la fábrica se había hundido más de 10 centímetros. Aun así, animó a los trabajadores a que volvieran al trabajo. Y lo hicieron el día 18 de abril.

En junio, cuando Fukushima ya era sinónimo del segundo peor desastre nuclear después del de Chernobyl, y todavía había equipos de rescate buscando cuerpos y las fábricas del país estaban luchando por reactivarse, Ghosn apareció en escena para anunciar el que sería su plan empresarial más ambicioso desde la recuperación de Nissan una década antes. En esa ocasión el plan se denominaba Power 88, en referencia a los dos objetivos del plan: el 8 % de cuota del mercado global y el 8 % de margen de beneficio operativo. El plan incluso tenía un logo escrito en caligrafía con pincel que representaba el carácter chino *chou*, que significa «reto» en español.

La palabra «reto» era muy apropiada: el 8 % de cuota del mercado global que tenía que conseguir Nissan en seis años, para finales de marzo de 2017, suponía un salto ambicioso desde el 5,8 % que tenía en aquel momento. Era típico de Ghosn cuantificar todos sus objetivos. A lo largo de esos seis años, Nissan presentaría cincuenta y un modelos y noventa nuevas tecnologías. Además, conseguiría hacerse con un 10 % de la cuota del floreciente mercado chino. La marca de lujo Infiniti conseguiría un 10 % del mercado mundial. Nissan recortaría sus costes un 5 % cada año. Y, lo que es más importante, las marcas Nissan e Infiniti conseguirían aumentar su cuota de mercado combinada del 8 % al 10 % en el todopoderoso mercado norteamericano. Teniendo en cuenta su previsión de crecimiento en el mercado estadounidense en aquel momento, esos objetivos representaban un aumento increíble del 50 % de las ventas en Estados Unidos, desde los 908.000 vehículos que se vendieron en 2010 hasta 1,4 millones.[4] «Somos fundamentalmente optimistas», dijo Ghosn sobre su plan.

Power 88 personificaba la visión de Ghosn sobre el futuro de la industria automotriz. La clave del éxito sería el tamaño colosal, los nuevos mercados y las nuevas tecnologías. Su plan exigía aumentar rápidamente la inversión en mercados emergentes, como lo eran India, Brasil, México, Rusia, China y el sudeste asiático, donde las clases medias en expansión iban a ser los nuevos clientes que se apresurarían a comprar su primer juguete sobre ruedas. Ghosn esperaba que el porcentaje del negocio global de Nissan cambiara: del 40 % en los mercados emergentes y el 60 % en los mercados maduros en 2007, al 60 % en los mercados emergentes en 2017.

En cuanto a las nuevas tecnologías, Ghosn quería que Nissan y Renault vendieran, entre las dos, 1,5 millones de vehículos eléctricos.

La oferta de vehículos de Nissan y Renault era de unos siete vehículos eléctricos nuevos además del Leaf, incluido un modelo de lujo totalmente eléctrico de Infiniti. Más adelante, Ghosn añadiría los vehículos autónomos a su lista de cosas pendientes.

Para llegar allí, Nissan tendría que embarcarse en la rápida construcción de fábricas y plantas de montaje en China, India, Brasil, México e Indonesia. Nissan también reviviría al difunto Datsun, como marca de bajo coste, para ayudarle a entrar en los nuevos mercados. Y también se lanzaría a invertir masivamente en los coches eléctricos para robarle el liderazgo a los rivales en esta naciente, pero costosa, tecnología.

En resumen, Nissan ascendería hasta el primer nivel mundial de fabricantes de coches: sería un verdadero líder en los mercados emergentes, en los desarrollados, en el segmento premium, y en nuevas tecnologías, como el coche eléctrico y el autónomo. Y Nissan arrastraría consigo al primer puesto a Renault.

«Algunos se preguntarán cómo vamos a conseguirlo», dijo Ghosn afirmando que su liderazgo abriría un camino hacia el éxito. «Pero estoy dispuesto —como hice en 1999, en 2008 y en marzo de 2011 cuando el terremoto diezmó algunas de nuestras mejores instalaciones— a conseguir todos estos resultados».[5]

La visión audaz de la expansión de Power 88 —especialmente, contra el panorama del desastre natural en el que seguía inmerso el país— contrastaba enormemente con la estrategia que impulsaba su archirrival Toyota. Además de lidiar con su propio trauma del terremoto, Toyota seguía recuperándose de un doble revés de pérdidas financieras y una campaña sin precedentes de retirada de vehículos para reparar componentes defectuosos. Akio Toyoda, heredero de la familia fundadora, asumió el cargo de presidente en 2009, después de que la compañía cayera en su primer año de pérdidas operativas en setenta años. En el año 2010, Toyota se vio aún más humillada y cayó en una crisis después de ser obligada a retirar millones de vehículos en todo el mundo para hacer frente a las afirmaciones de que sus coches se aceleraban repentinamente por sí solos, a veces con consecuencias fatales. Toyoda fue interrogado sobre la seguridad de sus coches durante una audiencia ante la comisión del Congreso de los Estados Unidos y se comprometió a mejorar la calidad. «Soy el nieto del fundador, y todos los vehículos Toyota llevan mi nombre», dijo Toyoda a los legisladores en Washington, DC. «Para mí, cuando los coches están dañados, es como si yo también lo estuviera».[6]

El nuevo jefe de Toyota dijo que había una explicación clara de los problemas de la compañía. Sus predecesores, impulsados por su orgullo desmesurado, se habían embarcado en la tarea de aumentar la cuota del mercado global hasta el 15%. Toyota evidentemente se convirtió en el principal fabricante de automóviles del mundo, pero a un precio terrible. Su explosivo crecimiento internacional tensó demasiado los recursos humanos de la compañía. Sus fábricas se saturaron con un exceso de producción, sus ingenieros dejaron que la calidad decayera y la empresa perdió de vista al cliente. Desbordada como estaba, Toyota se hizo vulnerable a las crisis económicas y fue duramente golpeada por la crisis financiera. No mucho antes de que eso ocurriera, Toyoda estaba pidiendo una «pausa internacional» en el crecimiento. Retrasó tres años las inversiones en fábricas, renunció a los objetivos numéricos y predicó volver a lo básico. La caída de Toyota en desgracia fue una advertencia profética para Nissan, que seguía pisando el acelerador a pesar de que su principal adversario estaba frenando.

• • •

Al final, Nissan no consiguió casi ninguno de los objetivos del plan Power 88 a fecha de marzo 2017 como estaba previsto. Pero el día decisivo fue el del arresto de Ghosn, cuando el escrutinio de esa época en Nissan se extendía mucho más allá de sus supuestas irregularidades financieras. Cuando el precio de las acciones de Nissan se hundió, junto con sus ventas y sus beneficios, los críticos, incluidos los nuevos líderes de la empresa, creyeron saber la causa original: la implacable obsesión de Ghosn por la expansión mundial de

Nissan, tal como ejemplificaba el plan Power 88. Para ellos, este afán de Ghosn de aumentar cada vez más el volumen puso a Nissan en rumbo de colisión con la crisis que continuó mucho después de que él se fuera. El mal rendimiento de Nissan fue una prueba de su locura, dijeron, que puso fin al legado de Ghosn como oráculo de la industria y creador del imperio.

Muchos empezaron a decir que lo que Ghosn había creado a lo largo de los años era un castillo de naipes que ahora se estaba derrumbando.

Hiroto Saikawa fue de los primeros en poner en duda las estrategias empresariales de Ghosn. Pero al coro se unieron el sucesor de Saikawa Makoto Uchida, el presidente Jean-Dominique Senard, la directora ejecutiva provisional de Renault Clotilde Delbos y el entonces presidente de Mitsubishi Osamu Masuko. Todos ellos fueron más allá de las supuestas acusaciones por mala praxis a Ghosn para fijarse en su estrategia. Según la nueva información que tenían en sus manos, los años de enorme expansión bajo el mandato de Ghosn habían estresado excesiva y peligrosamente a las tres compañías y tenían que emprender de inmediato una reestructuración para evitar el colapso.

«Por intentar alcanzar unos objetivos demasiado ambiciosos, hemos provocado el rápido declive de nuestro rendimiento. Tenemos que definir unos objetivos que sean desafiantes, pero alcanzables y razonables», dijo Uchida en su primera conferencia de prensa tras asumir el puesto de director ejecutivo de Nissan.

«Tenemos que admitir nuestros errores y cambiar el rumbo», dijo el nuevo jefe de Nissan, que se acababa de licenciar en Teología cuando entró a trabajar en Nissan en la era Ghosn.[7]

A principios de 2020, Uchida desveló un nuevo plan de recuperación que eliminaría el plan Power 88. Reduciría la capacidad de producción anual global de 7,2 millones de vehículos alcanzada por Ghosn hasta 5,4 millones, un nivel mucho más coherente al de las ventas.

Mitsubishi mostró un asombroso repudio al impulso de crecimiento de Ghosn. Ghosn fue nombrado presidente de Mitsubishi en 2016 e inmediatamente determinó que quería intensificar su presencia en los mayores mercados del mundo, incluidos Europa, Estados Unidos y China. En cuanto Ghosn se fue, Mitsubishi enseguida descartó cualquier pretensión de conquistar el mundo. En cambio, anunció su propio plan de reestructuración que implicaba centrarse en el sudeste asiático, su pequeño pero incondicional bastión de ventas. Masuko bautizó la nueva estrategia empresarial como «pequeña pero bonita».

«En lugar de apresurarse a buscar la expansión, estoy convencido de que es mejor opción buscar el equilibrio entre la inversión y un crecimiento sano», dijo Masuko sobre su reestructuración. «Hemos redefinido una futura dirección con la finalidad de tener una sólida rentabilidad a pesar de ser un equipo pequeño».[8]

La nueva dirección de Renault también repudió el afán de crecimiento de Ghosn, que quería que el fabricante francés produjera 5 millones de vehículos en 2022, un enorme salto de los casi 4 millones que había vendido en 2018, el último año de Ghosn en el trono. Cuando por primera vez Renault se desplomó hasta tener pérdidas, en 2019, la que era directora provisional, Clotilde Delbos, propuso recortar 14.600 puestos de trabajo y más de 2.240 millones de dólares en costes durante tres años. La capacidad de producción global de Renault caerá en medio millón de vehículos en 2024. «Nos habíamos estructurado, incluida la forma de trabajar y de funcionar, en pos de una aspiración que nunca hubiésemos podido alcanzar», afirmó Delbos.[9]

Cuando a mediados de 2020 el director ejecutivo Luca de Meo tomó las riendas de Renault, planteó que probablemente tendrían que hacer más recortes. En un documento interno al que pudo acceder la agencia Reuters decía que Renault tenía que planificar su reforma de una manera parecida a la de su archirrival francés PSA Group. Esta declaración debió de ser especialmente irritante para Ghosn, porque en ese momento el grupo PSA estaba liderado por Carlos Tavares, el que había sido suplente de Ghosn y expulsado de Renault por el jefe. Entonces Tavares era un famoso artista del cambio, después de resucitar a PSA. De Meo dijo que tomaría las decisiones difíciles que hicieran falta para reactivar Renault. «Lo describiría como una revolución», escribió de Meo. «A esta revolución, que tiene que ser impulsada por todos los hombres y mujeres de la compañía, yo la llamaría una "Renaulution"».[10]

• • •

El rendimiento de Nissan se hundió, como era de esperar, cuando Saikawa tomó las riendas como único director ejecutivo en 2017. Pero la verdad es que el declive de Nissan había empezado antes, cuando Ghosn todavía era el jefe incuestionable. Y su debilitamiento empezó en el mercado norteamericano, que era clave porque había sido durante mucho tiempo la vaca más grande y rentable de Nissan: su planta de montaje en Smyrna, Tennessee, es la fábrica más grande de automóviles de todo el país, con una capacidad de producción de 640.000 vehículos al año. Pero la máquina de hacer dinero de Norteamérica empezó a tener problemas cuando Ghosn presionó a sus subordinados con el plan Power 88 para que lograran un 10 % de la cuota del mercado estadounidense.

Para alcanzar este objetivo, Nissan empezó a vender coches con enormes descuentos, una estrategia que, si bien es útil para aumentar la cuota a corto plazo, es una bomba de relojería para su rentabilidad a largo plazo. Los vehículos vendidos con descuento tienen un valor de reventa más bajo cuando los propietarios quieren venderlos. Este valor de reventa más bajo erosiona de dos maneras el valor de los coches nuevos que se venden: por una parte, la gente es reacia a pagar más por un coche nuevo que enseguida se desvaloriza; y, por otra, se les pide a los posibles compradores que desembolsen un pago inicial más grande porque están obteniendo menos por vehículos de segunda mano. Al final, se convierte en un ciclo autodestructivo. A Nissan le costaba establecer precios más altos por sus nuevos coches porque los clientes estaban acostumbrados a esperar *spiffs* —en la jerga de la industria para los descuentos—. Y gracias a que Nissan estaba realizando grandes inversiones en mercados emergentes y nuevas tecnologías, como la de los vehículos eléctricos, tenía menos dinero para invertir en nuevos modelos para los mercados existentes como el de Estados Unidos. Su gama de productos se hizo aún más grande, por lo que sus ofertas eran poco atractivas. Por ejemplo, el deportivo GT-R fue presentado por Ghosn en 2007 como una marca muy llamativa, pero en el año 2020, uno de los modelos más visibles de la compañía —cariñosamente apodado Godzilla por sus fans por ser una bestia capaz de aplastar a cualquiera— todavía tenía que ser rediseñado por completo. Como resultado de ello, aún tenían que hacer más descuentos para atraer la atención hacia la cartera de productos obsoletos de Nissan.

Y, mientras tanto, a los distribuidores de Estados Unidos se les presionaba para que vendieran más coches a través de un programa conocido como de incentivos «escalonados». El programa pagaba a los distribuidores una bonificación por cada coche que vendían si alcanzaban un límite fijo del objetivo de ventas mensual marcado por Nissan, conocido en la jerga de la industria como «la fábrica». Por ejemplo, los concesionarios obtendrían 200 dólares por coche si alcanzaban el 90 % de la cuota de ventas mensual de la fábrica, y 500 dólares si alcanzaban el 100 % del objetivo. Los incentivos se denominan *escalonados* porque las recompensas aumentan por cada paso que dan hacia el objetivo que la fábrica ha fijado para cada concesionario. Es el anzuelo que incentiva a los concesionarios a vender el máximo número de coches posible y así conseguir la bonificación de cada venta. La promesa de que recibirán 500 dólares en lugar de 200 incita a los concesionarios a hacer todo lo posible por cerrar esas ventas finales.[11]

Pero los incentivos escalonados también tienen su cara oscura y es que, conforme se va llegando al final del mes, los distribuidores empiezan evidentemente a esforzarse para llegar a las cuotas de fábrica, y para vender más coches deciden aplicar descuentos desesperados para que los clientes no se vayan a la competencia, aunque sean concesionarios de la misma marca. Aparentemente, esto parece un caso de manual del capitalismo de libre mercado en acción, pero la feroz competencia induce a los distribuidores y fabricantes de coches a reconocer que es un comportamiento «insano».[12]

Para empezar, los incentivos escalonados desencadenan una carrera de precios a la baja, ya que los concesionarios Nissan de las ciudades vecinas, o incluso de la misma ciudad, compiten unos contra otros con sus ofertas, por lo que la marca adquiere una imagen de «mercadillo de gangas» y se torpedea el valor de la reventa. Se sabe que los concesionarios apurados por alcanzar sus cuotas venden los coches con pérdidas o incluso compran su propio inventario. En este último caso, lo que hacen es darse unas vueltas con sus vehículos y venderlos como si fueran vehículos usados, acelerando así la caída en picado del atractivo de la marca.

Esto que aparenta ser el paraíso del comprador, donde los clientes pueden elegir entre una gran variedad de ofertas, a largo plazo hace que los compradores también se acaben desmotivando cuando van a vender su coche y se dan cuenta de que su Nissan Altima, comprado a precio de saldo, vale mucho menos que el comparable Toyota Camry que no estaba respaldado por una bonificación en efectivo. Los clientes también se molestan cuando ven que el Altima que compraron el mes pasado gracias a un descuento de 1.000 dólares ahora se vende con un descuento adicional de 2.000 dólares. Todo ello hace que los clientes pierdan la confianza en los concesionarios y en la marca. Y, cuando los compradores de Nissan estén estudiando su próxima compra, es muy probable que la marca Nissan no sea una de sus prioridades.

Los incentivos escalonados no son exclusivos de Nissan, pero en Estados Unidos en concreto y bajo el programa Power 88, Nissan fue especialmente despiadada explotando lo de las bonificaciones en efectivo.

Nissan también tenía la mala costumbre de rellenar sus cuentas con las denominadas «ventas de la flota». Cualquiera que en aquella época haya alquilado un coche en un aeropuerto se daba cuenta de que había un estacionamiento lleno de vehículos con la insignia de Nissan en espera. Vender coches a los comerciales, como son

Hertz, Enterprise o Avis, es una ayuda que utilizan los fabricantes de coches para aumentar sus ventas cuando los clientes normales no están comprando, pero estas ventas son menos rentables que las transacciones puramente minoristas, y además tienen la dificultad añadida de que socavan el valor de la marca. Pocos clientes minoristas aspirarían a comprar como coche particular el *econobox* que han alquilado durante su viaje de trabajo a Las Vegas. Las ventas de flotas pueden contaminar a toda la marca. Fueron durante mucho tiempo el dominio de las marcas de Detroit que pasaban apuros. Compañías como Honda y Subaru siempre han rehuido de las flotas, y se les ha considerado como dos de las marcas más rentables y admiradas del mundo.

• • •

Así fue la solución que encontró Nissan cuando estaba con el programa Power 88. Al mismo tiempo que los concesionarios de Estados Unidos se sentían presionados por alcanzar sus cuotas de fábrica, la alta dirección de Nissan también se sentía exprimida para conseguir el 10 % de cuota del mercado estadounidense para Nissan e Infiniti decretada por Ghosn. El hombre que estaba al mando para conseguir ese objetivo era José Muñoz, el ejecutivo español de quien se rumoreaba que iba a ser el sustituto de Saikawa, pero que abandonó la compañía cuando Ghosn fue detenido. Muñoz fue nombrado presidente de Norteamérica a principios de 2014, y después ascendido a director de operaciones encargado de dar forma a las ideas de su jefe en todo el mundo.

Steve Kalafer, exdistribuidor de Nissan, dijo que los descuentos agresivos y la obsesión incansable de Ghosn por el volumen le hicieron abandonar la marca para siempre.

«Hacían cualquier cosa por vender un coche más», dijo Kalafer, presidente y director ejecutivo de Flemington Car & Truck Country, una familia de franquicias en Flemington, New Jersey, que vende varias marcas, desde Ford y Chevrolet hasta Volkswagen, Porsche y Jeep. «En realidad, en los últimos años era un esquema Ponzi: hoy informas de un beneficio y mañana te preocupas de cómo lo resolverás informando de un incremento de los beneficios sobre coches que en realidad no se han vendido, porque todavía estaban en planes de pago diferido. Y esta era la megalomanía de Ghosn y de la gente que le seguía hasta el límite».

Kalafer había empezado a vender vehículos Nissan en 1980, pero después de que Muñoz explicara el programa de Ghosn para aumentar la cuota del mercado estadounidense en una reunión de distribuidores en 2016, Kalafer dijo que, a la vista de lo que le esperaba, abandonaba la marca. «Abandoné la reunión, me metí en un Uber, fui a ver a mi abogado y le dije: "Quiero vender la franquicia de Nissan"».

«Lo único que hicieron fue incrementar la bonificación que nos pagaban, pero no hicieron que el coche valiera más dinero», dijo Kalafer sobre el tema de los incentivos. «Esto no va a acabar bien. Esto es el principio de la destrucción del valor de la franquicia y todos los distribuidores que se queden saldrán perjudicados... Yo estaba viendo un choque de trenes a cámara lenta».

Y conforme se iba acercando la fecha límite del plan Power 88 del 31 de marzo de 2017, el negocio de Nissan empezaba a resquebrajarse por culpa de la presión del plan. Ghosn no consiguió ninguno de los dos objetivos: ni el 8 % de cuota de mercado, ni el 8 % de beneficios operativos. De hecho, Nissan casi no consiguió ninguno de los ambiciosos objetivos del plan.

Muñoz consiguió por un pelo el 10 % de cuota del mercado estadounidense en febrero y marzo de 2017. Y en todo el año 2017, Nissan e Infiniti juntos vendieron la cifra récord de 1,59 millones de vehículos en Estados Unidos, consiguiendo una participación unificada del 9,2 %. El total de ventas de Nissan en Estados Unidos había aumentado un espectacular 50 % de los 1,04 millones que se vendieron en 2011. Consolidar el mercado norteamericano era un logro especialmente importante, porque Estados Unidos representaba el 28 % de las ventas globales de Nissan.

Pero la compañía pagó un precio muy alto para conseguir esa cuota de mercado. En el último trimestre de Ghosn como director ejecutivo de la compañía, los ingresos netos se redujeron un 16% y el beneficio operativo cayó un 19%. Durante aquel trimestre de 2016, entre julio y septiembre, el beneficio total se redujo porque Nissan había invertido la monumental cifra de 375 millones en descuentos e incentivos para atraer a los compradores estadounidenses y ganar cuota de mercado. Los beneficios operativos regionales en Norteamérica se desplomaron, así como el volumen de ventas, a pesar de los esfuerzos desesperados de Nissan por estimular las ventas con diferentes acuerdos.[13]

En retrospectiva, incluso los ejecutivos de Ghosn se daban cuenta de que las cosas estaban empezando a desmoronarse.

«Desde el año 2017 la situación estaba cantada», dijo un exejecutivo de Renault que trabajó al lado de Ghosn durante más de una década. «El rendimiento financiero, la fuerza de la marca y la tecnología de ambas compañías estaban cayendo. ¿Qué pasó? Que compraron la cuota de mercado, compraron flotas, compraron alquileres, compraron todo tipo de malos negocios, y su rentabilidad empezó a decaer. Consiguieron algo de volumen en muchos de los mercados emergentes sin tener la base de rentabilidad apropiada. Y entonces, sorprendentemente, Ghosn acabó haciendo lo que siempre había criticado de otros fabricantes».

Cuando en 2017 Saikawa tomó las riendas, Nissan se estaba recuperando del gasto de los descuentos en las ventas. En un giro brusco de 180 grados, el que había sido ejecutor de Ghosn durante tanto tiempo renunció al crecimiento agresivo. «No vamos a ponernos objetivos numéricos para esforzarnos más», anunció Saikawa sorprendiendo a los expertos de la industria. «Lo importante ahora es el crecimiento continuado y mantener cierto nivel de rentabilidad». Su nueva estrategia fue tan espectacular por su repudio a Ghosn como por renunciar a la salsa de los incentivos que tan importante había sido para el negocio de Nissan.[14]

Pero lo más traicionero de los incentivos es que no se podían eliminar fácilmente. Saikawa cortó de una manera demasiado brusca y rápida la adicción de los norteamericanos a descuentos por desembolsos en efectivo. Los clientes, acostumbrados a comprar en base a ofertas, no querían pagar el precio real de los vehículos Nissan. Eso es en lo que la marca Nissan se había convertido para los consumidores americanos, una *marca barata*. Cortar en seco esa tradición tuvo la inesperada consecuencia de provocar una caída aún más rápida de las ventas en Estados Unidos. Los beneficios de Nissan empezaron a caer en picado. En realidad, una marca de consumo masivo como Nissan necesitaba mantener un cierto volumen de ventas, pero en el equilibrio está la clave.

Todas y cada una de las correcciones efectuadas se sumaron entre sí para desbaratar la reputación de Ghosn como un artífice de milagros y una superestrella de la gestión. Es cierto que Ghosn realizó una transformación asombrosa de Nissan, pero ahora sus detractores —e incluso algunos antiguos aliados— le decían que se había equivocado de autopista. Un gran volumen de ventas y un crecimiento sostenido eran sin duda ideas irresistibles durante la transformación inicial de Nissan, pero ahora los líderes de la compañía le decían literalmente que esos no eran los objetivos correctos: *Lo pequeño es hermoso. Crecimiento sostenido. Buen equilibrio. Objetivos desafiantes, pero alcanzables y razonables.*

Cuando Ghosn habló de convertir la unión Renault, Nissan y Mitsubishi en el mayor grupo automovilístico del mundo, uno de los más pequeños los superaba en términos de rentabilidad. La japonesa Subaru estaba vendiendo apenas un millón de vehículos al año en todo el mundo: justo la décima parte del total de ventas de la Alianza. Sin embargo, Subaru estaba teniendo un margen de beneficio operativo de dos dígitos, alcanzando el 18 % en 2016: un nivel impensable para la mayoría de los participantes del sector automovilístico en el que el 6 % era considerado saludable. Subaru era la favorita de los inversores y la envidia de la industria. En cambio, Nissan acabó el plan Power 88 con un margen de beneficio del 6,3 % con un total de ventas de 5,6 millones de vehículos.

Ghosn apenas se inmutó por no haber conseguido prácticamente ninguno de los objetivos del plan Power 88. A finales de 2017, con las ventas globales de la Alianza subiendo hasta los diez millones, Ghosn anunció un objetivo aún más ambicioso: Renault, Nissan y Mitsubishi venderían 14 millones de vehículos anuales en 2022. Saikawa después se burló de ese objetivo: «Simplemente apostábamos por el volumen de ventas... Era un objetivo muy arriesgado y peligroso».

• • •

Al cambiar su estrategia y adoptar otra muy diferente a la de Ghosn, la Alianza estaba retrocediendo en línea con las estrategias de otros fabricantes, para parecerse algo más a Subaru, cuyo enfoque se había puesto de moda.

Por ejemplo, General Motors, que había sido un modelo para la Alianza y durante casi ochenta años el mayor fabricante de coches del mundo, acabó siendo derrotado por la arrogancia, la burocracia y la complacencia, y cayó en una humillante bancarrota. Así pues, en su segundo capítulo, General Motors decidió que no vendería todos sus vehículos en todos los segmentos ni en todos los mercados. Decidió recortar el volumen o dejar de vender coches definitivamente en Europa Occidental, Rusia, India, Tailandia, África y Australia. Decidió ser, en cierta manera, una compañía pequeña pero cuidada. Con esa iniciativa, GM empezó a obtener beneficios relativamente constantes, a pesar de los recortes globales.

Las estrategias de los enormes imperios del automóvil que se extendían por todo el mundo cayeron en desgracia en algunos rincones, especialmente porque los mercados emergentes no lograron producir el crecimiento desenfrenado previsto al principio del plan Power 88. La globalización, defendida en la era Ghosn, dejó de ser una ventaja por culpa de los conflictos comerciales, el Brexit, la tensión entre Estados Unidos y China, la fragmentación de la regulación de la automoción y los gustos de los clientes cada vez más regionalizados. En Japón, por ejemplo, los clientes, pedían coches cada vez más pequeños, con 660 cc y motores de tres cilindros no más grandes que los de algunas motos. Estos coches jamás habrían tenido éxito en América, donde el vehículo más vendido era precisamente la gigantesca furgoneta Ford F-Series, con una central eléctrica V8 de 5,0 litros —una venta más que imposible en Japón—.

En retrospectiva, el desmantelamiento que había hecho Ghosn del sistema *keiretsu* en Nissan no se vio como algo demasiado inteligente. Con los años, Toyota hizo de contraejemplo esclarecedor. En lugar de deshacerse de su extenso ejército de proveedores —conocidos en su conjunto como el Toyota Group—, el mayor fabricante de automóviles de Japón encontró su ventaja competitiva en una mayor relación con sus más estrechos colaboradores, como eran Denso Corp. y Aisin Seiki Co., para dar impulso a los coches eléctricos y autónomos. Mientras que Nissan empleaba una política agresiva con los fabricantes de piezas de recambio enfocada en abaratar costes, su reputación como socio comercial se precipitó entre los proveedores —por detrás de Honda, General Motors y Ford—. En cambio, Toyota se mantuvo durante casi una década en los puestos más altos, siendo la compañía de automoción con la que los proveedores preferían trabajar, según el Supplier Working Relations Index, que se publica anualmente.[15]

Nissan necesitaba evolucionar para adaptarse a la nueva situación. En el año 2020, los líderes de Renault, Nissan y Mitsubishi declararon una nueva estrategia del «líder-seguidor» destinada a segmentar los mercados, cada uno de ellos encabezado por el socio más potente en esa región. Siguiendo este nuevo modelo, Renault abandonó China, dejándola en manos de Nissan. Nissan se retiró del sudeste asiático, cediendo el control a Mitsubishi, y redujo su presencia en Europa, dejando que Renault tomara el control. Nissan lideraría los mercados de Estados Unidos y Japón.

«En Nissan queríamos estar en todas partes, pero no podíamos estar en todas partes», dijo el director de operaciones Ashwani Gupta a *Automotive News*. «Estamos pasando de la globalización a la regionalización, y esto supone reducir el número de economías de escala y que los costes de producción se disparen. Muchos de nuestros competidores están abandonando los mercados o abandonando los segmentos, lo cual quiere decir que Nissan también tiene que priorizar y focalizar».

Saikawa seguía convencido de que la obsesión de Ghosn por el crecimiento fue lo que provocó el declive de la compañía. Saikawa dijo que lamentaba no haber intervenido antes y elogió la «pausa intencionada» de tres años aplicada por el presidente de Toyota, Akio Toyoda. El volumen de ventas global de Toyota estuvo retrocediendo durante un tiempo después de que Toyoda pusiera en pausa el crecimiento. Pero durante esa pausa, el mayor fabricante japonés sentó unas bases sólidas para la rentabilidad a largo plazo mediante el apuntalamiento del capital humano, las inversiones en productos y el fortalecimiento del valor de la marca.

«Recuerdo las palabras de Akio Toyoda», reflexionó Saikawa en una entrevista con *Automotive News* en 2019, poco después de verse obligado a dimitir como director ejecutivo. «Y si hubiera convencido a Carlos Ghosn de una manera más explícita, empezando tal vez desde 2016, nuestros objetivos de rendimiento habrían sido mucho más moderados. Tal vez en la situación actual, esto sea de lo que más me arrepiento».[16]

. . .

Mientras tanto, Ghosn observaba desde el Líbano cómo Power 88 se deshacía y Nissan se debilitaba. Escuchó las acusaciones de los líderes de las compañías que él integró y dirigió durante casi dos décadas. Para Ghosn, ya era bastante malo que le acusaran de delitos que, según él, nunca había cometido. Pero fue casi más grave manchar su legado como líder empresarial, algo que nunca se cuestionó hasta que fue expulsado de la industria.

En realidad, Ghosn siempre advirtió contra la expansión a cualquier precio. Cuando presentó el plan Power 88 dijo que su objetivo era el crecimiento *sostenible* e insistía: «Es tan importante la manera de conseguir este objetivo como el propio objetivo».[17] Un ex alto ejecutivo que trabajó en Nissan formando parte del círculo íntimo de Ghosn, insiste en que Ghosn nunca «hablaba exclusivamente del volumen que quería», sino que hablaba de los beneficios al personal financiero y del volumen a los vendedores, creando así una tensión para que sus subordinados la resolvieran. «Para nosotros era una tensión que teníamos que gestionar, algo así como: "Vale, ¿cómo podemos resolver esto juntos?"».

A Ghosn le indignaba ser declarado responsable del declive de Nissan. Se irritaba ante cualquier sugerencia de que su visión del crecimiento y la inversión fuera la causa de la caída de las compañías, especialmente de Nissan. Después de todo, Ghosn dejó de ser director ejecutivo de Nissan a partir del año 2017; y el año que entregó las riendas, Nissan y Renault obtuvieron sendos récords de ingresos netos anuales. Fue después de esto cuando las cosas empezaron realmente a ir mal.

En cualquier caso, aunque Nissan no alcanzó la mayoría de los objetivos del Power 88, al final del plan seguía siendo una empresa más avanzada que al principio en muchos aspectos. El Power 88 no fue el completo fracaso que afirmaban sus detractores. Dio a Nissan una ventaja en los emergentes segmentos de coches eléctricos y autónomos. Y entre sus otros éxitos destacó el de priorizar la expansión temprana en China, una decisión que convirtió a Nissan en uno de los principales actores en el mayor mercado del mundo. A medida que China se recuperaba rápidamente de la pandemia del COVID-19, tener raíces sólidas en ese país resultó ser un salvavidas clave para una empresa que tenía problemas en el resto del mundo.

«Es una tontería atribuir las dificultades de la compañía al hecho de que yo fuera demasiado insistente o demasiado ambicioso», dijo Ghosn en una entrevista con *Automotive News* desde Líbano. «Mi ambición y mi compromiso con la compañía fueron la base para su recuperación».[18]

Para Ghosn, todos las críticas a su estrategia corporativa no son sino reproches ingratos para encubrir los errores de sus sucesores, especialmente de Saikawa.

«Mostró todo su talento, y todos sabéis adónde fue a parar ese talento. Fue despedido de la compañía; él fue quien presidió el declive de Nissan», dijo Ghosn de Saikawa. «Y esto para mí es muy triste, ver que en el año 2020 nadie está asumiendo la responsabilidad... es una industria difícil en la que hay que tener una visión privilegiada, amplia y con perspectiva. Y todo esto desaparece como consecuencia de la política, las justificaciones y las excusas. Entonces, la compañía se hunde. Con este tipo de mentalidad, los resultados son previsibles. Y esto es exactamente lo que estamos viendo hoy».

18

LAS CÁRCELES JAPONESAS

AUNQUE POSIBLEMENTE GHOSN ESTUVIERA PREOcupado por el futuro de Nissan y de la Alianza que él había construido, tenía otras preocupaciones más inmediatas en 2019. Había pasado 130 días en una cárcel japonesa y se enfrentaba a quince años de prisión, una idea que a nadie le gustaría. Aunque las prisiones en Japón suelen estar limpias, ordenadas y son seguras, el sistema está diseñado para garantizar la completa obediencia. Los nombres son sustituidos por números, el acceso a la información del exterior está estrictamente controlado y hay unas normas muy estrictas sobre cuándo tienes que sentarte, levantarte o acostarte.

Los centros de detención que retienen a los sospechosos que esperan juicio juegan un papel fundamental en el sistema etiquetado como «justicia de rehenes». Día tras día transmiten un mensaje claro a todos los reclusos: confiesa y serás libre; niega los cargos y seguirás encerrado. Para casi todos los que entran en un centro de detención este es un argumento bastante convincente.

En Japón, igual que en muchos otros países, son las confesiones y las declaraciones de culpabilidad la fuerza que hace girar las ruedas de la justicia. A pesar del bajo índice de criminalidad del país, es imposible que los dos mil fiscales que hay en todo el país puedan tratar todos los casos que se les presentan si tienen que demostrar la culpabilidad reuniendo pruebas suficientes para presentarlas en el juicio, como tampoco hay suficientes jueces o salas de audiencia. Así pues, la confesión es un atajo tanto para el sistema como para los acusados.

• • •

En la mayoría de los casos, un arresto inicial por la policía acaba con el envío del sospechoso a los calabozos de los bajos de la estación local mientras los fiscales deciden si seguir el caso o no. Estas pequeñas habitaciones acogen entre tres y seis personas, y tienen suficiente espacio para colocar los colchones estilo futón en el suelo por la noche. Apenas tienen contacto con el exterior, excepto por un periódico diario que se comparte entre todos y una cadena de radio. La práctica de ejercicio queda a criterio de los guardias, que ven la solicitud como si se tratase de una intromisión en su jornada laboral.

Hay un servicio de transporte diario para los arrestados en Tokio que va al edificio del Ministerio de Justicia, ubicado en una calle ancha y arbolada donde están los edificios gubernamentales. Pero los sospechosos no lo ven, porque los cristales son tintados. Lo primero que ve un detenido es la planta baja del edificio del ministerio. Una vez allí, los detenidos se sientan en grupos de doce en una pequeña celda de hormigón sin ventanas durante casi diez horas. No hay calefacción ni aire acondicionado. Está prohibido hablar o mirar alrededor. Allí esperan su tiempo para hablar con el fiscal. Mientras están custodiados solo pueden llamar a un abogado o, si son extranjeros —como en el caso de Ghosn—, a su embajada. Las llamadas a los familiares o amigos están prohibidas.

Si después de tres días el asunto no se ha resuelto, los fiscales pueden pedir permiso al juez para retener al sospechoso otros diez días. Según el Ministerio de Justicia, esto ocurre «solo si un juez independiente encuentra que existen sospechas fundadas de que el sospechoso ha cometido un crimen y existe el riesgo de que oculte, o destruya, pruebas del crimen o de que huya de la justicia».

El listón está muy bajo. Según las cifras del ministerio, los jueces aprobaron el 94,8 % de las peticiones de los fiscales de encerrar a un sospechoso mientras se investiga su caso. Para los acusados, eso es una mejora en la cifra desde 2006, cuando los jueces aprobaron el 99,6 % de las peticiones de los fiscales.[1]

Para estos casos, el siguiente paso es el centro de detención. Para Ghosn fue el centro de detención de Tokio en el anodino barrio Kosuge al norte de la ciudad. El monolito de doce pisos puede acoger a tres mil presos, pero normalmente tiene muchos menos. También muestra pocos signos externos de su función. No hay barrotes en las ventanas, ni alambradas ni torres de vigilancia. Una simple valla rodeando el perímetro y unos pocos policías en la puerta principal le confieren la sensación de un centro de alta seguridad. Puesto que Ghosn, al igual que los acusados de alto nivel, fue arrestado por la Fiscalía, lo llevaron directamente a Kosuge.

El edificio no es técnicamente una prisión, sino que acoge a los reclusos que esperan juicio o apelación, además de a aquellos condenados a muerte —técnicamente no están cumpliendo penas de prisión, sino esperando a ser ejecutados—. Ha sido el hogar temporal de algunos de los delincuentes más famosos de Japón. Entre ellos, el ex primer ministro Kakuei Tanaka, quien a pesar de su peso político fue detenido antes de su juicio y su posterior condena por el escándalo de soborno Lockheed de 1976. Antes de Ghosn, Paul McCarney fue otro de los extranjeros detenidos en Tokio —aunque no en Kosuge—. Le retuvieron durante diez días por tener marihuana en 1989 cuando visitaba el país en una gira —confinado con otros en la celda, cantó «Yesterday» a petición de un compañero de celda algo intimidante—.[2]

Kosuge también forma parte de uno de los aspectos más controvertidos del sistema judicial de Japón: la pena de muerte. Es uno de los siete centros de detención que hay en el país donde se ejecuta la pena capital. Shoko Asahara, el líder de la secta Verdad Suprema, fue ejecutado allí por su participación en 1995 en un ataque con gas sarín en el metro de Tokio en el que perdieron la vida trece personas y otras miles fueron heridas; un acto sin sentido que conmocionó al país y al mundo entero.

La aplicación continuada de la pena de muerte ha sido criticada internacionalmente ahora que casi todos los países desarrollados la han abolido —Estados Unidos es la otra gran excepción—. Además, la forma de administrarla en Japón añade lo que se considera un nivel innecesario de crueldad: a los sentenciados de muerte no se les informa con antelación del día de su ejecución. Muchos prisioneros esperan en el corredor de la muerte durante años a que el Ministerio de Justicia tome la decisión de ejecutarlos. Al prisionero se le informa el mismo día de la ejecución por la mañana, por lo que muchos se despiertan cada mañana durante años sin saber si será el último día de su vida.

Un asesino convicto esperó cincuenta años en el corredor de la muerte hasta que años después las pruebas de ADN pusieron su caso en duda.[3] (A pesar de eso, el gobierno continuó con el caso, y en el año 2020 todavía estaba en los tribunales). A los miembros de la familia aún se les da menos información. De hecho, no se les informa hasta que la ejecución se ha llevado a cabo. La muerte se realiza por ahorcamiento de alta tecnología. Una serie de tres botones situados en la pared de una sala adyacente hace que se habrá el suelo que hay debajo del prisionero con la soga atada al cuello. Cada uno de los botones los aprieta un guardia diferente para que nadie sepa si ha sido el responsable de la muerte del preso.

• • •

Scott McIntyre, un periodista australiano que conoce bien el centro de detención de Tokio, habló de su experiencia. Fue arrestado en 2019 por allanamiento de morada cuando entró en el edificio de apartamentos en el que vivían sus suegros, japoneses. Su objetivo era ver a sus dos hijos, que se los había llevado su mujer cuando pretendía divorciarse. El allanamiento es un delito menor, pero la policía local conocía a McIntyre porque había acudido varias veces a ellos para pedirles que hicieran más para comprobar el bienestar de sus hijos.

Su caso arroja luz sobre otra área de la justicia japonesa que está bajo su control: la custodia de los niños. Japón no permite la custodia compartida, y los críticos dicen que los tribunales generalmente siguen la premisa legal de que la posesión es nueve décimas partes de la ley. Por lo tanto, en la mayoría de los casos, se da la custodia al progenitor que tiene a los hijos: una situación que solo sirve para provocar peleas y, en algunos casos muy divulgados, secuestros. En la mayoría de los casos uno de los dos padres es extranjero, aunque también hay problemas en los matrimonios del país.

McIntyre dice que él no pretendía secuestrar a sus hijos, únicamente quería verlos, pero él cree que los intentos previos por hablar con ellos y el hecho de que fuera a la policía antes para ver si sus hijos estaban a salvo, es lo que les llevó a arrestarle por el delito menor de allanamiento de morada. Cuando fue detenido por primera vez se resistió insistiendo en que era inocente —después de pasar la puerta del vestíbulo del edificio entró en el complejo, pero nunca intentó entrar en el apartamento—. En su batalla para conseguir el acceso a sus hijos, los cargos contra él eran un precio que estaba dispuesto a pagar.

La lucha por su caso le llevó a estar cuarenta y cinco días en confinamiento, incluidos los veinticinco que pasó en Kosuge. Según su descripción, la vida allí era más disciplinaria que siniestra, más como una escuela militar que como la cárcel de Rikers Island, conocida como la cárcel de los horrores de Nueva York. Las instalaciones están limpias, no hay corrupción y no hay violencia, por lo menos entre los reclusos. Al mismo tiempo, hay una gran variedad de normas, muchas de las cuales tienen la única intención de aplacar a los reclusos, y también es frecuente el abuso verbal por parte de los vigilantes. Desde el momento en que son procesados, los detenidos dejan de tener un nombre y se les asigna un número que tendrán que gritar varias veces, como cuando reciben la comida. A los presos se les dan dos uniformes verdes, un dentífrico y un cepillo de dientes, un jabón y una toalla pequeña. Las celdas tienen el típico tatami japonés en el suelo. Cada una de ellas puede acoger a seis presos, son espacios reducidos de 23 metros cuadrados que permiten extender los seis futones para dormir por la noche. No se permite hacer ejercicio en las celdas, pero hay una sesión de recreo en la azotea, todos los días menos los fines de semana, los días festivos o los días de lluvia. Aquellos que no hacen ninguna labor en la prisión se pasan prácticamente todo el día en la celda, donde tienen que estar sentados en el suelo sobre un pequeño cojín con las piernas cruzadas en frente de una mesita. No hay sillas. Apoyarse contra la pared está prohibido y tampoco pueden tumbarse, excepto a la hora de la siesta —cuando no tienen otra elección, han de estar tumbados—. La prisión dice que lo hacen así para que los vigilantes puedan ver si alguien está enfermo o ha intentado suicidarse, y no nos sorprende que esa sea una preocupación importante. Las luces se atenúan durante la noche, pero nunca se apagan del todo. Aquellos que tienen algo de dinero pueden ponerlo en una cuenta de la prisión para comprar algunos productos en la tienda de la prisión. Entre otros productos hay aperitivos, material de papelería, prensa y revistas. Los detenidos también pueden llevar su propia ropa y en la prisión se la lavan: hasta dos prendas dos veces por semana. Cuando se trasladan a los baños comunales o a la azotea, o cuando están en un ascensor, los detenidos han de evitar el contacto visual y tienen que mirar hacia la pared. Las visitas están permitidas los días laborables, pero cualquier conversación y correspondencia —que controla el personal de la prisión— ha de ser en japonés —bien directamente de los participantes o a través de un intérprete—, por lo que la detención es aún más difícil para los extranjeros.

McIntyre, igual que otros muchos acusados, sabía que esto podría prolongarse eternamente y tomó el mismo camino que el 93 % de los acusados: se declaró culpable y después de un breve juicio recibió la libertad condicional, la cual implicaba que no tendría que estar en prisión a no ser que se metiera en otro problema legal.

. . .

El tiempo que Ghosn pasó en Kosuge estuvo en confinamiento solitario o, lo que es lo mismo, tuvo una habitación privada, depende de cómo lo veas. Aunque esto le confería mayor privacidad, es cierto que también reducía su contacto con otras personas. Era, sin duda, una realidad muy diferente a la que estaba acostumbrado el que había sido uno de los ejecutivos más poderosos del mundo. En la habitación, que apenas tenía 2,5 x 3 metros de superficie, había un váter, un lavabo y un escritorio bajo para utilizar sentado en el suelo al estilo japonés. Igual que en las habitaciones comunes, la cama era un futón. La habitación no tenía calefacción, pero en los pasillos había unos ventiladores que calentaban o enfriaban el aire. Ghosn dijo que se le prohibió utilizar bolígrafos y papel a pesar de que no estaba específicamente prohibido por las normas del Ministerio de Justicia. Tampoco podía llevar reloj, por lo que no sabía cuánto tiempo pasaba. También se quejó de la dieta a base de arroz, sopa y una pequeña porción de pescado o carne; algo que evidenciaba su demacrado aspecto ante el juez después de cincuenta días de confinamiento.

A Ghosn le permitieron tener visitas, pero las sesiones eran muy limitadas. Las conversaciones tenían que ser traducidas para que los vigilantes supieran de qué estaban hablando. Presionados por las condiciones en las que vivía, le permitieron más adelante tener un colchón y algunos otros artículos domésticos, hasta el punto de que cuando se marchó tuvieron que llevar una furgoneta aparte para trasladar sus pertenencias.

Incluso con estos privilegios, la vida en una prisión japonesa no es nada fácil. El segundo y el tercer arresto de Ghosn permitieron a los fiscales prolongar su confinamiento, y en la cuarta y última acusación contra él le enviaron de nuevo a Kosuge durante veintidós días después de haber obtenido la libertad. Ghosn y los críticos del sistema dicen que esto forma parte del proceso para desgastar a uno. En total, Ghosn pasó 130 días en Kosuge.

Fue menos tiempo del que pasaron otros que no quisieron confesar. Nobumasa Yokoo, el ejecutivo acusado por el caso de fraude en Olympus que destapó Michael Woodford y exbanquero de Nomura

Securities, pasó 966 días, más de dos años y medio, detenido a la espera de juicio.[4] Declaró su inocencia, pero fue declarado culpable de participar en el fraude de la compañía. Los otros ejecutivos de Olympus acusados pasaron no más de cuarenta días detenidos. ¿Cuál es la diferencia? Que ellos se confesaron culpables. «El enfoque es fácil: confiesas y todo lo demás no importa», dijo un abogado occidental que ha llevado casos criminales en Japón. El largo confinamiento no habría pasado desapercibido para Ghosn, porque predijo que los fiscales se demorarían para ejercer más presión sobre él. Como dijo un fiscal japonés que ahora también critica el sistema: «Cuando los fiscales tienen un caso poco sustentado, se demoran todo lo posible».

Japón no es el único país donde la prisión preventiva puede ser muy larga. Aunque Ghosn dijera en un momento dado que preferiría ser juzgado en Francia, en este país la prisión preventiva por un crimen serio puede ser de más de dos años.[5] En Estados Unidos, el tiempo varía mucho pero puede llegar a ser de hasta 150 o 200 días para determinados crímenes, y eso excluye a quienes se les niega la libertad bajo fianza por delitos graves.[6] La mayor diferencia con Japón es que la prisión preventiva en otros países está casi siempre asociada a criminales violentos o a aquellos que no pueden pagar una fianza. En Occidente, la detención es más un asunto económico que judicial. Si hubiera sucedido en Europa o Norteamérica, lo más probable es que Ghosn no habría pasado por una experiencia parecida a la de Kosuge.

· · ·

Mientras el caso Ghosn atraía cada vez más atención internacional, sus abogados no se cansaban de interponer recursos pidiendo su libertad bajo fianza. Al final, y en contra de toda probabilidad, lo consiguieron y, después de haber pasado 108 días entre rejas, Ghosn fue puesto en libertad. Los fiscales se oponían a su libertad argumentando que podía destruir pruebas. Detener la destrucción de las pruebas es uno de los pocos motivos aceptados para poner a alguien en prisión preventiva según las normas de la ONU. Usar la detención para que el detenido confiese no lo es.

Ghosn estaba libre, por lo menos en parte, pero al final resultó que no por mucho tiempo. Entre las condiciones que le impuso el tribunal, tuvo que aceptar que se instalaran cámaras fuera de su residencia para que las autoridades supieran quién entraba y quién salía. También tuvo que volver al anticuado teléfono fijo, con cable y sin acceso a internet. Las grabaciones de las conversaciones telefónicas tenían que ser enviadas a los juzgados. Si quería tener acceso a internet, tenía que ir al despacho de su abogado.

La historia habría sido muy diferente si la justicia hubiera aceptado una de las propuestas de Ghosn: llevar una tobillera electrónica que permitiera a las autoridades saber dónde estaba en todo momento, una práctica habitual en otros países para controlar a los sospechosos que están en libertad condicional. Las autoridades japonesas dijeron que no contaban con esos sistemas. Fue una decisión fatal. Si la hubieran aceptado, a Ghosn le habría costado mucho más huir del país.

Menos de un mes después de su liberación, las autoridades volvieron a entrar en su apartamento con nuevos cargos contra él y volvieron a meterlo en Kosuge veintidós días más, también intentando que se confesara culpable. Los allegados de Ghosn dijeron que el nuevo arresto se produjo justo cuando Ghosn estaba a punto de dar una rueda de prensa. Los expertos legales dicen que los fiscales seguramente se guardaron esta cuarta y más grave acusación contra él para desenmascararla cuando fuera necesario. El último testimonio en el juicio de Greg Kelly demostraría que la investigación estaba inicialmente centrada en unas acusaciones de fraude potencialmente más graves, y no en los aspectos más técnicos de su salario. El arresto final parecía haber agotado las jugadas de la Fiscalía para obtener una confesión por parte de Ghosn, y esas tácticas fueron objetivo de un escrutinio internacional cada vez más intenso. Con la presión aumentando y a pesar de las objeciones de la Fiscalía, Ghosn volvió a salir en libertad bajo fianza. Pero esta vez las condiciones que le impusieron fueron aún más estrictas. De lo que más protestó Ghosn fue de no poder ver a su esposa, Carole.

Para el periodista australiano McIntyre, la experiencia de Ghosn era muy habitual. «Te intimidan, te humillan y te agotan para que acabes diciendo lo que ellos quieren que digas. Te dicen directamente: "Di lo que queremos que digas y te trataremos con amabilidad". ¿Qué clase de justicia es esta? Ghosn creía que le estaban tratando de diferente manera, pero no era así. Estaban tratándole exactamente igual que a cualquier preso japonés; algo doblemente preocupante, porque quiere decir que hay muchísima gente que está siendo martirizada por este sistema cada día. Los japoneses tienen demasiado miedo para quejarse, y los únicos que lo hacen son los extranjeros. Yo quiero sumarme a estas protestas a favor de las víctimas japonesas».

Ghosn y McIntyre no son los únicos que han criticado el sistema judicial japonés. Se dice que el presidente francés Macron, quien siempre ha rechazado interferir en el caso Ghosn, en un momento dado habló con el primer ministro japonés Abe y le dijo que la detención había sido «demasiado larga y dura».

Ghosn consiguió un importante aliado cuando una subcomisión de la ONU criticó duramente las acciones de Japón. En un informe publicado en noviembre de 2020 por la Comisión de Derechos Humanos de la ONU sobre la detención arbitraria, decía que los repetidos arrestos de Ghosn fueron «un abuso extrajudicial del proceso que no puede tener ninguna base legal en el derecho internacional». También criticaba los largos interrogatorios a los que fue sometido y el poco tiempo que se le permitió pasar con sus abogados. El grupo de expertos independiente dijo que Japón tenía que investigar los hechos y tomar las «medidas apropiadas» contra los responsables. También sugería que Ghosn recibiera una compensación y otras indemnizaciones. El informe también hace múltiples referencias al hecho de que los jueces que le habían negado la fianza dijeran que Ghosn podría intentar manipular las pruebas, pero no comentaron nada sobre el «riesgo de fuga». Esta es una manera delicada de obviar el hecho de que, según las normas de la ONU, está permitido detener a alguien cuando existe el riesgo de fuga, lo cual visto ahora era totalmente cierto en el caso de Ghosn.

Las autoridades japonesas rechazaron firmemente las conclusiones del informe. El Ministerio de Asuntos Exteriores emitió un comunicado defendiendo el sistema, del cual dijo que se administraba adecuadamente. El comunicado también señalaba la inconsistencia de lo que el informe decía sobre el riesgo de fuga y, molestos, señalaban que aquel informe no era un comunicado oficial emitido por la ONU.

Si bien el informe trataba muchos de los aspectos que ya habían sido tratados con anterioridad por otros grupos internacionales, daba a Ghosn y a otros un arma muy útil para ejercer cierta presión sobre el gobierno japonés.

• • •

Las autoridades gubernamentales dicen que la ausencia de quejas por parte de los presos japoneses es muy reveladora. A diferencia de lo que ocurre en otros países, en las cárceles japonesas no ha habido ningún motín desde después de la Segunda Guerra Mundial. Por lo tanto, concluyen que las cosas, a pesar de las críticas internacionales, deben de estar yendo bien. Los grupos externos, como Human Rights Watch, no están de acuerdo con ello.[7] En su informe sobre el sistema penitenciario de Japón, el grupo dice que el silencio es una parte fundamental del sistema judicial, tanto por lo que se refiere al silencio de las autoridades sobre lo que ocurre como al de los prisioneros, a quienes se les castiga si hablan o hacen ruidos fuertes. «Si analizamos con detenimiento el sistema penitenciario japonés, enseguida vemos que la falta de grandes disturbios en las cárceles tiene que ver con la disciplina draconiana y con el miedo que tienen los prisioneros, y no con la satisfacción general de los reclusos japoneses», dice en un informe de 1995. «El orden se consigue a un precio muy alto: el precio de violar los derechos humanos fundamentales y de no cumplir con los estándares internacionales que el país ha ratificado».

Esta presión internacional hizo que las autoridades japonesas se pusieran a la defensiva, como poco. Después de la publicidad negativa que hizo el caso Ghosn de sus centros de detención, el de Kosuge organizó unas visitas especiales para los medios de comunicación, mostrando sus limpias y ordenadas habitaciones, con periódicos y bolsas de chips dispuestas en una mesa comunal como si fuera la habitación de un hotel. Los suelos estaban brillantes y no había ni una sola marca de desgaste en las paredes.

Para demostrar que tiene una repercusión positiva en la comunidad, en Kosuge también organizan sus propios festivales de verano[8] que tan populares son entre los ciudadanos japoneses. Las puertas a los terrenos están abiertas y el público puede visitar las instalaciones. Los visitantes también pueden probar el «curry de la prisión» —parece ser que no está disponible para los presos—. Una serie de troquelados de madera ofrecen a los niños la posibilidad de hacerse fotos como si fueran vigilantes de la cárcel —tampoco están disponibles los troquelados de los presos—. También hay productos hechos en las prisiones de Japón, como zapatos y bolsos. Hay música en vivo, incluidos los tradicionales grupos de batería japoneses. Los presos no están invitados.

Al final, las circunstancias que rodean la huida de Ghosn han contribuido a reforzar las opiniones de los que están a ambos lados del debate sobre la equidad del sistema de detención de Japón. Para quienes exigen reformas, la decisión de Ghosn de huir es por lo menos comprensible. Reconocen que tenía todas las cartas en su contra y conocían la presión infinita que el Estado puede ejercer sobre un sospechoso.

Para los conservadores, su huida demostraba exactamente por qué la detención es necesaria y los riesgos que supone la libertad bajo fianza. «Este caso refleja el extremadamente serio problema de si es correcto o no seguir con la tendencia hacia la libertad bajo fianza», dijo el exfiscal Yasayuki Takai a NHK televisión.[9] «La profesión legal y los legisladores necesitan plantearse rápidamente nuevas medidas legales o un sistema para evitar este tipo de fugas». El siempre lógico Ghosn ya les había dado una respuesta: las pulseras tobilleras.

19

LA ESPECTACULAR HUIDA

JAPÓN, UN PAÍS SUPERPOBLADO Y CON POCO ESPACIO, TIENE una larga historia de recuperación de tierras. Y el aeropuerto internacional de Kansai, el principal de la metrópolis de Osaka, es uno de estos proyectos: una isla artificial asentada como un portaaviones insumergible en la Bahía de Osaka. Un paso elevado conecta el aeropuerto con la isla principal y justo al otro lado del Sky Gate Bridge R del aeropuerto está el hotel Star Gate, catalogado como uno de los hoteles más altos de Japón —todas sus habitaciones tienen vistas al mar—. Un par de horas antes de la medianoche del 29 de diciembre de 2019, un americano llamado Michael Taylor y un colaborador suyo caminaban por debajo de la enorme lámpara de araña del vestíbulo con forma de sacacorchos para hacer el *check out* de la habitación 4609. Los dos hombres, con prisas por tomar un importante vuelo, se marcharon del hotel llevando consigo dos enormes baúles negros con asas y con las esquinas reforzadas con marcos de aluminio —como los que se usan para transportar equipos de sonido pesados pero delicados—.[1] Su siguiente parada sería la terminal aérea privada del aeropuerto de Kansai que estaba cruzando el puente.

Los hombres acababan de aterrizar en Japón esa misma mañana, en un vuelo chárter desde Dubái. Al llegar, dijeron a los guardias de inmigración japoneses que eran músicos. Por si alguien les preguntaba se habían preparado la coartada de que visitaban Osaka para actuar en el concierto que daría esa misma noche el famoso violinista Taro Hakase.[2] Apenas trece horas después de que su chárter aterrizara, Taylor y su compañero trasladaban su equipaje de regreso al jet privado que todavía les esperaba, y luego subieron al avión.

El aspecto de Taylor podría haber indicado que algo no encajaba del todo. El corpulento hombre de cincuenta y nueve años tenía un aire más militar que musical, con su mandíbula cuadrada, el pelo rapado y el rostro cincelado. Además, había otra señal de alarma: Taylor había intentado «sobornar» a una de las mujeres que trabajaban en la puerta de embarque con un fajo de billetes japoneses atados con una goma de pelo que equivaldrían a unos 10.000 dólares. Quería que agilizara la partida del avión con la excusa de que llegaban tarde.[3] Al principio, ella aceptó el dinero como para no ofenderle pero, después de hablar con sus compañeros sobre la inusual muestra de generosidad, entregó debidamente el dinero a su supervisor para que se lo devolviera, consciente del decoro y señalando que las propinas no son habituales en su país, orientado al servicio. Los viajeros extranjeros siguieron su camino, y a las 11:10 h de la noche el jet despegó en una noche parcialmente nublada rumbo a Estambul, Turquía.[4]

Fue después de ser recogido el tren de aterrizaje cuando apareció el polizón sorpresa.

Cuando por la noche el avión se dirigía hacia el oeste, Taylor fue a revisar los baúles. Contó a la revista *Vanity Fair* que cuando llegó a la bodega de carga fue recibido por un alegre Carlos Ghosn, sentado con las piernas cruzadas encima del baúl y con cara de despreocupación. Ghosn acababa de conseguir algo que era impensable. El que había sido un titán de la automoción, ahora acusado, había conseguido en muy pocas horas burlar el radar en Tokio, recorrer medio país en un tren bala, meterse en un enorme baúl e introducirse clandestinamente en el jet privado que ahora le estaba sacando del país.

La osada jugada le permitiría estar en su casa de Líbano antes del año nuevo.[5]

• • •

Japón en ese momento estaba demasiado ocupado preparándose para sus tres días de vacaciones de año nuevo que darían paso al Año de la Rata, en el que finalmente Ghosn iba a ser juzgado. Pero el 31 de diciembre, Ghosn sorprendió a la nación y al mundo entero anunciando que había dejado de cumplir con las condiciones de su libertad condicional y que estaba en Beirut, a siete zonas horarias de Tokio. Aunque Ghosn había pagado en total unos 14 millones de dólares en fianzas, por fin estaba lejos de las garras de la justicia japonesa: Japón solamente tiene acuerdo de extradición con Corea del Sur y con Estados Unidos, y Líbano no extradita a sus propios ciudadanos.

Ghosn no tardó ni un minuto en restregarle por la cara a Japón su extraordinaria huida. Su asombrosa primera declaración resonó como la proclamación de la resistencia de una víctima:

«Ahora estoy en Líbano y no volveré a ser nunca más un rehén del sistema judicial japonés, en el que se presupone la culpabilidad, la discriminación es enorme y se niegan los derechos humanos básicos, incumpliendo flagrantemente las obligaciones legales de Japón del derecho internacional y los tratados que tiene firmados. No me he escapado de la justicia, me he escapado de la injusticia y de la persecución política. Ahora puedo por fin comunicarme libremente con los medios y espero hacerlo la próxima semana».

Ahora que Ghosn estaba libre y podía decir lo que pensaba, después de meses acorralado por las estrictas condiciones de la libertad condicional, lo hizo sin piedad mientras volvía de nuevo a la escena mundial.

Las autoridades japonesas intentaron reaccionar rápidamente, pero se encontraron con el inconveniente de los tres días de vacaciones de enero, en los que prácticamente todo está cerrado. Cuando por fin actuaron, el Ministerio de Justicia de Japón parecía estar tan atónito como el resto del mundo por cómo Ghosn había conseguido fugarse. Fue una bofetada humillante en toda regla.

Hasta sus propios abogados japoneses estaban perplejos.

«No sé cómo abandonó Japón, pero creo que cosas como esta no son posibles si no hay una gran organización detrás», dijo uno de sus abogados, Junichiro Hironaka, en un improvisado comunicado después de enterarse de la noticia. Hironaka juró que sus abogados defensores no tenían nada que ver con la huida e insistió en que Ghosn les «había traicionado» huyendo.

A pesar de todo, seguía defendiendo a su cliente. «Puedo entender por qué el señor Ghosn piensa lo que piensa. Entiendo que haya una serie de cosas inaceptables para él; por ejemplo, la forma en que fue detenido, la forma en que los fiscales reunieron las pruebas, la forma en que se le permitió hablar con su esposa o la forma en que se divulgaron las pruebas», dijo Hironaka. «Por supuesto que ha violado las cláusulas de la libertad condicional, y esto es algo inexcusable. Lo que él ha hecho ha sido violar el sistema judicial japonés. Y eso no está bien. Pero, dicho esto, entender por qué tuvo que recurrir a un acto ilegal como este es otro asunto».

Muchos en Japón fueron menos tolerantes y ahora lo veían no solo como un sospechoso acusado, sino como un fugitivo internacional. Consideraban que su fuga era una prueba inefable de que era totalmente culpable, de que sabía que no iba a poder evitar la cárcel porque las acusaciones eran ciertas.

. . .

Por drástica que fuera, la decisión de Ghosn de fugarse era en cierta medida la consecuencia inevitable de una inminente colisión que se preveía hacía tiempo entre el inflexible sistema judicial de Japón y un superejecutivo intransigente acostumbrado a salirse con la suya. Además, tal colisión desencadenó una serie de conflictos.

El Ministro de Justicia de Japón, con el rostro enrojecido y decidido a recuperar cierta apariencia de éxito, envió a Ghosn una notificación roja de la Interpol: una notificación pidiendo su arresto a otros países. Eso quería decir que el ejecutivo podía ser arrestado mientras estaba en tránsito en cualquier aeropuerto y devuelto a Japón para ser juzgado. Japón le había realmente aprisionado en Líbano. Ghosn, un ejecutivo estratosférico acostumbrado a cruzar el globo terráqueo con una cartera de pasaportes diferentes, era ahora un prófugo de la justicia viviendo en uno de los países más pequeños del mundo. Inicialmente se refugió en la mansión de paredes rosadas que Nissan le había comprado para vivir —con el dinero transferido a través de una sociedad subsidiaria cuya misión original era la de crear nuevas startups tecnológicas—.

A continuación, la Fiscalía presionó a la esposa de Ghosn, Carole, emitiendo una orden de arresto que la acusaba de haber dado falso testimonio en un tribunal japonés el abril anterior.[6] Siguió con una nueva orden de arresto a Ghosn por supuestamente quebrantar las leyes de inmigración de Japón cuando se coló en el aeropuerto de Kansai sin que le sellaran el pasaporte. La Fiscalía también emitió otras órdenes de detención a Taylor y sus cómplices: su hijo Peter Taylor y George-Antoine Zayek, el socio que supuestamente le ayudó a meterse en el baúl negro.[7]

También las compañías que Ghosn lideraba aprovecharon su fuga para presionarle. Nissan presentó una demanda de 91 millones de dólares contra Ghosn en el tribunal del distrito de Yokohama, por los daños ocasionados.[8] La Fiscalía francesa aceleró sus pesquisas sobre la malversación de fondos cometida por Ghosn en Renault. Renault, a su vez, presentó una petición reservándose el derecho de reclamar una indemnización por sus propios daños al derrocado presidente.[9] La investigación francesa fue más allá de las opulentas fiestas que Ghosn había organizado en el Palacio de Versalles para comprobar los gastos de viaje y las transacciones financieras entre Renault y un concesionario de automóviles en Omán.[10] Al mismo tiempo, en Estados Unidos, dos planes públicos de pensiones presentaron una demanda colectiva en nombre de los inversores contra Ghosn —también contra Nissan, Kelly, Saikawa y otros dos exdirectivos— reclamándole una indemnización por los cientos de millones que habían perdido cuando las acciones que tenían de Nissan cayeron en picado tras el arresto de Ghosn.

Ghosn también contraatacó. Su equipo internacional de abogados, encabezado por el abogado francés de derechos humanos François Zimeray, prometieron desatar un ataque «masivo» con sus propias contrademandas contra las partes que supuestamente redujeron a Ghosn a su humillante estado de prófugo ejecutivo acusado.[11] Ghosn demandó a Renault por unos 250.000 euros por no pagarle los beneficios de jubilación y después lanzó una oferta para cobrar una pensión complementaria de unos 774.774 euros anuales, más un paquete de acciones valorado en más de 10 millones de dólares.[12] Aparte de esto, presentó otra demanda de 15 millones de euros en Holanda, alegando un despido injustificado como presidente de Nissan-Mitsubishi BV, su *joint venture* radicada en Holanda.[13] Y su abogado en Japón estaba pensando en una contrademanda contra la denuncia civil de Nissan allí.

A principios del año 2020, parecía que Ghosn nunca se enfrentaría a un juez japonés para responder a los cargos en su contra. Sin embargo, el embrollo legal que lo envuelve a él, a Nissan y a Renault de alguna manera no hizo más que agudizarse.

• • •

En una entrevista desde Líbano, Ghosn admitió que se tardaría años en esclarecer los hechos. «Nunca podré ser indemnizado por todo lo que ha pasado. Me han hecho muchísimo daño. Me han hecho daño a mí, a mi familia, a mi nombre», dijo. «Seamos realistas. No voy a restaurar lo que me han quitado, pero por lo menos voy a presentar una explicación alternativa».

En cierto sentido, el confinar a Ghosn en Líbano podría haber ayudado a la Alianza. Nissan y Japón se ahorraron meses, si no años, de juicios y apelaciones que le habrían dado a Ghosn una tribuna internacional para exponer su teoría de la conspiración y arremeter contra los tribunales japoneses. Ghosn, envejeciendo a la vista de todos a medida que avanzara del juicio, podría haberse convertido en un personaje simpático y un potente altavoz de las críticas internacionales hacia el sistema judicial japonés. Es cierto que la Fiscalía nunca tendría la oportunidad de probar sus cargos y presentar pruebas ante los tribunales, pero Nissan y Japón evitarían algunos testimonios judiciales potencialmente censurables ante los tribunales mientras tuvieran al prófugo Ghosn atrapado en Beirut y empañado con la presunción de culpabilidad.

Por otro lado, su fuga provocó en Nissan, la Alianza y Japón muchos quebraderos de cabeza. Una vez fuera de control, Ghosn era libre para disparar contra ellos impunemente desde un lugar seguro. Escribió un libro revelador para explicar su versión de los hechos, aunque sin información procesal. Y, para acabar de rematarlo, Ghosn consiguió afianzar la ayuda del gran inversor de Hollywood, Michael Ovitz, cofundador de la agencia de talento Creative Artists Agency y expresidente de Walt Disney Co. Una persona allegada a Ghosn describió a Ovitz como su «amigo» personal, añadiendo que le ayudaba a evaluar las propuestas de los estudios, productores, empresas de contenido y cadenas de televisión. Si una diatriba en los tribunales podría dañar la reputación de Nissan y Japón, una serie de documentales de la saga Ghosn en Netflix al estilo de *Tiger King* podría ser devastadora.

Durante sus dos primeras semanas en Líbano empezó a planificar el contraataque.

Pocos días después de aterrizar en Beirut, dio una conferencia de prensa a todo el mundo en la que arremetía contra sus acusadores. El espectáculo, al que solo se podía asistir con invitación, acogió a un centenar de periodistas de decenas de medios importantes de Estados Unidos, Europa, Oriente Medio y Brasil. Fue notable la ausencia de periodistas japoneses —especialmente, los de la principal cadena nacional NHK—. Inmensamente descontento con los medios japoneses, Ghosn solo permitió la entrada a tres periodistas escogidos por él mismo; los demás, dijo, ya habían expresado su opinión.

«Si habéis sido seleccionados, es porque creo que sois personas que intentáis ser objetivas con la situación; en cambio, los otros han sido comprados por la Fiscalía», dijo Ghosn en la rueda de prensa celebrada el 8 de enero de 2020 en el club de periodistas libaneses con vista a las azules aguas del Mediterráneo del paseo marítimo de Beirut. «Durante catorce meses han estado repitiendo todo lo que Nissan y la acusación decían sin analizar la información y sin ningún sentido de crítica. No estoy huyendo de ellos, estoy confiando en que vosotros transmitiréis el mensaje».

El lugar reflejaba el aspecto humilde del país anfitrión, que ya había entrado en una crisis financiera. Líbano, que se había estabilizado en la década de los noventa, después de una guerra civil de quince años, volvía a pasar por una situación inestable. Las manifestaciones en las calles inundaron la capital a finales de 2019, la inflación se disparó, la moneda local se devaluó y Líbano se enfrentaría de nuevo a la escasez de productos esenciales, como los alimentos y las medicinas. La carretera que conecta Beirut con el aeropuerto internacional Rafic Hariri, que al parecer transcurre por los barrios controlados por el partido político islámico chií Hezbollah y su grupo militante, estaba llena de banderines conmemorando el reciente asesinato del mártir Qasem Soleimani, el general de los Cuerpos de la Guardia Revolucionaria Islámica de Irán. Fue aniquilado por un ataque con drones de Estados Unidos unos días antes de la conferencia de prensa de Ghosn en Beirut, lo que avivó las tensiones en todo Oriente Medio. Más tarde, en agosto de 2020, una explosión de nitrato de amonio destruiría el distrito portuario de Beirut, matando a 150 personas, hiriendo a otras miles y sumiendo a todo el país en un caos aún mayor. (La casa donde vive Ghosn en Beirut —Nissan ha dicho que es suya— no está lejos del lugar de la explosión y sufrió pequeños daños, pero Ghosn salió ileso). Líbano parece ser un lugar salvaje y disparatado para que se estableciera un gurú de los negocios como él, pero como última incorporación a la lista de personas buscadas por la Interpol, Ghosn no tuvo más remedio que convertirlo en su nuevo hogar.

En la rueda de prensa, los periodistas invitados fueron escaneados con un detector de metales, mientras los cientos de desafortunados periodistas que no tenían pase atestaban el aparcamiento y se apretujaban contra las puertas intentando entrar. Cuando Ghosn entró en la sala, flanqueado por corpulentos guardaespaldas, por fin estaba en su terreno, el maestro de los medios de comunicación que domina sin esfuerzo a las multitudes y tiene habilidades oratorias propias de un ninja para conseguir que los medios de comunicación transmitan sus opiniones. Ahora parecía más animado que nunca mientras disfrutaba del protagonismo.

Desde su primera aparición en público tras el arresto —que fue cuando compareció canoso y demacrado ante el tribunal de Tokio justo un año antes— había empezado a echar barriga y papada. Pero vestía mucho más elegante: con traje oscuro, camisa blanca y corbata roja; su cabello todavía canoso le daba ahora un aire de *savoir faire*. Ghosn declaró: «Estoy aquí para limpiar mi nombre. Las alegaciones son falsas y no tendrían que haberme arrestado». Durante toda su actuación, su animada defensa incitaba a los medios de comunicación de Oriente Medio a que aplaudieran. Muchos estaban dando la bienvenida a casa a un héroe nacional, y le demostraron sin reparos su apoyo ecuánime.

Ghosn empezó a rebatir exaltado cada una de las alegaciones como si fuera una presentación con diapositivas de un director ejecutivo. Incluso habló de documentos de Nissan que, según él, demostraban su inocencia, aunque las proyecciones eran demasiado pequeñas para que los asistentes pudieran leerlas. Con su esposa en primera fila, Ghosn fue el centro de atención durante dos horas y media. Los periodistas le hacían preguntas y se empujaban entre ellos para quitar el micrófono a sus compañeros. Ghosn les contestaba en inglés, francés, árabe y portugués. Hacía bromas, soltaba su rabia, y aderezaba su enérgico discurso con gestos animados, como el famoso apuntar con el dedo.

Ghosn criticó a Nissan y al «grupito de personas sin escrúpulos y rencorosas» que supuestamente conspiraron para apresarle, pero se guardó sus más feroces improperios para el sistema judicial de Japón. La decisión de saltarme la libertad condicional, dijo, fue una obviedad: «Me escapé porque tenía cero posibilidades de tener un juicio justo... O moría en Japón, o me escapaba».[14]

• • •

Es cierto que los abogados defensores de Ghosn nunca le garantizaron que le librarían de la cárcel. Con la prudencia propia de su oficio legal, le dijeron que se trataba de un caso difícil y que lucharían por liberarle. Al mismo tiempo, admitieron que las cartas iban en contra de cualquier acusado en su país.

«¿Tendré un juicio justo?, me preguntaba una y otra vez», escribió el abogado defensor Takashi Takano en una publicación en su blog después de que Ghosn se fugara.

«Siempre le explicaba las prácticas legales de Japón basadas en mis propias experiencias. También le hablaba de la discrepancia entre la realidad y los artículos de la Constitución y de las leyes. Por desgracia, en este país no se puede esperar un juicio justo. Los jueces no son funcionarios judiciales independientes, sino que forman parte de la burocracia. Los medios de comunicación japoneses no son más que entidades de relaciones públicas de los fiscales», escribió Takano. «Teniendo en cuenta la manera de funcionar del sistema judicial japonés y la situación que le ha rodeado durante este último año, no puedo considerar de ninguna manera que su fuga haya sido "un acto escandaloso", "una traición" o "un crimen"».[15]

Los que conocen a Ghosn dicen que esa falta de seguridad fue su punto de inflexión. Como director ejecutivo autoritario que era, siempre dejaba bien claro lo que pedía a sus subordinados. Adquirir compromisos y mantenerlos siempre ha sido uno de los principios fundamentales de su estilo de dirección. Él marcaba los objetivos y emitía órdenes y, si vacilabas y no los cumplías, te despedía.

«Siempre preguntaba: "¿Puedes hacerlo o no?"», dijo un ejecutivo de Nissan que trabajó con Ghosn durante más de una década.

«Si respondías que no estabas seguro, te reemplazaba por otro. Solo quería trabajar con gente que dijera: "Sí, puedo hacerlo". Creo que Ghosn perdió la confianza en sus abogados. Era como si pensara: "Os he contratado para conseguir esto. ¿Podéis comprometeros o no?". Y así era. Quería oírles decir, aunque no fuera cierto: "Sí, vamos a ganar"».

Si bien Ghosn al principio era optimista sobre sus posibilidades, se fue desmoralizando y deprimiendo conforme avanzaba el año 2019, dijo su abogado Takano. Un golpe muy duro para él fue cuando le prohibieron el contacto con su esposa.

En noviembre de 2019, tras varias solicitudes por parte de sus abogados, a Ghosn le permitieron hablar con Carole por primera vez en siete meses, pero solo le dejaron hacerlo por videoconferencia, durante una hora y bajo la atenta mirada de su abogado defensor en su oficina. Le prohibieron hablar del caso legal. El día de Nochebuena, justo cinco días antes de que huyera del país, le concedieron una segunda reunión por video. Según el abogado defensor Takano, hablaron de sus hijos, de su familia, de sus amigos y de sus recuerdos juntos. Ella ya estaba en Líbano, probablemente esperando una visita. Pero, si Carole sabía algo de su fuga, no dio ninguna pista. Ghosn insistió más adelante en que ni su mujer ni sus hijos habían tenido nada que ver con ello.

Al día siguiente, el día de Navidad —que en Japón no es festivo porque las religiones nacionales son el budismo y las religiones nativas sintoístas—, durante una vista preliminar le dieron la terrible noticia de que los cargos contra él se tratarían en dos juicios separados que no empezarían hasta abril de 2021. Los juicios se sucederían espaciadamente con hasta tres audiencias cada dos semanas. El abogado defensor Takano calculó que todo el asunto podría prolongarse hasta cinco años por lo menos.

«Primero viene el primer juicio, luego la apelación y, por último, la Corte Suprema», dijo Ghosn, que en aquel momento tenía ya sesenta y cinco años, a una élite seleccionada de periodistas en la conferencia de prensa en Beirut. «Cinco años de juicio. Y después está ese 99,4% de índice de condenas. Ya me veía quedándome el resto de mi vida en Japón... sin ver a Carole, sin hablar con ella... El juez se sorprendió de que quisiera ver a mi esposa. Quizás para mucha gente no sea un castigo el no poder ver a su cónyuge, pero para mí lo es. Se lo supliqué de rodillas».

El único tema que no se podía tratar en la conferencia de prensa era uno que todo el mundo quería saber: cómo se escapó.

Ghosn se negó a tratar este tema en aquella y en otras entrevistas diciendo que no quería poner en peligro a sus liberadores. «Ha habido muchas historias sobre mi fuga», dijo misteriosamente. «Oigo muchas versiones contradictorias». Más adelante, dijo que había sido ayudado por «una red no pequeña». Pero no dijo nada más argumentando que: «Podría causar problemas a los que me ayudaron».[16]

No está del todo claro cómo escapó, pero poco a poco se han ido sabiendo más detalles gracias a diferentes fuentes. Primero, están las grabaciones de las videocámaras de vigilancia instaladas en Japón para controlar todas las calles, las estaciones de tren, las plazas públicas y las entradas a los edificios. Las grabaciones de los taxistas y los testimonios de los testigos también han ayudado a esclarecer los detalles de su fuga. Los fiscales japoneses dicen que tuvieron que unir diferentes fragmentos para recrear la fuga de Ghosn por todo el país. Posteriormente hubo varias denuncias relacionadas con la fuga de Ghosn que también aportaban pruebas. En Turquía, por ejemplo, los fiscales acusaron a siete personas de haber tenido relación con el operador del jet privado que llevó a Ghosn de Osaka a Estambul. Cinco de ellas fueron acusadas por tráfico de inmigrantes.[17]

El estadounidense Michael Taylor, que se cree que salió del hotel Star Gate llevando a Ghosn dentro del baúl, fue extraditado a Japón junto con su hijo Peter Taylor. Además, otras cinco personas acusadas de ser cómplices de la huida de Ghosn fueron detenidas en Massachusetts en mayo de 2020.

Resultó que Michael Taylor no era músico, sino que era un antiguo soldado de las fuerzas especiales de los boinas verdes de Estados Unidos, experto en saltos de paracaídas de gran altura, en rescates de rehenes y, cuando era necesario, en letales combates cuerpo a cuerpo. Tras retirarse del ejército, Taylor se reinventó en una especie de «mercenario» para todo aquel que estuviera en apuros, como víctimas de secuestro o, como en el caso de Ghosn, individuos con problemas legales en un país extranjero. Taylor supuestamente había pasado meses y gastado cientos de miles de dólares planificando esta descabellada operación.

• • •

La fuga se inicia en la casa de ladrillo y yeso de color crema donde Ghosn se alojó durante su segunda libertad bajo fianza. La segunda residencia de Ghosn en el centro de Tokio era un palacio, incluso para los estándares de la clase alta japonesa. Era una amplia casa de tres pisos con un garaje para dos coches en un barrio lujoso y residencial, cerca del Club Americano de Tokio, un lugar de encuentro para la élite de la ciudad.

Las cámaras de seguridad captan la imagen de Ghosn saliendo de su casa sobre las 14:30 h de la tarde del 29 de diciembre sin equipaje alguno. La grabación, que fue retransmitida por la televisión japonesa, mostraba a una persona vestida totalmente de negro, con una gorra oscura y gafas de sol. Podría parecer que salía a dar un paseo como en otras ocasiones. Enseguida entró en el cercano hotel Grand Hyatt, en el distrito de ocio nocturno de Roppongi.

Esto no era nada extraordinario. A pesar de que le seguían detectives privados y de que vivía en una casa con cámaras de seguridad, Ghosn podía pasearse por donde quisiera. Muchas veces era visto en los restaurantes de Tokio, en el parque o en el supermercado. Incluso era socio de un gimnasio al que acudía para hacer ejercicios de estiramiento —quizás se preparaba para su huida en el baúl—. Tenía una furgoneta Toyota Alphard con conductor —la primera opción de los ejecutivos japoneses, por su amplia cabina trasera— que le llevaba a todas partes de la ciudad. Una vez hizo un viaje turístico a la antigua capital japonesa de Kioto —a tres horas de tren, y a más de cinco en coche— con una de sus hijas. Y celebró su sesenta y cinco cumpleaños en el lujoso Grand Hyatt, tres días después de su primera salida de la cárcel.

Pero esta vez Ghosn no fue a visitar el lujoso hotel para una comida familiar. Subió en el ascensor hasta la novena planta, operando el ascensor con una copia de una llave que supuestamente le habrían entregado de antemano, y entró en la habitación 933. El informe judicial relata cada uno de los pasos de la huida, minuto a minuto. Allí, dice el informe, fue recibido por Peter Taylor, quien se había registrado en el hotel el día anterior y tenía el equipaje de Ghosn, aunque no se sabe con exactitud cómo lo consiguió. Los medios de comunicación informaron más tarde de que una de las hijas de Ghosn fue quien se lo entregó.[18] El informe judicial indica que un Toyota Alphard entregó dos maletas a Peter Taylor en el aparcamiento del Gran Hyatt a las 14:06 h de la tarde.

Una vez en la habitación Ghosn se cambió de ropa.

Mientras tanto, el padre de Peter, Michael Taylor y su compañero George-Antoine Zayek, habían aterrizado en el aeropuerto internacional Kansai de Osaka a las 10:10 h de la mañana del mismo día. Se dirigieron rápidamente hacia Tokio en el famoso tren bala Shinkansen, que convierte lo que sería un viaje en coche de siete horas en uno de dos horas y veinticuatro minutos.

Llegaron a la habitación 933 a las 15:24 h de la tarde, y los cuatro hombres abandonaron el hotel, esta vez con equipaje. El hijo, Peter Taylor, se fue por su cuenta para coger un avión hacia China en el aeropuerto Narita a las afueras de Tokio. Michael Taylor se quedó con Ghosn y Zayek. Se dirigieron a Osaka en el Shinkansen, y llegaron allí cuando ya era de noche. En las imágenes de las cámaras de seguridad se puede ver cómo Ghosn se pone una mascarilla que le servía para cubrirse un poco solamente —era uno de los extranjeros más reconocibles de Japón—. Antes de la pandemia del COVID-19, en Japón ya aconsejaban llevar mascarillas para protegerse de la gripe común, del polen y de la contaminación. Al ocultar su rostro, se pudo mezclar bien entre la gente. Otras grabaciones muestran a los tres entrando en el hotel Star Gate, cerca del aeropuerto internacional de Kansai, donde se registraron en la habitación 4609. Pero, aunque Ghosn entró con ellos, nunca se le vio salir. Se ve a

Michael Taylor y a Zayek llevando dos baúles grandes de esos que se usan para transportar material de sonido o aparatos de música. Dentro de uno de ellos estaba escondido Carlos Ghosn.

Antes de abandonar el hotel, Taylor fue a visitar el aeropuerto hacia las 21:00 h de la noche. Fue entonces cuando le ofreció la «propina» a la mujer de la puerta de embarque. Regresó al hotel para recoger a Zayek, y los dos volvieron al aeropuerto en dos taxis limusina negros sobre las 22:20 h de la noche. Los dos hombres y sus baúles se dirigieron hacia la Premium Gate Tamayura del aeropuerto, reservada para los pasajeros de élite y sus aviones privados.[19] Una vez allí, estuvieron charlando animosamente con los de seguridad, los cuales eran tal vez algo menos rigurosos de lo habitual. Era tarde y llevaban todo el día lidiando con el trasiego de viajeros antes del Año Nuevo, la mayor festividad de Japón. La mujer que les asistió llevaba trabajando desde las 9:00 h de la mañana.

Los baúles de Taylor eran demasiado grandes para pasar por la habitual máquina de rayos X. A Taylor le preocupaba pasar las cajas por los rayos X —contó posteriormente un empleado del aeropuerto— e insistía en que estos podrían dañar los sensibles imanes de los «amplificadores» de las guitarras que iban dentro del baúl. El personal del aeropuerto, que ya estaba cansado de trabajar todo el día, accedió y dejó pasar a los hombres y su equipaje sin el debido chequeo.

Un operario de tierra japonés dijo en una declaración jurada que notó que una de las dos cajas negras pesaba bastante más cuando la metieron en el avión aquella noche que cuando la descargaron por la mañana. Dijo que por la mañana la movieron entre dos personas y que por la noche habían necesitado a cinco.

«Puesto que el baúl grande pesaba mucho más que cuando llegaron, uno de los empleados del aeropuerto dijo bromeando: "A lo mejor hay una bella mujer en la caja"». «Cuando vi en las noticias que Carlos Ghosn se había fugado de Japón escondido en una caja para material de sonido, caí en la cuenta».[20]

Seguramente Ghosn oyera a través de los agujeros hechos en la base del baúl las bromas habituales entre el personal del aeropuerto preocupados por el bullicio de las vacaciones. Es muy probable que supiera cuando su baúl pasaba por seguridad y lo estaban cargando en el avión; seguramente pudo reconocer el ruido y la pronunciada pendiente del despegue. En cuanto el chárter Bombardier Global Express, un avión comercial con capacidad para volar más de seis mil millas, aterrizó en Estambul unas doce horas más tarde, el juego estaba prácticamente llegando al final. Allí, Ghosn hizo el transbordo a otro avión con destino Beirut.[21]

El servicio turco de chárter que operó los aviones, MNG Jet Aerospace Inc., puso después una demanda criminal diciendo que había sido engañado para inconscientemente facilitar la huida de Ghosn. Decía que un empleado había falsificado los registros para excluir el nombre de Ghosn de la documentación de vuelo, sin el conocimiento o la autorización de la compañía.[22] Una copia del contrato presentada en los tribunales tasaba en 350.000 dólares la huida desde el aeropuerto de Kansai.

Las autoridades turcas detuvieron a un ejecutivo de MNG Jet y a cuatro pilotos por presunto tráfico de inmigrantes, mientras que dos asistentes de vuelo fueron acusados de no informar de un delito. Uno de los directores de MNG Jet dijo en su juicio que le obligaron a colaborar porque amenazaron a su familia. Cuando el avión por fin aterrizó en Estambul, dijo el director, se encontró con Ghosn en la pista y enseguida supo que el fugitivo, que pronto se haría famoso, estaba considerando utilizar su huida para obtener grandes cantidades de dinero.

«Carlos me preguntó cuánto costaba el avión... y me habló de los productores de Hollywood que querían hacer una película con su fuga», dijo a los tribunales el director de MNG Jet.[23]

Hasta la Fiscalía de Estados Unidos, que pedía que los Taylor fueran extraditados a Japón, parecía impresionada por la inmensa audacia del caso.

«El plan urdido para sacar a Ghosn de Japón es una de las fugas más descaradas y mejor orquestadas de nuestros tiempos, y en ella ha habido una increíble variedad de encuentros en hoteles, viajes en el tren bala, personajes falsos y hasta el alquiler de un jet privado», escribieron en un informe judicial. «Al final, Ghosn se escondió en una gran caja negra y salió de Japón en un jet privado sin que lo detectaran las autoridades japonesas».

Todo hacía pensar que el plan llevaba mucho tiempo planeándose. La Fiscalía japonesa alega que Peter Taylor, que entonces tenía solo veintiséis años, viajó a Japón por lo menos tres veces entre julio y diciembre para organizar la fuga. Los registros de las reuniones de Ghosn, las cuales tenían que grabarse según las condiciones que imponía la libertad condicional, muestran que se reunió con Peter Taylor cuatro veces en el despacho de su abogado. Los abogados de Ghosn fueron criticados por eso, pero dijeron ignorar el pasado de Taylor y el propósito de esas reuniones. Afirmaron además que en las reuniones no participó ninguno de sus abogados.

Lo supieran o no, lo cierto es que los abogados de Ghosn pudieron abrir algunos resquicios para su fuga. Nissan había contratado a detectives privados para rastrear sus movimientos, lo cual molestaba enormemente a Ghosn hasta convertirse en una especie de paranoia para él. «Estábamos en un restaurante y de repente decía: "¿Ves a aquellos dos chicos sentados en esa mesa? Nos están siguiendo"», contaba un conocido suyo. «Y yo tenía que decirle: "Carlos, ¡es imposible!". Nos hemos sentado más tarde que ellos». Los abogados de Ghosn solicitaron que se retiraran los detectives privados; cosa que al final se hizo, abriendo así una oportunidad para que Ghosn, que ahora no estaba tan controlado, pudiera perderse de vista.

Otra de las lagunas es la del control de pasaportes.

Una de las condiciones de la libertad condicional de Gohsn era que entregara sus pasaportes para así no poder salir del país. Sus abogados eran los encargados de guardar bajo llave los documentos de viaje. Así fue como guardaron tres de sus pasaportes.

Pero el equipo de la defensa ideó una forma para que se quedara con uno de sus pasaportes franceses a modo de carnet de identidad. La portada era visible a través de una carcasa transparente que estaba cerrada con un candado para evitar que Ghosn la utilizara en algún aeropuerto. Solo los abogados de Ghosn sabían la combinación del candado, pero el abogado defensor Junichiro Hironaka admitió posteriormente a NHK que la caja era de plástico y se podía romper fácilmente con un martillo. Cuando el avión de Ghosn aterrizó en Líbano, su nombre no figuraba en la documentación del vuelo; sin embargo, cuando presentó su pasaporte francés en inmigración, los oficiales le dieron la bienvenida a casa.

• • •

En una entrevista que le hicieron ya en Líbano, Ghosn contó que no respiró aliviado al cien por cien hasta que el avión aterrizó en Beirut. Los dos primeros días, dijo: «Estuve todo el tiempo con mi esposa, porque llevaba ocho meses sin verla». También restó importancia a la planificación de la fuga.

«La gente piensa que se tarda meses en planificar este tipo de cosas, pero no es verdad», dijo. «Estas cosas se han de hacer muy rápidamente. Fletar un avión no es difícil. Se requiere la ayuda de muy poca gente. La operación era arriesgada, pero muy sencilla».

Ghosn también dijo que estaba preparado para ingresar directamente en prisión si era atrapado durante su huida.

«Ese era el riesgo, pero la oportunidad era la libertad y la posibilidad de volver a desplazarme y restaurar mi reputación», dijo Ghosn. «No me he fugado porque sea culpable. Me he fugado porque sé que no hay posibilidad de un juicio justo para mí en Japón».

Japón se enfrentaba ahora al enojoso problema de cómo hacer volver a Ghosn y salvar su reputación.

Tokio pidió a Líbano su extradición, pero Líbano le dio evasivas. Los medios de comunicación de Oriente Medio especulaban sobre la posibilidad de que Japón presionara al gobierno libanés, con problemas de liquidez, reteniendo la ayuda del Fondo Monetario Internacional que tanto necesita. Líbano confiscó el pasaporte de Ghosn tras la notificación de la Interpol impidiéndole así viajar al extranjero.[24] También se dice que Ghosn podría ser juzgado en

Líbano por los delitos de los que se le acusaba en Japón. Ghosn está abierto a esta posibilidad —seguramente, porque un tribunal libanés sería más favorable—.

De momento, no se ha hecho ningún avance sobre la devolución de Ghosn a Japón. El tira y afloja entre Japón y Líbano parece haber llegado a un punto muerto.

Tokio también persiguió a los Taylor y de Zayek. Las autoridades estadounidenses arrestaron al padre y al hijo en mayo de 2020, en una localidad tranquila de Massachusetts.[25] Zayek se las arregló para que no lo capturaran; al principio se desconocía su paradero. Las transferencias bancarias presentadas en el caso de extradición de los Taylor alegaban que Ghosn transfirió unos 860.000 dólares a una compañía dirigida por Peter Taylor.[26] Y otro documento indicaba que Anthony, el hijo de Ghosn, hizo entre enero y mayo de 2020 otros pagos adicionales en transferencias en criptomonedas a través de una plataforma llamada Coinbase por un total de 500.000 dólares.[27]

El botín total estimado de los Taylor superaba los 1,36 millones de dólares. Michael Taylor, en su entrevista a *Vanity Fair*, insistió, no obstante, en que la huida de Ghosn fue una operación que no tuvo contrapartida. El dinero cubrió los aviones y el equipo del rescate. Él no ganó nada de nada, afirmó.

Mientras los Taylor, padre e hijo, languidecían en una cárcel estadounidense, a la espera de lo que parecía una extradición inevitable a Japón para enfrentarse a los cargos por ayudar a Ghosn a escapar, la paradoja se hizo evidente. Se involucraron para liberar a un hombre de una condena prácticamente segura en Japón. Pero ahora eran ellos los que estaban encerrados y en peligro de ser enviados de vuelta. Se habían invertido los papeles.

En marzo de 2021, después de agotar sus recursos, los Taylor fueron finalmente entregados a las autoridades japonesas y extraditados a Japón. Fueron encarcelados en el mismo centro de detención en el que habían estado Ghosn y Kelly y se enfrentaban a unas acusaciones que tenían penas de hasta tres años de prisión.[28]

Un destino similar les esperaba a algunos empleados del servicio del chárter turco que transportó a Ghosn hacia su libertad. Un ejecutivo y dos pilotos fueron acusados de tráfico de migrantes en febrero de 2021. Fueron condenados cada uno a cuatro años y dos meses de prisión, aunque previsiblemente no los cumplirían debido al tiempo que ya habían pasado encerrados.[29]

. . .

La vorágine de titulares rimbombantes volvió a arrojar una severa mirada sobre el sistema judicial japonés y avivó la simpatía internacional por Ghosn. Y puso de relieve que el trasfondo de toda la saga consistía en un enfrentamiento entre Japón y Occidente. El *zeitgeist* fue captado por un editorial del *Wall Street Journal* que calificó la odisea de Ghosn de «fiasco desde su dudoso comienzo». La principal conclusión de su Consejo Editorial era clara: «Es difícil culparle por huir de Japón tras su maltrato».[30]

De vuelta a Tokio, la ministra de Justicia, Masako Mori, que fue criticada por decir que Ghosn debía regresar para «demostrar su inocencia», se encontró de repente haciendo control de daños. En una frenética campaña internacional de relaciones públicas que incluyó una carta de protesta al *Wall Street Journal* por su comentario, defendió el sistema japonés como justo y equilibrado.

Pero incluso Mori, una admiradora confesa de Ghosn, no pudo evitar admitir que el caso Ghosn había eclipsado al hombre y había adquirido una vida propia.

«El Ministro de Justicia no comenta casos particulares, pero creo que este no es un caso particular», dijo Mori en una entrevista con Bloomberg News. «Carlos Ghosn es una persona famosa que, además de poner excusas para todo lo relacionado con su caso, ataca al sistema judicial japonés». Sobre si lucharía para extraditar a Ghosn a Japón, Mori habló en nombre de gran parte de la población japonesa cuando dijo: «Nunca me rendiré».[31]

20

EL HOMBRE OLVIDADO

EN OCTUBRE DE 2018, GREG KELLY, EXJEFE DE LA oficina del director ejecutivo Ghosn y el único miembro norteamericano de la junta de Nissan, estaba en casa con su mujer en Brentwood, Tennessee. La pareja acababa de mudarse a la zona de Nashville, a quince minutos de las oficinas centrales de Nissan, después de pasar seis años en Japón. Kelly se había jubilado de Nissan en el año 2015, después de haber trabajado veintisiete años en la compañía, casi siempre supervisando los recursos humanos y los asuntos legales. Ahora, con sesenta y dos años, estaba disfrutando de su tan merecida jubilación.

El teléfono sonó y al otro lado de la línea estaba Hari Nada, el hombre que ahora ocupaba ese mismo papel a las órdenes del actual director ejecutivo de Nissan Hiroto Saikawa. En la llamada también estaba Toshiaki Ohnuma, gerente de la división de secretaría de Nissan. Nada le dijo a Kelly que le necesitaban en una reunión de la junta de administración de Nissan que se iba a celebrar en Yokohama. Kelly puso reparos. ¿Por qué no podía hacerse la reunión por videoconferencia? Puesto que la Alianza era global por naturaleza, estaba permitido asistir telemáticamente a las reuniones. Además, Kelly estaba esperando a que le dijeran cuándo le iban a operar de una estenosis espinal, un problema serio del conducto vertebral, y prefería evitar un viaje en avión de dieciocho horas. No solo eso, el día de

Acción de Gracias estaba a la vuelta de la esquina. Pero Nada insistió mucho con llamadas y mensajes de correo electrónico. Kelly tenía que asistir en persona. Para facilitarle las cosas, le ofreció el lujo poco frecuente de un jet fletado por la compañía —estos vuelos pueden costar hasta 200.000 dólares, aunque Nissan tenía un contrato de *leasing* con una compañía de chárters—. Además, Nada le prometió que estaría de regreso para el día de Acción de Gracias.

Lo que Kelly no sabía es que Nada y Ohnuma estaban ahora al servicio del gobierno japonés. Estaban a punto de convertirse en las primeras personas en Japón que utilizaron el recientemente implantado sistema de negociación de la culpabilidad. Nada, en realidad, estaba tendiendo una trampa a su excompañero. El abogado de Kelly con sede en Estados Unidos, James Wareham, dijo posteriormente que Kelly «fue engañado por un actor privado que estaba actuando bajo las órdenes del Estado de Japón». Dee, su esposa, lo describió de una manera más simple diciendo que fue un acto de traición.

Posteriormente, Nada diría en el juicio de Kelly que no sabía nada sobre los planes de arresto, pero «especulaba» que eso podía suceder. Nada tuvo que asegurar el horario del vuelo de Kelly, porque tanto él como Ghosn tenían que estar en Japón antes de que las autoridades empezaran a actuar; de lo contrario, esa trampa no lograría ninguno de los objetivos. Al final, todo salió de acuerdo con el plan. El vuelo de Kelly desde Nashville había sido programado para el mismo día que el de Ghosn desde Beirut. La única pequeña diferencia fue por culpa del tráfico, que retrasó la llegada de Kelly al hotel. Las autoridades japonesas detuvieron el vehículo que trasladaba a Ghosn y Kelly a la reunión, mientras circulaba por la autopista. En ese momento, ambos estaban bajo custodia, encarando el comienzo de una larga odisea.

• • •

Aparte de Ghosn, Kelly fue la única persona acusada en el caso Nissan. Pero, a diferencia de su jefe, él no había sido inculpado de beneficiarse de los supuestos planes de compensación. Pero, como ejecutivo sénior que supervisaba la oficina del director ejecutivo, el departamento legal, el de recursos humanos y el de auditoría, había sido un personaje esencial en casi todo lo que sucedía en las altas esferas de la compañía. En el año 2012 fue recompensado con un puesto en el consejo de administración.

El ascenso de Kelly a la cima fue algo así como un viaje inverosímil, ya que no tenía ninguna experiencia directa ni en la fabricación ni en la venta de automóviles. Antes de trasladarse a Tokio, su trabajo había se había desarrollado en Centroamérica. Había empezado su carrera en la firma de abogados Barnes & Thornburg, una de las más importantes del país, y se había incorporado a Nissan Norteamérica en 1988 como abogado laboral en la planta Smyrna de Tennessee.

Trabajando en su especialidad, los recursos humanos, Kelly formó a un equipo que tenía como único objetivo frustrar el intento del sindicato United Auto Workers (UAW) de sindicalizar a los 2.400 trabajadores de la planta. Ambas partes se jugaban mucho, y Kelly desempeñaba un papel crucial, aunque a la sombra.

Al sindicato le movía la imperiosa necesidad de acabar con la caída del número de sus afiliados —más del 30 % en la década anterior— producida por el ataque que sufrieron los sindicatos durante los años de Reagan. Los fabricantes japoneses, que se encontraban en plena expansión, suponían, por tanto, una importante fuente de nuevos miembros potenciales. Por otro lado, los tres grandes de Detroit estaban empezando a hacer recortes en sus plantillas, ya que perdían cuota de mercado por culpa de las marcas japonesas recién llegadas que construían coches en su propia casa —principalmente, en los estados del sur— a un coste inferior y con una calidad aparentemente mejor. Para contraatacar, los tres grandes de Detroit estaban forzando al sindicato UAW para que colaborara haciendo algunas concesiones. Irónicamente, los dos bandos estaban en guerra por culpa de una fuente común de su sufrimiento: los fabricantes de coches japoneses.

Nissan también se jugaba mucho. Al igual que otros fabricantes de automóviles japoneses, Nissan siempre había evitado la representación sindical en sus plantas. Si bien las fábricas de Nissan en Japón están totalmente sindicalizadas, la dirección sabía que el UAW era un ente totalmente diferente al sindicato en Japón, que a menudo acepta las condiciones de la dirección en tiempos difíciles y raras veces bloquea las iniciativas para incrementar la productividad. No era por casualidad que la mayoría de las plantas japonesas en Estados Unidos estuvieran repartidas por el sur. Prácticamente todos los estados de Estados Unidos tienen oficinas de promoción de inversiones en Japón, pero los estados del sur tienen dos puntos muy atractivos para ofrecer a los fabricantes japoneses: por un lado, los salarios son más bajos y, por otro, son estados con «derecho al trabajo», en el sentido de que no puedes obligar a un trabajador a afiliarse a un sindicato como condición para el empleo. (Otro punto atractivo es el número de campos de golf y el hecho de que el buen tiempo permita jugar todo el año, un importante aliciente para los ejecutivos japoneses, fanáticos del golf). Nissan no quería ser la primera compañía japonesa que dejaba entrar a una influencia potencialmente conflictiva, como era el sindicato UAW. Era un tema de coste y reputación.

Se trataba de una contienda tan reñida como cualquier otra contienda política. El sindicato UAW no paraba de protestar por las técnicas de Nissan que incluían mensajes en vídeo de la dirección diciendo que el sindicato estaba «a favor de las huelgas» y que los beneficios caerían considerablemente si votaban a favor del sindicato. «Invertiremos todo lo que haga falta para ganar», dijo un portavoz de la empresa sobre la campaña. Un portavoz del UAW lo caracterizó como «la campaña más despiadada de la década contra los sindicatos».[1]

Al final, la votación no fue tan reñida. Los trabajadores rechazaron al sindicato UAW por un margen de 2 a 1. En un evento organizado para anunciar los resultados, los trabajadores antisindicalistas se alegraron y ondearon banderas americanas para demostrar la victoria de una compañía japonesa sobre un sindicato estadounidense.[2] Unos días más tarde, trabajadores de un turno de horas extras organizaron una barbacoa al estilo americano en la que eran los directivos los que cocinaban hamburguesas para los trabajadores. Fue una perfecta escena corporativa.

Los trabajadores de Nissan compartían una sensación de camaradería con sus homólogos de Detroit a pesar de que su salario era inferior al de estos. En lugar de haber delegados sindicales al acecho para detectar posibles incumplimientos, fomentaban el trabajo en equipo y la igualdad. Un veterano escritor del sector del automóvil dijo: «A pesar del trabajo físico de la línea de montaje, muchos trabajadores de aquí dicen que es el mejor trabajo que han tenido. La compañía paga bien y les trata como es debido».

El UAW amenazó con volver, y lo hizo a través de otras campañas contra Nissan y otras empresas, perdiéndolas todas —la derrota más reciente ocurrió en 2017 en la planta de Nissan en Canton, Mississippi—.

En 1990, Kelly fue nombrado por Nissan director de recursos humanos en Smyrna un año después de la primera votación del sindicato, y en el año 2005[3] ya era presidente de recursos humanos para toda Norteamérica. Una de sus principales tareas fue el reclutamiento del gran número de empleados que se necesitaban para sustituir al personal de California, que no quería trasladarse a las nuevas oficinas cerca de Nashville. En 2008, le ofrecieron el cargo de director ejecutivo de las oficinas de Yokohama. Era un traslado lejos de su casa y de su área de experiencia: la legislación laboral de Estados Unidos. Enseguida le dieron la responsabilidad del equipo legal, de recursos humanos y de auditoría, algo inusual para un extranjero. En Japón, incluso en las empresas multinacionales, las funciones de recursos humanos y de auditoría suelen ser dirigidas por ejecutivos japoneses que tienen conocimientos especializados y, sobre todo, que saben leer las regulaciones en japonés. Pero esto no era lo habitual en Nissan, donde muchos de los altos ejecutivos habían sido seleccionados por Ghosn de todas partes del mundo.

En Japón, Kelly mantuvo el perfil bajo que se había labrado en Estados Unidos a pesar de haber ascendido a niveles superiores, pero resultaba evidente la importancia clave de su papel. Los ejecutivos decían que la gente sabía que era mejor estar de su lado. Le describían como una persona muy trabajadora, diligente y cordial. Alguien que de vez en cuando podía salir a tomar algo después de trabajar, pero que siempre actuaba en modo corporativo.

. . .

Nissan y los fiscales se referían al caso Kelly diciendo: Ghosn y Kelly fueron siempre un dúo que hacía caso omiso de los procedimientos y la supervisión para obtener lo que querían —en este caso, una compensación a escondidas para Ghosn. «La causa de esta cadena de acontecimientos es la mala praxis liderada por los señores Ghosn y Kelly», dijo Nissan en un comunicado emitido un mes después de los arrestos. «Durante la investigación interna realizada por Nissan, la Fiscalía empezó también su propia investigación y emprendió algunas acciones».[4] El comunicado pretendía separar la investigación de la compañía y la del gobierno, pero eso no era del todo cierto. Nissan ya había dado al gobierno toda la documentación y había organizado el regreso de Kelly a Japón para detenerlo, evitando así la necesidad de solicitar su extradición, lo cual habría llevado mucho más tiempo y habría creado más tensiones. «Prometimos colaborar plenamente con la Fiscalía», dijo un ejecutivo de Nissan.

Kelly contraatacó a la Fiscalía y a Nissan. Su esposa, Dee, grabó un vídeo en un tono grave pidiendo la liberación de Kelly del centro de detención de Tokio, el mismo donde estuvo retenido Ghosn, diciendo que las condiciones en la cárcel con un futón japonés y sin una almohada decente podían hacer de su enfermedad en la espina dorsal una incapacidad permanente. También dejaba bien claro quién tenía la culpa: «Greg ha sido erróneamente acusado de formar parte del abuso de poder cometido por varios ejecutivos de Nissan encabezados por el actual director ejecutivo Saikawa», decía. Kelly también pidió ayuda al gobierno de Estados Unidos, incluido el embajador de Estados Unidos en Japón, William Hagerty, que era de Tennessee y había trabajado anteriormente en los paquetes de inversión para Nissan en representación del Estado.

Tras cinco semanas bajo custodia, Kelly consiguió la libertad condicional el día de Navidad pagando una fianza de 630.000 dólares.

Pero siguió haciendo presión sobre la parte japonesa. En las entrevistas que les hicieron, a ella y a su marido, ambos hablaron de la injusticia del sistema judicial japonés. Decían que Dee Kelly tuvo que regresar a Japón con un visado de estudiante de japonés para poder quedarse con su marido mientras estaba detenido. Kelly también consiguió ayuda del Congreso con una carta abierta escrita en marzo de 2020 por los senadores Roger Wicker de Mississippi y por Lamar Alexander y Marsha Blackburn de Tennessee, ambos estados con una fuerte presencia de Nissan. En la carta los senadores expresaban que las cuestiones planteadas por el caso Kelly hacían referencia a la relación de Japón con Estados Unidos. «Desde el momento en que los ejecutivos norteamericanos y los que no son japoneses se preguntan si es posible ser tratado justamente en Japón, es porque esta relación bilateral, que es tan importante en el mundo, está en peligro».[5]

Kelly y su equipo no perdieron un minuto en contraatacar. Aprovechó una entrevista con una de las revistas más leídas en Japón para dar la noticia de que Saikawa también se había beneficiado del esquema de compensaciones excesivas implementado por Ghosn: escándalo por el que más tarde Saikawa se vio obligado a dimitir. En un segundo artículo para la revista definió su trabajo como el típico trabajo comercial destinado a retener un activo valioso y evitar que Ghosn se fuera a la competencia.

• • •

Con Ghosn en Líbano, el juicio a Kelly se convirtió en todo un acontecimiento. Empezó el 15 de septiembre de 2020, el día que Kelly cumplía sesenta y cuatro años. Era también un juicio que ninguna de las partes quería que se celebrara.

Para Kelly era, por supuesto, el primer obstáculo para ganar su caso, sobre todo teniendo en cuenta las probabilidades notoriamente difíciles que tienen los acusados en el sistema legal japonés. Y se jugaba mucho: hasta 15 años en prisión —seguramente habrían sido menos— más una multa de 764.000 dólares. Kelly también tendría que enfrentarse a la acusación sin el hombre que esperaba que fuera el principal testigo para corroborar su defensa: «Confiaba que el testimonio del señor Ghosn supondría una prueba sólida para demostrar mi inocencia. Pero el señor Ghosn no está», dijo Kelly en la entrevista de la revista. De todas formas, no culpaba a Ghosn y dijo que apreciaba el fuerte apoyo de su exjefe. Ghosn siguió el caso de Kelly desde su residencia en Líbano y continuó presionando para que el gobierno de Estados Unidos se implicase más en la liberación de Kelly.

A esa dificultad se sumaba la naturaleza técnica de las supuestas irregularidades, que se contrapone con el enfoque simplista que normalmente adopta la Fiscalía japonesa en los casos complejos. La Fiscalía y los jueces japoneses tratan con toda una variedad de denuncias penales, pero pocos son especialistas en un derecho o en otro, y menos aún en las complejidades de la contabilidad empresarial. En este tipo de casos, es fácil suponer que algo debe de funcionar mal —de lo contrario, ¿por qué serían juzgados los acusados?—.

«En los juicios por fraude fiscal casi nunca se cuestiona si el procedimiento contable ha sido adecuado o no», dijo Yuji Hosono, exmiembro de la Federación de Expertos Contables que fue declarado culpable por un caso de contabilidad que, según dice, fue una falta de entendimiento. «Los fiscales no conocen las normas de contabilidad», dijo. Igual que muchos otros, Hosono dijo que se declaró culpable porque no podía pagar el seguir luchando contra las acusaciones.

El caso contra Kelly también fue alentado por la información que encontró la Comisión de Bolsa y Valores de Estados Unidos (SEC), la cual tiene una gran experiencia en este tipo de asuntos. A partir de la información de las autoridades japonesas, la SEC presentó sus propios cargos civiles. Los tres acusados —Kelly, Ghosn y Nissan— resolvieron los cargos, y Kelly pagó una sanción de 100.000 dólares.[6]

Aunque ninguno de los tres admitiera ni negara ser culpable, las tipificaciones de la SEC hacían más difícil para Kelly declararse inocente.

Por otro lado, el caso era también delicado para la Fiscalía japonesa, la cual había visto su imagen dañada por sus propios escándalos en el pasado. Para los fiscales, Ghosn era el objetivo principal, y los cargos contra Kelly eran una buena manera de hacer que se volviera contra su exjefe. Pero él, igual que Ghosn, se mantuvo firme; por lo que la fiscalía, sin Ghosn, no tuvo más remedio que actuar solo contra Kelly.

Desde el principio fue difícil presentar cargos contra Kelly, puesto que él no se había beneficiado personalmente. ¿En verdad era tan leal a Ghosn como para emprender premeditadamente una acción criminal?

Kelly y Ghosn se preguntaban por qué las acusaciones las hicieron los fiscales que los habían encerrado. ¿Por qué no las hicieron los reguladores financieros a través de una actuación administrativa, similar a la presentación de los cargos civiles que hizo la SEC? Esto es una práctica habitual en Japón, donde normalmente este tipo de asuntos los trata la Agencia Japonesa de Servicios Financieros. El regulador entonces impone las sanciones, da «órdenes de mejorar la empresa» y sanciona a las firmas o a los directores por una gestión incorrecta. Al iniciar directamente un proceso penal, el Estado tenía que cumplir la norma mucho más estricta de demostrar la intención de defraudar: ya no podía tratarse simplemente de una mala interpretación de las normas. En la base del problema está el hecho de que ningún individuo en Japón ha sido acusado nunca de violar la ley en cuestión: la Ley de Instrumentos Financieros y Divisas.

El informe del equipo de trabajo de la Comisión de Derechos Humanos de la ONU también decía que los casos de Ghosn y Kelly son ejemplos concretos que explican la preocupación de los diferentes grupos de derechos humanos por el sistema de rehenes de Japón. Los fiscales japoneses están acostumbrados a un sistema judicial en el que se anuncian los cargos a los acusados, y acto seguido estos se declaran culpables. Ahora, el mundo entero estaba viendo cómo se había ido tejiendo este sistema. Expertos legales nacionales e internacionales estaban estudiando detalladamente los procedimientos del juicio de Kelly para ver si la Fiscalía había construido un caso sólido y si los jueces hacían un uso realmente imparcial de la justicia. En resumen, todo el mundo iba a ver por primera vez en la vida si Japón era capaz de tratar adecuadamente una causa financiera tan difícil y compleja. No es de extrañar que el principal juez elegido para el juicio de Kelly fuera uno de los más capacitados y mejor informado de los tribunales de Tokio.

Ante la opinión pública, el caso contra Kelly también sirvió para justificar la fuga de Ghosn. De hecho, los cargos contra Kelly no incluían las acusaciones más graves a las que se enfrenta Ghosn, que se basan en la cuestión más concreta de la presunta utilización de dinero de la empresa para su beneficio personal. Pero esos detalles quedarían olvidados si Kelly conseguía la absolución. La percepción general era que si Ghosn hubiera estado allí, él también hubiese resultado absuelto.

Finalmente, los fiscales también tenían que preocuparse de que incluso una condena pudiera suponer un problema a la hora de dictar la sentencia. En el caso del fraude de 1.600 millones de dólares cometido por Olympus, considerado uno de los más graves en la historia de Japón, los dos ejecutivos principales del caso recibieron cada uno de ellos una sentencia de suspensión de tres años, evitando la cárcel. El caso de Kelly no es ni mucho menos tan grave como el de Olympus. ¿Podrían los jueces imponerle penas mayores a él? Si lo hicieran, parecería un caso de condena indebidamente severa a un extranjero. Si recibía una pena similar o inferior, la opinión pública internacional preguntaría para qué había servido armar todo ese lío.

• • •

Durante el juicio, que empezó en 2020, la fiscalía expuso el caso con gran detalle. Dedicó gran parte del juicio a hablar de las diferentes formas que utilizó Ghosn, con ayuda de Kelly, para supuestamente incrementar de manera secreta su compensación con unos pagos extra que recibiría tras su jubilación. El objetivo era encontrar la forma de darle a Ghosn el dinero sin tener que declararlo públicamente, ya que ello sería una ofensa para las sensibilidades japonesa y francesa. Un grupo de testigos afirmó que a Ghosn le preocupaba sobre todo que el gobierno francés obligara a Renault a despedirle si se descubrían las cifras reales.

El testigo estrella de los fiscales japoneses representando al gobierno francés era Ohnuma, exgerente de la oficina de la secretaría de Nissan, que informaba a Kelly y manejaba los asuntos salariales de Ghosn. Durante los veintidós días que duró el interrogatorio, Ohnuma explicó varios planes que fueron ideados durante nueve años. «Había una compensación diferida y pensábamos en cómo podíamos hacer el pago sin que se descubriera públicamente», contó al tribunal. El tímido Ohnuma se sintió muy incómodo durante todo el interrogatorio pero, en muchos sentidos, era el perfecto testigo de cargo. Dijo que, cuando trabajaba en esos planes de pago, ya sabía que eran ilegales. «Sé que he hecho cosas inaceptables legalmente», dijo, un concepto que sin duda le habían inculcado los amables fiscales cuando le interrogaron en privado en 2018 y le ofrecieron una negociación de la pena.

Al final, se delató sin más, firmando una declaración en esta primera reunión con los fiscales. También tuvo palabras amables para su exjefe e hizo el comentario no especialmente útil —por lo menos, desde la perspectiva de Kelly— de que Kelly no era más culpable que él. Gracias, de todas formas.

Kelly basó su defensa en tres puntos básicos: (1) no tenía nada que ver con las discusiones privadas de Ohnuma y Ghosn; (2) estaba discutiendo un paquete de compensación a cobrar tras su jubilación que alejaría a Ghosn de la competencia, pero todavía no se había acabado de decidir; y (3) estaba buscando junto con los abogados soluciones que fueran completamente legales.

«No participé en una conspiración criminal. Creo que las acciones que yo y otros ejecutivos emprendimos para encontrar una forma "legal" de retener al señor Carlos Ghosn tras su jubilación fueron por el bien de Nissan», dijo Kelly en su declaración. «Este asunto debería haber sido resuelto en Nissan», añadió como crítica a aquellos que corrieron a la Fiscalía sin tan siquiera preguntar nada a Ghosn o a Kelly sobre lo que estaba pasando. Posteriormente, se supo que el consejo de la compañía y el director ejecutivo Saikawa tampoco sabían nada.

La existencia de un plan para recompensar a Ghosn no se podía desmentir fácilmente. El gobierno presentó dos memorandos con papelería oficial de Ghosn como presidente y director general, en los que se detallaba la remuneración total y el hecho de que cerca de la mitad de la paga anual era «remuneración diferida». Los documentos escritos por Ghosn, como director ejecutivo, y dirigidos a Ghosn, el empleado, en 2011 y 2013, certificaban que esta diferencia se le pagaría tras su jubilación, cuando ya no estuviera obligado a declararla. Los documentos, una demostración de que Ghosn tenía plena autoridad para escribir sus propios cheques de pago, estaban refrendados por Ohnuma.

El problema para la fiscalía japonesa era demostrar qué relación tenía Kelly con todo esto. Si bien Ohnuma había hablado largo y tendido sobre sus reuniones con Ghosn, había sido mucho más conciso sobre la participación de Kelly. Esto jugó a favor de la alegación de Kelly de que no tenía ni idea de ningún pago para Ghosn. Reconoció haber estado buscando una forma de retener al ejecutivo de altos vuelos tras su jubilación, algo que hacía en beneficio de la compañía. Ohnuma fue menos contundente al hablar de si Kelly conocía las cartas incriminatorias. Citó tres o cuatro reuniones en las que se comentaron estos temas, pero dijo no tener ningún email ni ninguna otra prueba escrita, a pesar de que el tema llevaba ocho años discutiéndose.

El segundo testigo estrella de los fiscales japoneses fue el exdirector del departamento legal de Nissan, Hari Nada, quien aprovechó ese momento para poner su carta de «salida de la cárcel» sobre el tapete negociando su culpabilidad.

Durante los ocho días que duró su testimonio, Nada estuvo deliberadamente insistiendo en que «Greg Kelly me dijo que lo hiciera» o «Greg Kelly me ordenó hacerlo». Nada dijo que, a pesar de lo que Kelly afirma, había un vínculo directo entre la reducción del salario que Ghosn había aceptado —por lo menos públicamente— y los planes para aumentar la asignación de su pensión. De su propio testimonio salió la frase «corte de pelo» incluida en el informe judicial japonés, refiriéndose a la aceptación de Ghosn de reducirse el salario. El problema legal era si se trataba de un corte de pelo o si en realidad era un tupé para ocultar la verdad.

El testimonio de Nada también produjo una de las mejores frases del juicio: «Los cerdos engordan. Los puercos son sacrificados» —los intérpretes no intentaron siquiera traducirla—.

También se supo que, aparte de las cartas de los sueldos de «Ghosn a Ghosn», el hombre de los múltiples recursos también había negociado tres borradores relativos a un empleo tras jubilarse, por el que cobraría algo así como 110 millones de dólares. Los tres borradores estaban debidamente firmados por Saikawa, y dos de ellos también por Kelly como representante de los directores. Los guardaba Ghosn bajo llave, se supone que como una póliza de seguro. La idea era que Ghosn había estado practicando el principio de divide y vencerás. Con dos equipos de gente trabajando en el asunto tenía más posibilidades de conseguir lo que quería.

El juez que presidía el juicio señaló ya el primer día cómo veía el caso —en Japón los jueces pueden hacer declaraciones y formular preguntas a los testigos—. Dijo que, para saber si Ghosn era culpable o no, habría que ver si Ghosn ofrecería algún tipo de servicio a Nissan a cambio de los pagos propuestos, lo cual sería un importante obstáculo para la defensa. A pesar de que técnicamente es la fiscalía la que crea la carga de la prueba, los abogados defensores en Japón dicen que de hecho es a la inversa. Los jueces suelen ignorar los asuntos técnicos para llegar a un veredicto —especialmente, una condena—.

Un abogado de empresa japonés que revisó el caso dijo que el equipo de Kelly tendría que demostrar que todos los acuerdos pactados para después de la jubilación de Ghosn eran razonables. El acuerdo final negociado por Kelly en el año 2015 daba a Ghosn un pago único de unos 50 millones de dólares tras su jubilación. A cambio, Ghosn aceptaba no trabajar nunca para la competencia, pero no tendría que realizar ningún servicio para Nissan. Intentar convencer a los tres jueces japoneses de que este acuerdo no era un acuerdo encubierto y de que suponía hacer un uso prudente del dinero de Nissan no iba a ser nada fácil, incluso refiriéndose a una leyenda de la industria del automóvil.

La defensa argumentó que no llegaron a ponerse de acuerdo en ningún plan. Por consiguiente, si como dice la defensa nunca se llegaron a formalizar los planes, ¿cómo iban a ser costos declarables en los informes financieros de la empresa y, por lo tanto, cómo podría Kelly ser culpable?

La defensa pasó gran parte del juicio atacando a los dos principales testigos de cargo: Nada y Ohnuma. «Lo único que tenemos que hacer es desacreditar los testimonios de Hari Nada y de Ohnuma. En cuanto consigan negociar la culpabilidad, tendrán que ceñirse a la declaración hecha antes de la acusación», dijo el abogado Yoichi Kitamura en una entrevista. «Estamos pidiendo a los jueces que tengan en cuenta que estos testimonios no son nada fiables», añadió.

Otro punto importante del juicio era el hecho de que Nada, junto con el auditor interno Imazu y el jefe de las relaciones con el gobierno Kawaguchi, habían formado, según admitieron ellos mismos en los tribunales, un equipo para derrocar a Ghosn. El objetivo de la defensa era claro: aunque perdamos este caso, habremos demostrado que Ghosn fue el objetivo de un golpe de la dirección y que Kelly también sufrió las consecuencias.

También estaba claro que Ghosn, Kelly y los dos delatores no eran los únicos que estaban al tanto de las prolongadas discusiones sobre las remuneraciones de Ghosn. Además de Saikawa, que había firmado los tres documentos prometiendo unos acuerdos generosos a Ghosn tras su jubilación, el ex copresidente Itaru Koeda y el ex vicepresidente Toshiyuki Shiga también habían estado implicados en la negociación de varios posibles paquetes de compensación a lo largo de los años.

Esto dejaría a la acusación en la poco envidiable posición de tener que explicar por qué, entre todas esas personas, solamente habían acusado a Kelly y a Ghosn. Los dos que negociaron la culpabilidad, Ohnuma y Nada, lo hicieron porque sus testimonios eran supuestamente necesarios para proporcionar pruebas, pero ¿qué pasaba con todos los demás, incluido Saikawa? El fiscal general adjunto, Hiroshi Yamamoto, trató de evitar este asunto. «Nosotros, los fiscales, hemos formulado cargos contra estas personas en base a los detalles y al contenido de las pruebas», dijo en una conferencia de prensa poco después de que empezara el juicio.[7]

Su reticencia era comprensible. «Es difícil no verlo como un caso de acusación selectiva», dijo Stephen Givens, un veterano abogado corporativo en Tokio que siguió el caso de cerca. «Kelly afirma de forma convincente que la decisión de no informar sobre la futura compensación de Ghosn había sido aprobada por abogados internos y externos de Nissan, y eso era algo que todo el mundo sabía. Nissan como entidad se ha declarado culpable de divulgar información engañosa. ¿En qué medida Nissan es «más culpable» que las otras decenas de personas encargadas de preparar y analizar los informes de valores de Nissan?». Tal como dijo un abogado extranjero que participó en otras partes del caso: «Si Ghosn y Kelly son culpables, entonces todos lo demás también lo son».

También pesaba sobre el juicio otra cuestión incómoda: ¿Están a salvo los ejecutivos extranjeros en Japón de los caprichosos procesos criminales? Se empezó a hablar de este tema cuando la detención de Ghosn se prolongaba y se daban a conocer las difíciles condiciones de su arresto. Es interesante resaltar que las páginas editoriales tanto del *New York Times* como del *Wall Street Journal* coincidieron sorprendentemente en sus opiniones sobre el caso Ghosn y su huida de la justicia japonesa. «Los cargos contra el señor Ghosn, y los de él contra los tribunales de Japón, merecen una atención especial», decía el editorial del *Times* en un artículo que sugería que Japón estaba tan a prueba como Ghosn.[8] Y, por lo que se refiere a los miembros del consejo del *Journal*, su opinión era prácticamente la misma: «Salvo que haya pruebas nuevas y convincentes de Nissan o de la fiscalía, el señor Ghosn debería ser absuelto en los tribunales de la opinión pública».[9]

«No creo que el trato de Ghosn sorprenda a los extranjeros que viven en Japón», dijo un ejecutivo extranjero que llevaba mucho tiempo viviendo en aquel país. Al mismo tiempo, dijo otro: «Este caso ha dado que pensar a los ejecutivos extranjeros que se están planteando aceptar un cargo ejecutivo en una empresa japonesa. Ahora es una propuesta mucho más arriesgada que hace un año».

Algunos expertos creen que la incorporación del sistema de negociación de la culpabilidad puede abrir las puertas a que se investigue más a los ejecutivos que trabajan en Japón, lo cual no haría más que aumentar el miedo entre los ejecutivos extranjeros. En el caso Ghosn, hemos podido ver que un infiltrado puede proporcionar fácilmente datos muy detallados y valiosos; información clave que para la Fiscalía con sus recursos limitados, supondría muchas horas de investigación. De esta manera los fiscales podrían buscar a personas que hicieran de testigos del gobierno. «Aunque los fiscales están por ahora siendo muy cautelosos, está claro que el "regalo" de la negociación de culpabilidad pone a las autoridades en una posición ventajosa para conseguir pruebas altamente sensibles y potencialmente incriminatorias...», dicen los abogados Takayuki Inoue y John Lane de la firma de abogados japonesa Nagashima Ohno & Tsunematsu.[10]

Dee, la esposa de Kelly, se refirió a los esfuerzos de Japón por hacer valer su atractivo como centro internacional de negocios. «De hecho, muchos empresarios internacionales me han dicho que no van a viajar a Japón por culpa de lo que le ha pasado a Greg», advertía en su vídeo en el que pedía la liberación de su marido.

Desde el punto de vista de Japón, el drama al que se enfrenta Kelly es, de algún modo, un problema de imagen más grave que el de Ghosn. Los cargos contra Ghosn se podían interpretar como un caso de extrema ambición por parte de un arrogante director ejecutivo. «Te demuestra que has de pensártelo dos veces antes de venir a Japón si eres un delincuente», comentó un abogado extranjero que trabaja en Japón. Pero muchos ejecutivos extranjeros simpatizan más fácilmente con la situación de Kelly, como subordinado que intenta ejecutar las instrucciones de otra persona en un país en el que no conoces del todo la situación regulatoria y legal, y tampoco puedes leer las leyes relevantes. Jeffrey Sonnenfield, profesor de Yale School of Management, escribió en *Chief Executive Magazine* un discurso sobre los riesgos potenciales que corre un ejecutivo extranjero en Japón:[11]

> Dejando de lado la dramática huida de Ghosn, la saga de sus peligros legales está llena de tendencias inquietantes para los ejecutivos internacionales. En medio de una oleada de nacionalismos en todo el mundo, las batallas comerciales sobre las tarifas, los impuestos, las obligadas transferencias de tecnología, la propiedad intelectual, la privacidad de los datos, las subvenciones del gobierno, la manipulación monetaria, las condiciones laborales y la sostenibilidad, son objetivos cada vez más importantes.

El senador Wicker de Mississippi, uno de los tres senadores que ayudó a Kelly, fue más directo cuando en octubre de 2020 tomó la palabra en el Senado para condenar el arresto y el juicio de Kelly: «Este suplicio innecesario nos transmite un mensaje inequívoco a la comunidad empresarial norteamericana. Si haces negocios en Japón, mejor que te protejas las espaldas. Si es conveniente para los intereses japoneses, te pueden tender una trampa».

Esto fue lo que le ocurrió a un joven emprendedor francés del sector de las monedas digitales. Mark Karpeles era el propietario de Mt. Gox, que en ese momento era uno de los principales mercados internacionales de bitcoins. A principios de 2014 fue a informar a las autoridades japonesas de que su empresa había sido jaqueada. Las pérdidas inicialmente se valoraron en 850.000 bitcoins, un robo que equivalía a unos 457 millones de dólares —según el precio en 2020, tendrían un valor de 7.000 millones de dólares—. Después de trabajar con la policía durante más de un año llegaron a algunas conclusiones y al arresto del sospechoso Karpeles. Se le acusó de haber malversado y gestionado ilícitamente información de la compañía. Pasó cuatro meses en una celda de la policía y fue enviado al centro de detención de Tokio —el mismo en el que después estarían Ghosn y Kelly—, donde pasó siete meses. Él también se sintió obligado a confesar. «Todo empieza cuando la policía te arresta diciéndote que una confesión facilitará todo el proceso. Pero no dicen para quién», dijo en una entrevista para este libro.

Como en una buena novela de misterio, Karpeles llegó a la conclusión de que la única manera que tenía de ser absuelto era buscando él mismo al culpable. Trabajando en colaboración con las autoridades de Estados Unidos consiguió seguirle la pista a un hacker ruso, que había sido arrestado en Grecia y después condenado en Francia. Karpeles fue declarado no culpable de malversación, pero sí del cargo inferior de haber hecho un mal uso de la información de la compañía. «El juez tiene que darle algo a la fiscalía», dijo sobre el veredicto. A pesar de todo, Karpeles sigue viviendo en Japón. «Me trataron muy mal en Japón, pero al mismo tiempo me parece más fácil vivir en Japón que en Francia».

Otro roce con la ley japonesa hizo que una ejecutiva de Toyota saliera apresuradamente del país. Julie Hamp, ejecutiva estadounidense del fabricante de automóviles japonés, había sido ascendida a directora de comunicación en 2015. Sus problemas empezaron poco después de su llegada a Tokio cuando las autoridades japonesas encontraron entre sus efectos personales una caja con pastillas de oxicodona: un potente analgésico que en Japón está estrictamente controlado. A diferencia de otros en circunstancias similares, Hamp nunca fue condenada por lo que se supone que es una infracción menor.[12] Sin embargo, tuvo que pasar tres semanas bajo custodia. Al final, perdió su trabajo —la compañía dice que fue ella quien dimitió— y regresó a Estados Unidos.

El caso de Hamp es otro ejemplo de cómo los fiscales utilizan los medios de comunicación para componer la historia. A pesar de que las investigaciones seguían en marcha, los medios de comunicación japoneses iban lanzando comentarios confidenciales de «fuentes de la investigación»[13] que decían que Hamp quería la oxicodona para tratarse un problema que tenía en la rodilla, y exponían que un examen médico había demostrado que en realidad no lo necesitaba para eso.[14]

El tema de si los casos de Kelly y Ghosn harán que los extranjeros que viven en Japón se preocupen más por los riesgos legales que corren se reduce a una cuestión de grado. «Para los expatriados procedentes de Hong Kong, un país en el que ahora se permite extraditar a los acusados a los tribunales de China fuertemente controlados por el partido comunista, Japón es un lugar mucho más laxo que el suyo», dijo un ejecutivo extranjero.

También ocurre lo mismo a la inversa. Los ejecutivos japoneses han corrido riesgos en Estados Unidos; sobre todo en lo que se refiere a las prácticas de fijación de precios y a los sobornos, que en este país son muchos más estrictas. Aunque en Japón también son ilegales, estos delitos son perseguidos con mucho menos celo. Esto quiere decir que los ejecutivos japoneses podrían entrar en conflicto con la ley estadounidense simplemente por actuar de una manera que en su país sería razonablemente normal. Este tipo de procesos son cada vez más frecuentes. En el año 2018, la División Antimonopolio del Departamento de Justicia de Estados Unidos procesó casos contra cuarenta y seis empresas de componentes para automóviles, con cargos contra treinta y dos ejecutivos, la mayoría de ellos japoneses. Entre ellos había cuatro ejecutivos japoneses que trabajaban en Ohio y Kentucky para el proveedor de componentes automovilísticos Yazaki Corp., y fueron condenados a penas de prisión de entre quince meses y dos años por fijar los precios y manipular las licitaciones.

Otros han evitado ser juzgados en Estados Unidos, pero se encuentran atrapados en Japón por culpa de eso; como Ghosn, que está atrapado en Líbano. En el escándalo de los airbags defectuosos Takata que acabó con unos 400 heridos y 27 muertes en todo el mundo —la mayor catástrofe relacionada con la seguridad en la historia del automóvil—, la compañía aceptó pagar mil millones de dólares en sanciones, pero los tres ejecutivos acusados de conspiración y fraude han permanecido en Japón y han evitado ser procesados.[15]

En muchos casos de la industria del automóvil, los empleados acusados han sido respaldados por sus compañías y se han quedado en ellas, al alegar que «asumían la culpa» de los ejecutivos más senior. «En muchos casos, los japoneses son bastante indulgentes y quieren cuidar de sus empleados»,[16] dijo uno de los abogados de Tokio que trata muchos casos de manipulación de licitaciones. Kelly, que ahora estaba solo ante la justicia japonesa, debería correr la misma suerte.

21

CORREGIR EL RUMBO

TRAS HABER SIDO MALTRATADA Y GOLPEADA, Nissan empezó el año 2020 renqueante. Estaba previsto que ese mismo año Ghosn se sentara ante los tribunales en Tokio y pusiera fin a uno de los escándalos corporativos más duros de la historia. Pero Ghosn se fugó y, en lugar de cerrar el caso, Nissan tuvo que soportar una de las pérdidas operativas más grandes de su historia. La Alianza corría el riesgo de desmembrarse mientras cada una de las compañías estaba sumida en sus propios problemas.

El director ejecutivo de Nissan Makoto Uchida, de cincuenta y cuatro años, no tenía práctica en un puesto de liderazgo internacional. Lanzó un plan de reestructuración para restablecer la rentabilidad centrado en una serie de nuevos vehículos sumamente necesarios que, o bien sacarían a Nissan de su depresión, o bien se convertirían en un enorme pozo sin fondo.

Curiosamente, el plan de reactivación de Uchida reprodujo una página del manual que utilizó Ghosn en 1999 cuando Renault salvó a Nissan. El plan de Uchida, igual que el de Ghosn, implicaba la reducción de los costes y el cierre de plantas. El nuevo plan también incluía la tan esperada renovación del deportivo Nissan Z: un dulce caramelo para que los fans se lanzasen a por él y generaran un gran revuelo publicitario de la atribulada marca.

El biplaza deportivo de Nissan había sido, desde su debut en 1969, uno de los favoritos de los aficionados al motor. Pero, a mediados de 1990, Nissan dejó de producirlo en Estados Unidos para centrar su atención en los todoterrenos y los crossovers. Ghosn vio en el legendario Z una oportunidad de oro para desarrollar la marca y canalizó su magia en la Feria del Automóvil de Tokio de 1999 cuando lo presentó como un modelo que había que renovar. En el año 2002 lo resucitó con el modelo 350Z. (En Japón, el coche sigue llevando su nombre original: Fairlady Z, un nombre que escogió el entonces presidente de Nissan Katsuji Kawamata después de que en un viaje a Estados Unidos viera un musical de Broadway que le encantó, el de *My Fair Lady*).

En el año 2020, sin embargo, el deportivo Z de Ghosn llevaba 12 años sin que se le hubiera hecho ninguna remodelación debido a que los problemas de liquidez de Nissan habían desviado los fondos hacia la rápida expansión. Los fans del deportivo Z empezaron a dudar de que Nissan tuviera los recursos necesarios para continuar fabricándolo.

Pero Uchida lo hizo. Puso al deportivo Z en el centro de lo que denominó «Nissan de la A a la Z». La «A» hacía referencia al crossover totalmente nuevo y totalmente eléctrico Ariya que Nissan había presentado el verano anterior, y la «Z» era... ya te lo imaginas, ¿no? En la presentación, Uchida salió de un brillante Z Proto amarillo limón —un prototipo retro de la siguiente generación Z— y confirmó que pronto saldría a la venta.

Todos los aficionados a los coches del mundo estallaron de júbilo.

Pero Uchida, a diferencia de Ghosn, quiso presentar su nuevo deportivo con un toque personal. Había una fotografía de un Uchida más joven y más moderno proyectada en una gigante pantalla detrás de él. Corría el año 1993, con el primer coche que acababa de comprarse: un 300ZX gris metalizado, la venerada cuarta generación del deportivo Z. En la foto, Uchida aparece con una pose muy masculina: con un peinado heavy metal de los noventa, una camisa desgastada y una cadena de oro; con una mano en el volante, saca la otra por la ventanilla del conductor y luce una sonrisa de satisfacción. «Cuando conduces un Z», dijo Uchida en la presentación, «sientes que con Nissan te estás moviendo hacia el futuro».

El mensaje implícito era alto y claro: después de décadas con un trajeado hombre de negocios al timón, ahora Nissan estaba liderado por un amante de los coches dispuesto a volver a la esencia de fabricar automóviles. El escándalo Ghosn formaba parte del pasado, y Nissan estaba centrada en un nuevo y brillante día.

Pero olvidarse del legado de Ghosn no iba a ser nada fácil. Justo un día antes de que se presentara el Z Proto empezó el juicio a Greg Kelly. Las sesiones no solo iban a airear más trapos sucios de Nissan, sino que además recordarían a Japón y al mundo entero la oleada de confrontaciones que había provocado el escándalo y los muchos que todavía tenían por resolver. Volvían a poner en el ojo público el peligroso destino de la Alianza mientras se reavivaban los interrogantes sobre la cultura empresarial japonesa y la integridad de su sistema judicial. Por no hablar de la pregunta del millón sobre si Ghosn era realmente culpable y qué deberíamos pensar ahora de su legado.

• • •

Entre las confrontaciones en la raíz del escándalo estaba la agitación industrial que había llevado a crear la Alianza en primera instancia y, más tarde, a reforzar las relaciones durante el reinado de Ghosn. El aumento de los costes que provoca el mejorar la eficiencia de combustible de los motores, la fabricación de los coches eléctricos y los de conducción autónoma, todo ello obligaba a los fabricantes de automóviles a aumentar su volumen de ventas para seguir siendo competitivos.

El hecho de que Renault, Nissan y Mitsubishi hayan aguantado unidas a pesar de la desconfianza que les invadió tras el arresto de Ghosn, es una clara señal de que necesitan estar unidas para aumentar su ámbito de actuación. A pesar de todas sus riñas y disputas saben que, si se dividen, se hundirán. A partir de 2020, incluso cuando algunas compañías decidieron no ser ambiciosas y concentrarse en sus mercados internos —en contra de los enormemente ambiciosos objetivos de crecimiento del plan Power 88 de Ghosn—, la consolidación que tanto predicaba Ghosn parecía estar allí para quedarse.

Algunos fabricantes de automóviles intentaron desafiar ese cambio. Los participantes japoneses más pequeños —Subaru, Mazda y Suzuki, por ejemplo— siguieron manteniéndose nominalmente independientes, aunque algunos gigantes —como Toyota— habrían comprado una participación en las tres compañías. En concreto, Toyota unió a los participantes más pequeños del país en una alianza flexible, una que también incluía al especialista en coches mini Daihatsu y al fabricante de camiones Hino. En el año 2019, el consorcio creado por Toyota vendió 16 millones de vehículos: mucho más que los 10,7 millones que consiguió la Alianza de Ghosn en su mejor año.

En Europa, el grupo Volkswagen ya había construido su propio imperio formando una constelación de marcas que incluían Bentley, Bugatti, Lamborghini, SEAT, Skoda, Porsche y a los fabricantes de camiones Scania y MAN, además de las marcas principales Volkswagen y Audi. En total, las marcas del grupo Volkswagen vendieron más de once millones de vehículos en 2019.[1] Por otro lado, el grupo francés PSA estaba ocupado fusionándose con el italiano FCA para formar otro gigante: Stellantis. Y a finales de 2020, Honda —que se había quedado sola entre los fabricantes japoneses— decidió que era demasiado pequeña para seguir sola y se asoció en Norteamérica con General Motors para desarrollar conjuntamente vehículos que venderían ambas compañías.

La Alianza Renault Nissan de hace dos décadas fue un presagio de esta masiva asociación de marcas, aunque gran parte de las nuevas asociaciones se diferenciaban de la Alianza en que aumentaban su escala dentro de los cómodos confines de su mercado doméstico. Toyota se fusionó con otras compañías japonesas. Volkswagen hizo lo mismo con compañías europeas; y el acuerdo entre PSA-FCA unía a dos grandes vecinos. No hubo casi ninguna asociación tan exitosa entre compañías que tenían grandes diferencias —idioma, cultura corporativa, cobertura de mercado y política nacional— como la de Renault y Nissan.

La que otrora fuera una unión visionaria ahora parecía estar pulverizándose. En el año 2020, Renault y Nissan decidieron dejar a un lado el tema de una posible fusión para concentrarse en sus propios problemas, pero el incómodo parón no hizo más que avivar una desagradable discusión de fondo. El gobierno francés seguía siendo el accionista más influyente en Renault; la cual, a su vez, era la accionista principal de Nissan. Emmanuel Macron, la bestia negra de Ghosn y el instigador principal de una «alianza irreversible» seguía siendo presidente de Francia. La industria del automóvil en general seguía gravitando hacia la consolidación. Y la Alianza seguía necesitando las sinergias sustanciosas que solo un balance consolidado podía ofrecer.

Dos años después del arresto de Ghosn, ninguna de estas dinámicas problemáticas había cambiado, y parecía que se estaba preparando el escenario para otro futuro enfrentamiento de la Alianza.

Uchida, el director ejecutivo de Nissan, parecía seguir los pasos de Hiroto Saikawa, en el sentido de que él también desconfiaba de la fusión. Promocionaba la Alianza en público como una herramienta clave para reforzar las tres compañías. Pero ¿una integración completa? No tan rápido. Cuando en una entrevista con *Automotive News* en 2020 le preguntaron a Uchida si era contrario a una fusión, contestó muy diplomáticamente: «Diría que "no opino sobre esto". Lo único en lo que pensamos ahora es en qué hacer para estar en el nivel adecuado. ¿Nos hemos fusionado en los últimos veintiún años de existencia de la Alianza? No». Nissan no se ha movido.

¿Va a poder sobrevivir mucho tiempo sin el liderazgo de Ghosn esa frágil alianza? ¿O ha sido la asociación intercontinental e intercultural simplemente un puente demasiado largo en un mundo en el que siguen dominando los instintos nacionalistas? Las pruebas y las adversidades de la Alianza constituyen un importante estudio de caso para toda la industria mientras los gigantes emergentes en China e India empiezan a aventurarse en el extranjero con diseños para sus propios imperios interculturales de fabricantes de coches.

• • •

La visión profética de Ghosn sobre la consolidación de la industria estuvo acompañada de su acertada predicción de las tendencias tecnológicas que iba a necesitar. Su visión de un futuro de los vehículos eléctricos y de conducción autónoma se ha ido haciendo realidad poco a poco, y ahora es lo que todo el mundo busca.

A finales de 2020, el cambio de los vehículos de motor a los vehículos eléctricos experimentó una aceleración gracias a las nuevas y estrictas regulaciones sobre las emisiones. En ese momento se estaban desarrollando unos cien modelos eléctricos o híbridos que previsiblemente saldrán a la venta en 2024.[2] También toman forma otras nuevas tecnologías potentes, como el crossover ID.4 a pilas de Volkswagen, que le dan al vehículo una autonomía de hasta 400 kilómetros por cada recarga. Tesla está obteniendo grandes beneficios de ello.

En China, el mayor mercado de automóviles del mundo, la industria espera que en 2035 la mitad de las ventas totales de coches nuevos sea de vehículos eléctricos.[3] Volkswagen prevé producir veintiséis millones de coches totalmente eléctricos para el año 2030 y está invirtiendo para ello la descomunal cantidad de 73.000 millones de euros.[4] General Motors prevé que en 2025 el 40 % de sus vehículos en Estados Unidos serán eléctricos.[5] Los analistas han previsto que para el año 2032 se venderán hasta veinte millones de coches eléctricos nuevos cada año en todo el mundo.[6]

Por otra parte, tanto los fabricantes de siempre como los recién llegados están incursionando en los novedosos sistemas de asistencia al conductor, los cuales se están haciendo imprescindibles para las marcas premium y se están extendiendo rápidamente. La filial Waymo, del gigante de internet Google, está probando modelos totalmente autónomos por las carreteras de Estados Unidos —sin un conductor de seguridad a bordo para intervenir en caso de que sea necesario—.

Nissan, a pesar de todos sus problemas, está bastante bien posicionada en esta era del vehículo eléctrico y autónomo, en gran parte porque Ghosn lo había previsto y fue pionero a la hora de estudiar estas tecnologías. Una nueva plataforma común para la siguiente generación de vehículos eléctricos es la que respalda el crossover eléctrico Ariya. Y, a diferencia del fracaso de la década anterior, cuando los vehículos eléctricos Leaf de Nissan y Zoe de Renault no compartían prácticamente ninguna ingeniería, Renault y Nissan utilizan ahora la misma plataforma. En cuanto a la conducción autónoma, Nissan incluye en sus vehículos el ProPilot: una tecnología impulsada por Ghosn que permite al conductor relajarse en su asiento mientras el coche circula por la carretera adelantando a otros coches o cambiando de carril por sí solo.

Ghosn puede reivindicar, y con razón, que estos son algunos de sus principales logros.

• • •

Japón también debe mucho a Ghosn. Primero, planificó todo el rescate de Nissan y, después, creo una alianza internacional única que, a pesar de las noticias fúnebres aparecidas en los medios financieros, sigue viva después de dos décadas. Acabó con el sistema ineficiente japonés de los *keiretsu* y eliminó el sistema de promoción basado en la edad y en la antigüedad por uno basado en los méritos personales. Como extranjero, tuvo la voluntad y la habilidad de romper unas barreras que ningún ejecutivo japonés podía o quería derribar.

Al mismo tiempo, el éxito fulgurante que Ghosn consiguió al frente de la industria automovilística resultó, en cierta manera, determinante en las acusaciones por irregularidades que acabaron expulsándolo de la empresa.

Según Ghosn, sus logros justificaban que recibiera esa elevada compensación que tanto molestaría a franceses y japoneses. Si quería una compensación tan exorbitante, no podía dejarla a la vista.

Muchos de los principales colaboradores de Ghosn estaban de acuerdo en que se merecía un elevado sueldo, tanto por su rendimiento como para evitar que desertara si decidía hacer realidad sus flirteos con GM, Ford y otras compañías. Un reducido equipo de ejecutivos de Nissan dedicaba una importante parte de su tiempo y esfuerzos tratando de inventar formas de pagar una compensación extraordinaria a Ghosn —los fiscales dicen que el doble de lo que en realidad declaró—.

Según las acusaciones, ahí es donde las cosas pasaron de ser indecorosas a ser ilegales. Dicen que no solo Nissan debería haber declarado esos pagos extraordinarios, sino que además Ghosn se desvió aún más de la legalidad llenándose los bolsillos a expensas de la compañía. Las acusaciones de abuso de confianza insinuaban que estaba engañando al sistema de muchas maneras. Y además de todas esas acusaciones penales estaba el listado de acusaciones de Nissan sobre la malversación de fondos: desde cientos de miles de dólares destinados a su hermana, hasta los gastos inapropiados en casas y viajes, y las donaciones hechas con el dinero de la empresa en su nombre a escuelas libanesas y organizaciones no gubernamentales.

El mensaje subliminal de la Fiscalía era claro y simple: como Ghosn no podía cobrar y declarar públicamente todo lo que él quería, se apropió en privado de lo que él consideraba que se merecía.

Por supuesto, Ghosn tenía otra explicación. Decía que había sido incriminado con acusaciones falsas hechas por un grupo de conspiradores de la vieja guardia de Nissan y por el gobierno japonés, que quería torpedear la fusión «irreversible» de Nissan y Renault. Nissan, recelosa de las maniobras francesas durante la crisis de Florange y empeñada en defender su posición como el más fuerte de los dos socios, haría todo lo posible para evitar la fusión irreversible, incluso despedir al hombre que podía iniciarla. A pesar de la aparente armonía cuidadosamente coreografiada de la Alianza que el propio Ghosn contribuyó a transmitir, las tensiones entre las partes francesa y japonesa de la asociación fueron profundas e intensas, y nunca cesaron.

Hay una tercera explicación: estas dos historias no son mutuamente excluyentes. Es posible que Ghosn fuera estafador y cabeza de turco al mismo tiempo. Cuando hacía milagros, los ejecutivos de Nissan estaban más que contentos de hacer la vista gorda a los acuerdos dudosamente legales pero, cuando se convirtió en el posible vector de una adquisición francesa irreversible, supieron dónde investigar exactamente. En cierto sentido, sí que hubo una conspiración. Los ejecutivos de Nissan Nada, Imazu y Kawaguchi —el principal abogado, el auditor y el jefe de relaciones con el gobierno— admitieron en los tribunales que llevaban meses trabajando en secreto para descubrir las irregularidades cometidas por Ghosn y que entregaron a su presidente a la Fiscalía. Pero ¿hacían esas investigaciones para detener sus irregularidades, tal como afirman, o para torpedear la fusión a la que se oponían?

• • •

En un sentido más amplio, el terrible escándalo que envolvió a Ghosn y a la Alianza puso de manifiesto los enfrentamientos que había entre Francia y Japón sobre el papel que desempeñan los gobiernos en el comercio internacional contemporáneo.

El gobierno francés no ocultó su objetivo de aprovechar al máximo el beneficio de su inversión de alto riesgo realizada veinte años antes. Como ministro de economía, Macron fue más hábil que Nissan durante la crisis de Florange, para después retroceder y aceptar un compromiso. Sin embargo, no se dejó intimidar. Como presidente francés, siguió insistiendo en una alianza irreversible, a sabiendas de que una Renault independiente se enfrentaría a un futuro incierto en una industria del automóvil basada en la escala.

No está tan claro el papel que desempeñó el gobierno japonés, aunque es evidente que la crisis Florange dejó una huella imborrable.

Las autoridades del Ministerio de Economía, Comercio e Industria (METI) estaban muy preocupadas por el futuro de Nissan y por los pasos que daba Ghosn para recortar la inversión en nuevos modelos que precisamente necesitaba para seguir siendo competitiva. También creían que debían defender a Nissan ante la desmesurada presión de París.

El gobierno japonés proclamaba abiertamente que la Alianza era un asunto del sector privado, pero al mismo tiempo decía que no quería que Nissan se alejara de su radio de control. Y, cuando la COVID-19 devastó la industria, el Bank for International Cooperation de Japón —propiedad del gobierno— invirtió 2.000 millones de dólares en ayudar a Nissan a vender sus vehículos en Norteamérica.

Pero el tema de si el gobierno jugó un papel «profundamente estatal», como dijo Ghosn, es una de las preguntas que sigue en el aire. Ghosn afirma que el miembro del consejo de Nissan Masakazu Toyoda, exoficial del METI y que también fue director durante menos de cinco meses antes del arresto de Ghosn, fue el cerebro de la conspiración. Ghosn no fue tan preciso a la hora de confirmar si el gobierno japonés, incluida la Fiscalía de Tokio, estuvo implicado en la conspiración para derrocarle. Si bien los fiscales japoneses —igual que los estadounidenses— forman parte de un sistema político, también son extremadamente independientes, y aún estaban intentando restaurar su imagen dañada tras varios escándalos anteriores. Por lo tanto, es bastante improbable que quisieran hacerle un favor a otra parte del gobierno, aunque esta se lo pidiera. Si el caso fallaba, esa parte sería la responsable de haber dañado la reputación de la Fiscalía y la imagen del país en el ámbito internacional. Para los fiscales implicados, probablemente sería el fin de sus ambiciones profesionales.

• • •

A la hora de evaluar la inocencia de Ghosn, basta con recordar que «cuando el río suena agua lleva». Con todas las acusaciones que pesan sobre él, es bastante lógico pensar que alguna debe de ser cierta.

Pero el juicio final sobre los delitos depende en gran parte de las medidas que se apliquen. Por un lado, está la legislación japonesa y, por otro, están las leyes internacionales de otros países, como Estados Unidos o Francia, que también son diferentes.

La cuestión se hace más compleja aún en el opaco mundo de los delitos de guante blanco. Si bien la normativa internacional varía muy poco sobre el delito de asesinato, las leyes que hacen referencia a los delitos de contabilidad inapropiada, de incumplimiento con las regulaciones o de prácticas empresariales injustas, varían considerablemente. Por ejemplo, en Estados Unidos se sigue buscando a algunos ejecutivos de empresas automovilísticas japonesas por delitos de manipulación de licitaciones cometidos hace una década.[7] Para consternación de los grupos de consumidores estadounidenses, los ejecutivos considerados responsables en el escándalo de los airbags de Takata, se encontraban a salvo en Japón cuando se anunciaron los cargos y nunca fueron llevados ante la justicia. Desde esta perspectiva, las protestas de Japón por la huida de Carlos Ghosn resultan una paradoja.

El caso de Ghosn también plantea el interrogante de qué se considera un gasto comercial adecuado y un beneficio personal. Para consternación de las empresas internacionales, Hacienda calcula que gran parte de los beneficios que las empresas pagan por los ejecutivos estadounidenses expatriados, como el pago del alojamiento, las comidas y la educación de los hijos en escuelas internacionales, son todos ingresos imponibles. En cambio, en la mayoría de países —incluido Japón— esos pagos son en su mayoría libres de impuestos. La demanda francesa de que Ghosn se benefició personalmente de 11 millones de euros de Renault podría discutirse eternamente, siendo los contables y los abogados implicados en la discusión los únicos que probablemente sacarían algo claro. Lo que está bien en un sitio, no está bien en otro; lo que es ilegal aquí, en otra parte es el resultado de hacer negocios.

La naturaleza normalmente imprecisa de las leyes y regulaciones añade confusión al tema. El abogado estadounidense de Kelly se quejaba de que la ley que decían que su cliente había violado habría sido considerada totalmente imprecisa en un tribunal de Estados Unidos —lo que se argumenta en el juicio de Kelly puede considerarse como un ejemplo de lo habría sucedido en el de Ghosn—. Aunque esto podría verse como una maniobra legal, el abogado de Kelly no fue el único en plantear el tema. Los ejecutivos extranjeros suelen quejarse de que los reguladores japoneses se aprovechan de la redacción imprecisa de las regulaciones para emprender acciones a su antojo. En 1998, una empresa financiera de Estados Unidos fue citada públicamente por los reguladores japoneses por un error de 51 dólares cometido en la declaración de un cliente.[8] A la empresa no se le escapó que en ese momento su compañía representaba una amenaza competitiva para las casas de Bolsa.

También hay diferencias entre las sanciones administrativas y las acusaciones penales. En los casos de Ghosn y Kelly —y de Nissan—, el asunto de la compensación declarada fue resuelto mediante una demanda civil presentada por la Comisión de Bolsa y Valores de Estados Unidos (SEC). Esta es la ruta típica para ese tipo de infracciones. La acción penal suele basarse en una referencia que dan los reguladores, y se reserva para las violaciones más desmedidas, puesto que la carga de la prueba es mayor. Los abogados japoneses dijeron que el caso Ghosn-Kelly parecía haber salido directamente de la compañía a los fiscales, un atajo poco habitual. También dijeron que era la primera vez que unas personas eran culpadas de actos delictivos relacionados con la documentación financiera requerida legalmente.

Con la fuga de Ghosn, es poco probable que este vaya a ser juzgado en Japón. Por eso será imposible que él o el gobierno demuestren si cometió algún delito o no. Pero, en realidad, lo más probable es que un veredicto tampoco habría satisfecho a ninguna de las partes. Cuando las acusaciones son tan arcanas como la de unas declaraciones financieras falsas o el uso inapropiado de contratos de intercambios de divisas, es probable que la sentencia sea igual de confusa. Pero los abogados defensores de Ghosn y Kelly intentaron, por un lado, deslegitimizar el sistema judicial japonés y la investigación de Nissan y, por otro, defenderlos de los cargos de los que se les acusaba. La estrategia pretendía crear, de cara a la opinión internacional, una persistente nube de dudas sobre la validez de cualquier sentencia condenatoria.

• • •

Dejando a un lado los motivos individuales y gubernamentales, ¿por qué la dirección corporativa de Nissan fracasó tan estrepitosamente? Algunos piensan que ello presagia problemas de gestión para la gran mayoría de las compañías en Japón. Aunque el gobierno y los legisladores hayan impuesto nuevas medidas para mejorar la gestión y algunas empresas —como Nike— hayan dado sus propios pasos para mejorarla, la adopción de las reformas está siendo muy lenta. En 2019, el porcentaje de directores extranjeros entre todos los directores de las compañías que cotizan en la Bolsa de Tokio había aumentado hasta un 31,5 %. En estados Unidos, la proporción es del 85 %.[9]

Tras el arresto de Ghosn, Nissan puso en marcha toda una serie de reformas con la intención de que su estilo de dirección se asemejase más a las normas occidentales de transparencia y responsabilidad. Pero, posiblemente, estos avances fueron eclipsados por los problemas tan arraigados con el manual de Nissan para llevar a cabo su investigación interna a Ghosn. En definitiva, la compañía tomó la ruta contenciosa y pública, en lugar de lavar sus trapos sucios en casa. Y el aspecto ético de su investigación sobre las irregularidades deja mucho que desear.

Empezaron a surgir dudas sobre Ghosn; por ejemplo, por qué los ejecutivos no lo llevaron a la sala de juntas para decirle que las cosas tenían que cambiar. Podrían haberle amenazado con un proceso penal como forma de obtener la restitución. O podrían haber utilizado las casas que Nissan le había comprado a Ghosn para usos estrictamente corporativos, o venderlas. También podrían haber reforzado la gestión corporativa con unos controles externos más estrictos. Además, había muchas dudas sobre la autoría de la investigación interna a Hari Nada sobre supuestos actos de mala conducta.

Nissan sostiene que llevar las acusaciones contra Ghosn directamente al consejo directivo habría sido como chocar contra un muro de cemento, porque él tenía el control absoluto. Pocos directivos tenían el coraje suficiente para desafiar abiertamente a su jefe sobre las decisiones de la empresa, y menos aún sobre las acusaciones de fraude.

Pero esta es una débil defensa de la compañía y de sus directores —que tienen la responsabilidad de supervisar adecuadamente la gestión de la compañía y ninguno de ellos, excepto Kelly, ha sido acusado de nada—. La autoridad que Ghosn tenía sobre su propio salario y el de los altos ejecutivos se la había conferido el consejo de administración, aun sabiendo que esa es una fórmula segura para el abuso, igual que ocurre en muchas otras compañías japonesas en las que el consejo de administración no sirve más que para estampar el sello donde diga el director ejecutivo. Si Ghosn estaba verdaderamente jugando con el sistema, se podría decir que el consejo de administración es el único culpable de ello. Esto es un pequeño consuelo para los accionistas que presumiblemente vieron cómo se despilfarraba el dinero de la empresa y cómo caía en picado el valor de sus acciones debido al asunto Ghosn.

Un año después del arresto de Ghosn, los accionistas de Nissan y Renault estaban un 30 % peor. «La actuación de Nissan fue tremendamente chocante», dijo un abogado de Estados Unidos que trabaja en Japón. «No es lógico que organizara una operación encubierta con la policía para arrestar al arquitecto de esa gran Alianza. Si a Nissan le interesaba mantener el precio de sus acciones, no tendría que haber actuado como lo hizo».

Además, está el tema de cómo Nissan negoció —o rechazó negociar— con Nada, el hombre que había trabajado en la secretaría de Ghosn como jefe de personal alcanzando la categoría de vicepresidente y que firmó una negociación de culpabilidad cuando se hizo evidente que había participado en algunos de los delitos de los que le acusaban a Ghosn. A pesar de su intervención en un asunto criminal, no solo ha mantenido su puesto en Nissan, sino que siguió al mando de la investigación interna de la compañía sobre los supuestos actos de mala conducta por parte de Ghosn durante varios meses después de su arresto. A finales de 2020, Nada era una de las personas clave en el escándalo Ghosn que aún seguía trabajando en la compañía. Prácticamente todas las demás habían dimitido, se habían jubilado, habían sido arrestadas o despedidas. Para los detractores de Nissan, los acuerdos turbios que Nada hizo a escondidas ejemplifican los conflictos de intereses que hicieron estallar cualquier pretensión de imparcialidad en torno a las motivaciones de la compañía.

La participación de Saikawa y de otros ejecutivos en inflar indebidamente sus propios incentivos o en declarar erróneamente la compensación de Ghosn, es una muestra de hasta dónde había llegado la corrupción. Y, cuando los fiscales dejaron pasar a los personajes japoneses y se centraron en los extranjeros Ghosn y Kelly, se les criticó diciendo que toda la acción legal tenía un aire de hipocresía, si no de discriminación total.

La dirección de Nissan consideró que su función no era únicamente la de colaborar con la investigación del gobierno, que sería lo normal en casi cualquier jurisdicción, sino que también tenían que ayudarle. Algunos dicen que esto fue una decisión cuestionable. Sostienen que una compañía tiene la obligación de colaborar con las autoridades, pero no la de hacer su trabajo. Nissan se gastó en total 200 millones de dólares en investigar el caso, pero únicamente encontró a dos personas supuestamente culpables de irregularidades financieras.[10]

Si fuera cierto que Nissan y el gobierno japonés conspiraron contra Ghosn para detener la fusión de Nissan con Renault, ¿habían previsto las consecuencias no deseadas derivadas de ello? En la forma probada y verdadera de la cultura empresarial y del sistema judicial japoneses, lo lógico es que esperaran que Ghosn se declarara culpable, después le darían una suspensión de la sentencia y lo retirarían silenciosamente de la industria. Pero no pudo ser así. ¿Hizo descarrilar un intento golpista su resistencia inesperada y su descarada fuga y que todo el mundo centrara su atención en algo que Japón habría preferido mantener a la sombra? La decisión de Ghosn de no seguir las normas de juego de Japón provocó una revolución que probablemente reverberará durante años.

Los fallos de la dirección de Nissan fueron fundamentales para la saga, pero no hay nada que discutir sobre un problema más fundamental de la dirección que se remonta a antes del escándalo: como director ejecutivo de Nissan y Renault, Ghosn estaba obligado —por ley y por principios— a representar a los accionistas de dos compañías totalmente independientes. De hecho, Ghosn solía hablar de lo mucho que le costaba complacer a sus subordinados de ambas compañías y a los representantes de ambos gobiernos al mismo tiempo. Pero también tenía la obligación de incrementar el valor de ambas compañías en beneficio de sus propietarios: los accionistas. ¿Cómo se suponía que debía actuar en una situación que beneficiara a una a expensas de la otra? Por ejemplo, el que aumentara la producción en una planta de Renault y la recortara en una de Nissan supondría que el director ejecutivo de Renault había hecho sus deberes mientras que el de Nissan no.

«En el año 2005 a los consejos de administración no les molestaba que Carlos Ghosn fuera el director ejecutivo de ambas compañías», dijo un exejecutivo de Renault que trabajó estrechamente con Ghosn. «A partir de ese momento se incurría en un posible conflicto fiduciario».

La manera de acabar con tal conflicto parecía ser la empresa holding que Ghosn había planificado como su acto final: la fusión de Nissan y Renault bajo una cotización única en deuda con el mismo grupo de inversores. Esa jamás fue la intención del arquitecto original de la Alianza, Louis Schweitzer —y tampoco es lo que Nissan quería—, pero realmente podría resolver muchos de los problemas de gobierno de ambas compañías.

• • •

Los conflictos entre el sistema judicial japonés y sus detractores han sido el punto más álgido de toda la crisis. Es una batalla que ha atraído la atención internacional, y que es poco probable que termine a corto plazo.

A lo largo de los años se han hecho reformas importantes. Los interrogatorios se graban ahora para controlar que no haya intimidación; hay jueces que aportan una perspectiva fresca al insólito universo judicial japonés. La libertad bajo fianza es ahora más habitual, aumentando un 30% las solicitudes respecto a 2018. (A pesar de que la fuga de Ghosn podría provocar una reacción por parte de los jueces que querrían evitar este tipo de situaciones en el futuro).

Quienes proponen la reforma dicen que el suplicio por el que pasó Ghosn es simplemente una muestra de todo lo que falta por hacer. Una de las prioridades es permitir a los abogados defensores estar presentes en los interrogatorios. Aunque esta idea había sido rechazada en el pasado, el Ministerio de Justicia de Japón asignó un equipo de expertos en 2020 para realizar algunos ligeros cambios al más puro estilo japonés. Un miembro representativo del ministerio en una reunión dijo que no había ninguna «prohibición» oficial de que los abogados defensores estuvieran presentes en los interrogatorios, sino que era una decisión de cada fiscal.

Esto no es más que un pequeño progreso instigado por la presión internacional. Todavía es demasiado pronto para saber si este cambio no es más que una muestra de la extraordinaria habilidad de Japón para adaptarse sin cambiar realmente; es decir, para aparentar hacer un cambio y luego, poco a poco, ir volviendo a poner las cosas en el mismo lugar. En el Ministerio de Justicia hay mucha gente que se opone a los cambios, y el propio ministro de Justicia Masako Mori sostiene que: «En Japón, los interrogatorios siguen siendo el único medio del que disponemos para que los sospechosos declaren».[11]

Los cambios vendrán poco a poco, pero vendrán, porque la presión está ahí. El gobierno japonés no debió de quedarse demasiado satisfecho cuando vio al senador de Estados Unidos Roger Wicker en el Senado describiendo el tratamiento recibido por Kelly como «un escándalo más propio de Vladimir Putin que de nuestros aliados en Japón».

El Grupo de Trabajo sobre la Detención Arbitraria de la ONU asestó otro golpe a la imagen del país diciendo que los arrestos repetidos de Ghosn fueron un «abuso extrajudicial». Después de todo, tal vez Ghosn tuviera la razón.

Para Japan Inc., la cuestión es simple pero fundamental: ¿El trato que le dieron a Ghosn y a Kelly desalentará a los ejecutivos de otros países a aceptar trabajos en Japón? Tanto los abogados extranjeros como las firmas de recursos humanos afirman que, desde el caso Ghosn, han recibido muchas más preguntas de los candidatos sobre el riesgo de emprender acciones legales contra ellos si se trasladan a trabajar a Japón. La llegada de un ejecutivo europeo para convertirse en el director ejecutivo de una compañía química japonesa dos años después del arresto de Ghosn fue motivo suficiente para atraer la atención de la prensa internacional.[12]

Los titulares sobre el caso Ghosn no llegaron precisamente en el mejor momento para un país que estaba intentando posicionarse como el lugar adecuado para hacer negocios internacionales. Tokio había perdido fuerza respecto a Hong Kong y Singapur como sede principal de las multinacionales. Japón espera utilizar la represión cada vez más estricta por parte del gobierno chino en Hong Kong para recuperar algunas de estas empresas. «Japón ofrece algo que Hong Kong no ofrece: la libertad», dijo un legislador japonés con la intención de atraer a más extranjeros.[13] Ghosn y Kelly probablemente no estarían de acuerdo con ello.

• • •

La peor batalla de Ghosn parece estar en los tribunales de la opinión pública.

Sus detractores lo pintan como un hombre desesperado por mantener el tamaño de sus ganancias declaradas. Gracias a las periódicas filtraciones de los fiscales, esta se convirtió en la verdad aceptada por muchos japoneses. Y muchos de los que trabajaron estrechamente con él, tanto en Francia como en Japón, se hacen eco de la extensa declaración del juicio de Kelly y de los descubrimientos de la investigación de Nissan para coincidir en el tema central: la compensación de Carlos Ghosn siempre ha sido un asunto muy polémico. Independientemente de que las acusaciones sean ciertas o no, la biografía oficial de Ghosn siempre estará empañada por un vergonzoso e imborrable asterisco: acabó su legendaria carrera en la industria de la automoción después de ser acusado cuatro veces y de saltarse la libertad condicional para vivir como un prófugo internacional.

Su huida, en la mente de muchos japoneses, es prueba inequívoca de su culpabilidad. Pero sin un juicio, el asunto Ghosn acabará siendo un caso de su palabra contra la de otros. Un veredicto de no culpabilidad para Greg Kelly podría ser entendido por Ghosn como una forma de reivindicación de su caso, aunque también es cierto que el tribunal podría absolver a Kelly y condenar a Ghosn como el verdadero culpable.

Más importante aún es que el juicio de Kelly no arrojara ninguna luz sobre los dos cargos de abuso de confianza contra Ghosn: las denominadas ruta saudí y ruta omaní, por las que Ghosn fue acusado de apropiación indebida de activos de Nissan para beneficio personal.

Algunos japoneses siguen diciendo que a Ghosn se le debería dar el beneficio de la duda. «Todo el alboroto actual es un escándalo sensacionalista. ¿Qué daño hizo Ghosn a la sociedad japonesa?», preguntaba un ejecutivo japonés jubilado.

Algunos de los más feroces detractores de Ghosn siguen siendo fervientes admiradores suyos. Uno de los que negoció la culpabilidad no pudo evitar elogiar a su exjefe durante el juicio de Kelly. Cuando se le pidió que describiera a Ghosn, Toshiaki Ohnuma confesó que siempre se ponía nervioso cuando estaba con él y que temía darle malas noticias. Pero el tímido Ohnuma seguía atrapado bajo su hechizo carismático: «En mi opinión, Ghosn fue un líder empresarial excelente. Resucitó a Nissan. Trabajé muy de cerca con él y pude comprobar que era rápido y resuelto a la hora de tomar decisiones. También daba las instrucciones muy claramente. Siempre estaba dispuesto a escuchar a la gente».

Greg Kelly, el antiguo ayudante de Ghosn que está abandonado en Japón y corre el riesgo de ser condenado a quince años de cárcel por supuestamente haber alimentado la ambición de Ghosn por obtener una compensación más elevada, dijo que su jefe era «un ejecutivo extraordinario» y alguien que se merecía una enorme recompensa.

Incluso Saikawa dijo admirarle: «Me impresionó mucho, y sigue impresionándome», comentó cuando hablaba de los primeros años en los que estuvieron resucitando al fabricante japonés. Pero también dio una advertencia: «La segunda parte de su gestión no fue demasiado buena. Tendríamos que haber corregido un montón de cosas».

Para muchos, esto es la realidad: un cuento de dos Ghosn diferentes, ambos fundidos en un solo hombre.

• • •

A punto de acabar este libro, Ghosn se ofreció a realizar una entrevista por vídeo desde Beirut para reflexionar sobre su increíble aventura y su maltrecho legado. Bronceado y elegante, con un corte de pelo perfecto y modernas patillas —parecía haberse reconciliado son su pelo canoso y ya no intentaba ocultarlo—, Ghosn nos hablaba desde su estudio. Detrás de su mesa de escritorio se podía ver una estantería repleta de libros, fotos y otros recuerdos de sus décadas como famoso capitán de la industria, una época pasada durante la cual se desplazaba en jet privado de una a otra de sus cuatro residencias en tres continentes y se relacionaba con la élite mundial.

Ghosn achacó los problemas de la Alianza a la interferencia del gobierno. Para él, el punto de no retorno fue la crisis de Florange, que provocó la reacción exagerada y paranoica del gobierno y la industria japonesa. Este nacionalismo visceral fue ganando terreno en medio de un resurgimiento del proteccionismo y las tensiones comerciales en todo el mundo, como demuestran el conflicto comercial entre Estados Unidos y China o la retirada del Reino Unido de la Unión Europea.

Pero Ghosn opina en que no son más que pequeños baches que hacen reducir la velocidad e insiste en que la internacionalización ha llegado para quedarse.

«Yo he demostrado que es posible operativamente», dijo. «Yo he demostrado que, si no hay intervención política ni interferencia del gobierno francés, por un lado, y del japonés, por otro, es posible dirigir compañías gigantes como esta, con componentes que son propios de cada país pero con una entidad que es global. No solo ha funcionado, sino que ha prosperado. Y no lo hice durante seis meses, lo hice durante diecinueve años».

Ghosn luchó por rehabilitar su imagen a través de dos nuevos libros —incluido uno que escribió con Carole—, un documental de miniseries, e incluso a través de la divulgación pública que realiza desde su nuevo hogar, el Líbano. A finales de 2020 lanzó un programa empresarial para ejecutivos en una universidad al norte de Beirut. Entre sus conferenciantes invitados estaban Thierry Bolloré, antiguo número dos de Renault que fue despedido y que después resurgió como director ejecutivo de Jaguar Land Rover, y José Muñoz, el antiguo rival de Saikawa que dejó Nissan para liderar Hyundai.

Ahora, en Líbano, Ghosn reflexiona sobre su pasado y planifica su futuro, pero sabe que el camino a la redención está lleno de obstáculos. «Estoy embarcado en una batalla muy larga para restaurar mi reputación, pero la única opción que tengo es la de luchar por mi legado y restablecer mi nombre», dijo.

Estaba furioso con lo que denominaba «los cargos inventados» y lamentaba la «bajeza» de Nissan diciendo: «Nadie se preguntó "¿cómo vamos a preservar la marca?, ¿cómo vamos a preservar a los accionistas?, ¿cómo vamos a preservar a los empleados?, ¿cómo vamos a preservar nuestra imagen?"».

Ghosn se mantuvo impasible y sin mostrar arrepentimiento sobre el papel que pudo haber desempeñado en el caos en el que se sumió su imperio empresarial. Y se mostró triunfante por haber llevado al grupo a su efímero apogeo en la industria automovilística mundial, recordando muchos de sus episodios de mayor esplendor.

«El primer logro que nadie puede arrebatarme es el de la transformación de Nissan», dice Ghosn. «En segundo lugar está, sin duda, el hecho de que conseguí dirigir sin ningún contratiempo a las tres compañías que forman la Alianza, a dos de ellas durante muchos años y a la tercera durante un par de años».

«Tuvieron que detenerme para que dejara de hacerlo».

A pesar de las alegaciones de fraude que se han extendido por Japón, Francia y Estados Unidos, Ghosn se niega a admitir que cometiera irregularidades o actos de mala praxis empresarial. Según él, sigue siendo nada menos que el respetable general de la sala de juntas que la gente conocía hasta que fue encerrado en el Centro de Detención de Tokio en noviembre de 2018. Sostiene que nunca utilizó la Alianza como si fuera su banco personal y que no es el culpable de que estuviera a punto de derrumbarse tras su arresto.

En un momento de examen de conciencia, el fugitivo entrado en años llegó incluso a pensar qué es lo que él podría haber cambiado de toda aquella historia. Evidentemente, solo había una manera —por lo menos para él— de evitar todo el escándalo. En 2018, cuando Renault acudió para renovar su contrato al empresario, que entonces tenía sesenta y cuatro años —con la intención de que hiciera la Alianza Renault-Nissan «irreversible»—, Ghosn podía haber dicho simplemente: «No, gracias».

«Tuve que pensarlo mucho», afirma.

«Tenía sesenta y cuatro años, y me ofrecían renovar cuatro años más. Tenía muchas otras cosas interesantes que hacer en mi vida», dijo. «Lo único que habría detenido todo esto es haber rechazado la renovación y haberme retirado de todos mis cargos. Habría sido anteponer mi bienestar y mi familia a mi carrera profesional, y creo que habría sido un acuerdo justo, pues en la vida siempre hay un momento en el que simplemente has de parar. Y ese habría sido un buen momento para hacerlo».

Optar por este final alternativo parece una afirmación increíble para uno de los ejecutivos más motivados y ambiciosos que ha dirigido una empresa, un hombre que cambió la industria del automóvil y ayudó a remodelar sectores corporativos del Japón.

Ante la cantidad de detenciones, demandas, carreras arruinadas, recriminaciones internacionales, planes empresariales resquebrajados y cómplices acusados que ha dejado a sus espaldas para enfrentarse solos ante la justicia, ¿de eso es de lo que más se arrepentía?

«Sí», insiste Ghosn. «Sin duda».

Tal vez solo aquellos que le conocen bien pueden decir si es un hombre familiar sensible o un ejecutivo corporativo frío y calculador, un innovador visionario o un autócrata egocéntrico. La víctima inocente de una conspiración del consejo o simplemente un estafador de guante blanco que traicionó la confianza que su compañía, sus compañeros y los accionistas habían depositado en él.

¿O quizá fue una combinación de todo eso?

Cuando Ghosn construyó su nueva vida en Líbano, aunque todavía bajo una nube de sospechas, luchando contra las demandas civiles y lidiando con un legado manchado, cambió en cierta manera el tiempo de cárcel que habría pasado en Japón por una prisión más cómoda en Beirut.

Sin embargo, no cabe duda de que Ghosn rescató a una compañía cuando estaba al borde de la quiebra, construyó un imperio automovilístico que se ha ido expandiendo por todo el mundo y se convirtió en uno de los extranjeros más influyentes que jamás haya pisado Japón, desde el día que llegó como el famoso «hombre arreglatodo» hasta su temeraria huida como fugitivo internacional veinte años después.

AGRADECIMIENTOS

A pesar de haber nacido en Detroit y de haber estado rodeado de empresas del sector del automóvil, mi familia viene de los sectores de la arquitectura y la enseñanza, y yo era todo menos un aficionado a los coches. No fue hasta después de entrar a trabajar en *Automotive News* cuando me di cuenta de lo afortunado que era por poder informar de lo que, al menos según mi opinión, era la industria más dinámica, intensa y compleja del mundo; especialmente, la asiática, donde los pesos pesados de Japón y Corea están repletos de marcas que son conocidas en todo el mundo.

Ningún producto de consumo es tan seductor como un coche. Cada vez que sales de tu casa los ves por las calles, con formas, tamaños y colores diferentes. Los coches evocan una mezcla de emociones. Todos tenemos un «recuerdo sobre ruedas» grabado: esas vacaciones familiares, una cita con alguien de la universidad, el rutinario ir y venir cada día al trabajo o incluso un trágico accidente. Si lo miras desde la distancia, verás que la industria global íntimamente relacionada que fabrica estos vehículos incluye a muchas otras: tecnología, comercio, trabajo, diseño, fabricación, política y una gran cantidad de personalidades extraordinarias. Es un mar infinito por el que navegar y explotar.

No podría haberme adentrado en este mundo tan excitante sin la ayuda de mis fantásticos compañeros de *Automotive News*, los periodistas más profesionales y dedicados de todos con los que he trabajado. Quiero agradecer al editor Jason Stein y al director editorial, Dave Versical, por darme su aprobación; al director de contenido Jamie Butters por sus creativas aportaciones; al editor Lindsay Chappell, como veterano de Nissan, por su sabiduría y su experiencia; y a los exeditores James Treece y Rick Johnson, no solo por hacerme de mentores desde hace años como predecesores míos en Tokio, sino también por sus comentarios sobre nuestro primer manuscrito. Tampoco podría olvidarme del adjunto a redacción en Tokio Naoto Okamura, el ancla del equipo y el caballo de batalla incondicional que ha luchado por el caso Ghosn desde el primer momento en que se publicó la noticia. Y, naturalmente, mi compañero Peter Sigal, el corresponsal en París que mantiene a los lectores de *Automotive News* al tanto de todo lo que pasa en Renault. También un agradecimiento enorme a mi profesora de japonés, Ayumi Sato, por todos los años que se ha dedicado de una forma casi masoquista a enseñarme el idioma del país de acogida y me ha ayudado en la traducción y la investigación.

Si bien este libro no tiene ninguna sanción ni autorización por parte de Nissan, Renault, o Carlos Ghosn, debemos expresar también nuestra gratitud a los ejecutivos de ambas compañías y al propio Ghosn por dedicarnos tiempo y esfuerzo a contarnos su propia versión de la historia. Debido a la naturaleza de nuestra información, la mayoría de estos ejecutivos, ingenieros y muchos empleados han hablado solo en segundo plano, por lo que desgraciadamente no podemos nombrarlos uno a uno. Pero nosotros sabemos quiénes son. Con algunos de ellos he trabajado mucho tiempo; otros son conocidos que, con la finalidad de añadir más ideas a este trabajo, se arriesgaron a compartirlas con nosotros por primera vez. Gracias a todos.

En general, querría expresar mi más sincero aprecio por la cooperación de las relaciones públicas de Nissan durante los varios años que he cubierto las noticias de la compañía, empezando por mi primera visita a las oficinas centrales en Ginza en 2007. Los hombres y las mujeres del departamento de relaciones públicas hicieron un trabajo más que extraordinario enseñándomelo todo sobre la compañía, y conmigo siempre actuaron de una forma competente y brillante. La lista de personas del pasado y del presente incluye a: Sadayuki

Hamaguchi, Yuki Morimoto, Lavanya Wadgaonkar, Koji Okuda, Nicholas Maxfield, Dion Corbett, Azusa Momose, Christopher Keeffe, Jeff Kuhlman, Jonathan Adashek, Alan Buddendeck, Simon Sproule, Toshitake Inoshita, Mitsuru Yonekawa, Tak Ishikawa, Camille Lim, Dan Passe, Dan Sloan, Steven Silver, Ian Rowley, David Reuter, Nathalie Greve, Travis Parman, Wendy Orthman, Trevor Hale, Amanda Groty y Roland Buerk. Me disculpo con los muchos que no he nombrado aquí.

Tanto William como yo tenemos que arrodillarnos ante nuestro editor estelar Scott Berinato y el resto del equipo de Harvard Business Review Press. Apostaron por dos autores desconocidos, y su apoyo ha hecho que la larga marcha hasta terminar este libro fuera sobre todo sencilla, eficiente y fluida para dos novatos. Un agradecimiento también a Katherine Flynn y a Kneerim & Williams Agency.

Por supuesto, el último *arigatou* es para mi familia. Sin el apoyo y la aprobación de mi esposa, Yumiko, habría desistido de intentar escribir un libro, y más aún uno tan complicado como este. Pero ella me empujó a hacerlo. También me gustaría expresar mi agradecimiento a mis dos hijas, Nozomi y Miyuki, que nunca se quejaron de la cantidad de tardes y fines de semana que su padre estaba ausente, enganchado al teclado en su rincón de trabajo tipo zulo. Al contrario, ellas me ofrecieron siempre su ayuda de una forma alegre e incondicional. Y, por último, me gustaría dar las gracias a mis padres: a mi padre, ya fallecido, Karl Hans Greimel; y a mi madre, Jill, así como a mi hermano, Tim, que siempre me ha apoyado y me ha demostrado su amor y aprobación.

Estoy seguro de que me estoy olvidando de mucha gente pero, por favor, tened en cuenta que ha sido un trabajo en el que han participado muchísimas personas. Cada una de las contribuciones ha sido una pieza importante del puzle y significa mucho más de lo que pueda expresar en palabras.

—Hans Greimel, 2021

Ha sido un año increíble de reportajes y redacción; sobre todo, por el hecho de que este proyecto se ha realizado durante una de las peores pandemias que ha golpeado al mundo. Tenemos que agradecer el doble a la gente que nos ha ayudado porque sabemos que en las mentes de todos había otros pensamientos.

Muchos de los que nos han ayudado nos han pedido mantenerse en el anonimato, así que no puedo darles las gracias por su nombre, pero me gustaría nombrar a Keiko Ohara por su enorme ayuda como abogado, reconocido tanto en Estados Unidos como en Japón, y que nos ha explicado las complejidades legales. Además, Yuuichiro Nakajima y Harry Nakahara nos han explicado muchas cosas sobre el mundo empresarial japonés. Y Scott McIntyre, el periodista australiano que se vio atrapado en el sistema judicial japonés y que también habló de los fallos del sistema, no menos severo por no ser único en el mundo.

También agradezco la maravillosa aportación de Arthur Mitchell, uno de los primeros abogados extranjeros en ayudar a Japón en su apariencia internacional, y de Steven Givens por su análisis sobre el juicio a Greg Kelly. Reed Stevenson siempre fue una gran ayuda para rebatir temas y puntos de vista en esta compleja historia, mientras que Yvonne Chang y su insaciable curiosidad intelectual en la investigación nos ayudó a descubrir importantes elementos para nosotros. Yann Tessier, Jean Francois Minier, Laurence Frost y Fatim Diallo colaboraron mucho con los temas de Francia. Mi excompañero Chang-Ran Kim y mi amigo desde hace mucho tiempo Saddaki Numata accedieron gentilmente a leer el manuscrito en su primera forma para darnos dirección e ideas.

Al mirar lo que hemos producido, reconozco que no habría sido posible sin el trabajo de información de primera mano de tantos excompañeros de Reuters y del *Wall Street Journal*; los cuales han sido los auténticos primeros borradores de la historia al explicar Japón, su economía y las fuerzas políticas que han dado forma a gran parte de todo lo que ocurre. Tengo que destacar la impresionante crónica de las últimas tres décadas por parte de Linda Sieg de Reuters, que sigue siendo la experta de referencia sobre todo lo que se refiere a Japón.

Además de todos los nombres que he mencionado, me gustaría añadir a nuestro verificador de datos Roni Greenwood y a Girl Friday Productions, que no dieron nada por sentado y nos ayudaron a evitar sonrojarnos en más de una ocasión. En el caso de que haya algún error, es nuestra culpa, por habérselo escondido y no porque ellos no lo hayan corregido.

Y, por último, agradezco a John Butman que tuviera tan buen ojo cuando se dio cuenta de que esta podría ser una buena historia. Fue amigo nuestro durante un tiempo demasiado corto.

—William Sposato, 2021.

NOTAS

CAPÍTULO 1. EL ESCÁNDALO GHOSN

1. Hans Greimel, «Ghosn on Why Renault-Nissan Really Needs 2 CEOs», *Automotive News*, 10 de enero 2016: cutt.ly/XEX9zfo.

2. Marcelo Rochabrun y Ritsuko Ando, «Art and Cash-Filled Rio Apartment the New Battleground for Nissan, Ghosn: Court Filing», Reuters, 10 de diciembre 2018: cutt.ly/WEX7TEp.

3. Nick Lawrie y Felipe Munoz, «Global Car Sales up by 2.4% in 2017 Due to Soaring Demand in Europe, Asia-Pacific and Latin America», JATO, 20 de febrero 2018: cutt.ly/1ECn9z4.

4. Hans Greimel, «Was the Ghosn Sting Compliance or Coup d'État?», *Automotive News*, 2 de diciembre 2018: cutt.ly/ZENQJYR.
-the-ghosn-sting-compliance-or-coup-d-etat.

5. Opiniones adoptadas por el Working Group on Arbitrary Detention en su sesión 88, 24-28 de agosto 2020, Human Rights Council Working Group on Arbitrary Detention, 20 de noviembre 2020: cutt.ly/RE1iGqu.

CAPÍTULO 2. EL DIRECTOR EJECUTIVO ESTRELLA DEL ROCK

1. «Ghosn: "We Don't Have a Choice"», *Automotive News*, 9 de noviembre 1999: cutt.ly/bE2cjGm.

2. Richard Johnson, «Three Heroes Emerge to Resucitate Nissan» [sic], *Automotive News*, 22 de noviembre 1999: cutt.ly/fE2bhmt.

3. Carlos Ghosn y Philippe Riès, Shift: Inside Nissan's *Historic Revival* (New York: Currency Doubleday, 2005).

4. Miki Shimogori, «Toyota Chief Sounds Alarm on Restructuring Spree», Reuters, 13 de mayo 1999, Factiva: cutt.ly/lE2bXUV.

5. «Ghosn: "We Don't Have a Choice"».

6. Lindsay Chappell, «Carlos Ghosn», *Automotive News*, 19 de mayo 2008: cutt.ly/uE28G2p.

7. «Bad Manners», Automotive News, 1 de julio 2000: cutt.ly/qE28LHe.

8. «Ghosn Sees Potential in Renault-Nissan Alliance», *Automotive News*, 29 de abril 2005: cutt.ly/2E3xomX.

CAPÍTULO 3. JAPÓN ES DIFERENTE

1. «Manifiesto de Davos 2020», Foro Económico Mundial, 2 de diciembre 2019: cutt.ly/bE3mTza.

2. «The Gift Locomotive That Charmed Samurai Japan», Nippon.com, 5 de agosto 2017: cutt.ly/AE3IDZr.

3. Árni Breki Ríkarðsson, «Origins of the Zaibatsu Conglomerates: Japanese Zaibatsu Conglomerates in the Meiji Period 1868–1912», enero 2020: cutt.ly/ZE5aw4d.

4. Nissan, «Company Development»: nissan-global.com.

5. David A. C. Addicott, «The Rise and Fall of the Zaibatsu: Japan's Industrial and Economic Modernization», *Global Tides* 11, nº. 5 (2017): cutt.ly/4E5fuHC.

6. Corporate profile, Mitsubishi Group: cutt.ly/XE5ksoS.

7. Satoshi Hara, *Fall Seven Times, Get Up Eight: Aspects of Japanese Values* (London: Gilgamesh Publishing, 2020), 23, 25.

8. «Japanese Companies Must Comply or Explain», *Nikkei Asia*, 21 de julio 2015: cutt.ly/NE5l7ph.

9. Kazuaki Hagata, «Abenomics Improved Japan's Corporate Governance, but More Work Remains», *Japan Times*, 12 de septiembre 2020: cutt.ly/sE5zejP.

10. Ezra F. Vogel, *Japan as Number One: Lessons for America* (Cambridge, MA: Harvard University Press, 1979), 70.

11. Donald W. Katzner and Mikhail J. Nikomarvo, «Exercises in Futility: Post-War Automobile-Trade Negotiations between Japan and the United States», 2005, Economics Department Working Paper Series, 52: cutt.ly/XE5I5T4.

12. Carlos Ghosn and Philippe Riès, *Le temps de la vérité: Carlos Ghosn parle* (Paris: Éditions Grasset & Fasquelle, 2020), 113–114.

CAPÍTULO 4. LOS ESTÁNDARES INTERNACIONALES

1. Luca Cifferi, «Why Ghosn Favors Separate CEOs for Renault and Nissan», 10 de enero 2014: cutt.ly/HE64iIQ.

2. Clay Chandler, Janet Guyon, Cait Murphy y Richard Tomlinson, «Foreign Powers», *Fortune*, 11 de agosto 2003: cutt.ly/NE64m8m.

3. World's Most Respected Companies survey, 2004, PricewaterhouseCoopers: cutt.ly/TE64FKg.

4. The Reconstruction Agency (Japan): cutt.ly/7RqrqVW. Bertel Schmitt con Carlos Ghosn, «Down by the Waterfront», *The Truth about Cars* (blog), 16 de julio 2011: cutt.ly/CRqrd4c.

5. Reuters, «Car Maker Turnaround King Ghosn Now a Knight», 9 de enero 2007: cutt.ly/SRqrzB7.

6. Miguel Rivas-Micoud, *The Ghosn Factor: 24 Lessons from the World's Most Dynamic CEO* (New York: McGraw-Hill, 2006).

7. Jamie LeReau, «Kerkorian Proposal Surprises GM», *Automotive News*, 3 de julio 2006: cutt.ly/GRqyS83.

8. Nick Bunkley, «Wanted Man: Jobs He Might Have Had», *Automotive News*, 27 de febrero 2017: cutt.ly/LRqyLzp.

9. Bryce G. Hoffman, *American Icon: Alan Mulally and the Fight to Save Ford Motor Co.* (New York: Crown Business, 2012).

10. TARP Programs, US Department of Treasury, 8 de enero 2015: cutt.ly/uRqomUJ.

11. Steve Rattner, *Overhaul: An Insider's Account of the Obama Administration's Emergency Rescue of the Auto Industry* (New York: Houghton Mifflin, 2010).

12. Matthew Campbell, «Inside the Takedown of Renault-Nissan Chairman Carlos Ghosn», Bloomberg News, 31 de enero 2019: cutt.ly/WRqaDQh.

13. Groupe Renault, «Carlos Ghosn Voted World's Most Influential French Person by *Vanity Fair*»: 22 de diciembre 2015: cutt.ly/VRqaoeR.

14. Sean McLain and Nick Kostov, «Nissan and Carlos Ghosn Spar over Yacht», *Wall Street Journal*, 23 de agosto 2019: cutt.ly/DRqa5LH.

15. Traducción inglesa de «Yukashoken-Houkokusho» para el año fiscal que termina el 31 de marzo de 2010, Nissan, 31 de marzo 2019: cutt.ly/4RqztoR.

16. Form 20-F, Annual Report Pursuant to Section 13 o 15(D) of the SecuritiesExchange Act of 1934, Toyota Motor Corp., 2011.

17. Form 20-F, Annual Report Pursuant to Section 13 o 15(D) of the SecuritiesExchange Act of 1934, Toyota Motor Corp., 2010.

18. Katsuhiko Mizuno, *Courtyard Gardens of Kyoto's Merchant Houses*, traducción de Lucy North (New York: Kodansha International, 2006).

19. Bernie Woodall, «Ford Increases CEO's Pay 48 Percent to 26.5 Million», Reuters, 2 de abril 2011: cutt.ly/2RwRze6.

20. Bernie Woodall, «GM CEO Akerson Paid 2.53 Million in 2010 SEC Filing», Reuters 22 de abril 2011: cutt.ly/pRwDG9I.

21. Form 10-K, Annual Report Pursuant to Section 13 o 15(D) of the Securities Exchange Act of 1934, General Motors Corp., 2010.

22. Traducción inglesa de «Yukashoken-Houkokusho» para el año fiscal que acaba el 31 de marzo de 2017, Nissan Motor Company.

23. Peter Sigal, «Why Ghosn's Renault Paycheck Depends on EV Sales», *Automotive News*, 18 de junio 2018, cutt.ly/ZRevLrE.

24. Traducción inglesa de «Yukashoken-Houkokusho» para el año fiscal que termina el 31 de marzo de 2018, Mitsubishi Motors Corp.

CAPÍTULO 5. LA MEMORIA ES CORTA

1. William Mallard, «Japan Economy Extends Record Fall», Reuters, 4 de diciembre 1998: cutt.ly/VReQdYb.

2. Linda Sieg, «Japan's Economic Glass–Half Empty or Half Full?», Reuters, 9 de marzo 1999: cutt.ly/kReQM3m.

3. Edmund Klamann, «Sony Chief Says Japan Economy Risks Collapse», Reuters, 2 de abril 1998: cutt.ly/pReWru8.

4. «Minutes of the Monetary Policy Meeting», 12 de febrero 1999, Banco de Japón, publicado el 17 de marzo 1999: cutt.ly/JRrzpF7.

5. David P. Hamilton y Bill Spindle, «Yamaichi Securities Shuts Down in Japan's Biggest-Ever Failure», *Wall Street Journal*, actualizado el 24 de noviembre 1997: cutt.ly/MRrOTYH.

6. Linda Sieg, «Tough Times in Japan May Not Be Tough Enough», Reuters, 29 de enero 1999.

7. Masami Ito, «Apologizing in Japan: Sorry Seems to Be the Hardest Word», *Japan Times*, 21 de febrero 2015: cutt.ly/cRrGAiY.

8. Daryl Loo y Masumi Suga, «McDonald's Japan Posts ¥22 Billion Loss after Food Woes», *Japan Times*, 5 de febrero, 2015: cutt.ly/yRrGFqz.

9. Suguru Kurimoto, Hiroyasu Oda y Kento Hirashima, «McDonald's Lovin' It in Japan as Consumers Forget Scandals», *Nikkei Asia*, 20 de septiembre 2017: cutt.ly/MRrGJhN.

10. Igarashi Daisuke, «Takeda CEO Would Have Scrapped Shire Deal If Leaked», *Globe Asahi News*, 5 de agosto 2019: cutt.ly/FRrGXmn.

11. Bob Murray, «The Best-Known Westerner in Japan», *Management Today*, 1 de septiembre 1997, actualizado 31 de agosto 2010: cutt.ly/LRrGNxB.

12. Valerie Reitman, «Japan Is Aghast as Foreigner Takes the Wheel at Mazda–Putting Wallace in Charge, Ford Shows It Is Taking Control», *Wall Street Journal*, 15 de abril 1996.

13. «International: Samsung Overtakes Sony in 2005 Interbrand Top 100 Ranking», Exchange4Media, 8 de agosto 2019: cutt.ly/DRrG3yr.

14. Kunio Saijo, «Jeans, Music and Drastic Cuts: How Kaz Hirai Remade Sony», *NikkeiAsia*, 19 de junio 2019: cutt.ly/hRrG7He.

15. «Jack Welch at General Electric: $417 Million», *Forbes*, 19 de enero 2012: cutt.ly/4RrHwXb.

16. «CEO Staying Power», Korn Ferry, invierno 2017: cutt.ly/VRrHyHx.

CAPÍTULO 6. UNA OLLA A PRESIÓN

1. J. Snyder, «Ghosn's Mantra: Go Big or You'll Go Away», *Automotive News*, 25 de mayo 2010: cutt.ly/oRrHaSb.

2. Nissan Motor Co., nota de prensa, 27 de enero 2011: cutt.ly/FRrHdHl.

3. Groupe Renault, nota de prensa, 10 de enero 2011: cutt.ly/cRrHjfB.

4. T. Swanson, «Driving to 545 mpg: The History of Fuel Economy», Pew, 20 de abril 2011: cutt.ly/GRrHzVM.

5. Angela Greiling Keane (Bloomberg News), «U.S. Completes 54-5 mpg Fuel EconomyMandate for Light Vehicles», *Automotive News*, 28 de agosto 2012: cutt.ly/tRrHbWK.

6. Clifford Atiyeh, «U.S. Sets Final Fuel Economy, Emissions Standards for 2021–2026Vehicles», *Car and Driver*, 31 de marzo 2020: cutt.ly/8RrHQDa.

7. L. Chappell, «Spiffs Will Slice Price of Nissan EV», *Automotive News*, 19 de abril 2010: cutt.ly/sRrHYeE; Hans Greimel, «Ghosn Electric Cars Are Worth the Billions That Will Be Invested», Automotive News, 10 de agosto 2009: cutt.ly/SRrHPBV.

8. L. Chappell, «Even before Leaf Launch Nissan Plans Battery Growth», *Automotive News*, 1 de octubre 2009: cutt.ly/DRrHD6I.

9. J. Snyder, «Ghosn's Mantra».

10. Hans Greimel, «Nissan, Renault Go Modular: Big Savings, Tough Problems», *Automotive News*, 28 de octubre 2013: cutt.ly/dRrHKSd.

11. Hans Greimel, «New Nissan Leaf Pitched as High-Tech Showcase with 150-Mile Range», *Automotive News*, 5 de septiembre 2017: cutt.ly/1RrHXCo.

12. «How to Use Your Vacation Time», Expedia, 15 de octubre 2018: cutt.ly/tRrHNo4.

13. Sergio Marchionne, «Confessions of a Capital Junkie», *Automotive News*, 29 de abril 2015: cutt.ly/yRrHoHy.

14. D. Busvine, «Geely Chairman Becomes Daimler's Top Shareholder», *AutomotiveNews Europe*, 23 de febrero 2018: cutt.ly/NRrH8yp.

15. B. Lutz, «Kiss the Good Times Goodbye», *Automotive News*, 5 de noviembre 2017: cutt.ly/BRrJqWv.

16. Marchionne, «Confessions of a Capital Junkie».

17. L. Chappell, «Ghosn Not Keen on Industry Mergers», *Automotive News*, 19 de enero 2016: cutt.ly/bRrJyRM.

CAPÍTULO 7. UNA COLISIÓN INMINENTE

1. «Fiscal Year 2000 Financial Results and Nissan Revival Plan in Review», NissanMotor Co., 31 de marzo 2001: cutt.ly/4RrL6Pm.

2. Resumen informe anual, Renault, 2000.

3. Informe anual, Renault, 2005: cutt.ly/KRrZiyh.

4. Kim Hill, Adam Cooper y Debra Menk, «Contribution of the Automotive Industry to the Economies of All Fifty States and the United States», Center for Automotive Research, abril 2010: cutt.ly/8RrZaO1.

5. «The Motor Industry of Japan 2019», Japan Automobile Manufacturers Association, 2019.

6. «The French Automotive Industry», Comité des Constructeurs Français d'Automobiles, 2019: cutt.ly/cRrZkgF.

7. Hans Greimel, «The Juggernaut That's Not Japan», Automotive News, 1 de abril 2013: cutt.ly/LRrZcNI.

8. Hans Greimel, «Nissan's Curious Math for Japan Production Not So Reassuring», *Automotive News Europe*, 17de agosto 2011: cutt.ly/YRrZnaa.

9. Nick Gibbs, «Europe Plant Capacity Crisis to Extend to 2016», *Automotive News Europe*, 21 de junio 2013: cutt.ly/yRrZWlK.

10. Bruce Gain, «Renault Will Build Next Nissan Micra in France», *Automotive News Europe*, 26 de abril 2013: cutt.ly/3RrZTkw.

11. Reuters, «Renault Unions Seek Clarification on Flins Plant Cuts», *Automotive News Europe*, 11 de abril 2014: cutt.ly/KRrZIYy.

12. «Nissan Racing to Build Strategic Indian Plant», *Nikkei Business Daily*, 3 de febrero 2010: cutt.ly/mRrZAsP.

13. Reuters, «France Backs Down on ArcelorMittal Nationalisation», France 24, 12 de enero 2012: cutt.ly/jRrZDNT.

14. Reuters, «France Increases Renault Stake in Challenge to Ghosn», *Automotive News Europe*, 8 de abril 2018: cutt.ly/hRrZHLu.

15. «Renault Board Approves Alliance Stability Covenant between Renault and Nissan», Groupe Renault, 11 de diciembre 2015: cutt.ly/VRrZLoN.

16. Laurence Frost, «Renault Board Asks Ghosn to Stay, Pursue Closer Nissan Integration», Reuters, 15 de febrero 2018: cutt.ly/PRrZCZj.

CAPÍTULO 8. LOS FRANCESES SON DIFERENTES

1. National Diet Library, Japan: cutt.ly/ZRrZNGf.
2. C. J. F. Brown, «Industrial Policy and Economic Planning in Japan and France», *National Institute Economic Review*, no. 93 (1980): 59-75: cutt.ly/pRrZ9iN.
3. General CIA Records, Document Number (FOIA)/ESDN (CREST): CIA-RDP83-00857R000100010005-6, Release Decision: RIPPUB, Original Classification: S, Creation Date: 21 de diciembre, 2016, Sequence Number: 5, CIA-RDP83-00857R000100010005-6.pdf.
4. «France Begins $8 Billion Takeover of Private Industry and Banking», *New York Times*, 15 de febrero 1982: cutt.ly/BRrZ83q.
5. Carlos Ghosn y Philippe Riès, *Shift: Inside Nissan's Historic Reversal* (New York: Crown Business, 2004), 59-60.
6. Laurence Frost y Michel Rose, «Seeds of Renault-Nissan Crisis Sown in Macron's "Raid"», Reuters, 28 de noviembre, 2018: cutt.ly/BRrXwiO.
7. Laurence Frost y Gilles Guillaume, «Renault-Nissan's French Peace Deal Leaves Investors Underwhelmed», Reuters, 12 de diciembre, 2015: cutt.ly/NRrXrl1.
8. Frost y Rose, «Seeds of Renault-Nissan Crisis».
9. «Macron Tells Abe He Is Worried About Carlos Ghosn's Time in Prison», *Japan Times*, 28 de enero, 2019: cutt.ly/qRrXyVR.
10. «Renault Board Maintains CEO Pay Deal Despite Shareholder Revolt», Reuters, 30 de abril, 2016.
11. Transcripción completa de la entrevista de Al-Arabiya a Carlos Ghosn, 11 de julio, 2020: cutt.ly/zRrXov9.
12. Agence France Presse, «Ousted Ghosn Seeks Retirement Benefit from Renault», 14 de enero, 2020, Factiva: cutt.ly/2RrXazQ.
13. *March 9th, 2014 Versailles–Carlos Ghosn Roi*, publicado el 9 de mayo 2019: cutt.ly/jRrXfID.
14. Reuters News, «Renault's Board Triggers Process to Recover Ghosn's Suspect Expenses», 5 de junio, 2019: cutt.ly/IRrXhYc.

CAPÍTULO 9. CASO ABIERTO

1. Hans Greimel y Naoto Okamura, «Ex-Nissan Exec Kelly Takes Stand, Calls Ghosn "Extraordinary Executive"», *Automotive News*, 15 de septiembre, 2020: cutt.ly/qRrXxtF.
2. Kae Inoue, «Ghosn Denies He Passed Trading Losses to Nissan», *Automotive News*, 28 de noviembre, 2019: cutt.ly/sRrXvRY.
3. Norihiko Shirouzu, «Nissan Sources Link Latest Ghosn Allegations to Khaled Al-Juffali, Vice Chairman of One of Saudi Arabia's Largest Conglomerates», *Japan Times*, 27 de diciembre 2018: cutt.ly/uRrXWyA.

4. Hans Greimel, «Ghosn Walks Free on Bail, Ready to Fight "Meritless" Charges», *Automotive News*, 4 de mayo, 2019: cutt.ly/PRrXYJl.

5. Hans Greimel y Naoto Okamura, «Ghosn Takes to Twitter with Plans to "Tell the Truth"–If He Avoids Another Arrest», *Automotive News*, 3 de abril, 2019: cutt.ly/GRrXOnI.

6. «Improvement Measures Status Report to Tokyo Stock Exchange», Nissan Motor Co., 2020: cutt.ly/eRrXSfJ.

7. Hans Greimel, «Alliance Partners Turn Up Heat on Ghosn», *Automotive News*, 29 de enero, 2019: cutt.ly/eRrXGMd.

8. «Improvement Measures Status Report».

9. Ania Nussbaum, «Ghosn Defends Use of Versailles for Wife's Birthday Party», *Automotive News*, 9 de enero, 2020: cutt.ly/kRrXLFM.

10. Agence France-Presse, «Renault Files Civil Claim against Ghosn», 24 de febrero 2020: cutt.ly/RRrXCZ6.

11. Hans Greimel, «Nissan Sues Ghosn in Japan for $91 Million», *Automotive News*, 12 de febrero 2020: cutt.ly/1RrXMx7.

12. «Improvement Measures Status Report».

13. «Improvement Measures Status Report».

14. «Greed Drove Nissan's Ghosn into a Trap», *Nikkei Asian Review*, 29 de noviembre 2018: cutt.ly/uRrX2Ti.

CAPÍTULO 10. LOS INGREDIENTES DE UNA CONSPIRACIÓN

1. Hans Greimel y Naoto Okamura, «Ghosn Lawyer Pokes at "Peculiar" Case; UN Receives Claim of Human Rights Abuse», *Automotive News*, 4 de marzo 2019: cutt.ly/gRrX4km.

2. Hans Greimel, «Was the Ghosn Sting Compliance or a Coup d'État?», *Automotive News*, 2 de diciembre 2018: cutt.ly/MRrX5Wz.

3. Hans Greimel, «Ghosn Slams "Backstabbing" Nissan Leadership, "Mediocre" Performance», *Automotive News*, 9 de abril 2019: cutt.ly/sRrCe55.

4. H. Kawatsu, «Intended Claims Document, Defendant: Carlos Ghosn Bichara», Tokyo District Court, 17th Criminal Division Department, 17 de octubre 2019: cutt.ly/pRrCyoP.

5. Kawatsu, «Intended Claims Document».

6. Hans Greimel, «Ghosn Takes Case to International Court of Public Opinion», *Automotive News*, 8 de enero 2020: cutt.ly/fRrCp6d.

7. Takayuki Inoue, «New Plea Bargaining System in Practice», International Law Office, 12 de agosto 2019: cutt.ly/rRrCfW1.

8. Carlos Ghosn y Philippe Riès, *Le temps de la vérité: Carlos Ghosn parle* (Paris: Éditions Grasset & Fasquelle, epub 2020), 113.

9. Hans Greimel and Naoto Okamura, «Legal Fears Led Nissan Exec to Flip on Ghosn», *Automotive News*, 31 de enero 2021: cutt.ly/tRrCllZ.

10. Hans Greimel, «Ghosn Trial Figure a Portrait of Conflict», *Automotive News*, 14 de febrero 2021: cutt.ly/yRrCxml.

11. Hans Greimel, «Ghosn Trial Figure a Portrait of Conflict».

12. Hans Greimel, «Ghosn Trial Figure a Portrait of Conflict».

13. Hans Greimel and Naoto Okamura, «Inspection Scandal Fueled Dissatisfaction», *Automotive News*, 24 de noviembre 2018: utt.ly/GRrCRvf.

CAPÍTULO 11. EL PECULIAR SISTEMA JUDICIAL JAPONÉS

1. Supreme Court of Japan, «Chart 25–Breakdown of Primary Trials–Single Court Judge, Three-Court Judge, Confessions–All District and Summary Courts», 2018: cutt.ly/NRrCI2f.

2. Department of Justice, «United States Attorneys' Annual Statistical Report Fiscal Year 2019».

3. Public Policy Institute of California, «California's Criminal Courts», octubre 2015: cutt.ly/HRrCHF2.

4. Nobuhisa Ishizuka, «Why Is Carlos Ghosn Afraid of the Japanese Justice System?», *New York Times*, 16 de enero 2020: cutt.ly/5RrCXTs.

5. «Extraterritoriality—Japan», Encyclopedia of American Foreign Relations: cutt.ly/8RrCBpd.

6. Japan Federation of Bar Associations, «Basic Statistics (2019)»: cutt.ly/eRrCM8I.

7. Setsuko Kamiya, «National Double-Jeopardy Practice Scrutinized», *Japan Times*, 4 de diciembre 2012: cutt.ly/MRrC9Qn.

8. «Prosecutors Hit Back at Ghosn's "8 Hours of Questions" Claim», France 24, 23 de enero 2020: cutt.ly/1RrC7A3.

9. Carlos Ghosn, interview on Alternative Justice Seminar, 24 de abril 2020: cutt.ly/GRt52KO.

10. Supreme Court of Japan, «Training of Legal Apprentices»: cutt.ly/lRt55OT.

11, Alternative Justice Congress Day 1, «False Charge Mechanism in Accounting Fraud», 22 de abril 2020: cutt.ly/CRt6uMl.

12. «Railroaded: One Woman's Battle Against Japan's "Hostage Justice"», Nippon.com, 27 de marzo 2019.

13. The Editorial Board, «Examine Prosecution Process», *Japan Times*, 23 de octubre 2010: cutt.ly/LRt6xyE.

14. «Prosecutors Set to Abandon Appealing Acquittal of Bureaucrat over Postal Discount Scam», *Mainichi Daily News*, 15 de septiembre 2010: cutt.ly/IRt6nZH.

15. «Maeda Confided in Bosses/Top Prosecutors Failed to Act on Evidence-Tampering Issue», *Daily Yomiuri*, 23 de septiembre 2010: cutt.ly/ORt6E8Y.

16. Public Prosecutors Office, «The Principles of Prosecution», 28 de septiembre 2011: cutt.ly/DRt6I82.

17. J. Mark Ramseyer y Eric B. Rasmusen, «Why Is the Japanese Conviction Rate So High?», revisión del 12 de julio, 2000: cutt.ly/FRt6F6U.

18. Atsushi Yamada, «Alternative Justice Congress Day 1: False Charge Mechanism in Accounting Fraud», Alternative Justice Seminar, 24 de abril 2020: cutt.ly/uRt6CvQ.

19. Carlos Ghosn, «Horie Takafumi Spoke to Carlos Ghosn in Lebanon», YouTube, 6 de marzo 2020: cutt.ly/CRt60jC.

20. «Railroaded», Nippon.com.

21. «Homicide Rate» (2018), United Nations Office on Drugs and Crime: cutt.ly/fRt64lo.

22. Sydney School of Public Health, University of Sydney, «United States–Gun Facts, Figures and the Law» (2017): cutt.ly/hRyqrpY.

23. Mark Schreiber, «Dealing with Gun Issues in a Nation with Few Guns», *Japan Times*, 2 de marzo 2019: cutt.ly/ZRyqoQI.

24. «Poll Shows the Self-Defense Force the Most-Trusted Organization», Nikkei, 21 de enero 2019: cutt.ly/hRyqgDL.

CAPÍTULO 12. GHOSN CONTRAATACA

1. Kenji Tatsumi, «"Charismatic Businessman" Ghosn Looked Thinner in Court Appearance», *Mainichi*, 8 de enero 2018: cutt.ly/ORyqnLN.

2. Hans Greimel, «Ghosn's Statement in Tokyo Court», *Automotive News*, 8 de enero 2019: cutt.ly/tRyqITH.

3. Hans Greimel, «Gaunt, Graying Ghosn Protests His Innocence in Court», *Automotive News Europe*, 7 de enero 2019: cutt.ly/DRyqJwf.

4. Hans Greimel, «Ghosn's Statement in Tokyo Court».

5. Hans Griemel y Naoto Okamura, «Ghosn Focuses on Next Rescue: Himself», *Automotive News Europe*, 13 de enero 2019: cutt.ly/2Ryq6fE.

6. Carole Ghosn, «My Husband, Carlos Ghosn, Is Innocent of It All», *Washington Post*, 19 de abril 2019: cutt.ly/DRywp1i.

7. Agence France-Presse, «Carole Ghosn: Carlos's Wife Puts Her Head Above Parapet», France 24, 24 de abril 2019: cutt.ly/cRywzaq.

8. Nick Kostov y Sean McLain, «Carole Ghosn, in Defending Her Husband, Takes On Japan's Legal System», *Wall Street Journal*, 21 de enero 2020: cutt.ly/YRywQig.

9. Kyodo News, «Ghosn's Wife Questioned over Alleged Nissan Fund Misuse», *Nikkei Asian Review*, 11 de abril 2019: cutt.ly/IRywIhO; Kyodo News, «Ghosn's Son and Daughter Questioned in US at Tokyo Prosecutor's Request», 9 de enero 2020: cutt.ly/VRywZu2.

10. Hans Greimel, «Ghosn Lawyers Ask Court to Dismiss Charges, Citing Violation of Rights», *Automotive News*, 24 de octubre 2019: cutt.ly/wRywoXq.

11. Naomi Tajitsu y Tim Kelly, «A Year after Arrest, Ghosn Seeks Trial Date, Access to Evidence», Reuters, 19 de noviembre 2019: cutt.ly/wRyw74q.

12. Gearoid Reidy y Chester Dawson, «Ghosn's Moment of Truth Arrives as Deposed CEO Faces the Press», Bloomberg Quint, 8 de enero 2020: cutt.ly/MRyeit5.

13. *United States Securities and Exchange Commission, Plaintiff, v. Carlos Ghosn and Gregory L. Kelly*, 1:19-CV-08798 (United States District Court Southern District of New York, 23 de septiembre 2019).

14. Hans Griemel, «Ghosn Getting Fit for the Fight of His Life», *Automotive News*, 7 de octubre 2019: cutt.ly/4RyejrA.

CAPÍTULO 13. LA ALIANZA CONMOCIONADA

1. Hans Greimel, «With Ghosn Free on Bail, Japan Can't Look Away», *Automotive News*, 11 de marzo 2019: cutt.ly/PRyec1t.

2. Hans Greimel, «Collateral Damage in Tokyo», *Automotive News*, 10 de diciembre 2018: cutt.ly/MRyeWTx.

3. Hans Greimel, «Ford Reduces Mazda Stake to 13%, Raises $540 Million», *Automotive News*, 18 de noviembre 2008: cutt.ly/WRyeI8e.

4. Hans Greimel, «How Ford's Partnership with Mazda Unraveled», *Automotive News*, 24 de agosto 2015: cutt.ly/VRyeLk9.

5. Hans Greimel, «Volkswagen Must Sell Shares in Suzuki, Court Decides», *Automotive News*, 30 de agosto 2015: cutt.ly/CRyroTu.

6. Hans Greimel, «Renault, Nissan, Mitsubishi Defuse Tension and Outline "New Start"», *Automotive News*, 12 de marzo 2019: cutt.ly/ERyrjzm.

7. Hans Greimel, «Renault-FCA Merger Plan Unleashes Fresh Uncertainties on Nissan», *Automotive News*, 27 de mayo 2019: cutt.ly/hRyrmkh.

8. Hans Greimel, «Renault-FCA Merger Plan».

9. Luca Ciferri, «Nissan Big Loser If FCA and Renault Merge», *Automotive News Europe*, 27 de mayo 2019: cutt.ly/ZRyrYsN.

10. Hans Greimel, «Renault Chief Endures Nissan Shareholders' Fury», *Automotive News*, 1 de julio 2019: cutt.ly/HRyrS7E.

11. PSA Group, press release, 15 de julio 2015: cutt.ly/1RyrJRO.

12. Laurence Frost, «Renault Posts Record Earnings, Strengthening Ghosn's Hand», *Automotive News Europe*, 16 de febrero 2018: cutt.ly/NRyr1cK.

13. Reuters, «Renault Plans $22 Billion "No Taboos" Cost Cuts After First Loss in Decade», *Automotive News Europe*, 14 de febrero 2020: cutt.ly/tRyr94a.

14. Hans Greimel, «Ghosn Regrets What Might Have Been», *Automotive News*, 12 de enero 2020: cutt.ly/xRytwoR.

CAPÍTULO 14. LAS UNIONES CON EXTRANJEROS

1. Mitch Berlin, «Why There's No Such Thing as a Merger of Equals», *Business Insider*, 14 de junio 2017: cutt.ly/6RytpDh.

2. Braven Smillie, «Another Japanese Acquisition Gone Bad», Associated Press, 12 de mayo 1995: cutt.ly/MRytQ1X.

3. Fred Hiatt, «Japanese to Buy 51% of Rockefeller Center», *Washington Post*, 31 de octubre 1989: cutt.ly/VRytPSg.

4. Paul Farhi, «Sony's Surprise: It Says It Overpaid for Columbia», *Washington Post*, 18 de noviembre 1994: cutt.ly/SRytLu5.

5. Select USA, International Trade Administration, US Department of Commerce, «U.S. Foreign Investment (FDI) Stock, 2019»: cutt.ly/jRyt2wM.

6. Kosaku Narioka, «Japan Post to Take $3.6 Billion Write-Down over Toll Holdings», *Wall Street Journal*, 25 de abril 2017: cutt.ly/3Ryt5tX.

7. Tom Hals y Jessica DiNapoli, «Toshiba Reaches Deal to Help Resolve Westinghouse Bankruptcy, Rebuild Finances», Reuters, 17 de enero 2018: cutt.ly/RRyytOr.

8. Andrew Ross Sorkin, *Too Big to Fail* (New York: Viking, 2009).

9. Quentin Webb, «Breaking Views–Morgan Stanley Has Paid Off Smartly for MUFG», Reuters, 16 de mayo 2018: cutt.ly/TRyya7n.

10. John Holusha, «Japan's Made-in-America Cars», *New York Times*, 31 de marzo 1985: cutt.ly/rRyyl2x.

11. Japan Automobile Manufacturers Association, «JAMA in America, an Enduring Partnership», mayo 2019: cutt.ly/JRyyAk5.

12. Sam Nussey, «SoftBank to Write Down WeWork by $6.6 Billion, Compounding Portfolio Misery», Reuters, 20 de abril 2020: cutt.ly/YRyy5PJ.

13. Lauren Feiner, «SoftBank Values WeWork at $2.9 Billion, Down from $47 Billion a Year Ago», CNBC, 18 de mayo 2020: cutt.ly/tRyurOu.

14. Organization for Economic Co-operation and Development, International Direct Investment Statistics 2019: cutt.ly/yRyuprF.

15. T. Boone Pickens, «The Heck with Japanese Business», *Washington Post*, 28 de abril 1991: utt.ly/VRyuhur.

16. «National Mob Boss Held over Real Estate Fraud», *Japan Times*, 21 de mayo 2001: cutt.ly/IRyunTj.

17. «Vodafone Airtouch Increases Ownership in Japan», Regulatory News Service, nota de prensa, 7 de octubre 1999: utt.ly/IRyuYs5.

18. Scoop.co.nz, «Cablegate: Why Did Vodafone Fail in Japan?», 23 de junio 2006: cutt.ly/6RyuCU5.

19. Cassell Bryan-Low, Andrew Morse y Miho Inada, «Vodafone's Global Ambitions Got Hung Up in Japan», *Wall Street Journal*, 18 de marzo 2006: cutt.ly/IRyuNGo.

20. «Foreign Direct Investment, Net Inflows (% of GDP) 1981–2019», World Bank: cutt.ly/7Ryu99V.

21. Kana Inagaki, «Japan Inc. Wakes Up to Investor Activism in Its Own Backyard», *Financial Times*, 27 de agosto 2019: https://cutt.ly/WRu1zwL.

22. Naoko Fujimura y Shunichi Ozasa, «Steel Partners Loses Vote to Oust Sapporo Directors», Bloomberg, 30 de marzo 2010: cutt.ly/dRu1bAz.

23. Naoko Fujimura, «Steel Partners Sells Entire Stake in Sapporo Holdings», Bloomberg, 16 de diciembre 2010: cutt.ly/cRu1mKj.

24. Atsuko Fukase, «Cerberus Sells Big Chunk of Seibu Stake», *Wall Street Journal*, 22 de mayo 2015: cutt.ly/URu1W2v.

25. Kazuaki Nagata, «Saitama Urges Seibu to Keep Chichibu Line Open», *Japan Times*, 27 de marzo 2013: cutt.ly/1Ru1RMb.

26. Olympus Corp., press release, 11 de enero 2019: cutt.ly/qRu1YxI.

27. Phred Dvorak, «SoftBank to Sell $41 Billion in Assets, Signaling End of Buying Spree», *Wall Street Journal*, 23 de marzo 2020: cutt.ly/SRu1O8g.

28. Kosuke Takami, «Japan Names 518 Companies Subject to Tighter Foreign Ownership Rules», *Nikkei Asia*, 9 de mayo 2020: cutt.ly/4Ru1Svd.

CAPÍTULO 15. PROBLEMAS A LA VISTA

1. Special Committee for Improving Governance Report, Nissan Motor Co., 27 de marzo 2019: cutt.ly/RRu1FMV.

2. Hans Greimel, «Nissan Considers Sweeping Reforms in Wake of Ghosn Scandal», *Automotive News*, 27 de marzo 2019: cutt.ly/JRu1JFW.

3. Ghosn Carlos and Philippe Riès, *Le Temps de la vérité: Carlos Ghosn parle* (Paris: Éditions Grasset & Fasquelle, epub 2020).

4. Corporate Governance Factbook, Organisation for Economic Co-operation and Development, 2019: cutt.ly/zRu1XSo.

5. Hans Greimel, «At Toyota, "It's Not That Easy" Being a Toyoda», *Automotive News*, 7 de junio 7 2019: cutt.ly/pRu1N5j.

6. Hans Greimel, «Toyota Names Most Diverse Board Yet», *Automotive News*, 9 de marzo 2018: cutt.ly/oRu12fR.

7. K. Moriyasu, «Japan's New Corporate Governance Code Unlocks Opportunities», *Nikkei Asian Review*, 11 de junio 2015: cutt.ly/URu13sv.

8. Masato Kanda, «Corporate Governance Reform in Japan Securities Summit», presentación, 1 de marzo 2016, Japan Securities Dealers Association: cutt.ly/NRu15Ii.

9. Natsuki Yamamoto y Togo Shiraishi, «Nissan's Ghosn Crisis: Renault Agrees to Support Nissan's Management Reform Plan», *Nikkei Asian Review*, 21 de junio 2019: cutt.ly/HRuowca.

10. Hans Greimel, «Saikawa Wins Reforms at Nissan, Signals Handover Power», *Automotive News*, 25 de junio 2019: cutt.ly/GRuorfA.

11. Hans Greimel, «Nissan Will Cut 12,500 Jobs after Profit Plunges 99%», *Automotive News*, 25 de julio 2019: cutt.ly/zRuou7b.

12. Hans Greimel, «Help Wanted: An Inspiring CEO», *Automotive News*, 16 de septiembre 2019: cutt.ly/zRuoa3X.

13. «Introduction of Stock-Based Compensation Plan», Nissan Motor Co., nota de prensa, 20 de agosto 2020: cutt.ly/5Ruogqo.

14. Peter Sigal, «Renault May Replace CEO Bolloré, Reports Say», *Automotive News Europe*, 8 de octubre 2019: cutt.ly/WRuozc2.

15. Peter Sigal, «Former Renault CEO Denounces Coup Against Him», *Automotive News Europe*, 10 de octubre 2019: cutt.ly/1Ruoc7b.

16. Peter Sigal, «Renault's New CEO Will Be Paid Less Than Ghosn», *Automotive News Europe*, 23 de junio 2020: cutt.ly/XRuomOy.

17. Hans Greimel, «Nissan's Ousted Saikawa Unbowed», *Automotive News*, 2 de diciembre 2019: cutt.ly/QRuoTS9.

CAPÍTULO 16. ASUNTOS ESCANDALOSOS

1. National Police Agency, «Lost Property Handling Status», 27 de marzo 2020: cutt.ly/ERuoAtD.

2. Report to the Nations, Association of Certified Fraud Examiners, 2018: cutt.ly/gRuoFkM.

3. Dow Jones Sustainability World Index, S&P Global, 23 de septiembre 2019: cutt.ly/rRuoHCZ.

4. «Corporate Scandals», Japan Times: cutt.ly/HRuoBfH.

5. NHTSA, «U.S. Department of Transportation Releases Results from NHTSA-NASA Study of Unintended Acceleration in Toyota Vehicles», 8 de febrero 2011: cutt.ly/9Ruo1qD.

6. Meagan Parrish, «The 2009 Toyota Accelerator Scandal That Wasn't What It Seemed», Manufacturing.net, 11 de agosto 2016: cutt.ly/MRuo3ln.

7. United States Department of Justice, «Justice Department Announces Criminal Charge Against Toyota Motor Corporation and Deferred Prosecution Agreement with $1.2 Billion Financial Penalty», 19 de marzo 2014: cutt.ly/qRuo4YZ.

8. David Shepardson, «U.S. Asks Judge to Dismiss Toyota Acceleration Case as Monitoring Ends», Reuters, 9 de agosto 2017: cutt.ly/DRuo6bu.

9. Hiroko Tabuchi and Christopher Jensen, «Now the Air Bags Are Faulty, Too», New York Times, 23 de junio 2014: cutt.ly/fRu2rOs; *Automotive News*, «TIMELINE: Takata's Airbag Crisis Began in 2008», 25 de junio 2017: cutt.ly/3Ru2oTQ.

10. Steven Overly, «U.S. Indicts Three Takata Executives, Fines Company $1 Billion in Air-Bag Scandal», 13 de enero 2017: cutt.ly/oRiihxU.

11. Yuki Hagiwara y Matthew Campbell, «Mitsubishi Motors' Scandal Was an Accident Waiting to Happen», Bloomberg, 18 de mayo 2016: cutt.ly/sRiiQmW.

12. Hagiwara y Campbell, «Mitsubishi Motors' Scandal».

13. Dennis Elam, Marion Madrigal de Barrera y Maura Jackson, «Olympus Imaging Fraud Scandal: A Case Study», *American Journal of Business Education*, 18 de enero 2016: cutt.ly/PRiiTBi.

14. Max Nisen, «Michael Woodford Olympus Firing», *Business Insider*, 27 de noviembre 2012: cutt.ly/mRiiGEz.

15. Olympus Corp., «Olympus Corporation Resolved Dismissal of President Michael C. Woodford», nota de prensa, 14 de octubre 2011: https://cutt.ly/BRiiZkP.

16. Cesar Bacani, «Olympus Scandal: Bye, Old Guard, Hello . . . Old Guard?», *CFO Innovation*, 30 de octubre 2011: cutt.ly/gRioiSt.

17. Olympus Corp., «Investigation Report», 6 de diciembre 2011: cutt.ly/ERiohMl; cutt.ly/6RiokQO.

18. Juro Osawa y Kana Inagaki, «Olympus Results Reveal Cash Crunch», *Wall Street Journal*, 15 de diciembre 2011: cutt.ly/tRioWdh.

19. «Former Olympus Execs Ordered to Pay Damages in Multibillion Yen Case», *Mainichi*, 28 de abril 2017: cutt.ly/KRioIki.

20. «Medical Equipment Company Will Pay $646 Million for Making Illegal Payments to Doctors and Hospitals», US Department of Justice, 1 de marzo 2016: cutt.ly/hRioFaV.

21. Olympus Corp., «Notice Concerning Transformation Plan "Transform Olympus" to Develop Itself as a Truly Global Medtech Company and Change in Representative Director», nota de prensa, 11 de enero 2019: cutt.ly/uRioJTk.

22. US Securities and Exchange Commission, «In the Matter of Hajime Sagawa, Respondent», 27 de febrero 2015: cutt.ly/cRioVuP.

23. Yoko Kubota y Nobuhiro Kubo, «Panel Clears Audit Firms of Olympus Scandal Blame», Reuters, 16 de enero 2012: cutt.ly/QRioMVH.

24. Olympus Corp., «Company Response to Media Reports», nota de presna. 19 de octubre 2011: cutt.ly/XRio9Kh.

CAPÍTULO 17. EL LEGADO MALTRECHO

1. Kenneth Chang, «Quake Moves Japan Closer to U.S. and Alters Earth's Spin», *New York Times*, 13 de marzo 2011: cutt.ly/nRio46E.

2. The Reconstruction Agency (Japan): cutt.ly/DRio54G.

3. Hans Greimel, «Now: No Parts, Crippled Plants», *Automotive News*, 28 de marzo 2011: cutt.ly/pRiprDn.

4. Hans Greimel, «Ghosn Targets Big U.S. Sales Growth for Nissan», *Automotive News*, 31 de octubre 2011: cutt.ly/zRipyYm.

5. Carlos Ghosn, «Nissan Midterm Plan» (conferencia, Nissan Motor Co., Yokohama, Japón, 27 de junio 2011).

6. Hans Greimel, «Akio Toyoda Waves Family Flag, Heir Makes Crisis Personal Challenge», *Automotive News*, 24 de febrero 2010: cutt.ly/uRippYF.

7. Hans Greimel, «Ghosn to Nissan: Don't Blame Me for Your Struggles», *Automotive News*, 9 de marzo 2020: cutt.ly/iRipsGc.

8. Hans Greimel y Naoto Okamura, «Mitsubishi Chief Says 3 Partners Are Stronger Than 1», *Automotive News*, 24 de junio 2019: cutt.ly/eRipjol.

9. Peter Sigal, «Why Renault Is Thinking Small», *Automotive News Europe*, 5 de junio 2020: cutt.ly/LRipzCb.

10. Gilles Guillaume, «Renault CEO Warns Deeper Cost Cuts May Be Needed», *Automotive News*, 9 de septiembre 2020: cutt.ly/wRipcgz.

11. John Sotos, «The Trouble with Stair Step Incentives», Sotos LLP, 23 de abril 2013, Lexology.com: cutt.ly/oRipWo4.

12. Jeremy Anwyl, «Stair-Step Programs, Good or Bad for Business?», Edmunds.com, 26 de junio 2012: cutt.ly/oRipDPq.

13. Hans Greimel, «Ghosn to Nissan».

14. Hans Greimel, «Nissan Softens Its Targets Through '22», *Automotive News*, 13 de noviembre 2017: cutt.ly/qRipHbA.

15. Plante Moran, «Toyota Sweeps Supplier Relations Ranking in Study; Is "Most Preferred" Customer», Cision PR Newswire, 22 de junio 2020: cutt.ly/5RipLsN.

16. Hans Greimel, «Nissan's Ousted Saikawa Unbowed», *Automotive News*, 2 de diciembre 2019: cutt.ly/YRipCFN.

17. Hans Greimel, «Nissan's Task: Grow and Solve Quality Issues», *Automotive News*, 4 de julio: 2011cutt.ly/xRipNRf.

18. Hans Greimel, «Ghosn to Nissan».

CAPÍTULO 18. LAS CÁRCELES JAPONESAS

1. National Police Agency, «Police Detention Administration in Japan»: cutt.ly/URiagoS.

2. Bradley Calvin, «How Sir Paul McCartney Endured Prison and Other Hardships», Medium, 4 de agosto 2019: cutt.ly/LRialgB.

3. Emiko Jozuka y Yoko Wakatsuki, «This Japanese Man Spent Almost Five Decades on Death Row. He Could Go Back», CNN, 22 de marzo 2020: cutt.ly/sRiac5x.

4. Kana Inagaki y Robin Harding, «Fate of Olympus Financier Shines Light on Japanese Legal System», *Financial Times*, 10 de junio 2019: cutt.ly/ERiaEto.

5. Local Expert Group (France), «Pre-Trial Detention in France», Fair Trials International, 7, 13 de junio 2013: cutt.ly/PRiaYaD.

6. Patrick Liu, Ryan Nunn y Jay Shambaugh, «The Economics of Bail and Pretrial Detention», Hamilton Project, 6, diciembre 2018: cutt.ly/URiaSYC.

7. «Prison Conditions in Japan», Human Rights Watch Asia, marzo 1995: cutt.ly/cRiaHRn.

8. Johannes Schonherr, «Tokyo Detention House Prison Festival», Japan Visitor: cutt.ly/XRiaLuC.

9. Linda Sieg, Reuters, «Ghosn's Escape May See Japan Impose Stronger Bail Conditions on Defendants», *Japan Times*, 1 de enero 2020: cutt.ly/aRiaXvJ.

CAPÍTULO 19. LA ESPECTACULAR HUIDA

1. En el asunto de la extradición de Michael L. Taylor, Case 4:20-mj-01069-DLC (US District Court for the District of Massachusetts, 20 de mayo 2020).

2. En el asunto de la extradición de Michael L. Taylor.

3. May Jeong, «How Carlos Ghosn Escaped Japan», *Vanity Fair*, 23 de julio 2020: cutt.ly/2Ria9td.

4. En el asunto de la extradición de Michael L. Taylor.

5. David Gauthier-Villars, Mark Maremont, Sean McLain y Nick Kostov, «Carlos Ghosn Sneaked Out of Japan in Box Used for Audio Gear», *Wall Street Journal*, 3 de enero 2020: cutt.ly/xRia4fC.

6. Bloomberg, «Japan Seeks Interpol Red Notice, Ghosn's Wife Report Says», *Automotive News*, 20 de enero 2020: cutt.ly/QRisqlA.

7. Hans Greimel y Naoto Okamura, «Tokyo Prosecutors Get Arrest Warrant for Ghosn, Alleged American Accomplices», *Automotive News*, 30 de enero 2020: cutt.ly/MRisoNc.

8. Hans Greimel, «Nissan Sues Ghosn in Japan for $91 Million», 12 de febrero 2020, *Automotive News*: cutt.ly/zRisaZC.

9. Benoit Van Overstraeten, «Renault Reserves Right to Seek Damages Depending on Ghosn Probe», Automotive News Europe, 25 de febrero 2020: cutt.ly/yRif6IO.

10. Reuters, «French Prosecutors Step Up Ghosn Probe over Palace Party, Report Says», *Automotive News Europe*, 20 de febrero 2020: cutt.ly/9RigwFq.

11. Hans Greimel, «Ghosn Legal Team Plans "Massive" Offensive», *Automotive News*, 13 de enero 2020: cutt.ly/4RigtCa.

12. «Ghosn Postpones Suit Seeking Retirement Pay from Renault», Radio France Internationale, 21 de febrero 21, 2020: cutt.ly/uRigu4S.

13. Reuters, «In Dutch Court, Ghosn Seeks Release of Internal Documents», 10 de febrero 2020: cutt.ly/URigaaB.

14. Hans Greimel, «Ghosn Details "Plot" to Oust Him, Condemns Nissan Executives in Japan», *Automotive News*, 8 de enero 2020: cutt.ly/zRigfU2.

15. Takashi Takano, «Thinking about Criminal Trials: Takashi Takano@ blog», Livedoor Blog, 4 de enero 2020: cutt.ly/SRigkiB.

16. «Full Transcript of Al-Arabiya's Exclusive Interview with Nissan Ex-boss Carlos Ghosn», Al-Arabiya, 11 de julio 2020: cutt.ly/sRignWY.

17. Ezgi Erkoyun, «Suspects in Ghosn's Escape Stand Trial in Turkey», 3 de julio 2020, *Automotive News Europe*: cutt.ly/fRigWhy.

18. David Yaffe-Bellamy, «Ghosn Probe Finds Daughter Met with Accused Escape Accomplice», *Automotive News Europe*, 17 de julio 2020: cutt.ly/vRigYsR.

19. En el asunto de la extradición de Michael L. Taylor, 4:20-mj-01069-DLC, Exhibit J, Record of Statements, Testimony of Kayoko Tokunaga, United States District Court for the District of Massachusetts, 7 de agosto 2020.

20. En el asunto de la extradición de Michael L. Taylor, Exhibit K, Record of Statements, Testimony of Narikuni Kawada, (United States District Court for the District of Massachusetts), 7 de agosto 2020, 4:20-mj-01069-DLC.

21. Ali Itani, «Was This Carlos Ghosn's Final Trip of 2019?», *Arab News Japan*, 1 de enero 2020: cutt.ly/ARigOFO.

22. Phil LeBeau, Kathy Liu y Meghan Reeder, «Carlos Ghosn's $350,000 Getaway Flight», CNBC, 6 de enero 2020, actualizado 8 de enero 2020: cutt.ly/ERigDl2.

23. Ezgi Erkoyun, «Suspects in Ghosn's Escape Stand Trial in Turkey», *Automotive News Europe*, 3 de julio 2020: cutt.ly/hRigH9R.

24. Eric Knecht y Laila Bassam, «Lebanon and Japan Have 40 Days to Agree on Ghosn's Fate», *Automotive News Europe*, 24 de enero 2020: cutt.ly/ORigZUG.

25. Nate Raymond y David Shepardson, «US Arrests 2 Men Wanted in Japan for Ghosn's Escape», *Automotive News*, 20 de mayo 2020: cutt.ly/RRigBqa.

26. La criptomodena de Coinbase es del «Documento B» en el asunto de la extradición de Michael L. Taylor, Case No. 20-mj-1069-DLC. En el asunto de la extradición de Peter M. Taylor 2020, Case No. 20-mj-1070-DLC (United States DistrictCourt for the District of Massachusetts); la transferencia de $860.000 (exactamente $862.500) es de los «Documentos 1-4» en el asunto de la extradición de Michael L. Taylor. En el asunto de la extradición de Peter M. Taylor 2020.

27. Janelle Lawrence y David Yaffe-Bellany, «Ghosn's Son Paid Accomplice, Suspect Prosecutors Say», *Automotive News*, 23 de julio 2020: cutt.ly/kRig2D6.

28. David Yaffe-Bellany (Bloomberg News), «Escape Artist Accused of Freeing Carlos Ghosn Can't Evade Reckoning in Japan», *Automotive News*, 2 de marzo 2021: cutt.ly/vRig8Kb. River Davis (Bloomberg News), «Japan scores Rare Win with Extradition of Alleged Carlos Ghosn Accomplices», *Japan Times*, 3 de marzo 2021: cutt.ly/sRig6t6.

29. Reuters, «Turkish Court Convicts Executive, Two Pilots in Ghosn Escape Trial», *Automotive News Europe*, 24 de febrero 2021: cutt.ly/QRiheSM.

30. Editorial Board, «The Carlos Ghosn Experience», *Wall Street Journal*, 31 de diciembre 2019: cutt.ly/aRihuzB.

31. Isabel Reynolds y Emi Nobuhiro, «Japan Justice Minister Vows She'll Never Give Up on Ghosn Trial», Bloomberg, 12 de febrero 2020: cutt.ly/JRihpwL.

CAPÍTULO 20. EL HOMBRE OLVIDADO

1. Richard Walker, «U.S. UAW Says Nissan Pressing Anti-Union Line», Reuters News, 26 de julio 1989, Factiva: cutt.ly/dRihdYQ.

2. Harry Bernstein, «Defeat at Nissan a Setback, but Not Devastating to UAW», *Los Angeles Times*, 8 de agosto 1989, Factiva: cutt.ly/nRihhST.

3. Danielle Szatkowski, «Who Is Carlos Ghosn's Alleged Co-conspirator, Greg Kelly?», *Automotive News*, 20 de noviembre 2018: cutt.ly/JRihzek.

4. Amy Chozick y Motoko Rich, «Carlos Ghosn and Nissan Board Member May Soon Leave Japanese Jail», *New York Times*, 20 de diciembre 2018: cutt.ly/ZRihvH6.

5. Sen. Roger Wicker, Sen. Lamar Alexander y Sen. Marsha Blackburn, «Greg Kelly: U.S. Hostage of Japanese Justice», RealClearPolitics, 10 de marzo 2020: cutt.ly/qRihQIj.

6. U.S. Securities and Exchange Commission, «SEC Charges Nissan, Former CEO, and Former Director with Fraudulently Concealing from Investors More Than $140 Million of Compensation and Retirement Benefits», nota de prensa, 23 de septiembre 2019: cutt.ly/hRihT7a.

7. Hans Greimel y Naoto Okamura, «Execs Sought Ways to Cloak Ghosn's Pay, Witness Says», *Automotive News*, 18 de octubre 2020: cutt.ly/rRihAkS.

8. The Editorial Board, «Carlos Ghosn, Victim or Villain?», *New York Times*, 8 de enero 2020: cutt.ly/hRihL7N.

9. The Editorial Board, «Ghosn, Baby, Ghosn», *Wall Street Journal*, 8 de enero 2020: cutt.ly/oRih1R2.

10. Takayuki Inoue y John Lane, «New Plea-Bargaining System in Practice», *International Law Office*, 12 de agosto 2019: cutt.ly/zRih9Op.

11. Jeffrey Sonnenfeld, «Gone Ghosn: Caveats for Global Commerce», *Chief Executive*, 2 de enero 2020: cutt.ly/1Rih7GN.

12. Agence France-Presse, «Japan Not Prosecuting American Toyota Exec in Drug Case: Reports», *Industry Week*, 7 de julio 2015: cutt.ly/URijekP.

13. Kyodo News, «US Toyota Exec "Asked Father to Mail" Controlled Painkiller», *Japan Times*, 25 de junio 2015: cutt.ly/ARijuYw.

14. Kyodo News, «Arrested Toyota Exec Didn't Need Painkiller, Medical Checkup Finds», *Japan Times*, 20 de junio 2015: cutt.ly/RRijaFN.

15. David Shephardson, «Ford Recall of 3 Million Vehicles to Cost $610 million», Reuters, *Automotive News*, 21 de enero 2021: cutt.ly/2RijhJ8.
Philip Nussel, «Japan Throws Stones at Ghosn from Glass House», *Automotive News*, 11 de enero 2020: cutt.ly/VRijkP3.

16. Hans Greimel, «Confessions of a Price Fixer», *Automotive News*, 16 de noviembre 2014: cutt.ly/oRijm5q.

CAPÍTULO 21. CORREGIR EL RUMBO

1. «Volkswagen Group Records Higher Deliveries in 2019», Volkswagen Aktiengesellschaft, 14 de enero 2020: cutt.ly/qRijTgo.

2. «Here Are (Nearly) 100 EVs Headed to the U.S. through 2024», *Automotive News*, 4 de octubre 2020: cutt.ly/ERij5WU.

3. Reuters, «New-Energy Vehicles Make Major Inroads, Engineer Group Predicts», *Automotive News*, 29 de octubre 2020: cutt.ly/rRikwys.

4. «VW Increases Spending on Electric Self-Driving Cars», *Automotive News Europe*, 13 de noviembre 2020: cutt.ly/zRikrDS.

5. H. Lutz, «GM Ups EV Spending, Says 40 U.S. Lineup Electric in 2025», *Automotive News*, 19 de noviembre 2020: cutt.ly/QRikisR.

6. LMC Electrification Automotive Sector Impact Report, «Global Personal Vehicle Outlook by xEV Technology Type», *LMC Automotive*, 20 de octubre 2020: cutt.ly/gRika9Q.

7. Philip Nussel, «Japan Throws Stones at Ghosn from Glass House», *Automotive News*, 11 de enero 2020: cutt.ly/bRikfB9.

8. Jiji Press English News Service, «SESC Seeks Punishment against U.S. Brokerage Instinet», 12 de octubre 1998, Factiva: cutt.ly/WRikkpN.

9. Saki Masuda, «Japan's Boards Evolve as Outside Directors Occupy 30% of Seats», *Nikkei*, 2 de octubre 2019: cutt.ly/lRikzHU.

10. Matthew Campbell, Kae Inoue y Reed Stevenson, «With Carlos Ghosn Set to Bare All, Nissan Prepares Its Offensive», Bloomberg News, 7 de enero 2020: cutt.ly/FRikvCj.

11. «On Japan's Criminal Justice», Japan Ministry of Justice Webinar, 10 de septiembre 2020.

12. Peter Landers, «Two Years After Ghosn's Arrest, Another Foreign CEO Takes a Chance on Japan», *Wall Street Journal*, 23 de octubre 2020: cutt.ly/hRikWWF.

13. Isabel Reynolds y Emi Nobuhiro (Bloomberg News), «Japan Looks to Lure Hong Kong's Finance Workers Following Security Law», *Japan Times*, 1 de julio 2020: cutt.ly/vRikR7T.

ÍNDICE

Abe, Shinzo, 50, 79, 178, 211, 251, 264, 320, 264, 266
Aeropuerto Internacional de Haneda de Tokio, 6-7, 44, 145
Aisin Seiki Co., 306
Akerson, Dan, 67
Alexander, Lamar, 349
Alianza (grupo automovilístico Renault-Nissan-Mitsubishi), 1, 45
  Acuerdo de Alianza Reformulado (2015), 122
  Common Module Family (CMF), sistema, 93
  crisis Florange, 119-121
  desacuerdo entre los ingenieros sobre los detalles, 95
  desarrollo de Leaf y Zoe eléctricos, 95, 294, 368-369
  desconfianza y luchas internas sin Ghosn, 220
  equilibrio delicado de la, 112
  estrategia «líder-seguidor», 306
  fórmula de ahorro de Ghosn, 93
  incorporación de más empresas a, 106
  insatisfacción de ambas partes, 99, 109-110
  reacción negativa en Nissan a la convergencia forzada, 125-126
  reequilibrio, 169, 179, 184, 186
  Senard y los directores generales proclaman un nuevo comienzo, 229
Alibaba, 247
Al-Juffali, Khaled, 153, 206
Altima, sedán, 2, 300
ArcelorMittal, 119
Ariya, crossover eléctrico, 364, 369
arresto de Ghosn
  acusaciones de abuso de confianza como indicación de que se está jugando con el sistema, 370
  cambio en la declaración financiera de Japón, 59
  cuarto cargo por desviar fondos de Nissan, 156
  cuarto cargo y segunda acusación de abuso de confianza, 19-20
  demandas de Nissan, Renault y EE. UU. contra Ghosn, 327-328
  despido y dimisión de la Alianza, 219
  detención por no declarar ingresos, 7-10, 145-150
  en la cárcel japonesa, 317-318
  encarcelamiento sin fianza, 15
  exposición del conflicto en la Alianza, 12-13
  filtraciones de acusaciones contra Ghosn, 157
  fuga durante la segunda libertad bajo fianza, 21, 325, 335-340
  libertad bajo fianza y nueva detención, 148, 154, 318-319
  Nissan y el fiscal afirman que Ghosn utilizó personalmente fondos de la empresa, 20

arresto de Ghosn (*continuación*)
notificación roja de Interpol, 326-327
sistema ilegal de compensación diferida, 70, 165-166
sistema judicial de Japón, 12
uso de dinero de la empresa para fiestas en el Palacio de Versalles, 140-141, 158-159, 213
versión de Ghosn, 167-168, 171-172, 185-186
versión oficial de Nissan, 166-167, 174-177, 185
violación de las leyes financieras japonesas, 15
Asahara, Shoko, 313
Asahi Shimbun (periódico)
sobre la alteración de pruebas en el caso Muraki, 197
sobre la perspectiva corporativa tradicional japonesa, 38-39
vídeo del arresto de Ghosn, 9
Automotive News
cobertura del Nissan Revival Plan, 24
entrevista a Ashwani Gupta, 306
entrevista a Hiroto Saikawa, 307
entrevista a Makoto Uchida, 367
entrevistas a Carlos Ghosn, 35-36, 53, 107, 120, 168, 236, 308
entrevistas a Carole Ghosn, 212, 218
líder del año de la industria del automóvil de 2000, 54
sobre los vehículos autónomos, 105
AvtoVAZ, 3, 106

Bahwan, Suhail, 156
Véase también SBA
Barra, Mary, 68
Beirut, Líbano
disturbios en, 330
entrevista por vídeo de, 382
rueda de prensa enero de 2019, 330-332
Berlin, Mitch, 240
Blackburn, Marsha, 349
Bloomberg News, 151, 342
Bolloré, Thierry, 15, 165, 224, 228, 272

CAFE (Corporate Average Fuel Economy), norma, 91
Calderwood, Chris, 73-74
Casanova, Sarah, 80
Chief Executive Magazine, sobre los riesgos directivos occidentales en Japón, 359
Chirac, Jacques, 132
Churchill, Winston, 84
coches híbridos, 88, 97, 113, 368
Véase también modelos específicos
Common Module Family (CMF), sistema, 93
Convención de Kanagawa (1854), 41
Corporate Average Fuel Economy standard. *Véase* CAFE
Covid-19, pandemia, 211, 235, 254, 308, 372
Craven, Philip, 264

Daimler, 105-106
de Gaulle, Charles, 132
de Meo, Luca, 274, 297
Delbos, Clotilde, 274, 296, 297
delitos de guante blanco, interpretación de los, 16, 373-374
Deming, W. Edwards, 48
Denso Corp., 306
Departamento de Justicia de EE. UU., acusación por fijación de precios y manipulación de ofertas, 361

economía japonesa
círculo de deflación, 75
deuda pública, 75
directores independientes en los consejos de administración japoneses, 264
papel del gobierno en los negocios de Nissan, 371-372
Elkann, John, 231
empresas internacionales
diferencias entre las sanciones administrativas y las penales, 373-374

variación de las normas por contabilidad inadecuada, incumplimiento o prácticas comerciales desleales, 373-374
escándalo Ghosn, efecto sobre las acciones de Renault y Nissan, 11
escándalo Lehman, 11
extraterritorialidad, 41, 189

Facta (revista de investigación), sobre el escándalo Olympus, 288
Fall Seven Times, Get Up Eight (Hara), 45
FBI, 284
FCA (Fiat Chrysler Automobiles) se fusiona con el Grupo PSA, 234
Fields, Mark, 81
Financial Times, entrevista a Woodford, 284
Fiscalía del distrito de Tokio, 171, 178, 218
Flins, planta de montaje de Renault en Francia, 118
Florange
  crisis, 119-121, 136, 371, 382
  ley, 119-120, 122, 144
Ford, Bill, 56
Ford Motor Company, 81, 226
Foro Económico Mundial de Davos, 58
Francia
  deseo de fusionar Renault y Nissan, 50, 370
  ejemplos de ayuda a Japón, 129-130
  participación del gobierno en empresas privadas, 130-131
  presión del gobierno para asegurar el control de Nissan, 231
  utilización de la ley Florange para duplicar los votos del gobierno en Renault, 119-120, 122, 136-137, 144
Fuji Bank, 76
Fuyo Group, 44

gaiatsu (presión extranjera), 202, 211, 288, 379
Garton, Ben, 260
Geely (Zhejiang Geely Holding Group Co.), 104
General Electric Company, 84
General Motors Company. *Véase* GM
Ghosn, Carlos
  arrepentimiento por no haber aceptado la oferta de trabajo anterior, 71
  como «asesino de costes», 23, 30, 66
  como directivo de Renault, 2, 5, 34-35
  como director ejecutivo de dos compañías *Fortune 500*, 3
  como Presidente de Renault, Nissan y Mitsubishi, 1, 5-6
  complot para derrocarlo, 356
  con pasaporte de tres países, 3, 327
  concentración de poder sin control, 10, 20, 160
  conferencia de prensa en Beirut, 329
  confiscación del pasaporte, 340
  conflicto de intereses por representar a dos compañías, 123-124
  considerado como favorecedor de Nissan, 101, 138, 142
  conspiración para acabar con él, 49-50
  contraataca las acusaciones, 203-206, 215, 328, 329, 330
  contrademandas contra Renault y Nissan-Mitsubishi BV presentadas por, 328
  crecimiento sostenible como objetivo del plan Power 88, 307-308
  descripción de, 1, 3, 32, 54, 57, 133
  destitución por parte de los consejos de administración de Nissan y Mitsubishi, 11, 15, 220
  ejecutivo mejor pagado en Japón, 5, 34, 60
  entrevista por vídeo con los autores, 382-385
  escándalo Ghosn, 11, 288

Ghosn, Carlos (*continuación*)
estrategia en juntas de accionistas sobre su sueldo, 67
fluidez lingüística, 3
fracaso del plan Power 88, 302
honores y premios, 54, 58
incapacidad para preparar a un sucesor, 236
la retribución como punto central en las asambleas anuales de accionistas, 19, 60, 62, 69, 107
logros, 383, 385
miedo a ser despedido de Renault, 69, 138
misión de hacer que la Alianza sea «irreversible», 5, 142, 367
oferta de Ford Motor Company, 56
pérdida de 14 millones de dólares en fianzas, 325
popularidad en Japón, 4-5, 32-33
presión del gobierno francés para que la Alianza sea irreversible, 126-127, 142, 166, 367
presunta ocultación ilegal de parte de la paga de Nissan tras la jubilación, 19, 380-381
primera declaración desde el Líbano tras la fuga, 325
promoción basada en los méritos en Nissan, 55
razones para merecer una indemnización elevada, 369-370
renuncia de Renault y Mitsubishi, 17
residencia en cuatro países, 3
rueda de prensa enero de 2019, 330-332
Shift (autobiografía), 134
toma de decisiones sobre la remuneración de los ejecutivos, 260
transformación de Nissan en un líder mundial, 5
Véase también recursos de la empresa, presuntos usos indebidos; arresto de Ghosn; Nissan Revival Plan
visión de toda intervención gubernamental, 18
Ghosn Carole
asalto en un apartamento de Tokio, 155, 214
como coautor del libro con Carlos, 383
como principal defensora de Carlos, 20, 208, 216
críticas al sistema judicial japonés, 215
fiesta de cumpleaños en el Palacio de Versalles, 140-141, 158-159, 213
orden de arresto para, 327
solicitud de ayuda a Macron, 139, 216
videoconferencia con Carlos, 333
Givens, Stephen, 357
GM (General Motors Company), 71, 305
comité de compensación ejecutiva, 260-261
intercambio de partes en los modelos, 93
rescate de, 56, 67, 114
Véase también Barra, Mary; Kerkorian, Kirk; Wagoner, Rick
vehículos eléctricos, 368
gobiernos, interés en las industrias del automóvil
apego emocional a las marcas de automóviles del país, 115
el empleo en el, 113
en china, 113
en Estados Unidos, 113
en Francia, 113, 119-120
en Japón, 113
inversión en innovación y tecnologías, 113
Goldman Sachs, 125
GT-R cupé deportivo, 31-32
Gupta, Ashwani, 275, 306

Hackett, Jim, 68
Hagerty, William, 348
hagetaka, 252
Hamp, Julie, 360

Hanawa, Yoshikazu, 24, 261
Haneda, Aeropuerto Internacional de Tokio, 6, 7, 43, 145
Hara, Satoshi, 45
Harris, John R., 82
Hirai, Kazuo, 83-84
Hironaka, Junichiro, 326, 340
holding empresarial, 5-6, 106, 168, 174, 225, 378
  entrevista de Ghosn con *Automotive News*, 168
  oposición al, 14, 167-168, 171, 176, 183-184, 185
  visión de Ghosn del, 7, 14, 126-127, 168
Hollande, François, 119, 135
Honda, fábrica en Marysville, Ohio, 245
Hosono, Yuji, 350

Iacocca, Lee, 5
Ibuka, Masaru, 82
Ihara, Keiko, 260, 265
Imazu, Hidetoshi, 170-171, 175, 176, 177, 259, 356
  conspiración para acabar con Ghosn, 49-50, 170, 180, 356, 371
  jubilación de Nissan, 274
  testimonio en el juicio de Kelly, 180
Immelt, Jeffrey, 85
incentivos «escalonados», 299
Inoue, Takayuki, 358
Interpol, notificación roja de, 326-327
Irimajiri, Shoichiro, 246
Ishizuka, Nobuhisa, 188
Isutani, Minoru, 242
Ito, Takanobu, 60

Japan as Number One: Lessons for America (Vogel), 40
Japan Post Holdings, 244
Japón
  adaptación a nuevas circunstancias manteniendo intactos sus principales objetivos, 44
  Agencia de Servicios Financieros, 284
  alardear de riqueza, 63
  alto nivel de ética, 279-280
  bajo índice de criminalidad, 26, 279-280
  caída de los precios de la propiedad en 1989, 74
  cambio en la declaración financiera, 59
  causas de escándalos empresariales, 289
  código de gobierno corporativo reforzado, 47
  constitución de, 43
  críticas a los consejeros independientes, 266
  empleo para toda la vida, 26
  encuesta Tankan en 2007, 79
  extraterritorialidad, 41, 189
  fábricas de automóviles en EE. UU., 245
  ganancias corporativas totales desde 1999, 79
  gastos empresariales, 64-65
  General Douglas MacArthur y, 43
  honestidad, 279-280
  incursiones extranjeras en, 40
  Juegos Olímpicos de Tokio 2020, 211
  libre mercado, 49
  mecanismos legales de, 16
  militarización y expansionismo, 42
  Ministerio de Economía, Comercio e Industria (METI), 18, 47, 49-50, 50-51, 115, 138, 371
  Ministerio de Industria y Comercio Internacional (MITI), 47, 49-50, 50
  nuevo código de gobierno corporativo en 2015, 263
  participación del gobierno en las empresas privadas, 131
  perspectiva corporativa tradicional, 38-39
  protección de la producción en 2010, 117

Japón (*continuación*)
- remuneración media de los directores generales de las principales empresas, 62
- reproche internacional sobre la justicia y el encarcelamiento, 17
- reuniones de accionistas, 61-62
- riesgos potenciales para los directores generales extranjero, 359, 361, 373-374, 380
- sistema de «rehenes de la justicia», 148-149, 151, 187, 194, 201, 209, 311, 351
- sistema judicial, 12
- tasa de homicidios comparada con la de EE. UU., 201
- terremoto-tsunami-catástrofe de la central nuclear, 79, 83, 291
- vacaciones pagadas, 98

Johnson, Richard, 24
Journal du Dimanche (periódico), entrevista a Carole Ghosn, 216
Juffali, Khaled Al-, 153

Kalafer, Steve, 301
Kansai International Airport, 323
Karpeles, Mark, 359-360
Kawaguchi, Hitoshi, 8, 169, 274
- conspiración para acabar con Ghosn, 49-50, 170-171, 180, 356, 371
- testimonio en el juicio de Kelly, 180
- visita a Suga después del arresto de Ghosn, 51

keiretsu, sistema, 27-28, 44, 76
Kelly, Dee, 344, 348, 349, 358
Kelly, Greg
- acusación de no revelar los ingresos diferidos de Ghosn, 125, 159
- admiración por Ghosn, 381
- antecedentes, 344-348
- arresto como cómplice de Ghosn, 10, 15, 344
- como miembro del equipo del Proyecto Oruga, 125
- compromiso con Renault, 122
- conocimiento de que Ghosn había ganado suficiente dinero como para requerir su divulgación, 65
- convocatoria a Yokohama para una reunión del consejo de administración, 343
- despido por parte de los accionistas, 220
- entrevista en la revista *Bungei Shunju*, 269
- estudio de vías legales para aumentar la indemnización de Ghosn sin hacerla pública, 68-69, 355
- no divulgación de 140 millones de dólares en concepto de indemnización y jubilación de Ghosn, 159, 216
- puntos básicos de defensa, 352-353, 356, 373, 374
- testimonio de Nada sobre Kelly, 353-355
- testimonio de Ohnuma sobre Kelly, 354

Kerkorian, Kirk, 56, 56
Kikukawa, Tsuyoshi, 283
Kitamura, Yoichi, 356
Klein, Phillippe, 163-165
Koeda, Itaru, 86, 356
Koito Manufacturing, 248
Koizumi, Junichiro, 88
Kosuge, centro de detención de Tokio, 313, 317-318, 319, 322

Lane, John, 358
Latham & Watkins, 177
- acusaciones de conflictos de intereses, 214, 272
- contrato para llevar a cabo una investigación interna, 181, 214
- firma legal externa de Nissan, 171, 214, 272

Le Maire, Bruno, 143
Leaf, coche eléctrico, 87-88, 92, 95, 96, 97, 222, 294, 369
Lutz, Bob, 25, 105

Ma, Stephen, 207
MacArthur, General Douglas, 43
Mack, John, 244
Macron, Emmanuel
antecedentes, 135
compromiso con Nissan, 137
creencia de que las empresas deben apoyar las políticas gubernamentales, 135-136
derecho a doble voto en la Alianza, 121
detención de Ghosn «demasiado larga y dura», 320
falta de apoyo a la fusión del Grupo FCA, 143
ignora petición de ayuda de Carlos y Carole Ghosn, 139-140, 216
interés en el futuro de la Alianza, 50, 121
pérdida de objetivos de la Alianza, 367
presión para la fusión definitiva de Renault y Nissan, 371
Manifiesto de Davos, 39
Marchionne, Sergio, 101, 105
Masuko, Osamu, 158, 230, 296
Mazda, 81, 82, 226
McDonald's, Japón, 80
McIntyre, Scott, 315, 320
McKinsey and Company, 125
mercados emergentes de la automoción, impacto de, 104
METI. *Véase* Ministerio de Economía, Comercio e Industria (METI)
Ministerio de Economía, Comercio e Industria (METI), borrador de carta sobre la Alianza, 169-170
Ministerio de Economía, Comercio e Industria (METI), y sistema judicial japonés, 18, 47, 49-52, 115, 138, 371
Ministerio de Industria y Comercio Internacional (MITI), 47
MITI (Ministerio de Industria y Comercio Internacional), 47
Mitsubishi Estate Company, 241-243
Mitsubishi Group, 44
Mitsubishi Motors Corporation, 3, 42, 282
Mitsubishi UFJ Financial Group, 244
Mitsui, 42
Mitterrand, François, 131
MNG Jet Aerospace, Inc., 338
Mori, Masako, 201-202, 342, 379
Mt. Gox, 359-360
Mukunda, Gautam, sobre el rendimiento de los líderes, 85
Mulally, Alan, 57, 67
Muñoz, José, 174, 222, 301, 383
Murakami, Takashi, 58
Muraki, Atsuko, 196-198, 200
Muraoka, Keiichi, 190
Musk, Elon, 102

Nada, Hari (Hemant Kumar Nadanasabapathy), 69, 125, 169, 343, 377
conspiración para acabar con Ghosn, 49-50, 171, 180, 181, 356, 371
descripción de, 175, 176
historia en Nissan, 175-176
identificado como denunciante, 174-175, 176
mantener su puesto durante la negociación de los cargos, 213, 272
negociación de cargos/testimonio, 175, 176, 177-178, 213, 272, 356, 376
New York Times, 357
Nihon Sangyo Company, 42
Nikkei, periódico financiero
sobre Ghosn, 161
sobre la fiabilidad de la policía, 201
sobre la transformación de Sony por Hirai, 84
Nippon Sheet Glass, 80
Nissan
acusaciones de malversación de fondos y de declaraciones financieras indebidas, 15

Nissan (*continuación*)
Ariya crossover eléctrico, 364, 369
bonificaciones especiales a tres ejecutivos japoneses, 66
caída del precio de las acciones después de 2007, 79
coche eléctrico Nissan Leaf, 87-88, 97, 369
Common Module Family (CMF), sistema, 93
como innovador, 97
cuidado de las fábricas, 99
fábrica en Smyrna, Tennessee, 245
fusión con Renault, 4
inversión en proyectos de vehículos eléctricos, 92, 369
Micra, 118
miedo de que Ghosn abandonara, 68-69
número de registro del avión de, 6-7
posible quiebra de, 1-2
problemas de gestión, 375, 377-378
propiedad de Renault, 115-116
reacción negativa a la convergencia forzada con Renault, 125-126
rediseño del Nissan 350Z, 31-32, 364
reformas aprobadas por los accionistas, 267, 376
reformas en la gestión, 375
renacimiento del GT-R cupé deportivo, 31-32
tensión con Renault, 17
valor de mercado desde la llegada de Ghosn, 78
vehículos de conducción autónoma, 89
Nissan, tras la salida de Ghosn
caída de ventas y beneficios, 223
despido de Saikawa, 223
éxodo de altos ejecutivos, 223
ruptura de la comunicación con Renault, 223
Nissan 350Z, rediseño, 31-32, 364
Nissan Revival Plan, 23, 31-32, 33, 121
cierre de fábricas, 27
cobertura del Salón del Automóvil de Tokio, 24-25
despidos, 27
eliminación de empleos, 29
éxito del, 110
llamamiento a la aportación de las bases, 27
nuevo plan de negocio, 27
producción de camionetas grandes y todoterrenos, 30
promoción profesional basada en el desempeño, 28
recorte de participaciones cruzadas, 27-28
recorte de puestos de trabajo, 79
reducción de la deuda, 27
Nomura, 44

Obama, Barack, 91
Ohga, Norio, 74
Ohnuma, Toshiaki
acuerdo de colaboración con los fiscales, 175, 273-274, 356
acusación de fraude y mala conducta contra, 273
admiración por Ghosn, 381
chantaje para que declare contra Ghosn, 172
continuación del empleo en Nissan, 274
llamada a Kelly para que acuda a la reunión de la junta directiva, 343
preocupación de Ghosn por el conocimiento público de su indemnización, 65
Oji Paper Manufacturing, 43
Okuda, Hiroshi, 26
Olympus Corporation
contables en, 288
informe independiente de, 284
investigación de EE. UU. sobre sobornos ilegales, 286
Woodford como director ejecutivo y denunciante, 283

ONU
Comisión de Derechos Humanos, 17, 351
Grupo de Trabajo sobre la Detención Arbitraria, 209, 320, 379
Organización de Derechos Humanos, 209
Otsuru, Motonari, 151
Overhaul (Rattner), 57
Ovitz, Michael, 329

Palmer, Andy, 237
Panasonic, 49
Passi, Ravinder, 273
Pauley, William, 281
Paulson, Henry M., 244
Pelata, Patrick, 165, 237
Perry, Matthew, 41
Pickens, T. Boone, 248
Power 88, el plan de negocio de Ghosn para Nissan, 293-296, 366
contra plan de Uchida, 296
Nissan en relación con, 302, 305, 307-308
reacción de Ghosn respecto a, 300, 307
Premio Deming, 48
Prius, coche híbrido, 97, 113
ProPilot, 369
Proyecto Oruga, 124-125
PSA Group, 113, 237, 269, 292, 366
fusión con Fiat Chrysler Automobiles, 234, 274, 366
reforma de Renault según la de, 297

Ramseyer, J. Mark, 198
Rasmusen, Eric B., 198
Rattner, Steve, 57
recursos de la empresa, presuntos usos indebidos, 156
bonificación y salario de NMBV, 158
concentración de poder sin control de Ghosn en sí mismo, 160
contrato de intercambio de acciones, 152
demandas civiles en Japón y en las Islas Vírgenes Británicas, 159-160
donaciones a instituciones educativas y sin ánimo de lucro en el Líbano, 158
empresas fantasma, 160
fiestas y entretenimiento de los invitados, 158
honorarios del abogado personal de Ghosn, 157
investigación de la Comisión de Bolsa y Valores de Estados Unidos, 159, 216
regalos de Cartier, 158
viajes en avión, 142, 157, 158
Reino Unido, participación del gobierno en empresas privadas, 131
relaciones internacionales de Japón
como mayor inversor extranjero en Estados Unidos en 2019, 243
dificultad para asociarse con otras empresas, 241
endurecimiento de las normas para la compra de empresas japonesas por extranjeros, 253-254
éxitos financieros, 244
fracasos financieros, 241-244
pérdidas en inversiones en EE. UU., 243-244
preocupación por los accionistas, 253
Renault
comité de compensación ejecutiva, 261
Common Module Family (CMF), sistema, 93
como «rápido seguidor», 97-98
como «recurso nacional», 132
demanda de puestos en los nuevos comités, 267
fábricas sucias, 99
fusión con Nissan, 4
gobierno francés como principal accionista de, 134

Renault (*continuación*)
historia de la empresa, 114-115
infiltración de las costumbres y la lengua japonesas, 100
intento fallido de fusión con Fiat Chrysler Automobiles (FCA), 18, 231
inversión en proyectos de vehículos eléctricos, 92
nombramiento de Bolloré como director ejecutivo, 228
oficina central en Boulogne-Billancourt, 18, 164
privatización de, 133
propiedad de Nissan, 115-116
quejas de que Ghosn estaba favoreciendo a Nissan, 138-139, 140, 143
renovación del contrato con Ghosn, 5, 126, 166, 384
sorpresa de los ejecutivos por las acusaciones contra Ghosn, 12
temor de que Nissan abandone la Alianza, 116
tensión con Nissan, 17, 143
tras la salida de Ghosn, temor de que Nissan se independice, 225
utilización de la ley Florange para duplicar los derechos de voto del gobierno, 119-120
Zoe, coche eléctrico, 95, 369
Renault, Louis, 114
Renault-Nissan Purchasing Organization, 34
Reuters, 73, 77, 297
Rivas-Micoud, Miguel, 55
Rogers, Jenifer, 266
ruta omaní, 156, 172, 181, 208, 210, 213, 220
ruta saudí, 153, 154-155, 181, 206

Sagawa, Hajime, 287
Saikawa, Hiroto, 255-256, 356
Acuerdo de Alianza Reformulado (2015), 122
anuncio de la detención de Ghosn, 145-146
bonificación especial, 66
como director sénior de estrategia de compras, 33
como ejecutivo de Nissan, 6, 8-9
como presidente del comité de Nissan para Norteamérica, 34
como vicepresidente de Nissan, 121
como víctima de la vieja guardia de Nissan, 276
concentración de poder de Ghosn como señor indiscutible, 10-11
conferencia de prensa sobre el arresto de Ghosn, 9-10
declaraciones a la prensa sobro los ingresos no declarados de Ghosn, 10-11
denuncia de las estrategias empresariales de Ghosn, 296
desacuerdo con Ghosn sobre la integración de Renault y Nissan, 14
entrevista de *Automotive News*, 307
lanzamiento de Renault-Nissan Purchasing Organization, 34
manipulación del sistema de primas vinculadas al precio de las acciones, 269-270
negación del conocimiento del uso indebido por parte de Ghosn, 158
oposición al plan del holding, 167-168, 183-184
reactivar el negocio de Nissan y rehabilitar las relaciones con Renault, 267-268
renuncia forzada de, 270
salarios de ejecutivos, normas internacionales, 19, 58, 62, 67, 260-261
Samsung, 83
Sato, Masaru, 195
SBA (Suhail Bahwan Automobiles), 156, 172, 209

Schwab, Klaus, 39
Schweitzer, Louis, 133, 143, 164, 261
Seki, Jun, 275
Seko, Hiroshige, 50, 137
Senard, Jean-Dominique
denuncia de las estrategias empresariales de Ghosn, 296
fusión fallida con Chrysler-Ford, 143-143
nuevo presidente de Renault, 228
Serious Fraud Office de Inglaterra, 284
Shift: Inside Nissan's Historical Revival (Ghosn), 25, 31, 32, 35, 134
Shiga, Toshiyuki, 276, 356
Shinsei Bank, 152
síndrome de París, 78
sistema de «rehenes de la justicia», 148-149, 151, 187, 194, 201, 209, 311, 351
sistema judicial japonés
acuerdos de colaboración, 213, 358
centro de detención de Tokio, 313, 360
concepto limitado de «descubrimiento», 191-192
confesiones, 193, 197, 318, 360
críticas de la Federación de Colegios de Abogados, 201
custodia de los niños, 315
discriminación en el trato a los extranjeros en el caso Ghosn, 377
ejecución, 314
ejecutivos extranjeros y, 359, 361, 373-374, 380
encarcelamiento sin fianza, 15
extraterritorialidad, 189
falta de privilegio abogado-cliente, 192
foco de los fiscales en los casos irrecusables, 194
índice de condenas, 187-188
interrogatorios, 16, 192-193, 360, 378-379
jueces como parte de la burocracia, 332
jueces demasiado cautelosos, 198
largas esperas antes de que los casos lleguen a juicio, 191
McCartney, Paul en, 313
motines en las cárceles, 321
objetivo del, 190, 194
pena de muerte, 313
procedimiento de detención, 16, 312
recurso de la absolución por parte de la fiscalía, 191, 358
reformas del, 378-379
riesgo de fuga, 320
sistema de «rehenes de la justicia», 148-149, 151, 187, 193, 194, 201, 209, 351
tobilleras electrónicas, 319, 322
uso de los medios de comunicación por parte de los fiscales, 140, 199, 360-361
volver a arrestar sospechosos, 16
sistemas de asistencia al conductor, 88, 368
Sloan, Alfred, 5
SoftBank, 247, 251, 263
Son, Masayoshi, 247, 263
Sonnenfeld, Jeffrey, 359
Sony, 49, 82, 84, 242
Sony Walkman, 82
Sorkin, Andrew Ross, 244
Stringer, Howard, 82
Subaru, 304
Suga, Yoshihide, 51, 184
Sugimoto, Hiroshi, 58
Suhail Bahwan Automobiles (SBA), 156, 172, 209
Sumitomo, 42
Suzuki, Osamu, 227, 264

Takai, Yasuyuki, 322
Takano, Takashi, 332
Takata, escándalo de los airbags, 281, 361, 373
Takeda, grupo farmacéutico, 80
Tanaka, Kakuei, 195, 313
Tankan encuesta de confianza empresarial, 73

Tavares, Carlos, 237, 297
Taylor, Michael, 323, 327, 334-336, 341
Taylor, Peter, 327, 334, 341
tendencia de consolidación, 101, 106-107, 367, 368
  Grupo PSA con FCA para formar Stellantis, 366
  Honda con General Motors, 366
  Toyota (incluyendo Daihatsu, Hino), 366
  Volkswagen Group (incluyendo Bentley, Bugatti, Lamborghini, SEAT, Škoda, Porsche, Scania, MAN, Audi), 366
  y plan Power 88, 366
Tesla, 97, 102, 368
Thatcher, Margaret, 131
The Ghosn Factor (Rivas-Micoud), 55
The True Story of Carlos Ghosn (cómic manga), 32
Tomioka Silk Mill, 130
Toshiba, 244
Toyama, Kazuhiko, 282
Toyoda, Akio, 59, 60, 63, 264, 281, 294
Toyoda, Masakazu, 49, 171, 258-259, 372
Toyota Motor Corporation, 5, 26, 227, 245, 294, 306, 360
Tratado Harris de 1858, 41
Trump, Donald, 91, 211

Uchida, Makoto, 275, 296, 364, 365, 367

Vanity Fair, 59, 324, 341
vehículos autónomos, 89, 308, 365, 368
  artículo de *Automotive News*, 105
  enfoque de Ghosn en, 89, 96, 294
  Véase también ProPilot
vehículos eléctricos, 368-369
  Ariya, 364, 369
  auge de nuevos modelos de movilidad, 104
  ciclos productivos más rápidos, 103
  Nissan Leaf, 87-88, 92, 95, 96, 222, 369
  nuevas empresas que compran grandes marcas, 104
  vehículos autónomos, 105
  Zoe, 95, 96, 369
venta de la flota, 300
ventas mundiales de la industria del automóvil, 90
Vodafone, 250
Vogel, Ezra F., 39, 47
Vogel, Harold L., 242
Volkswagen, 5, 93, 227, 366, 368

Wagoner, Rick, 56, 67
Wall Street Journal, 13, 342, 357
  sobre el colapso de Yamaichi Securities, 76
  sobre la Alianza, 161
Wallace, Henry, 81
Warburton, Max, 221
Wareham, James, 344
Waymo, coche autónomo por las carreteras, 368-369
Weber, Christopher, 81
Welch, Jack, 84-85
WeWork, 247
Wicker, Roger, 349, 359, 379
Willis Towers Watson, 62, 66
Woodford, Michael, 282-288

Yamaichi Securities, colapso, 76
Yamamoto, Hiroshi, 357
Yamamoto, Yohji, 58
Yamanouchi, Takashi, 227
Yanai, Tadashi, 64
Yazaki Corporation, 361
Yokohama, 230, 347
  centro de tecnología de Nissan cerca de, 95, 173
  convocatoria de Kelly para la reunión del consejo de administración, 343
  estilo de reunión de Ghosn en, 61
  presentación del Nissan Leaf, 87
  sede mundial de Nissan en, 9, 51, 87
Yokoo, Nobumasa, 317

zaibatzu (grupos de empresas promovidos por el gobierno), 42-43, 44, 47, 63
Zayek, George-Antoine, 327, 336-337
Zi-A Capital BV, 157, 175, 177
Zimeray, François, 210, 328

LOS AUTORES

HANS GREIMEL es periodista americano del mundo de la empresa, galardonado con varios premios y especializado en los fabricantes de automóviles japoneses, coreanos y de otros países asiáticos desde Tokio como editor para Asia de *Automotive News*. Greimel ha escrito sobre Nissan durante más de una década y ha entrevistado a Carlos Ghosn muchas veces durante ese periodo. Greimel también voló a Beirut, Líbano, en enero de 2020 para asistir a la conferencia de prensa que daba Ghosn después de su sorprendente huida de Japón. El reportaje que hizo Greimel sobre el escándalo Ghosn para *Automotive News* ganó en 2019 el premio Folio Eddie en la categoría Mejores Series de Artículos. Greimel ha sido reportero desde diecinueve países de cuatro continentes. Antes de trabajar en *Automotive News*, Greimel fue corresponsal extranjero de Associated Press, con destinos en Japón, Corea del Sur y Alemania. Entre sus trabajos galardonados están los reportajes sobre arresto de Carlos Ghosn, el surgimiento de la industria de automoción china, el estilo de liderazgo del presidente de Toyota Akio Toyoda, la inesperada aceleración de la crisis de Toyota, el terremoto-tsunami de 2011 en Japón y la exposición pionera de la fijación de precios desenfrenada entre los proveedores japoneses de componentes para coches. Greimel ha salido como experto en la industria automotriz mundial, tanto en inglés como en japonés, en las cadenas de televisión BBC, ABC, Bloomberg TV, TV Tokyo, Al Jazeera y Reuters TV, así como en las japonesas NHK y TBS. Nacido cerca de Detroit, Michigan, Greimel está licenciado en Ciencias Políticas y Filosofía por la Universidad de Michigan y tiene un máster en relaciones internacionales de la Universidad de Columbia en Nueva York.

WILLIAM SPOSATO vive en Tokio. Es escritor y comentarista, y tiene más de veinte años de experiencia como especialista en economía y relaciones internacionales de Japón. En la actualidad informa de los asuntos relacionados con Japón como colaborador de la revista *Foreign Policy.* Anteriormente fue jefe adjunto de la oficina del Dow Jones/ *Wall Street Journal* de Tokio y desempeñó numerosos cargos como corresponsal jefe y jefe de la oficina en Nueva York y como jefe de la oficina y editor para Tokio. Se trasladó a Japón en 2002 para ser editor para los países del sudeste asiático. Sposato también trabajó cinco años como productor de radio, escritor y editor para CBS News en Nueva York. Empezó su carrera como escritor *freelance* y reportero de radio en Londres. Además de su trabajo de periodista, Sposato trabajó cinco años como socio de la consultoría de comunicaciones Kreab/Gavin Anderson en Tokio y continúa asesorando a sus clientes en Japón sobre temas relacionados con la comunicación y los medios de comunicación. Además, es profesor de medios y sociedad en varias universidades japonesas, como la Sophia University y la Tokyo University of Foreign Studies. Es nativo de la zona de Nueva York y se licenció en Económicas en la Universidad de Stanford.

Notas

Notas

Notas

Notas

Guías Harvard Business Review

En las **Guías HBR** encontrarás una gran cantidad de consejos prácticos y sencillos de expertos en la materia, además de ejemplos para que te sea muy fácil ponerlos en práctica. Estas guías realizadas por el sello editorial más fiable del mundo de los negocios, te ofrecen una solución inteligente para enfrentarte a los desafíos laborales más importantes.

Monografías

Michael D Watkins es profesor de Liderazgo y Cambio Organizacional. En los últimos 20 años ha acompañado a líderes de organizaciones en su transición a nuevos cargos. Su libro, **Los primeros 90 días**, con más de 1.500.000 de ejemplares vendidos en todo el mundo y traducido a 27 idiomas, se ha convertido en la publicación de referencia para los profesionales en procesos de transición y cambio.

Las empresas del siglo XXI necesitan un nuevo tipo de líder para enfrentarse a los enormes desafíos que presenta el mundo actual, cada vez más complejo y cambiante.

Este libro presenta una estrategia progresiva que todo aquel con alto potencial necesita para maximizar su talento en cualquier empresa.

Publicado por primera vez en 1987 **El desafío de liderazgo** es el manual de referencia para un liderazgo eficaz, basado en la investigación y escrito por **Kouzes** y **Posner**, las principales autoridades en este campo.

Esta sexta edición se presenta del todo actualizada y con incorporación de nuevos contenidos.

¿Por qué algunas personas son más exitosas que otras? El 95% de todo lo que piensas, sientes, haces y logras es resultado del hábito. Simplificando y organizando las ideas, **Brian Tracy** ha escrito magistralmente un libro de obligada lectura sobre hábitos que asegura completamente el éxito personal.